# O Capital de KARL MARX 150 anos depois

**Carlos Bastien
e João Vasco Fagundes**
COORDENADORES

# O Capital de KARL MARX 150 anos depois

ALMEDINA

O CAPITAL DE KARL MARX 150 ANOS DEPOIS

AUTORES
Carlos Bastien e João Vasco Fagundes (Coordenadores)

EDITOR
EDIÇÕES ALMEDINA, S.A.
Rua Fernandes Tomás, nºs 76, 78 e 80
3000-167 Coimbra
Tel.: 239 851 904 · Fax: 239 851 901
www.almedina.net · editora@almedina.net

DESIGN DE CAPA
FBA.

PRÉ-IMPRESSÃO
EDIÇÕES ALMEDINA, S.A.

IMPRESSÃO E ACABAMENTO
PENTAEDRO, LDA.

Agosto, 2018

DEPÓSITO LEGAL
444774/18

Toda a reprodução desta obra, por fotocópia ou outro qualquer processo, sem prévia autorização escrita do Editor, é ilícita e passível de procedimento judicial contra o infrator.

BIBLIOTECA NACIONAL DE PORTUGAL – CATALOGAÇÃO NA PUBLICAÇÃO

O CAPITAL DE KARL MARX

O Capital de Karl Marx
ISBN 978-972-40-7607-2

CDU 330

# NOTAS BIOGRÁFICAS DOS AUTORES

**ANDREA PENICHE** – Editora de profissão. Licenciada em Filosofia e Mestre em Ciências da Educação pela Universidade do Porto. Autora de vários trabalhos publicados no âmbito dos estudos feministas. Ativista do movimento feminista.

**ANTÓNIO AVELÃS NUNES** – Professor Catedrático Jubilado da Faculdade de Direito da Universidade de Coimbra. Director da Faculdade de Direito de Coimbra entre 1996 e 2000 e Vice-Reitor da Universidade de Coimbra entre 2003 e 2010. Membro dos cinco primeiros Governos Provisórios (áreas do Ensino Superior e da investigação científica). Vice-Presidente da Direcção do Instituto de Direito Comparado Luso-Brasileiro e membro correspondente da Academia Brasileira de Direito Constitucional.

**CARLOS BASTIEN** – Professor do Instituto Superior de Economia e Gestão da Universidade de Lisboa. Investigador de história económica e de história do pensamento económico. Autor de vários trabalhos publicados no âmbito da história do pensamento económico marxista em Portugal.

**CARLOS PIMENTA** – Professor Catedrático da Faculdade de Economia do Porto. Fundador do Observatório de Economia e Gestão de Fraude. Autor de vários materiais científicos: (como livros, capítulos de livros, artigos em revistas científicas, entre outros). Principais linhas de investigação actuais: economia e interdisciplinaridade, economia portuguesa e da globalização, fraude e economia não registada, complexidade e epistemologia das ciências sociais. Labutando desde jovem por um futuro melhor. *E-mail:* cjgpimenta@gmail.com.

**FRANCISCO LOUÇÃ** – Professor Catedrático de Economia no Instituto Superior de Economia e Gestão da Universidade de Lisboa. Foi deputado e é presentemente membro do Conselho de Estado. Publicou recentemente *Sombras* (Lisboa: Bertrand), com Michael Ash, da Universidade de Massachussets em Amherst.

**JOÃO VASCO FAGUNDES** – Doutorando no Departamento de Filosofia da Faculdade de Letras da Universidade de Lisboa (tema da investigação: *O Capital* de Karl Marx). Bolseiro da Fundação para a Ciência e a Tecnologia. Membro do Grupo de Estudos Marxistas e da Internationale Gesellschaft Hegel-Marx für dialektisches Denken.

**JOSÉ PAULO NETTO** – Professor Emérito da Universidade Federal do Rio de Janeiro. É autor de substantivas introduções a clássicos da tradição marxista, alguns dos quais traduziu para português (Marx, Engels, Lénine, Lukács). Tem mais de uma dezena de livros e mais de meia centena de ensaios publicados no Brasil e noutros países latino-americanos.

**MANUEL CASTELO BRANCO** – Professor Auxiliar na Faculdade de Economia da Universidade do Porto. Membro do Observatório de Economia e Gestão da Fraude e investigador no Centro de Economia e Finanças da Universidade do Porto. As suas áreas de investigação principais são a responsabilidade social e o relato de sustentabilidade nas empresas. A sua investigação tem sido publicada em revistas como o *Accounting, Auditing and Accountability Journal*, o *Journal of Business Ethics* ou o *Journal of Cleaner Production*. O seu ensino concentra-se nas áreas da contabilidade e da responsabilidade social e relato de sustentabilidade nas empresas.

**MICHAEL HEINRICH** – estudou matemática, física e ciência política. Durante vários anos foi colaborador da MEGA (Marx-Engels-Gesamtausgabe). De 2001 a 2016 foi professor de economia na Hochschule für Technik und Wirtschaft de Berlim. Escreveu vários livros e artigos sobre a teoria marxiana. A sua *Kritik der politischen Ökonomie*, uma introdução aos três livros de *O Capital* de Karl Marx (a primeira edição alemã é de 2004), encontra-se traduzida em oito línguas. Em 2018 foi publicado em alemão e em português (Brasil) o primeiro volume (de um total de três) da biografia de Marx que se encontra a escrever: *Karl*

## NOTAS BIOGRÁFICAS DOS AUTORES

*Marx e o nascimento da sociedade moderna. Biografia e desenvolvimento da sua obra.* Seguir-se-ão uma tradução inglesa e uma francesa.

**PERIKLIS PAVLIDIS** – Professor Assistente na Universidade Aristóteles de Tessalónica, Grécia. Mestre em História pela Universidade Estatal Lomonosov de Moscovo e doutorado em Filosofia pela mesma Universidade com uma tese intitulada *O Ideal ético-social de Karl Marx (até 1848)*. As suas áreas de investigação incluem teoria social marxista, teoria do socialismo/comunismo, problemas filosóficos e sociais da educação e teoria do conhecimento. Entre as suas publicações, destacam-se os livros *O fenómeno da burocracia na URSS* (2001, em grego), *O conhecimento na dialéctica da evolução social* (2012, em grego) *História e comunismo* (2017, em grego) e os artigos *O burocratismo e as revoluções socialistas do século XX* (2002, em russo), *Critical Thinking as Dialectics. A Hegelian-Marxist Approach* (2010), *The Rise of General Intellect and the Meaning of Education* (2012), *Social consciousness, education and transformative activity* (2015), *Sobre a maturação do carácter social do trabalho* (2015, em russo), *Socialism, labour and education: From Marx to Makarenko* (2017). E-mail: ppavlidi@eled.auth.gr

**RICARDO ANTUNES** – Professor Titular de Sociologia do Trabalho na UNICAMP. Autor, entre outros livros, de *O Privilégio da Servidão* (Boitempo, 2018); *Os Sentidos do Trabalho* (Almedina, 2013), publicado originalmente no Brasil (Boitempo) e também em Itália, Inglaterra/ /Holanda, EUA, Índia e Argentina; *Adeus ao Trabalho?* (Ed. Cortez, publicado também em Itália, Espanha, Argentina, Colômbia e Venezuela) e *Riqueza e Miséria do Trabalho no Brasil* (organizador, Boitempo), Vol. I, II e III. Coordena as coleções *Mundo do Trabalho,* pela Boitempo, e *Trabalho e Emancipação,* pela Expressão Popular, e foi recentemente Visiting Professor na Universidade Ca'Foscari em Veneza (Itália).

**VIRGÍNIA FONTES** – Historiadora e filósofa. Professora na Universidade Federal Fluminense. Doutorada em filosofia pela Universidade de Paris X, Nanterre. Autora, entre outros, dos livros *O Brasil e o capital- -imperialismo – teoria e história* (Editora UFRJ, 2010) e *Reflexões Im-pertinentes – história e capitalismo contemporâneo* (Bom texto, 2005).

# INTRODUÇÃO

No que se refere à projecção da vida e da obra de Karl Marx (1818-
-1883), 2017 e 2018 foram anos de efemérides. Um pouco por todo
o mundo – de Londres a Pretória, de Tóquio à Cidade do México –,
assinalaram-se, respectivamente, os 150 anos da publicação do Livro
Primeiro de *O Capital* e os 200 anos do nascimento de Karl Marx.
As iniciativas que evocaram estes dois marcos da vida e da obra de
Marx tiveram formatos muito diversificados – congressos, conferências,
debates, seminários, publicações de vários tipos – e os seus promoto-
res foram, por um lado, partidos políticos, sindicatos e movimentos
sociais que se reclamam do legado de Marx e, por outro lado, grupos
de investigação (de economia, de filosofia, de história, de sociologia,
etc.) ligados às universidades e editoras. Um traço comum atravessou
esta multiplicidade de eventos e de publicações: a perspectivação da
obra de Marx, não nos termos de um acervo venerando do passado
para revisitação e glorificação acrítica em tempos de comemoração,
mas como um instrumento teórico e político decisivo tanto na procura
de compreensão das configurações e dinâmicas que o modo capitalista
de produção apresenta hoje, como na sondagem de caminhos para o
superar.

Em si mesma, a existência deste conjunto de iniciativas sinaliza
duas realidades interligadas. Por um lado, a investigação e a produção
teórica em torno da obra de Marx, nas universidades e não só, tem hoje
uma dimensão mundial; por outro lado, o interesse, o conhecimento e
o debate dessa obra, nas suas várias vertentes, têm-se vindo a ampliar e
a aprofundar nos últimos 20 anos. E isto, é bom sublinhá-lo, num quadro em que a predominância do neoliberalismo no campo económico
e político é acompanhada por uma posição dominante das correntes
neoliberais, constituídas como *mainstream*, no mundo académico, cujo

programa ideológico de fundo visa, entre outras coisas, precisamente a ostracização de dois legados: o de Marx e o da racionalidade crítica das Luzes.

Como o título sugere – *O Capital de Karl Marx 150 anos depois* –, o livro que o leitor tem agora diante de si, somando-se a outras publicações (já dadas à estampa ou em curso) relativas a esta dupla efeméride, insere-se, a seu modo e dentro dos seus limites, no referido conjunto heteróclito de iniciativas.

*O Capital de Karl Marx 150 anos depois* tem um triplo objectivo:

a) debater alguns aspectos relativos aos quadros teóricos, políticos e sociais no âmbito dos quais *O Capital* surgiu e foi sendo lido e interpretado ao longo dos últimos 150 anos, com particular destaque para os casos de Portugal e do Brasil, mas também para os anos de Paris e de Londres do exílio de Marx e para o impacto do projecto editorial Marx Engels Gesamtausgabe (MEGA) na forma de conceber hoje *O Capital*;

b) discutir características fundamentais da teoria do valor de Marx, no quadro da estrutura e do método de *O Capital*, distinguindo-as das perspectivas da economia política anterior a Marx e da *economics* que lhe sucedeu;

c) avaliar a capacidade que *O Capital* apresenta para perscrutar teoricamente novos desdobramentos do sector financeiro ou os problemas da sociedade contemporânea que hoje são tratados sob a designação de ecologia.

As três secções («Contextos e recepções»; «Filosofia, método e teoria do valor»; «*O Capital* e alguns problemas da actualidade») que compõem *O Capital de Karl Marx 150 anos depois* são uma corporização, no plano da estrutura interna do livro, destes três objectivos. No conjunto, os doze ensaios que fazem parte do presente volume, distribuídos de forma quantitativamente desigual pelas três secções, ajudam porventura a formar, a partir das diferenças que expressam (diferenças de temática, de campo científico de análise, mas também de pontos de vista), uma visão geral mais rica da envergadura de *O Capital* de Marx.

Com efeito, a interdisciplinaridade com que o leitor se depara neste livro não se fica a dever a um especial rasgo de criatividade por parte dos coordenadores. É o alcance e a estatura da obra de Marx, a unidade

INTRODUÇÃO

dos seus múltiplos saberes, que estão, obviamente, na base do carácter interdisciplinar de *O Capital de Karl Marx 150 anos depois*. De resto, é importante sublinhar que Marx utiliza (de forma inovadora, a maior parte das vezes) os vários elementos do saber enciclopédico patenteado em *O Capital* – da economia à história, da estatística à geografia, da teologia à agricultura, da matemática à química, da filosofia à literatura, a que se podem acrescentar os estudos etnológicos realizados na década de 70 do século XIX –, não como exercício de mera erudição, nem como exercitação formal de campos disciplinares autónomos; cada um desses elementos constitui antes uma parte de um instrumentário teórico articulado que se vai enriquecendo para se poder apresentar à altura de uma captação adequada de um objecto real, o modo capitalista de produção, cada vez mais complexo e sofisticado nas suas dinâmicas de expansão e de desenvolvimento. Uma realidade complexa exige, para ser captada no seu movimento contraditório, uma teoria rica.

Por outro lado, a diversidade de perspectivas sobre *O Capital* apresentada neste livro procura dar conta de alguma da investigação que se vem fazendo sobre o tema, bem como familiarizar o leitor com os termos do debate que a esse propósito tem vindo a decorrer em vários países e com a principal bibliografia existente. Não tanto na perspectiva da exegese do texto marxiano, mas preferencialmente na tentativa de o prolongar na análise de temáticas contemporâneas. No essencial, trata-se de acompanhar um movimento de reflexão que tem encontrado expressão em diversos projectos editoriais, centros de investigação e universidades de vários continentes.

Os autores que colaboram neste volume, de diferentes gerações e especializações disciplinares, são de quatro nacionalidades: alemã, brasileira, grega e portuguesa. Nalgum momento do seu percurso de investigação, ou de intervenção teórico-política, os autores das três primeiras nacionalidades relacionaram-se com o trabalho teórico produzido por investigadores portugueses. É correcto afirmar que os pontos de vista avançados por cada autor, neste livro, não traduzem apenas as vicissitudes e os contextos da investigação de cada um; inserem-se, de forma mais ampla, no debate em curso, a nível internacional, sobre *O Capital* de Marx.

*O Capital* de Marx constituiu um enorme avanço no desvendar das formas de organização e de funcionamento do capitalismo. Torna-se impossível compreender hoje as dinâmicas do modo capitalista de produção – quaisquer que sejam, mesmo as mais específicas do sector financeiro contemporâneo – sem ter em conta a pedra angular do sistema: a mais-valia, enquanto relação social de exploração, exposta por Marx no Livro Primeiro de *O Capital*.

É certo que muita coisa mudou desde 1867, época da primeira revolução industrial, não só no plano das tecnologias, como no das formas empresariais, no da organização dos mercados, no da formação objectiva e subjectiva das classes, no das formas de intervenção económica do Estado, no da emergência do imperialismo moderno, do qual Marx apenas entreviu as tendências de desenvolvimento, assim como no de muitos outros aspectos da vida social. Neste sentido preciso, *O Capital*, por si só, é insuficiente para dar conta dos desenvolvimentos mais significativos do capitalismo no último século.

No entanto, sem *O Capital*, repetimos, torna-se impossível compreender a estrutura íntima e as relações sociais fundamentais da sociedade contemporânea. Neste sentido preciso, *O Capital* continua a ser a ferramenta teórica mais penetrante para «desvendar a lei económica do movimento da sociedade moderna»[1]. Não se vai além de *O Capital* sem o próprio *O Capital*. De resto, uma das razões para isso prende-se com o facto de *O Capital* de Marx não ser, como alguns pretendem sugerir, uma descrição empírica, ponto por ponto, do capitalismo britânico do século XIX (o que, supostamente, o tornaria válido apenas nesse contexto), nem um conjunto de postulados morais sobre o que «deve ser» por oposição a um «ser» empírico eticamente reprovável. Em *O Capital*, Marx investiga «o modo de produção capitalista e as relações de produção e de troca que lhe correspondem»[2] e expõe «a organização interna do modo capitalista de produção, por assim dizer, na sua média ideal»[3]. O que significa que a obra não analisa uma ou várias formas específicas de configuração histórica do capitalismo, mas os seus traços, estruturas e relações essenciais, independentemente das diferentes fases históricas que o capitalismo atravessou e que continuará a atravessar.

---

[1] Karl Marx, *O Capital. Crítica da Economia Política*, Livro Primeiro (1867), Prefácio à primeira edição; trad. José Barata-Moura et al., Lisboa-Moscovo, Editorial «Avante!» – Edições Progresso, 1990, Tomo I, p. 10.

[2] Karl Marx, *O Capital. Crítica da Economia Política*, Livro Primeiro (1867), Prefácio à primeira edição; trad. José Barata-Moura et al., Lisboa-Moscovo, Editorial «Avante!» – Edições Progresso, 1990, Tomo I, p. 6.

[3] Karl Marx, *O Capital. Crítica da Economia Política*, Livro Terceiro (1894), VII, 48, III; trad. José Barata-Moura, Lisboa, Editorial «Avante!», 2017, Tomo VIII, p. 919.

INTRODUÇÃO

É apenas no interior deste quadro que se podem recolher, em *O Capital*, perspectivas sobre a génese, o desenvolvimento e as possibilidades de superação do capitalismo.

O mecanismo da exploração capitalista exposto em *O Capital*, a luta de classes que nele está implicada, o carácter instável do capitalismo, sistema, por natureza, sujeito a crises recorrentes – permanecem elementos essenciais das dinâmicas do capitalismo actual.

Por conseguinte, no plano analítico, *O Capital* é um texto que, longe de ser uma peça do museu da história das ideias, continua a ser relevante a vários níveis: não só no âmbito da metodologia de investigação e de exposição dos resultados científicos que Marx alcançou, mas também pelas perspectivas novas que abriu às ciências sociais, proporcionando-lhes uma análise mais profunda de múltiplos aspectos da sociedade moderna. Convém, aliás, recordar que *O Capital* é também uma crítica da economia política, como é mencionado no sub-título da obra e muitas vezes é esquecido. Isto significa que Marx, para desvendar «a lei económica do movimento da sociedade moderna», precisou de analisar e de criticar a ciência que, nas suas várias fases de desenvolvimento histórico (dos fisiocratas a Adam Smith e a David Ricardo), lhe foi dando expressão teórica.

Para além disso, a luta da classe trabalhadora, incluindo em Portugal, nestas primeiras décadas do século XXI, designadamente contra o desemprego, a precariedade, os horários de trabalho asfixiantes, o autoritarismo nos locais de trabalho, os baixos salários, a pobreza, o racismo, a destruição da segurança social e dos sistemas públicos de saúde, a luta pelo acesso à educação e por um sector empresarial público – são pontos de fractura na luta de classes em curso e, nalguma medida, resultado da influência de Marx e do marxismo, e em particular de *O Capital* enquanto expressão maior dessa influência, na cultura política das organizações da classe trabalhadora. Acresce que o marxismo permanece ainda hoje como referência maior de qualquer visão emancipatória e de qualquer imaginário de uma sociedade pós-capitalista.

Diz Marx, no prefácio à primeira edição de *O Capital*, que, para uma leitura da obra, supõe «leitores que querem aprender algo de novo e que, portanto, também querem pensar por si»[4]. Ao rematar este mesmo

---

[4] Karl Marx, *O Capital. Crítica da Economia Política*, Livro Primeiro (1867), Prefácio à primeira edição; trad. José Barata-Moura et al., Lisboa-Moscovo, Editorial «Avante!» – Edições Progresso, 1990, Tomo I, p. 6.

prefácio, acrescenta: «Todo o juízo da crítica científica é para mim bem-vindo»[5]. Com a publicação de *O Capital de Karl Marx 150 anos depois*, convidamos o leitor a um diálogo crítico com os textos que aqui apresentamos. Se este livro tiver contribuído, de algum modo, para estimular no público a leitura da principal obra de Marx e a formação de uma reflexão própria sobre ela, o seu objectivo terá sido cumprido.

Os coordenadores

CARLOS BASTIEN
JOÃO VASCO FAGUNDES

---

[5] Karl Marx, *O Capital. Crítica da Economia Política*, Livro Primeiro (1867), Prefácio à primeira edição; trad. José Barata-Moura et al., Lisboa-Moscovo, Editorial «Avante!» – Edições Progresso, 1990, Tomo I, p. 11.

# CONTEXTOS E RECEPÇÕES

# MARX E ENGELS NA PREPARAÇÃO DE *O CAPITAL*
# A SUPREMA INTRIGA DA VIDA SOCIAL

### FRANCISCO LOUÇÃ

Diz-se que o frio varria o cemitério de Highgate, em Londres, naquele 17 de março de 1883, quando onze pessoas se despediram de Karl Marx, que morrera subitamente três dias antes, na sua cadeira de balouço, tinha 65 anos. Estavam Friedrich Engels, o velho amigo com quem partilhara mais de quarenta anos de aventuras intelectuais e políticas, a suas filhas Laura e Eleanor, a preferida, os seus genros, Longuet e Lafargue, Wilhelm Liebknecht, fundador da social-democracia alemã, dois veteranos da antiga Liga dos Comunistas e ainda dois destacados cientistas da Academia Real, o químico Schorlemmer e um discípulo de Darwin e politicamente conservador, o zoologista Lankester, eram tão poucos.

Dezoito anos antes, na morte de Pierre-Joseph Proudhon, em tempos seu amigo e depois seu adversário, tinha-se juntado uma multidão em Paris, houve mesmo um regimento que se apresentou de espadas desembainhadas para prestar homenagem ao agitador e ex-deputado, provocando primeiro um tremor de suspeita e logo de emoção. A memória de Proudhon, anarquista panfletário e depois um moderado na sua idade mais avançada, desvanecera-se entretanto à medida que outros heróis ocupavam o seu Olimpo.

E quanto a Marx, já estaria então fora do seu tempo? Ele era um homem pós-napoleónico, nascera pouco depois de Waterloo, assistira à instauração da nova ordem europeia mas também às grandes revoluções – 1830, 1848, a primavera dos povos, 1871, a Comuna de Paris –, vivera os ciclópicos debates filosóficos que foram a herança de Hegel, acompanhara a Revolução Industrial, a emergência dos Estados Unidos e tantas guerras coloniais, correspondera-se com Darwin e com Lincoln. Mas fora sempre um revolucionário irredutível, um polemista assanhado e uma mente inquieta, de poucos aliados. No continente europeu, da Alemanha à Rússia, grande parte da social-democracia seguia as suas palavras, mas esses militantes estavam longe e, em regra, na clandestinidade, perseguidos por Bismarck e pelo Czar. Em todo o caso, em Inglaterra eram poucos os que o acompanharam nos últimos anos. Da família, uma vida de sofrimento, não restava ninguém senão quem estava no cemitério: a sua mulher, Jenny, tinha morrido dois anos antes, a sua filha Jenny Caroline semanas antes, dois outros filhos e duas filhas não tinham sobrevivido aos seus primeiros anos.

Em todo o caso, no final da sua vida, com a publicação do primeiro livro de *O Capital*, Marx começara a ganhar um novo estatuto de referência intelectual. O livro já ia na segunda edição alemã e fora publicada a tradução francesa, era somente o início da sua difusão e faltavam ainda os outros volumes prometidos. É sobre esse percurso intelectual e como leva à publicação do *Capital* que versam as páginas que se seguem.

Esse caminho tem sido muito discutido. Como seria de esperar, o ciclo de efemérides – em outubro de 2017 passaram 150 anos da publicação do *Capital*; em fevereiro deste ano, os 170 anos da publicação do *Manifesto Comunista*; a 5 de maio de 2018, assinalaram-se os duzentos anos do nascimento de Marx – mobilizou biografias de todos os tipos, estudos monumentais, críticas ferozes e louvações. Gareth Stedman Jones, um historiador da Universidade de Londres, publicou em 2016 o monumental *Marx, Grandeza e Ilusão*. Isaiah Berlin, que formatou há décadas a versão Guerra Fria sobre Marx, é reeditado e acarinhado pelo neoliberalismo triunfante, mas é precisamente entre os seus que a perplexidade se instala: o *The Economist* regista que "Marx tem muito a ensinar aos políticos de hoje" e o vetusto *Financial Times* explicava aos leitores atónitos "por que é que Marx tem razão".[1] Mais cordato, o *New Yorker* anuncia: "Ele está de volta" e dá voz a Thomas Piketty, "os economistas de hoje fariam bem em inspirar-se no seu exemplo".[2]

Mas qual é mesmo o "exemplo"? Um filósofo subversivo? Um economista que desenvolveu a "crítica da economia política", o subtítulo do livro? Um historiador fascinado pelas possibilidades desconhecidas? Um detetive da modernidade que procurou "decifrar a suprema intriga", o que Paul Ricoeur viria a afirmar ser impossível?

---

[1] *The Economist*, 11 maio 2017; *Financial Times*, 27 maio 2011.
[2] *New Yorker*, 10 outubro 2016.

## O MOURO

Karl nasceu a 5 de maio de 1818 em Trèves, na Alemanha, numa linhagem de rabinos, embora o pai se tivesse distanciado dos seus ancestrais: Heinrich era advogado, luterano por conveniência profissional, liberal, iluminista, um homem moderno do seu tempo. Família de classe média, dir-se-ia hoje, o que não a poupou às provações: quatro irmãos de Karl morreram de tuberculose. Com o pai, o jovem Karl teve sempre uma relação difícil, porventura só moderada pela distância a que os estudos o colocaram. Escreve-lhe Heinrich em 3 de fevereiro de 1837, tem o jovem Karl 19 anos e estuda literatura e filosofia em Bona: "O teu coração está manifestamente dominado por uma potência demoníaca que é rara entre os homens. O génio que te habita é de natureza celestial ou faustiana? Será que poderás algum dia espalhar felicidade entre o círculo dos teus próximos?" Tremenda interrogação: celestial ou faustiana, de que tentação se alimenta o teu génio? Nem sabe que o filho, que não quer estudar direito, se dedica a uma novela, *Escorpião e Felix* (que abria com um debate com Hegel), e a um drama, que ficarão ambos inéditos, mas sobretudo aos clubes dos jovens hegelianos de esquerda, onde aprende a militância. E lê os heterodoxos: Leibniz (um amigo ofereceu-lhe dois pedaços de tapeçaria de Leibniz quando a sua casa foi demolida), Espinosa, o judeu expulso da sua comunidade em Amesterdão, os contemporâneos, intérpretes da filosofia idealista alemã, a que mais o marca.

O jovem Karl estava noivo de Bertha Julia Jenny von Westphalen desde que se conheceram, ele com 18 e ela, filha de aristocratas, quatro anos mais. Casarão após sete anos de namoro, muitos poemas de amor lhe vai escrevendo o pretendente. Concluiu entretanto a sua tese de doutoramento em Iena sobre a filosofia da natureza em Epicuro e Demócrito, tem 23 anos. E, no ano seguinte, começa a escrever, na verdade começa a viver na *Reinische Zeitung* (*Gazeta Renana*), uma publicação que desafia a censura na cidade de Colónia. Um ano mais, é o casamento com Jenny, em junho de 1843, mas em outubro o casal já está exilado em Paris, perseguido pelas autoridades prussianas que atacam a Gazeta. O correspondente da Gazeta em Paris, Moses Hesse, filho de um rabino e que tinha introduzido Engels na noção comunista, vivia no centro do florescimento das ideias revolucionárias na Europa, conhecia toda a gente, mas ficou impressionado com o jovem redator: "Imagina Rousseau, Voltaire, Holbach, Lessing, Heine e Hegel fundidos num mesmo personagem – e terás o Dr. Marx".[3] Tudo escritores. Marx, orador sofrível, pena brilhante, iria fazer a sua vida pela escrita, ora publicista, agitatória, ora pensada, difícil, polémica, inventiva.

Eram anos de tantos perigos, mas também de ebulição e promessa. Proudhon publicara em 1840 *O que é a Propriedade?*, um panfleto que o estabeleceu como uma referência da insurgência francesa. No mesmo ano, Étienne Cabet, que também fora deputado e que cultivava a utopia, publica a *Viagem a Icária* e inventa o termo *comunismo*. Flora Tristan, precursora do feminismo e avó do pintor Gauguin, já publicara *As Peregrinações de uma Pária* (1837) e viria a escrever *A União dos Operários* (1843). Robert Owen criava as suas comunidades ideais, admiradas e visitadas por gente tão estranha quanto o futuro Czar Nicolau. Charles Dickens acabara de publicar os seus folhetins *Oliver Twist* e *Nicholas Nickleby*, em que criticava acidamente a sociedade vitoriana, e estava a terminar o *Conto de Natal*, a moral da história da ganância. A política namorava as letras, mas cavalgava as ideias e a revolução de 1848 estava a chegar.

Marx vai para os 26 anos, tem um mundo a conquistar e está em Paris. Levava estudos em filosofia e uma potente rebeldia, mas faltavam-lhe conhecimentos sobre economia e queria dedicar-se-lhe; lançou-se por isso à leitura e anotação minuciosa de alguns economistas clássicos ingleses, acrescentando-lhes as suas inquietações. Seguia a pista de Hegel, que lera Adam Smith, mas interessava-lhe mais a fábrica de alfinetes, o exemplo de produção moderna com que Smith abre o seu livro, *Inquérito sobre a Riqueza das Nações*, do que as deambulações do espírito, que o filósofo alemão procurava decifrar.

Modestamente instalados com um casal de amigos na Rua Vaneau, entre a Praça dos Inválidos e o Jardim do Luxemburgo, os Marx entusiasmam-se com a efervescência política de Paris. Karl ocupou o seu tempo a conspirar (assinava algumas cartas como "Monsieur Ramboz", para iludir a polícia), a coeditar uma revista radical, mas sobretudo a ler. Leu imenso e as notas que disso resultaram ficaram conhecidas como os *Manuscritos de Paris* ou *Manuscritos Económico-Filosóficos* (de 1844). Elas demonstram que, antes de investigar a mercadoria como núcleo do funcionamento da economia e de se abalançar ao *Capital*, que só publicará 23 anos depois, Marx descobriu que é a economia

---

[3] Carta de Moses Hess a Berthold Auerbach, setembro de 1841.

que produz o trabalho, pois é a relação social que estabelece o lugar do trabalho.

Ele lê e instala a família, querem viver em Paris. Entre os seus, é carinhosamente tratado por *Mouro*, embora por vezes também lhe chamem *Máquina a vapor* e ele próprio assine cartas como *Old Nick*. Volta a encontrar-se com Engels, dois anos mais novo, com quem já se cruzara na Gazeta numa reunião fria. Em agosto de 1844, o segundo encontro é no *Café de la Régence* e serão dez dias de conversa, de cigarros e vinho, de deambulações pela cidade, de discussão sem bússola, descobre aquele a quem chamará o *General*, pelo seu interesse pelas coisas militares, esse homem do "riso eterno", dele dirá o futuro genro de Marx, Paul Lafargue. E estuda economia.

## DESCOBRIR O VALOR DO TRABALHO EM PARIS

O trabalho é o enigma da modernidade, assim pensavam os filósofos e economistas que procuravam perceber a tempestuosa emergência do capitalismo: olhamos para ele, sabemos dele, mas é tão difícil decifrá-lo. Em todo o caso, ao longo do século XIX, enquanto a Revolução Industrial se estendia e os Estados se definiam nos escombros das revoluções, das guerras e dos impérios, poucos desdenhariam do amplo consenso que atribuía ao trabalho – mas não ao trabalhador, já lá se chegará – o papel de guia na transformação do nosso mundo. Em contrapartida, como é que o trabalho produz valor, essa interrogação não tinha uma resposta única e, no entanto, era essencial. Marx dedicou-se a responder a tal questão e esse foi o seu caminho para a sua obra conclusiva, *O Capital*.

Um dos pais do liberalismo clássico, John Locke, escrevia de modo categórico no seu *Segundo Tratado sobre o Governo Civil*, ainda sobre o campo e não sobre a indústria: "**É o trabalho, portanto, que atribui a maior parte do valor à terra, sem o qual ele dificilmente valeria alguma coisa; é a ele que devemos a maior parte de todos os produtos úteis da terra; por tudo isso a palha, farelo e pão desse acre de trigo valem mais do que o produto de um acre de uma terra igualmente boa, mas abandonada, sendo o valor daquele o efeito do trabalho**".[4] O trabalho acrescenta valor, portanto; tem um "efeito". Mas como foi criado o valor?

---

[4] Locke, John (1690/2016), *Second Treatise on Government*, Los Angeles: Enhanced Media, sec. 43, p.27.

CONTEXTOS E RECEPÇÕES

Quase um século depois, Adam Smith, conhecido como o fundador da moderna ciência económica, dava uma resposta a essa pergunta no seu *Inquérito sobre a Riqueza das Nações*, já no dealbar da revolução industrial: "Não foi com ouro ou com prata, mas com trabalho, que toda a riqueza do mundo foi originalmente comprada; e o seu valor, para aqueles que a possuem e desejam trocá-la por novos produtos, é exatamente igual à quantidade de trabalho que ela lhes pemite comprar ou dominar".[5] Para Smith, o trabalho não só aumenta o valor, ele é a origem de "todas as riquezas do mundo" e a sua medida.

Mas Marx, filósofo encartado, antes de chegar a Paris e de se dedicar à biblioteca da economia não conhecia esta intuição sobre o trabalho como o alicerce da sociedade e não sabia resolver a sua perplexidade sobre o valor do trabalho na criação do valor. Aliás, foi preciso continuar a sua indagação para propor uma teoria: em Paris, em 1844, ainda duvidava da ideia do trabalho como o criador do valor, tese que só vem a afirmar dois anos depois, no seu livro *A Ideologia Alemã*, escrito em parceria com Engels. E que importava, ninguém soube de nada, este livro não teve editor, tal como os *Manuscritos*, só viriam a ser publicados em 1932 e 1933.

## A ALIENAÇÃO, A FORMA MODERNA DO TRABALHO

Foi nesse texto de 1844 que Marx discutiu pela primeira vez de forma sistemática o seu conceito de alienação. Quis o destino que este livro só viesse a ser conhecido já no fim do primeiro terço do século XX e, na verdade, quando um "marxismo ortodoxo" se instalara sob a batuta de Estaline e da obediente Academia de Ciências da URSS, condicionando aos seus desígnios as ideias fundadoras do marxismo – e a crítica da alienação não fazia parte do acervo tolerável. Deste modo, ao longo de grande parte do século XX só se conhecia, no que diz respeito aos conceitos de trabalho e de alienação, que aqui me interessam na preparação da sua obra maior, o primeiro capítulo do *Capital* (1867), escrito mais de vinte anos depois dos *Manuscritos*, que se limitava a apresentar o conceito de "fetichismo da mercadoria", ou seja, a identificar a transferência imaginária de características humanas para a mercadoria. Com esta

---

[5] Smith, Adam (1776/1993), *Inquérito sobre a Natureza e as Causas da Riqueza das Nações*, Lisboa: Gulbenkian, vol. 1, p.120.

MARX E ENGELS NA PREPARAÇÃO DE *O CAPITAL*

transferência, as relações sociais expressas na produção apresentam-se como relações entre coisas.

Ora, o conceito de "fetichismo" é inseparável da resposta para a pergunta: em que circunstâncias é que os trabalhadores aceitam o processo que os explora e que coisifica a sua atividade? Essa explicação é a alienação do trabalho e constitui portanto a essência da crítica do capitalismo como sistema económico e social (e, como descobriram os académicos de Moscovo, incomodava suficientemente os donos da URSS). Só que, como a resposta não era conhecida, tivemos durante muito tempo uma história ignorada no percurso de Marx quanto à análise do trabalho. O trabalho preparatório do *Capital* foi assim ignorado.

Os *Manuscritos* de 1844 explicam a alienação como uma característica da produção generalizada de mercadorias. Como o processo produtivo gera a acumulação de capital e aumenta o seu poder, leva à perda de controlo do trabalhador sobre a produção e sobre o produto do seu próprio trabalho. Nesse sentido, a perda de autonomia do trabalhador no processo produtivo corresponde a uma socialização intensa, mas sob a forma da apropriação pelo capital. No capitalismo moderno, o individualismo é a ficção de uma ficção, o valor criado pelo indivíduo é apropriado pelo capital global.

Marx perguntava e respondia nos *Manuscritos*: "O que constitui a alienação do trabalho? Primeiramente, ser o trabalho externo ao trabalhador, não fazer parte de sua natureza, e por conseguinte, ele não se realizar em seu trabalho mas negar a si mesmo, ter um sentimento de sofrimento em vez de bem-estar, não desenvolver livremente suas energias mentais e físicas mas ficar fisicamente exausto e mentalmente deprimido. O trabalhador, portanto, só se sente à vontade em seu tempo de folga, enquanto no trabalho se sente contrafeito. Seu trabalho não é voluntário, porém imposto, é *trabalho forçado*. Ele não é a satisfação de uma necessidade, mas apenas um meio para satisfazer outras necessidades".[6] Então, a alienação é a forma da produção mercantil sob o capitalismo, em que o trabalhador "se sente fora de si próprio".

Para esta análise da alienação, Marx inspirava-se no livro recente de um filósofo alemão, Ludwig Feuerbach, catorze anos mais velho, *A Essência do Cristianismo* (1841). Afinal, as suas leituras de filosofia

---

[6] Marx, Karl (1844/2015), *Cadernos de Paris e Manuscritos Económico-Filosóficos de 1844*, São Paulo: Expressão Popular, p.308.

inspiravam a sua economia. A *Essência* defendia a ideia de que a ideia de Deus tinha se tinha assenhoreado das características dos seres humanos. Essa apropriação de características humanas, que passavam a ser representadas num ente mítico, define a substância da perda e essa perda é a alienação. Marx estendeu esta ideia ao capitalismo moderno: do mesmo modo que a transposição das qualidades humanas num ser mítico gera a imagem de Deus, também o capitalismo organiza a contradição entre a produção social, pelo trabalho, e a apropriação privada da mercadoria, pelo capital, criando um mito conformista que submete e aliena a sociedade. A mercadoria, que parece valer por si própria, seria então o deus da modernidade, confiscando as características humanas. O trabalho produz coisas que se opõem e que dominam os seus produtores e o mito reforça essa perda: uma evidência contemporânea dessa alienação é a naturalização e até a personificação dos mercados financeiros, conjugados nos seus humores, apresentados como uma força prometeica, um criador supremo.

Assim, a alienação é a negação da individualidade, escreve Marx: "Suponhamos que produzimos como seres humanos [não alienados]. Cada um de nós ter-se-ia afirmado de duas formas: (1) na minha produção teria objetivado a minha individualidade, o seu carácter específico, e portanto apreciado não somente a manifestação individual da minha vida na atividade, mas também ao contemplar o objeto teria o prazer individual de reconhecer que a minha personalidade é objetiva, visível para os sentidos e portanto um poder acima de dúvida, (2) no seu uso do meu produto teria um prazer direto pelo facto de estar consciente de ter satisfeito uma necessidade humana com o meu trabalho, ou seja, de ter objetivado a natureza essencial do ser humano (...). Os nossos produtos seriam outros tantos espelhos em que se refletiria a nossa natureza essencial"[7] – precisamente o que a produção capitalista recusa, ao submeter o trabalho à máquina de valorização do capital. A alienação que define o trabalho é a perda da "natureza essencial" do trabalhador. O trabalhador destrói-se pelo trabalho explorado: trabalhamos mais para sermos mais subordinados, a lógica divina do capital é essa. A alienação, portanto, é a condição da submissão do trabalho.

Marx acrescentava ainda outras consequências da alienação, e algumas têm uma importância crucial para os debates de hoje, como a percepção

---

[7] Ibid.

de que o trabalho submetido à produção de mercadorias para rentabilizar o capital é destruidor da Natureza e impõe uma relação instrumental e predatória dos seres humanos com o seu ambiente. E conclui que o estado da civilização se mede pelas relações entre o homem e a mulher, descobrindo outra forma de alienação mais antiga.

## ALIENADO, É O TRABALHO QUE PRODUZ

Questiona Marx: "Como os valores de troca das mercadorias não passam de funções sociais delas, e nada têm a ver com suas propriedades naturais, devemos antes de mais nada perguntar: Qual é a substância social comum a todas as mercadorias?".[8] E responde numa página de *Salário, Preço e Lucro* (um relatório apresentado em 1865 aos seus camaradas numa reunião da 1ª Internacional, mas também só publicado depois da morte de Marx): "É o trabalho. Para produzir uma mercadoria, tem-se que investir nela, ou nela incorporar uma determinada quantidade de trabalho. E não simplesmente trabalho, mas trabalho social. Aquele que produz um objeto para seu uso pessoal e direto, para o consumir, cria um produto, mas não uma mercadoria. Como produtor que se mantém a si próprio, nada o relaciona com a sociedade. Mas, para produzir uma mercadoria, não só tem que criar um produto que satisfaça a uma necessidade social qualquer, como também o trabalho nele incorporado deverá representar uma parte integrante da soma global de trabalho invertido pela sociedade. Tem que estar subordinado à divisão de trabalho dentro da sociedade".[9] É o trabalho a origem das mercadorias e da acumulação de capital, e portanto da organização do poder de classe, a estrutura da sociedade capitalista moderna.

Quem é então o trabalhador? Responde Engels quarenta anos depois da publicação do Manifesto, numa reedição de 1888, tinha Marx morrido há cinco anos: "Entende-se por proletários a classe de trabalhadores assalariados modernos que, não possuindo meios de produção próprios, dependem, para viver, da venda da sua força de trabalho".[10] São portanto todos, homens e mulheres, os que vivem do seu trabalho.

---

[8] Ibid., 309.

[9] Marx, Karl (1865/1969), *Salaire, Prix et Profit*, Paris: Editions Sociales, p.35.

[10] Engels, prefácio ao *Manifesto*, 30 de janeiro de 1888, in https://www.marxists.org/archive/marx/works/1848/communist-manifesto/preface.htm#preface-1888.

Esse é o tal enigma da modernidade: o trabalho é a criação de valor, o centro do processo produtivo, mas é trabalho alienado, estranhado de si próprio, porque produz um mundo de mercadorias que se opõe ao próprio trabalhador enquanto produtor e consumidor. Este retrato, no entanto, exibe um paradoxo, pois define o trabalho pela sua negação, pela sua subjugação. É preciso passar da antropologia para a história e da história para a estratégia para buscar respostas a este enigma, ou para descortinar por que é que a enorme expansão do trabalho ao longo destes dois séculos é subjugada pelo crescimento do mundo das mercadorias, ou ainda por que é que o trabalho, que tudo produz, ainda não é nada. Esse é o enigma de todos os enigmas, a suprema intriga e, em Paris, Marx descobre a primeira pista.

## ITINERÂNCIA FUGITIVA DE PARIS A BRUXELAS E A LONDRES

Mas Paris dura pouco. Detectado pela polícia, Marx é expulso, vai viver para Bruxelas no início de 1845, ainda não completou 27 anos, já a família tinha sido acrescentada pela primeira filha e Jenny estava grávida da segunda. Descobre rapidamente os círculos revolucionários dos operários e dos exilados na Bélgica e a clandestina Liga dos Justos, que se virá a transformar na Liga Comunista, para quem Marx e Engels escrevem, em dois meses, o *Manifesto Comunista*, terminado em janeiro de 1848 e publicado pouco depois. Viajara a Londres, entretanto, para conhecer o movimento cartista, uma frente de trabalhadores empenhados no sufrágio universal e na democratização, e para o congresso de 1847 da Liga, que muda o seu lema de "todos os homens são irmãos" para "proletários de todo o mundo, uni-vos". Marx foi ouvido.

Viviam-se então as jornadas heroicas de 1848, o tempo da revolução europeia, uma tempestade de liberdade percorre o continente, a que os dois escritores, com entusiasmado otimismo, chamaram o espectro do comunismo. Sicília, Itália, Dinamarca, Holanda, Hungria, Polónia, Suíça, o mapa europeu é esta "primavera dos povos". A servidão é abolida no Império Austro-Húngaro, a monarquia é derrubada em França (mas o governo é entregue a Luís Napoleão, que restaurará o Império poucos anos depois). Marx, que entretanto escrevera em francês um livro contra Proudhon, que surpreendentemente tinha conseguido passar a censura e fora publicado (1847), dedica-se a esta revolução. Mas é este envolvimento que determina a sua expulsão, tendo sido acusado de ter usado a magra herança do seu pai para apoiar os operários belgas que queriam seguir o exemplo francês.

Marx volta a Paris, onde se instala a direção da Liga dos Comunistas. Fica pouco tempo, o dinheiro da herança serve para um propósito mais ambicioso: publica um jornal diário em Colónia, o *Neue Rheinische Zeitung*, que durou um ano. Voltou assim à sua terra, mas por pouco tempo: sucedem-se os processos em tribunal, e uma mudança de governo com a recuperação dos mais conservadores determina o seu desterro. Os Marx voltam a fazer as malas no verão de 1849 e desta vez vão para Londres, o jornal fechara em maio. Pensavam voltar, era para ser uma estadia curta, foi para toda a vida.

Instalam-se em Leicester Square, depois mudam para o Soho, vivem em "permanente estado de sítio" em casa, à míngua. Nasceram mais filhos: Edgar, o catraio que era a alegria da casa, que morre com oito anos, Henry, que não resiste ao primeiro ano, Franziska, que morre também com um ano e para cujo caixão têm de pedir dinheiro emprestado, e finalmente Eleanor, ou Tussy, a filha mais querida, a quem Karl deixará mais tarde a sua magra herança, 250 libras. Um espião da polícia prussiana insinua-se nesses primeiros anos de Londres junto da família, visita-os na sua casa em 1852 e deixa-se impressionar: Marx é "o homem mais gentil e suave". Suave, mas muito pobre, dirá depois que "raramente alguém escreveu sobre o dinheiro com tanta falta dele". Festeja quando ganha 400 libras numa especulação com fundos americanos, "uma pequena extorsão ao inimigo". Se não fosse Engels, a família passava fome.

Em 1856 Jenny recebe uma herança, mudam para Grafton Terrace, oito anos depois para Maitland Road, é uma casa mais confortável, mas falta sempre o dinheiro. Durante dez anos a vida melhora: entre 1852-1862 Karl escreve para *New York Daily Tribune*, então o jornal com maior circulação no mundo. Escreve também os seus primeiros livros sobre as revoluções francesas: em 1850, para o *Neue Rheinische Zeitung*, já transformado em revista publicada em Londres pelo próprio Marx, uma série de artigos que serão *A Luta de Classes em França 1848-1850* e, logo de seguida, para uma outra revista alemã, o *18 Brumário de Luís Bonaparte*, sobre as lições políticas dos acontecimentos recentes. Anos depois, em homenagem à Comuna de Paris, escreverá em 1871 *A Guerra Civil em França*, um panfleto que foi editado e reeditado em Londres e que foi o seu primeiro livro a ter sucesso comercial. O que mais o ocupa, no entanto, é o estudo.

Frequenta o Museu Britânico, a melhor biblioteca de Londres, onde pode ler tudo, mas também mais tarde se dedica, por pouco tempo, a aulas de esgrima, perto de Oxford Street, na sede dos exilados blanquistas, a principal corrente popular da Comuna de Paris. Parece que Karl explicava com humor que esperava uma nova viragem na sorte da revolução europeia. O que ficou não foi a espada, foi o estudo, dias e anos a fio, no Museu Britânico.

Se perguntado sobre o que o movia, Marx voltava aos seus mestres latinos dos anos de estudo na Alemanha e citava: *De omnibus dubitandum, duvidar de tudo*, ou também *Nada do que é humano me é estranho*, fórmulas algo grandiosas mas que também indicavam como se movia nesse mundo fascinante de boletins estatísticos, imprensa de todo o mundo, debates sobre biologia, investigação em história, ou incursões políticas com o movimento operário (a Associação Internacional dos Trabalhadores, AIT, chamada a 1ª Internacional, uma pouco duradoura coligação improvável entre marxistas e anarquistas, entre muitos mais, é fundada em 1864). Marx dedica-se à revolução que espera ver surgir desse progresso que transforma o século XIX, bate-se pelas suas ideias, organiza partidos e alianças, mas também os sente como instrumentos: depois de lutas tremendas contra Bakunine e os anarquistas, que cindiram da AIT, impõe a passagem do seu centro para Nova Iorque em 1872, o que significava o seu desaparecimento, não tardaram quatro anos. A vida continuava.

Em Londres, as filhas sobreviventes crescem: Eleanor encanta o pai, discute Shakespeare com ele, viaja até à Irlanda, envolve-se na solidariedade contra o Império, arrasta os pais para uma manifestação pela independência irlandesa, depois descobre que o *Kama Sutra* é proibido às mulheres no Museu Britânico e protesta, desde os dezasseis anos acompanha e secretaria Karl nas suas peregrinações pelas reuniões internacionais. Mas a desgraça nunca deixa de os perseguir: quando Marx morre, já tinha acompanhado o funeral de quatro netos, outro morre uma semana depois dele. Jenny, a filha mais velha, desaparece pouco antes do pai; as duas outras virão a suicidar-se, Laura com o seu marido, Paul Lafargue, num pacto para evitar a decrepitude, e Eleanor por um desgosto amoroso.

## A SUPREMA INTRIGA

Ao longo dos anos de biblioteca, tantas vezes intercalados por reuniões, conspirações e panfletos, Marx elabora um plano ambicioso. Quer escrever seis livros: um sobre o capital, outro sobre a propriedade da terra, outro sobre o trabalho assalariado, um quarto sobre o Estado, outro sobre o comércio externo e finalmente um sobre o mercado mundial, como explica em carta a Lassalle e a Engels.[11] A Lassalle anuncia que "depois de quinze anos de estudo, estou finalmente pronto para me lançar ao trabalho". Assim o fez, mas só terminaria uma parte do primeiro livro, sobre o capital, e ainda iriam demorar mais nove anos.

O trabalho de preparação foi minucioso e sofrido. Prepara pelo menos catorze versões diferentes do plano do *Capital*. Entre 1857-8 esboça os *Grundrisse*, o seu livro de *Fundamentos*, em que se distancia das teorias clássicas sobre o valor do trabalho, esboçando a sua análise do capital. A *Contribuição para a Crítica da Economia Política* é publicada em 1859, seguido de várias versões de textos que nunca divulga, como as *Teorias sobre a Mais Valia* (que Kautsky depois compilou e fez imprimir a partir de 1905, a que se veio a chamar o Livro IV do *Capital*, embora tenha sido escrito ante dos outros) e, finalmente, em 1867, conclui a edição alemã de *O Capital*. Logo reescreve alguns dos capítulos para a segunda edição, acompanha ainda a tradução francesa (Engels faz uma parte do trabalho e queixa-se do esforço de passar do alemão para o francês, uma língua mais retórica e menos acolhedora dos preciosismos e paradoxos que Marx tanto usava). É um "livro maldito", diz-lhe Engels, levou vinte anos a escrever.

Nos treze anos seguintes, Marx prepara oito manuscritos para o livro dois do *Capital* e um único texto grande para o livro três – não conclui nenhum. Será Engels, que conhece melhor do que ninguém as ideias e a obra e é dos poucos que consegue decifrar a letrinha miúda de Marx, a compilar esses livros, o segundo em 1885 (anuncia pesaroso que será uma decepção, não tem textos de agitação) e o terceiro em 1894, que, segundo o editor, provocará um "efeito trovoada".

---

[11] Carta a Lassalle a 22 de fevereiro de 1858, e a Engels a 2 de abril do mesmo ano (p. 85 e 95 de Badia, Gilbert (ed., 1964), *Lettres sur le Capital*, Paris: Editions Sociales).

CONTEXTOS E RECEPÇÕES

Explica Marx numa carta a Engels, de 24 agosto de 1867,[12] logo depois da entrega do livro à casa editorial: "O que há de melhor no meu livro é: 1) (e é sobre isso que assenta a compreensão dos factos) ter, desde o primeiro capítulo, posto em evidência o caráter duplo do trabalho, consoante ele se exprime em valor de uso ou em valor de troca; 2) a análise da mais-valia, independentemente das suas formas particulares, tais como o lucro, o imposto, a renda fundiária, etc. É sobretudo no segundo volume que isso aparecerá. A análise das formas particulares na economia clássica, que as confunde constantemente com a forma geral, é uma salada russa". Estava já a pensar na continuação.

O projeto estava bem definido. O Livro I trataria da mercadoria, desdobrada em produtos e em dinheiro, ou seja, da produção pelo trabalho, a exploração. Era o que resultava dos seus vinte anos de reflexão desde Paris. Seria o livro sobre o tempo roubado aos trabalhadores, os valores de troca e de uso, o trabalho concreto e abstrato. O Livro II seria sobre as metamorfoses do capital e o trabalho produtivo. E o Livro III concluiria sobre o tempo atual das crises, o sistema de reprodução do capital no seu conjunto. Cada passo acrescentava a análise e ganhava uma visão mais abrangente: por exemplo, no Livro II o trabalho produtivo é definido de forma estrita como o que produz valor, mas no Livro III o trabalho improdutivo nos circuitos de comercialização e transporte é definido como uma condição de realização do valor.

É o nosso velho enigma, descrito por metáforas misteriosas que Marx tanto apreciava: a "qualidade oculta do capital" tem uma "objetividade fantasmagórica" e "espectral", constrói um "universo mágico", ou "encantado", povoado da "mística do capital". Nos apontamentos que deixou para o Livro III, Marx volta uma vez mais a essa mistificação, era a sua lição de Paris: "No que diz respeito às categorias mais simples do modo de produção capitalista, e mesmo de produção mercantil, e à mercadoria e ao dinheiro, revelamos a mistificação que transforma as relações sociais, as quais, na produção, os elementos materiais de produção servem de substrato, em propriedade das próprias coisas (as mercadorias); e que, é ainda mais manifesto, transforma em coisa (dinheiro) a própria relação de produção. Todas as formas de sociedade que conhecem a produção mercantil e a circulação de moeda participam nessa mistificação. Mas no modo de produção capitalista, e no caso do capital que é a categoria

---

[12] Ibid, p.174.

30

dominante, a relação de produção determinante, esse universo mágico e invertido, conhece ainda outros desenvolvimentos (...). Isso faz do capital um ser místico: todas as forças produtivas sociais do trabalho aparecem com efeito como sendo devidas ao capital e não ao trabalho. Parecem jorrar do seu seio. Surge então o processo de circulação que transforma, na sua substância e forma, todas as partes do capital. Nessa esfera da circulação, as relações originais de criação de valor passam completamente para a retaguarda."[13]

## A MÁQUINA DE MISTIFICAÇÃO

O "universo mágico" e a "mistificação" representam a potência inclusiva de um modo de produção que exclui. Esse modo de produção não é um fantasma, tem uma existência real, organiza a produção, organiza a reprodução da produção e organiza a representação dessa reprodução, é isso mesmo o capitalismo moderno. Ele cria mercadorias e reproduz a relação social mercantil, cria produtos e cria mitos sobre as coisas. Mas Marx fica com um problema em mãos, que vai ser uma dor de cabeça para os que virão a estudar o seu livro: e como é que se mede esse valor, ou a exploração do trabalho? Quanto é a mais valia e como se transforma em lucro?

Na sua jornada intelectual, Marx deu respostas aproximativas a estas questões. Estudou em detalhe a teoria clássica do valor, desde que começou a anotar Adam Smith e David Ricardo, e modificou a sua teoria clássica para considerar que o valor das mercadorias é determinado pela quantidade de trabalho socialmente necessária para a sua produção, distinguindo entre trabalho (que é o trabalhador ou a trabalhadora) e força de trabalho (que é alugada e explorada). O que é muito sensato, mas deixa duas dificuldades. A primeira foi tratada por Marx, como é que a parte desse valor produzido e que não é paga sob a forma de salário (e depois de impostos) se transforma em lucro da empresa. Mas é o lucro que é visível e contabilizado e não o valor, que fica oculto, de modo que esse fundamento fica escondido em trocas implícitas que são regidas pela circulação dos bens e pelos seus preços de produção e flutuações de mercado. Aí está a segunda dificuldade: sabemos que o valor é a

---

[13] Marx, Karl (1894/1977), *Le Capital*, vol. III, Paris: Editions Sociales, p.747-8.

CONTEXTOS E RECEPÇÕES

origem das coisas, mas não sabemos quanto é o valor. Se é definido pelo tempo de trabalho socialmente necessário, é uma relação social, portanto mutante, não uma medida invariável, a não ser como representação da não medida, ou seja, da evolução da contradição entre o trabalho e o capital ao longo do tempo. Mutante porque depende da produtividade em cada momento, ou seja, das normas sociais que organizam o trabalho e a sua exploração. Nos *Grundrisse*, escrevia Marx: "como o tempo de trabalho, enquanto medida de valor, só existe idealmente, ele não pode servir de termo de comparação de preços".[14]

Pois não serve de termo de medida, só idealmente, é uma relação, é a constituição das coisas e da produção, é a base de tudo, é uma forma de poder.

Para desfiar o novelo, Marx analisa as categorias económicas, a mercadoria, o valor, a moeda, o capital, cuja origem é pré-capitalista: é onde recorre ao ofício do historiador. Analisou os sistemas de máquinas, a efervescente revolução industrial, descortinou a combinação das diversas formas de capital, comercial, industrial, financeiro, assinalou a vertigem da acumulação, que é a essência do capitalismo.

Max Weber, o gigante da sociologia alemã, que nasceu quando Marx terminava o seu livro, pesquisou o "espírito do capitalismo" para compreender os jogos sociais e as motivações dos seus fautores, e assustou-se com o mundo desencantado que descobriu. Marx, pelo contrário, sentira a potência do capitalismo no mundo encantado e encantatório da mercadoria e da sua extensão, o capital. O fetichismo, curiosa palavra inventada a partir do termo português "feitiço" para descrever a adoração a uma divindade pagã, é no caso do capitalismo uma força de coesão e de hegemonia, assente na projeção e ilusão entre o sujeito (o trabalhador) e o seu objeto (a mercadoria).

O filósofo francês Daniel Bensaid, em *Marx, O Intempestivo*, uma das obras de referência para a compreensão do *Capital*, utilizou este conceito de ilusão para interpretar as passagens mais modernas do livro de Marx. No Livro III, que desmonta "a mistificação capitalista na sua forma mais brutal", a noção de que o capital gera capital, essa crítica é explicitada na análise do capital-portador-de-juros, que reclama um direito de apropriação sobre a produção futura, como se submetesse a sociedade de amanhã

---

[14] Marx, Karl (1941/1983), *Grundrisse der Kritik der Politischen Ökonomie*, in: Marx-Engels Werke, vol. 42, Berlim: Dietz, p.75.

ao seu direito proprietário. É nesse livro que Marx descreve o "capital fictício", aquele cuja valorização contabiliza os lucros, os impostos e os rendimentos que estão por ser gerados. É uma vez mais a coisificação em que o capital "se torna um poder autónomo e alienado, que se opõe à sociedade como um objeto".[15]


VÍTIMAS DO DESTINO CÓSMICO?

O livro não era fácil. Nem para os filósofos, que tinham que mergulhar na economia, nem para os economistas, que tinham que sofrer a crítica à sua submissão ideológica e demais conceitos filosóficos, nem muito menos para os leigos, inocentes de todas essas deambulações. Mas nem essas dificuldades de leitura explicam por que Marx foi vítima de muitos dos seus discípulos, mesmo antes de na União Soviética ter vingado o regime estalinista e o seu pensamento ter sido esvaziado em nome de num ritual celebratório.

Talvez as circunstâncias políticas tivessem impulsionado a banalização, afinal a ideia de doutrinar uma massa de seguidores movia a socialdemocracia europeia que, depois do esmagamento da Comuna de Paris, procurava no último quartel do século XIX organizar as suas forças. De todas essas doutrinas, a mais divulgada acabou por ser um determinismo tranquilizante, apresentado como uma teoria da história que assegurava o triunfo inelutável do comunismo.

Marx, o historiador, rejeitava essa versão mecanicista. A ideia de um fado cósmico não podia ser mais contrária à sua filosofia. Numa carta de novembro de 1877 à redação de *Otetchevestveny é zapisky*, uma publicação russa, Marx respondeu a um adversário que o acusa de determinismo, como se o rumo da história estivesse escrito. Diz ele que "(o meu crítico quer) absolutamente transformar o meu esboço histórico da génese do capitalismo na Europa ocidental numa teoria histórico-filosófica da marcha geral – fatalmente imposta a todos os povos, quaisquer que sejam as circunstâncias históricas em que se encontrem – para chegar em último lugar a essa formação económica que garante, com a maior impulsão dos poderes produtivos do trabalho social, o desenvolvimento mais integral do homem". E acrescenta: "Mas, peço-lhe perdão (...). Acontecimentos de

---

[15] Marx, Karl (1894/1977), *Le Capital*, vol. III, Paris: Editions Sociales, p. 370 e sgs.

uma analogia impressionante, mas ocorrendo em meios históricos diferentes, produzem resultados distintos. Ao estudar isoladamente cada uma destas evoluções e ao compará-las de seguida, encontraremos facilmente a chave deste fenómeno, mas nunca chegaremos aí com a moldura de uma teoria histórico-filosófica geral, cuja virtude suprema consiste em ser supra-histórica."[16]

Não há nenhuma "moldura", nenhuma sina. Era preciso conhecer mal o jovem Marx para ignorar como se distanciava da teodiceia hegeliana, a ideia de um percurso do Espírito para um destino final.

Para Hegel, a História seria o "desenvolvimento necessário dos momentos da razão" e, como numa execução judiciária, o "julgamento do mundo". A História é o ato pelo qual o Espírito se transforma a si mesmo na forma do acontecimento, explica ele nos seus *Princípios da Filosofia do Direito*. Marx opõe-se-lhe e, na *Ideologia Alemã* escrevia, com Engels: "Não se pode pensar que a história por vir é o termo da história passada".[17]

Nada se repete, e poucas farsas imitam as tragédias antigas.

Os heróis de Marx, as figuras marcantes de lutas emancipatórias, como Spartacus, Munzer, Babeuf, são anacrónicos, são de um tempo discordante, são pré-contemporâneos, antecipam-se. Esse tempo de ciclos e de ritmos diferentes, libertadores mas também cruéis, é o tempo das bifurcações, das escolhas, a suprema liberdade, talvez a solução à tal suprema intriga.


## NÃO HÁ REVOLUÇÃO SEM EVOLUÇÃO

Voltemos ao cemitério de Highgate, naquele março de 1883, quando Marx é enterrado entre tão poucos amigos e familiares. Engels toma a palavra, em inglês, para elogiar o seu amigo e para inventariar os seus feitos intelectuais, que afinal foram evidentes: "Tal como Darwin descobriu a lei do desenvolvimento da natureza orgânica, assim Marx descobriu a lei do desenvolvimento da história humana: o simples facto, até então

---

[16] A carta está disponível em https://www.marxists.org/archive/marx/works/1877/11/russia.htm.

[17] https://repositorio.ufsc.br/bitstream/handle/praxis/484/ideologia%20alemã.pdf?...1

ocultado pelo excesso de ideologia, de que a humanidade tem primeiro que tudo que comer, beber, abrigar-se, antes de prosseguir a política, ciência, arte, religião, etc.; que portanto a produção dos meios materiais imediatos de subsistência e consequentemente o grau de desenvolvimento económico alcançado por um determinado povo ou durante uma dada época forma a fundação sobre a qual as instituições públicas, as concepções legais, a arte, e mesmo as ideias sobre religião, das pessoas envolvidas tem evoluído, e à luz da qual deve, portanto, ser explicada, em vez de vice versa, como tem sido o caso". Marx seria o Darwin das ciências sociais por ter descoberto essa lei da evolução tão simples, é preciso comer antes de filosofar.

Continua Engels: "Mas não é tudo. Marx descobriu também a lei especial de movimento que governa o atual modo de produção capitalista e a sociedade burguesa que este modo de produção criou. A descoberta da mais valia lançou subitamente luz sobre o problema".[18] A luz sobre o problema era esta lei do desenvolvimento geral da história humana, a compreensão de que a produção material condiciona as ideias, e daí decorre a "lei especial" da produção capitalista. Leis apresentada com modéstia, era uma despedida fúnebre, mas leis com a força de leis, determinações pesadas, e, no entanto, referidas a Darwin, o modelo.

O fascínio de Marx por Darwin é conhecido e compreensível. *A Origem das Espécies* foi publicado em 1859, estavam os Marx em Londres, e provocou uma tormenta, mobilizou as igrejas, foi debatido em sociedades científicas e em auditórios com multidões, criou escola e mudou a percepção do ser humano em relação à sua própria natureza. Entusiasmado, Marx mandou a Darwin um exemplar do seu livro, tendo recebido uma resposta polida referindo que os assuntos tratados ultrapassavam o conhecimento do biólogo. Engels, que compreendeu Darwin e o darwinismo ainda melhor do que Marx, porque conseguiu distingui-lo de versões facilitadas então correntes, partilhava este enlevo com a revolução na biologia.

Saberiam eles da possível implicação deste modelo científico? Pois isso não foi discutido, ou pelo menos escrito. Nos seus livros, e é assim também no *Capital*, Marx usou frequentemente o conceito de "lei", reforçando-o com "lei natural", de "ferro", seguindo o conceito contemporâneo de ciência positivista e prometaica, legisladora na descrição dos processos

---

[18] Disponível em https://www.marxists.org/archive/marx/works/1883/death/burial.htm.

sociais. No *Capital*, sobretudo no Livro III, Marx apresenta um conceito estranho, o de uma "lei tendencial", logo num tema tão crucial como a queda da taxa de lucro que conduz a crises frequentes, o capitalismo que se devora os seus próprios filhos, como Saturno. Essa lei é tendencial porque pode ser contrariada e invertida por outros fatores sociais, ou seja, o resultado é indeterminado, depende do movimento das contradições e das disputas.

No Livro I fora mais categórico: "A produção capitalista engendra, por seu turno, a sua própria negação, com a inelutabilidade de um processo natural. É a negação da negação".[19] Aqui temos de novo a filosofia dialética a explicar aos economistas ou outros leitores como as contradições são a natureza da vida. Engels percebeu o risco de determinismo nesta frase e corrigiu-a cuidadosamente no seu *Anti-Duhring*, escrito dez anos depois do *Capital*: "Ao caracterizar o processo como negação da negação, Marx não pensa demonstrar desse modo a necessidade histórica. Pelo contrário: é depois de ter demonstrado pela história como, de facto, por uma parte o processo se realizou e, por outra parte, continua ainda forçosamente por realizar, que Marx o designa, para além disso, como um processo que se cumpre segundo uma lei dialética determinada. É tudo".[20]

O processo segue uma lei, mas a finalidade não é determinada, não exibe uma "necessidade histórica", não há uma esclarecida parteira da história, há só caminhos e nesses caminhos há bifurcações, é neles que se encontra a essência da vida social, a escolha e a luta de classes.

Ora, Darwin era uma preciosa ajuda para esse pensamento não dogmático: ele não afirmava uma causalidade, pois não se conhecia ainda o que produzia a variação, mas sabia da precedência, que é a própria evolução. Também no caso da história da humanidade ela se move, temos esse poder intrigante de escolher para onde. A despedida daquele escritor que quis ser o detetive que decifra um supremo enigma, o do trabalho e do seu valor, o do capital e do seu poder, não podia ser mais eloquente.

---

[19] Karl Marx and Frederick Engels Collected Works (MECW), Nova Iorque: International Publishers, 1976, vol. 35, p.751.

[20] Engels, Friedrich (1877/1971), *Anti-Duhring*, Lisboa: Afrodite, p.169.

# PATRIARCADO E CAPITALISMO NA PREPARAÇÃO DE *O CAPITAL*

ANDREA PENICHE

## 1. INTRODUÇÃO

Esta análise centra-se na forma como Marx e Engels se referiram e disseram as mulheres e acompanha a evolução dos conceitos de patriarcado e de capitalismo no percurso que leva ao primeiro livro de *O Capital*. Para além do dito e do não dito, importa analisar os autores no contexto mais vasto da viragem filosófica e política que empreenderam e do período histórico em que viveram. Procurarei separar desejo de realidade, de forma a não deixar que o desejo turve a relevância da realidade.

Para compreender o contributo de Marx e Engels para a definição destes conceitos e, portanto, para as lutas de emancipação das mulheres, é necessário olhar para a sua ação política e para os seus escritos como um todo, e este exercício tem sido bastante ignorado, muito por responsabilidade do estalinismo, que durante muito tempo se apresentou e foi reconhecido como a realização histórica do socialismo, mas também pelo facto dos países do *socialismo real* (em particular a União Soviética) não terem sido, no que à questão das mulheres diz respeito, suficientemente diferentes dos países capitalistas. Acresce também que muitas das leituras feministas de Marx e Engels revelam um viés importante: ora são anticomunistas, ora são laudatórias – evidenciando, ambas, falta de distanciamento crítico –, ora são feitas a partir dos comentadores e comentadoras de Marx e Engels e não dos seus textos originais. Marx e Engels retrataram o período histórico em que viveram, em que foram protagonistas e propositores de uma das mais importantes revoluções filosóficas e políticas da modernidade. Procurar neles aquilo que contemporaneamente são as nossas teorizações é uma forma errada de conhecer a sua proposta e de, por essa via, obscurecer a profundidade da transformação que empreenderam.

No entanto, se olharmos para a ação política e para os escritos de Marx e Engels, torna-se claro que, no seu tempo, eles operaram transformações radicais e fundamentais para a compreensão das mulheres como sujeito político e como parte ativa do movimento de emancipação humana e, por isso, a sua análise do patriarcado e do capitalismo é uma componente fundamental da sua análise da modernidade. Fazê-lo significa reconhecer dois autores inseridos no seu tempo, dois autores que foram sendo transformados e atualizados pelo estudo, análise e experiência da realidade. É, pois, preciso disponibilidade para ler os seus textos inseridos na época em que foram escritos, de modo a neles perceber a própria evolução dos autores. Se fizermos uma leitura diacrónica das suas obras, reconhecemos nos autores uma permanente evolução, um pensamento em construção e superação. Assim, é possível encontrar o jovem Marx de 1842, com 24 anos, a assinar artigos no jornal alemão *Rheinische Zeitung* fazendo a apologia do amor romântico e da monogamia, defendendo posições impregnadas de moralismo, mas logo depois o mesmo Marx supera estas posições por meio da rutura com o hegelianismo e da crítica à família burguesa. Como se verá, na evolução do pensamento de Marx e Engels acerca do patriarcado, do capitalismo e do papel social das mulheres, está inscrita a maturação e radicalização de uma visão mais ampla acerca da emancipação humana.

## 2. O CONTEXTO: O FEMINISMO E A MORALIDADE DO SÉCULO XIX

A partir do início do século XVIII, com a ascensão da burguesia como classe dominante, as questões da sexualidade tornaram-se cada vez mais relevantes. A sexualidade era, contudo, observada e teorizada a partir da medicina. A imagem da mulher histérica é conhecida e era dominante na medicina, onde as posições de Freud viriam a pontuar. As mulheres eram consideradas pessoas sem autodesejo sexual, estando a sua sexualidade subordinada ao desejo masculino. Ser sexualmente ativa era considerado um comportamento desviante e imoral, uma vez que a norma era a objetificação sexual e a maternidade concebida ao serviço da renovação da espécie e da reprodução da força de trabalho.

O feminismo da época era burguês e reformista. Não só aceitava estes estereótipos, como participava na determinação de normas de respeitabilidade a impor à classe trabalhadora. Era um feminismo apostado em resolver alguns problemas das mulheres burguesas, mais por mimetização masculina do que por proposta de transformação social. O feminismo, marcado pela moral vitoriana, aceitava, inclusivamente, a noção de recato feminino e, apesar de se bater contra a suposta superioridade masculina, não propôs uma nova moral sexual e muito menos olhou a sociedade nas suas desigualdades de classe. Pelo contrário, afastou-se mesmo das mulheres que desafiaram os estereótipos sexuais. Por exemplo, em 1803, um texto de Mary Wollstonecraft (1759-1797) foi retirado de uma antologia sobre mulheres por sobre ela recair a acusação de bissexualidade. Do mesmo modo, Eleanor Marx (1855-1898), a filha de Marx que desempenhou um papel importante na organização de sindicatos, foi ostracizada por este feminismo burguês por via da sua filiação familiar e porque vivia em concubinato com o seu companheiro.

Era o tempo em que despontava a primeira vaga do movimento feminista, muito ligada às questões dos direitos civis e políticos, nomeadamente o direito de voto. No entanto, o sufragismo burguês não defendia o voto universal, mas antes o voto qualificado, ou seja, o voto deveria ser permitido às mulheres, mas apenas àquelas que tivessem instrução, o que mantinha o viés de classe na lei reclamada. Não só as mulheres trabalhadoras continuavam excluídas do acesso a este direito, como também os homens da classe operária permaneciam dele excluídos. No final da década de 1880, em Inglaterra, 40% dos homens com mais de 21 anos ainda não tinham conquistado o direito de votar.

Não é, assim, estranho que Marx e Engels não se tenham referido às feministas, pois, na verdade, elas estavam moral e politicamente alinhadas com a burguesia e não com a classe trabalhadora.


## 3. O CONTEXTO: O DEBATE SOBRE O LUGAR DAS MULHERES NO TRABALHO ASSALARIADO

Foi preciso chegar ao século XX para que o discurso anticapitalista começasse a romper com a naturalização do papel das mulheres como mães, cuidadoras e donas de casa. No século anterior, Engels, em *A origem da família, da propriedade privada e do Estado*, já tinha desnaturalizado a opressão, contudo o movimento operário olhava com extrema preocupação a substituição de mão de obra adulta masculina por mão de obra feminina e infantil, porque ela fazia parte da estratégia capitalista de reforço da exploração através do decréscimo dos salários: o valor da força de trabalho passa a ser equiparado ao tempo de trabalho necessário à manutenção e reprodução do trabalhador individual e não da sua família. Veremos, mais adiante, como Marx e Engels evoluem nas suas considerações acerca da entrada das mulheres no trabalho assalariado.

Proudhon (1809-1865), um dos pensadores mais influentes da sua época, foi um dos principais opositores à inclusão das mulheres no trabalho assalariado, rejeitando inclusivamente a sua denominação e caracterização como trabalhadoras, descrevendo-as como seres inferiores, segundo ele equivalentes a dois terços de homem. Afirmava que as mulheres, que considerava frágeis e intelectualmente limitadas, não estavam preparadas para desempenhar trabalho no espaço público. Defendia que o papel que melhor lhes servia era o de fada do lar, mãe e discípula. Como corolário, designava a vontade de emancipação das mulheres como uma das faces da *pornocracia* ligada ao novo feudalismo industrial[1]. Olhava, pois, com desdém e raiva o movimento que colocava as mulheres no espaço do trabalho assalariado e da política, logo, no espaço da luta de classes. Escrevia Proudhon no *Le Peuple*, jornal que dirigia, a 27 de dezembro de 1848:

> «Acreditamos ser necessário declarar a partir de agora que a nossa intenção é combater a linguagem mística das mulheres que falam nos banquetes[2] e de deixar claro que elas faltam ao papel que lhes coube na humanidade quando tomam a iniciativa deste tipo de festas. O papel das mulheres não é na vida exterior, na vida ativa e na agitação, mas antes na vida íntima, do sentimento e da tranquilidade do lar. O socialismo não veio apenas para restaurar o trabalho; ele veio também para reabilitar a casa, o santuário da família, símbolo da união matrimonial»[3].

Havia, pois, um ambiente que condenava qualquer tipo de subversão dos papéis sociais e sexuais das mulheres, assim como da transposição

---

[1] Proudhon, Pierre-Joseph (1858). *La pornocratie, ou les femmes dans les temps modernes*. Disponível em: http://gallica.bnf.fr/ark:/12148/bpt6k111425h/f1.image.r=proudhon.langPT.

[2] Os "banquetes" foram reuniões políticas organizadas por toda a França, entre 1847 e 1848, assim designadas para contornar a proibição de reuniões políticas.

[3] Lalouette, Jacqueline (2001). "Les femmes dans les banquets politiques en France (vers 1848)". In *Clio. Femmes, Genre, Histoire, n.º 14*, pp. 71-91. Disponível em: https://journals.openedition.org/clio/104

das fronteiras entre os espaços público e privado. As mulheres burguesas encontraram nos salões literários e nos banquetes uma oportunidade de subversão dos papéis sociais e sexuais outorgados. Por razões bem diferentes, as mulheres trabalhadoras também subverteram o papel que o conservadorismo lhes destinou: o recolhimento ao espaço doméstico. A necessidade de contribuir para o rendimento familiar empurrou-as para a acumulação de atividades para além do trabalho doméstico, ora exercidas nas fábricas, ora noutros espaços domésticos exteriores, ocupando-se com as limpezas, a lavagem da roupa, a costura, o cuidado de crianças, ou seja, atividades que eram uma extensão das suas próprias responsabilidades domésticas. O exercício destas atividades fora do espaço de confinamento doméstico permitiu-lhes, no entanto, cultivarem outras sociabilidades e conhecerem e participarem do movimento operário organizado. Esta experiência «ampliou os seus horizontes, tornou as suas mentes mais flexíveis, desenvolveu o seu pensamento»[4], como assinalou Rosa Luxemburgo.

## 4. A OPRESSÃO DAS MULHERES EM OBRAS DE MARX E ENGELS: UMA LEITURA DIACRÓNICA

**4.1.** Na ***Crítica da filosofia do direito de Hegel*** (1843), Marx rompe com a filosofia idealista. Opondo-se a Hegel, inverte os termos do idealismo especulativo, adotando a perspetiva de que o Estado não só não é absoluto como não é a base da sociedade civil, a sociedade civil é que é a base do Estado. Dito de outro modo, o sujeito da história é a atividade humana e não o espírito humano, ou seja, as transformações da sociedade têm origem na realidade concreta e não no plano das ideias. Esta inversão da dialética hegeliana coloca a matéria (realidade concreta) – e não as ideias – como origem do movimento histórico que constitui o mundo, permitindo-nos perceber que na história, assim como nas vidas humanas concretas, não existem absolutos que transcendam a vontade humana. Deste modo, os lugares de sujeição, das mulheres ou da classe operária, são produtos históricos, manifestações de uma relação de forças

---

[4] Luxemburgo, Rosa (1912/1971). "Women's Suffrage and Class Struggle". In Dick Howard (ed.), *Selected Political Writings*. Nova Iorque: Monthly Review Press. Disponível em: https://www.marxists.org/archive/luxemburg/1912/05/12.htm.

localizada temporal e espacialmente, que podem ser subvertidos. Dizia Marx:

> «Minha investigação chegou ao resultado de que tanto as relações jurídicas como as formas de Estado não podem ser compreendidas por si mesmas, nem pela chamada evolução geral do espírito humano, mas sim assentam, pelo contrário, nas condições materiais de vida cujo conjunto Hegel resume, seguindo o precedente dos ingleses e franceses do séc. XVIII, sob o nome de "sociedade civil" e que a anatomia civil deve ser buscada na Economia Política»[5].

Engels, no funeral de Marx, retomou esta ideia através de uma analogia entre a filosofia de Marx e o conceito evolucionista em Darwin:

> «Assim como Darwin descobriu a lei do desenvolvimento da Natureza orgânica, descobriu Marx a lei do desenvolvimento da história humana: o simples facto, até aqui encoberto sob pululâncias ideológicas, de que os homens, antes do mais, têm primeiro que comer, beber, abrigar-se e vestir-se, antes de se poderem entregar à política, à ciência, à arte, à religião, etc.; de que, portanto, a produção dos meios de vida materiais imediatos (e, com ela, o estádio de desenvolvimento económico de um povo ou de um período de tempo) forma a base a partir da qual as instituições do Estado, as visões do Direito, a arte e mesmo as representações religiosas dos homens em questão se desenvolveram e a partir da qual, portanto, elas têm também que ser explicadas — e não, como até agora tem acontecido, inversamente»[6].

Reclamando esta lei do desenvolvimento da história concreta humana, a rutura com Hegel era profunda e tanto Marx como Engels tinham disso consciência. Envolvia a noção de racionalidade e a descrição da organização social. Por exemplo, Hegel, à semelhança de outros autores da modernidade, seguia Kant[7] no que diz respeito ao reconhecimento

---

[5] Marx, Karl (1843/2005). *Crítica à filosofia do direito de Hegel*. São Paulo: Boitempo, p. 16. Cito de acordo com a grafia da edição em causa quando seja em português.

[6] Marx, Karl e Engels, Friedrich (1883/2008). *Obras Escolhidas*, vol. III. Lisboa: Avante!, pp. 179-181.

[7] Kant, Immanuel (1798/2006). *Anthropology from a Pragmatic Point of View*. Cambridge: Cambridge University Press.

da «incapacidade civil» e «dependência natural das mulheres». Para tal socorreu-se de uma polémica analogia para fundamentar as diferenças entre homens e mulheres, tendo como pano de fundo a teoria da complementaridade dos sexos: a analogia que equipara as diferenças entre homens e mulheres às diferenças existentes entre animais e plantas. Nesta analogia, os homens são os animais – opõem-se à natureza exterior e a eles próprios, num processo que engendra uma sofisticada diferenciação ao nível do espírito – e as mulheres são as plantas – de desenvolvimento plácido, de dentro para fora, sempre incompletas. Assim, Hegel invoca a sua noção de racionalidade para defender a divisão entre esferas pública e privada, uma tendendo para a autonomia e atividade universal, a outra presa na passividade e na individualidade concreta; uma dirigida para o Estado, a ciência e o trabalho, a outra voltada para a família e a formação da moralidade. Consequentemente, distribui os papéis sociais de acordo com os diferentes tipos de racionalidade que identifica, excluindo as mulheres da esfera pública, logo do mundo do trabalho assalariado, não as reconhecendo sequer como sujeitos históricos, e legitimando o poder masculino na esfera doméstica[8].

Marx é crítico de Hegel também nestes aspetos, acusando-o de defender conceções a-históricas da natureza humana e de, por essa via, cair no essencialismo e na visão fixista das diferenças. Ao inverter e subverter a dialética hegeliana, Marx estava também a abrir a porta para uma visão emancipatória da vida social.

**4.2.** Em *Sobre a questão judaica* (1844), Marx, respondendo criticamente ao texto *Die Judenfrage* do hegeliano Bruno Bauer sobre a questão dos judeus na Alemanha oitocentista, questiona o processo de emancipação política organizado através da conquista de direitos, no qual o «Estado é o mediador entre o homem e a liberdade do homem»[9]. Nesta obra, Marx distingue entre emancipação política e emancipação humana, ideia que torna clara a insuficiência da igualdade formal na resolução das desigualdades estruturais. Escreveu Marx:

> «A emancipação política de fato representa um grande progresso; não chega a ser a forma definitiva da emancipação humana em geral, mas

---

[8] Hegel, Friedrich (1820/1976). *Princípios da Filosofia do Direito*. Lisboa: Guimarães.

[9] Marx, Karl (1844/2010). *Sobre a questão judaica*. São Paulo: Boitempo, p. 39.

constitui a forma definitiva da emancipação humana dentro de uma ordem vigente até aqui. Que fique claro: estamos falando aqui de emancipação real, de emancipação prática»[10].

Quando um grupo social subordinado conquista o direito de participação social e política, trata-se de emancipação política, uma vez que é alcançada por esse grupo social concreto, mas a sociedade onde tal acontece não modifica as suas estruturas. Ou seja, essas conquistas particulares, garantindo um certo nível de emancipação a um determinado grupo social, não transformam a sociedade como um todo. Já a emancipação humana significa a emancipação do conjunto da sociedade, de todas e todos que a compõem. Numa sociedade capitalista, na qual o capital explora o trabalho, as relações sociais são determinadas por essa ordem económica, o que significa que a emancipação para ser humana, isto é, para abarcar todos os seres humanos, necessita de romper com esse sistema, exige a sua superação.

Esta proposta de Marx é exigente, particularmente se a colocarmos sob o ponto de vista feminista, já que as mulheres nas sociedades capitalistas são exploradas não apenas pela sua pertença de classe – as mulheres trabalhadoras –, mas também enquanto mulheres sob o sistema patriarcal. Quando o todo – a humanidade – é em si próprio desigual, a emancipação humana só tem condições para acontecer se as particularidades da opressão dos grupos sociais que formam esse todo forem consideradas. Mas sobre essa questão Marx só refletiria posteriormente.

**4.3.** Nos *Manuscritos económico-filosóficos* (1844), Marx explica que o trabalhador é forçado a trabalhar e que o produto do seu trabalho não lhe pertence, pertence antes a outra pessoa estranha a ele, que lhe paga um salário, garantindo egoisticamente dessa forma a sua sobrevivência, de modo a poder continuar a fazer dele um escravo do sistema produtivo. É assim que identifica a natureza do trabalho sob o capitalismo:

> «O seu trabalho não é portanto voluntário, mas forçado, trabalho obrigatório. O trabalho não é, por isso, a satisfação de uma carência, mas somente um meio para satisfazer suas necessidades fora dele.

---

[10] *Idem, ibidem*, p. 41.

PATRIARCADO E CAPITALISMO NA PREPARAÇÃO DE *O CAPITAL*

(...) Se o produto do trabalho me é estranho, [se ele] defronta-se comigo como poder estranho, a quem ele pertence, então? Se a minha própria atividade não me pertence, é uma atividade estranha, forçada, a quem ela pertence então? A outro ser que não eu»[11].

Teorizando sobre o salário, Marx enuncia de que forma ele funciona como instrumento de dominação:

«A taxa mais baixa e unicamente necessária para o salário é a subsistência do trabalhador durante o trabalho, e ainda [o bastante] para que ele possa sustentar uma família e [para que] a raça dos trabalhadores não se extinga. (...) Se a oferta é muito maior que a procura, então uma parte dos trabalhadores cai na situação de miséria ou na morte pela fome. A existência do trabalhador é, portanto, reduzida à condição de mercadoria»[12].

Transcrevendo Wilhelm Schulz, Marx visibiliza as mulheres enquanto operárias num setor de atividade absolutamente feminizado e, citando Charles Loudon, refere que «as grandes oficinas (*Ateliers*) compram preferencialmente o trabalho de mulheres e crianças, porque este custa menos do que o [trabalho] dos homens»[13]. Acrescenta ainda uma descrição de algumas destas fábricas, registando como operárias e operários são parte das «transformações no organismo do trabalho»:

«Nas fiações inglesas, estão ocupados apenas 158.818 homens e 196.818 mulheres. Nas fábricas de algodão do condado de Lancaster, para cada 100 trabalhadores há 103 trabalhadoras, e na Escócia, até mesmo 209. Nas fábricas de linho inglesas de Leeds contavam-se, para cada 100 trabalhadores masculinos, 147 femininos; em Dundee e na costa leste da Escócia, até mesmo 280 [mulheres para cada 100 homens]. Nas fábricas de seda inglesas, muitas trabalhadoras; nas fábricas de lã, que requerem maior força de trabalho, mais homens. Também nas fábricas de algodão norte-americanas estavam ocupados, no ano de 1833, cerca de 18.593 homens e não menos de 38.927 mulheres. Com as transformações no organismo do trabalho, coube, portanto, ao sexo feminino um novo círculo de afazeres (Erwerbstätigkeit)

---

[11] Marx, Karl (1844/2004). *Manuscritos econômico-filosóficos*. São Paulo: Boitempo, pp. 83, 86.

[12] *Idem, ibidem*, p. 24.

[13] *Idem, ibidem*, p. 35.

CONTEXTOS E RECEPÇÕES

[...] as mulheres [ocupando] uma posição economicamente mais autônoma... ambos os sexos aproximados um do outro nas suas relações sociais»[14].

Nos *manuscritos de Paris*, encontramos Marx entusiasmado com a ideia de Fourier de que o desenvolvimento humano se pode medir pela relação estabelecida entre homens e mulheres na sociedade, ideia que viria a retomar em *A sagrada família*:

> «A relação imediata, natural, necessária, do homem com o homem é a *relação* do *homem com a mulher.* (...) A partir desta relação pode-se julgar, portanto, o completo nível de formação (*die ganze Bildungsstufe*) do homem. Do caráter desta relação segue-se até que ponto o *ser humano* veio a ser e se apreendeu como *ser genérico*, como *ser humano*; a relação do homem com a mulher é a relação *mais natural* do ser humano com o ser humano»[15].

**4.4.** Um ano após a redação dos *Manuscritos económico-filosóficos*, Marx escreveu um artigo sobre a teoria de Jacques Peuchet acerca do suicídio. As considerações sobre o suicídio elaboradaspor Peuchet, publicadas em 1838, tinham como fonte documentos da esquadra de polícia de Paris, onde era arquivista. Para Marx, a situação descrita por Peuchet ilustrava os aspetos contraditórios da vida moderna, não apenas das condições de vida de determinadas classes sociais, mas também de outras demonstrações da exploração humana. No seu artigo, Marx aborda a situação das mulheres sob o capitalismo com algum detalhe, articulando-a com os efeitos e as contradições da sociedade burguesa. **Sobre o suicídio** é, nesse sentido, «uma das mais poderosas peças de acusação à opressão contra as mulheres já publicada»[16].

Ao analisar três casos de suicídio feminino, Marx faz uma crítica contundente à tirania familiar imposta às mulheres, que não só instaura o poder paterno e/ou marital, como as subjuga economicamente, e à dupla moral vigente, comparando o marido a um senhor de escravos. Dizia Marx:

---

[14] *Idem, ibidem*, pp. 32-33.
[15] *Idem, ibidem*, pp. 104-105.
[16] Löwy, Michael (2006). "Marx insólito". In Karl Marx, *Sobre o suicídio*. São Paulo: Boitempo, p. 18.

PATRIARCADO E CAPITALISMO NA PREPARAÇÃO DE *O CAPITAL*

«A infeliz mulher fora condenada à mais insuportável escravidão, e o Sr. Von M... podia praticá-la apenas por estar amparado pelo Código Civil e pelo direito de propriedade, protegido por uma situação social que torna o amor independente dos livres sentimentos dos amantes e autoriza o marido ciumento a andar por aí com a sua mulher acorrentada como o avarento com o seu cofre, pois ela representa uma parte do seu inventário»[17].

Comentando um dos casos de suicídio, o de uma mulher cujo marido tinha uma doença grave que o desfigurara a ponto de tornar a sua imagem repulsiva e que, por isso, decidiu viver com a sua esposa-mercadoria em isolamento, dizia Marx:

«Certamente, para todos aqueles que não reduzem o espírito pleno das palavras às letras que as formam, esse suicídio foi um *assassinato*, praticado pelo esposo; mas foi também o resultado de uma extraordinária vertigem de ciúme. O ciumento necessita de um escravo; o ciumento pode amar, mas o amor é para ele apenas um sentimento extravagante; *o ciumento é antes de tudo um proprietário privado*»[18].

**4.5.** Em ***A situação da classe trabalhadora na Inglaterra*** (1845), Engels constata que a concorrência, potenciada pela indústria emergente, originou o proletariado industrial, ora aumentando o salário dos tecelões e, por essa via, animando os camponeses a abandonar os campos em busca de rendimentos que pudessem salvaguardar a sobrevivência da família, ora através do surgimento da grande propriedade agrícola, que expropriou os pequenos camponeses e os reduziu à condição de prole-tários. Nesse processo, toda a família proletária passa a ser incluída na exploração para a produção mercantil:

«Numa família em que todos trabalham, cada membro precisa de ganhar muito menos e a burguesia aproveitou largamente a ocasião que o trabalho mecânico lhe oferecia para explorar mulheres e crianças com vista a diminuir o salário. (...) O marido trabalha todo o dia, bem como a mulher e talvez os filhos mais velhos, todos em locais diferentes e só se veem de manhã e à

---

[17] Marx, Karl (2006). *Sobre o suicídio*. São Paulo: Boitempo, p. 37.
[18] *Idem, ibidem*, p. 41.

noite – e, além disso, ainda há a tentação contínua da aguardente. Onde é que haveria lugar para a vida em família?»[19].

Recorrendo a dados empíricos, verifica que os homens adultos estão a ser progressivamente substituídos nos seus postos de trabalho fabris, ora por máquinas, ora por mulheres e crianças, considerados mais hábeis e seguramente mais baratos, pelo facto de lhes serem pagos salários inferiores. A tendência de feminização do setor têxtil era já bastante expressiva, como Marx já tinha dado nota nos *Manuscritos*, estimando--se que em Inglaterra a mão de obra feminina perfizesse então 52% da mão de obra total.

Ao analisar a concorrência e os salários, Engels também se apercebe de que as mulheres e crianças são usadas pela burguesia para esmagar a classe trabalhadora, nomeadamente através da substituição do salário familiar pelo salário individual. Nesse processo, não só reconhece as mulheres como parte da classe trabalhadora, como nota o uso que delas faz o capitalismo para aprofundar a exploração, nomeadamente através da alteração do cálculo do valor da força de trabalho:

> «Em resumo, estas infelizes raparigas são mantidas como escravas por um chicote moral – a ameaça do desemprego – num trabalho tão contínuo e incessante que nenhum homem robusto – quanto mais delicadas raparigas de 14 a 20 anos – o poderia suportar»[20].

As precárias condições de trabalho, responsáveis por muitas mortes prematuras, nomeadamente de mulheres e crianças, não eram exclusivas das fábricas, existiam também nas pequenas oficinas, onde muitas trabalhadoras viviam, comiam e dormiam. Esta nova composição da classe trabalhadora produz, segundo Engels, efeitos perniciosos sobre a família, promovendo a sua desestruturação e subvertendo os valores tradicionais que a enformam:

> «O resultado inevitável é a alteração da ordem social existente, que, precisamente porque é imposta, tem consequências muito funestas para os

---

[19] Friedrich Engels (1845/1975). *A situação da classe trabalhadora na Inglaterra*. Porto: Edições Afrontamento, pp. 115, 173.

[20] *Idem, ibidem*, p. 262.

operários. Sobretudo o trabalho das mulheres desagrega completamente a família; porque quando a mulher passa quotidianamente 12 ou 13 horas na fábrica e o homem também trabalha aí ou noutro sítio, o que acontece às crianças? Crescem entregues a si próprias como a erva daninha, entregam-nas para serem guardadas fora por um xelim ou xelim e meio por semana, e podemos imaginar como são tratadas»[21].

A entrada das mulheres no mercado de trabalho assalariado espoleta a desagregação da vida familiar nos termos em que até então existia. Os papéis sociais e familiares invertem-se, colocando mulheres no papel de provedoras da família e homens como responsáveis pelas tarefas domésticas, atingindo, por essa via, as identidades sociais de ambos:

«Em muitos casos a família não fica totalmente desagregada com o trabalho da mulher, mas fica tudo de pernas para o ar. É a mulher que alimenta a família, e o homem que fica em casa, guarda as crianças, limpa os quartos e prepara a comida. Este caso é muitíssimo frequente. Só em Manchester poder-se-iam contar várias centenas destes homens, condenados aos trabalhos domésticos. Pode-se imaginar facilmente a legítima indignação entre os operários devido a estas alterações de toda a vida familiar, pois as outras condições sociais se mantêm inalteráveis»[22].

Engels partilha o incómodo que esta nova situação instaura. Verifica-mo-lo, por exemplo, na resposta que dá a um operário, Joe, que a ele se dirige contando a situação em que se encontra um outro operário seu amigo, Jack. Diz Joe, citado por Engels:

«Quando o meu pobre amigo entra, o pobre Jack estava sentado sobre a madeira perto do fogo e o que é que pensa que ele estava a fazer? Estava lá e remendava as meias da mulher com a agulha e, quando viu o seu velho amigo na soleira da porta, tentou escondê-lo, mas Joe, é o nome do meu amigo, viu e disse-lhe: Meu Deus, Jack, o que é que tu estás a fazer, onde está a tua mulher? Que trabalho é esse que tu fazes? O pobre Jack teve vergonha e disse-lhe: não, eu sei bem que não é o meu trabalho, mas a minha pobre mulher está na fábrica e tem de lá estar às cinco e meia e trabalha

---

[21] *Idem, ibidem*, p. 188.
[22] *Idem, ibidem*, p. 190.

até às oito da tarde e sai tão cansada que não pode fazer nada, quando volta para casa. Tenho que fazer tudo o que puder em vez dela, porque eu não tenho trabalho e há três anos que não o tenho e não o encontrarei em toda a minha vida, e depois deixou cair uma lágrima. Ah Joe, disse ele, há bastante trabalho para as mulheres e as crianças da região mas não para os homens. É mais fácil encontrar cem libras na estrada do que trabalho, mas não creio que tu ou outro que me tenha visto remendar as meias de minha mulher pense que é mau trabalho, ela quase que não se pode ter nas pernas e eu tenho medo que ela caia doente e eu sei a que é que isso pode dar origem, porque já há muito tempo que ela é o homem da casa, e eu é que sou a mulher. Isto não é trabalho, Joe, e pôs-se a chorar e disse que não foi sempre assim. Não, Jack, disse Joe, e como é que fazes para viver se tu não tens trabalho? Posso dizer-te que vivia assim-assim, mas isto está cada vez pior, tu sabes que quando casei tinha trabalho, e sabes que nunca fui preguiçoso. Tínhamos uma bela casa mobilada e Mary não tinha necessidade de trabalhar, eu podia trabalhar pelos dois, e agora o mundo está às avessas. Mary precisa de trabalhar e eu fico aqui a guardar as crianças e varro, lavo e faço a comida, e remendo, porque quando a pobre mulher entra em casa, à tarde, está fatigada e esgotada»[23].

Engels empatiza com a situação descrita por Joe. No entanto, se podemos perceber no seu comentário uma conceção sexista dos papéis sociais, através da invocação do modelo de família pré-industrial, é preciso sublinhar que o que propõe não é o restabelecimento da velha ordem patriarcal. No seu livro, Engels considera a supremacia familiar masculina desumana e antevê um modelo de família como comunidade ancorada no amor e não como comunidade económica ancorada na propriedade, antecipando, neste seu comentário, a rutura com o idealismo, por via da crítica da família, e o entendimento das relações entre os sexos como historicamente determinadas, ideias que desenvolverá posteriormente em *A origem da família, da propriedade privada e do Estado*:

> «Pode-se imaginar uma situação mais absurda e insensata que a descrita por esta carta? E, no entanto, esta situação, que tira o caráter viril ao homem e a feminilidade à mulher, sem estar em condições de dar uma real feminilidade ao homem e à mulher uma real virilidade, esta situação degrada da

---

[23] *Idem, ibidem*, pp. 191-192.

maneira mais escandalosa os dois sexos e o que há de humano entre eles; essa é a consequência última da nossa civilização tão gabada, o resultado último de todos os esforços levados a cabo por centenas de gerações para melhorar as suas vidas e as dos seus descendentes! Temos que desesperar de todos os esforços da humanidade, da sua vontade e da sua marcha para a frente, ao ver os resultados do nosso sofrimento e do nosso trabalho ridicularizados, ou então temos de concluir que até aqui a sociedade humana se enganou no caminho da procura da felicidade. Temos que reconhecer que uma subversão tão completa da situação social dos dois sexos tem que ser devida ao facto de as suas ligações terem sido falseadas desde o princípio. Se o domínio da mulher sobre o homem, que o sistema industrial engendrou fatalmente, é desumano, o domínio do homem sobre a mulher tal como existia antes, também o é necessariamente. Se a mulher agora pode, tal como outrora o homem, basear o seu domínio no facto de contribuir com a maior parte, senão com o total, para o fundo comum da família, segue-se necessariamente que esta comunidade familiar não é nem verdadeira, nem racional, pois que um dos membros ainda se pode gabar de contribuir com a maior parte para este fundo. Se a família da sociedade atual se desagrega, esta desagregação mostra precisamente que no fundo não é o amor familiar o elo da família, mas sim o interesse privado conservado necessariamente nesta falsa comunidade de bens»[24].

Marx e Engels conhecem-se em 1844 e, portanto, quando Engels conclui e publica o seu estudo sobre a classe trabalhadora em Inglaterra já havia uma ligação entre os dois autores. Tinham percursos diferentes, mas a afinidade do que pensavam aproximou-os. Marx tinha já intuído a ideia de proletariado como a classe mais explorada e, por conseguinte, como motor da história. Engels tinha precisamente a mesma perceção, apesar de ter a ela chegado por uma via diversa: a observação empírica das condições de trabalho em Inglaterra e a constatação de que a economia política era a expressão dos interesses da burguesia.

**4.6.** Em *A sagrada família ou A crítica da Crítica crítica contra Bruno Bauer e consortes* (1845), primeira obra em coautoria de Marx e Engels, estes polemizam com os irmãos Bauer – Bruno e Edgar – sobre as consequências do hegelianismo de esquerda, acusando-os de praticarem

---

[24] *Idem, ibidem*, pp. 192-193

aquilo que designam por «Crítica crítica», uma espécie de estratégia que procura criar dificuldades teóricas para as resolver de forma retórica e especulativa. A «Crítica crítica» procura estabelecer a substância das coisas, fazendo a abstração da história, da civilização e das relações de produção. Para Marx e Engels, essa abordagem não só não elimina a especulação hegeliana, como, pelo contrário, a reforça, favorecendo o raciocínio abstrato.

No capítulo IV[25], secção 1, Engels critica o jovem hegeliano de esquerda Edgar Bauer, por causa das críticas que tinha publicado na revista *Allgemeine Literatur-Zeitung* ao livro de Flora Tristán[26] *L'Union ouvrière*[27], qualificando-o como «dogmatismo feminino».

---

[25] "A Crítica crítica" na condição de quietude do conhecer ou a "Crítica crítica" conforme o senhor Edgar, escrito por Engels.

[26] Flora Tristán (1803-1844) foi uma precursora franco-peruana do socialismo, da igualdade entre os sexos, do internacionalismo proletário e daquilo que hoje designamos por feminismo intersecional. Foi próxima e conviveu com os socialistas utópicos, contudo não pertenceu a nenhum dos círculos utopistas. Escrevia de forma exortativa e pouco convencional, pelo que os seus textos são pouco sistemáticos.

[27] O livro *L'Union ouvrière* (*A união operária*) foi publicado em 1843 e, apesar de ter tido grande sucesso, a sua edição foi recusada pelo editor Pagnerre, que habitualmente publicava obras políticas radicais, de modo que Flora Tristán lançou uma subscrição pública de apoio à edição. A lista das 123 pessoas que participaram na campanha de fundos revela o meio em que a autora se movia. Nela podemos encontrar empregadas domésticas, operárias e operários, assim como deputados, advogados, o socialista utópico Victor Considerant, o poeta P. J. de Béranger, a escritora George Sand, entre outras pessoas. A primeira edição do livro foi de 4 mil exemplares, superando duas vezes a primeira edição do *Manifesto comunista*, logo seguida de nova edição de 10 mil exemplares.
Nesta obra, Flora Tristán formula, quatro anos antes do *Manifesto comunista*, a ideia da necessidade da união dos trabalhadores e das trabalhadoras, de modo a que se pudesse constituir a classe operária como força social e política, força essa que deveria organizar-se internacionalmente. O livro revela uma leitura genderizada da realidade, não só relativamente às problemáticas que aborda, mas também à visibilidade que dá às mulheres através do uso de uma linguagem inclusiva. O capítulo "A razão por que menciono as mulheres" ("Le porquoi je mentionne les femmes") é precedido por dois capítulos onde expõe a sua proposta política. No primeiro capítulo, "Da insuficiência das sociedades de socorro, solidariedade, etc." ("De l'insuffisance des societés de secours, *compagnonnage*, etc."), explica por que razão as soluções individuais ou filantrópicas não resolvem a situação de miséria das pessoas despossuídas. No segundo capítulo, "Formas de constituir a classe operária" ("Des moyens de constituer la classe ouvrière"), expõe o seu plano de ação, que consiste na unidade dos trabalhadores e das trabalhadoras em torno das consignas "Direito ao trabalho!" e "Direito à organização do trabalho". Disponível em: http://gallica.bnf.fr/ark:/12148/btv1b8626625v

PATRIARCADO E CAPITALISMO NA PREPARAÇÃO DE *O CAPITAL*

«Flora Tristan nos dá um exemplo daquele dogmatismo feminino que pretende possuir uma fórmula e a modela para si a partir das categorias do existente»[28].

Flora Tristán é assim nomeada e defendida dos ataques de Edgar Bauer, o que indica que era conhecida e reconhecida pelos autores[29]. Engels, defendendo Tristán, reconhece a ideia da necessidade de organizar o trabalho como muito importante, ideia essa que vira a ser apresentada posteriormente no *Manifesto comunista*:

«A própria sentença da Crítica, caso a interpretemos segundo o único sentido racional que pode ter, exige a organização do trabalho. Flora Tristan, em cujo julgamento essa grande sentença logrou alcançar a luz do dia, postula o mesmo e, por causa dessa insolência – ou seja, por se antecipar à Crítica crítica –, é tratada en canaille»[30].

Num outro capítulo[31], Marx, comentando a obra *Les mystères de Paris,* de Eugène Sue, e a apreciação sobre ela feita pelo crítico literário Szeliga, classifica-a como um exemplo do tipo de idealismo hegeliano que impregna o socialismo utópico, que, na verdade, não passa de um paternalismo. A obra literária funciona, assim, como o ponto de partida para um debate entre as diferentes correntes do socialismo. A crítica de Marx é, simultaneamente, uma denúncia do paternalismo e do reformismo social, assim como uma demonstração da inaplicabilidade dos modelos propostos na economia real.

Em *Les mystères de Paris*, a personagem Louise Morel, empregada doméstica, é seduzida pelo seu senhor, de quem engravida. É presa e

---

[28] Marx, Karl e Engels, Friedrich (1844/2003). *A sagrada família ou A crítica da Crítica crítica contra Bruno Bauer e consortes.* São Paulo: Boitempo, p. 30.

[29] Existe polémica sobre se Marx e Engels foram ou não leitores de Flora Tristán. Por meio desta obra, percebe-se que conheciam pelo menos a obra *L'Union ouvriére*. No entanto, existe disputa sobre se a ideia da necessidade de organizar o trabalho e da autodeterminação da classe operária, apresentadas no *Manifesto comunista* sob as consignas de *Proletários de todos os países, uni-vos* e *A emancipação da classe operária tem de ser obra da própria classe operária*, foram inventadas por Marx e Engels ou bebidas, porque partilhadas, na obra de Tristán e reapropriadas de forma deselegante.

[30] *Idem, ibidem*, p. 29.

[31] Capítulo VIII, secção 6. Revelação do mistério da emancipação das mulheres, ou Louise Morel.

CONTEXTOS E RECEPÇÕES

acusada de infanticídio. A personagem Rodolfo de Gerolstein, o herói do livro, é caracterizada por Marx como um filantropo aristocrata, já que é capaz de sentir compaixão por uma rapariga submetida a uma relação de servidão, reclamando uma nova lei que puna os sedutores, mas incapaz de denunciar as relações de servidão, o que nos transporta para a reflexão feita em *Sobre a questão judaica* acerca da insuficiência da emancipação política no processo de emancipação humana. Diz Marx:

> «A reflexão de Rodolfo está ainda mais longe de compreender os aspetos desumanos da situação geral da mulher na sociedade de hoje. Completamente fiel a sua teoria desenvolvida até agora, ele não sente a falta de nada além de uma lei que castigue o sedutor e associe o arrependimento e a penitência a uma pena terrível.
> Bastaria a Rodolfo voltar a vista para as leis vigentes em outros países. A legislação inglesa preenche todos os seus desejos. Ela chega, em seus delicados sentimentos (...), a declarar culpado de felonia inclusive aquele que seduz uma moça-dama»[32].

O crítico literário Szeliga é entusiasta da dita lei para punir os sedutores avançada no *Les mystères de Paris* e acha-a mesmo bem melhor do que as «*fantasias* acerca da *emancipação da mulher*»[33], suscitando o seguinte comentário a Marx:

> «No que se refere a sua divertida comparação de Rodolfo com os homens que ensinaram a emancipação da mulher, não é preciso mais do que comparar os *pensamentos* de Rodolfo com as seguintes *fantasias* de Fourier:
> (...) A mudança de uma época histórica pode ser sempre determinada pela atitude de progresso da mulher perante a liberdade, já que é aqui, na relação entre a mulher e o homem, entre o fraco e o forte, onde a vitória da natureza humana sobre a brutalidade, que ela aparece de modo mais evidente. O grau da emancipação feminina constitui a pauta natural da emancipação geral»[34].

---

[32] *Idem, ibidem*, pp. 218-219.
[33] *Idem, ibidem*, p. 219.
[34] *Idem, ibidem*, pp. 219-220.
A citação que Marx faz de Fourier encontra-se inserta na sua obra *Théorie des quatre mouvements et des destinées générales*, publicada em 1808. Curiosamente, a mesma ideia tinha sido defendida 16 anos antes por Mary Wollstonecraft na sua obra *A vindication of the*

PATRIARCADO E CAPITALISMO NA PREPARAÇÃO DE *O CAPITAL*

**4.7.** *A ideologia alemã* (1846) é uma obra escrita para desafiar as tendências liberais e burguesas da esquerda hegeliana, ancoradas no idealismo clássico de Hegel, que disputavam a consciência oposicionista à monarquia absoluta prussiana. Paradoxalmente, o hegelianismo servia tanto os propósitos da monarquia absoluta como os que se lhe opunham, ora como exaltação do Estado como expoente da Razão, ora como campo fértil para a emergência do ideal constitucionalista, respetivamente. Esta obra é também um libelo contra o socialismo utópico francês, que, concebendo o socialismo como um ideal antiburguês, o desgarrava das lutas económicas e políticas da classe trabalhadora. O socialismo utópico é impotente e despolitizante, precisamente porque propõe – de cima para baixo – sociedades perfeitas cuja efetivação depende da boa-vontade humana e não da luta de classes, o movimento real, aquele que é preciso formar e fortalecer para abolir a dominação burguesa.

Marx e Engels interpretam o conceito de ideologia dentro do quadro da filosofia hegeliana, em que a Ideia é sujeito e os predicados são as suas objetivações. Feuerbach, em *A essência do cristianismo*[35], já havia invertido esta relação, colocando o ser humano no lugar do sujeito. Todavia, fê-lo a partir da sua crítica à religião, transformando Deus e as ideias religiosas em objetivações predicativas humanas. Marx e Engels empreendem a mesma operação, mas o seu *corpus* é a história, a atividade humana concreta. Por conseguinte, as ideias passam a ser concebidas como derivações da matéria histórica. A ideologia é, pois, assumida como falsa consciência da realidade, no sentido em que a realidade deve ser pensada a partir das condições objetivas da classe trabalhadora e das

---

*rights of Woman* (Nova Iorque: Dover Publications, p. 2): «Defendendo os direitos da mulher, o meu argumento principal é construído sobre este princípio simples, que se ela não for preparada pela educação para se tornar a companheira do homem, ela parará o progresso do conhecimento e da virtude; pois a verdade deve ser comum a todos ou será ineficaz no que diz respeito à sua influência na prática geral. E como se pode esperar que a mulher coopere a menos que saiba porque deveria ser virtuosa? A menos que a liberdade fortaleça a sua razão até que ela compreenda o seu dever e veja de que maneira ela está conectada com seu verdadeiro bem? Se as crianças devem ser educadas para compreender o verdadeiro princípio do patriotismo, a sua mãe deve ser uma patriota; e o amor da humanidade, do qual brota um conjunto ordenado de virtudes, só pode ser produzido considerando-se o interesse moral e civil da humanidade; mas a educação e a situação da mulher, no momento, impedem-na de tais investigações».

[35] Feuerbach, Ludwig (1841/2002). *A essência do cristianismo*. Lisboa: Fundação Calouste Gulbenkian.

relações que estabelece com as demais, ou seja, o ponto de partida da história é a luta de classes e não a Ideia.

Do mesmo modo, Marx e Engels criticam o conceito feuerbachiano de ser humano como entidade fixista, anunciando, ao invés, que a essência humana é o conjunto das relações sociais, ou seja, a conformação corpórea é condição necessária do ser humano, mas não condição suficiente. O sujeito da história é pois um ser vivente, real e corpóreo, mas também um ser social que estabelece relações com os outros, transformando a realidade e as relações sociais, e não uma abstração filosófica.

«Ao contrário da filosofia alemã, que desce do céu para a terra, aqui é da terra que se sobe para o céu»,[36] escrevem eles. Nesta obra podemos, pois, encontrar um primeiro esboço daquilo que viria a designar-se como materialismo histórico e materialismo dialético. A crítica de Marx e Engels à dialética hegeliana produziu uma das mais importantes revoluções do pensamento moderno: a integração da dialética no materialismo e a reconfiguração deste como materialismo dialético. A história humana é, pois, a história da luta de classes.

Nesta obra, Marx e Engels avançam também a ideia de que a escravidão na família, por via da divisão sexual do trabalho, teria sido a primeira forma de propriedade. No entanto, partiam ainda da consideração de que a divisão sexual do trabalho era natural, isto é, justificava-se biologicamente, sobretudo a partir da questão da maternidade e sua função social:

> «Essa divisão do trabalho, que implica todas essas contradições, e repousa por sua vez na divisão natural do trabalho na família e na separação da sociedade em famílias isoladas e opostas umas às outras – essa divisão do trabalho encerra ao mesmo tempo a repartição do trabalho e de seus produtos, distribuição *desigual*, na verdade, tanto em quantidade quanto em qualidade. Encerra portanto a propriedade, cuja primeira forma, o seu germe, reside na família onde a mulher e os filhos são escravos do homem. A escravidão, certamente ainda muito rudimentar e latente na família, é a primeira propriedade, que aliás já corresponde perfeitamente aqui à definição dos economistas modernos segundo a qual ela é a livre disposição da força de trabalho de outrem. Assim, divisão do trabalho e propriedade

---

[36] Marx, Karl e Engels, Friedrich (1846/2001). *A ideologia alemã*. São Paulo: Martins Fontes, p. 19.

privada são expressões idênticas – na primeira se enuncia, em relação à atividade, aquilo que na segunda é enunciado em relação ao produto dessa atividade»[37].

Apesar de terminada em 1846, *A ideologia alemã* apenas foi publicada em 1933, uma vez que os autores não encontraram ao tempo um editor disponível para a publicar.

**4.8.** Em *A miséria da filosofia* (1847) Marx, criticando a obra publicada por Proudhon *A filosofia da miséria* (1846), rejeita a argumentação moral aplicada às relações sociais, isto é, recusa-se a tratar aquilo que designa por factos económicos como sendo justos ou injustos, porque, defende, estes devem ser encarados estritamente na sua relação com o modo de produção capitalista e não por meio de abordagens éticas ou morais. Não se referindo em concreto às mulheres, esta ideia é absolutamente central para o feminismo anticapitalista, porque a situação social e económica das mulheres passa a ser do domínio da ciência, histórica e/ou económica, e não do domínio da filosofia moral ou da ética.

Marx havia citado Fourier em *A sagrada família*, mostrando que reconhecia a emancipação feminina como um barómetro do estado da emancipação geral. Na obra que agora percorro, Marx vai mais além e, de forma bastante contundente, afirma que as conquistas alcançadas pelas mulheres e crianças nas fábricas, como, por exemplo, a redução do horário de trabalho de 12 para 10 horas, beneficiam toda a classe trabalhadora, pois tornam possível estender os mesmos direitos aos homens:

> «Eles sabiam muito bem que a redução de duas horas garantida às mulheres e crianças implicaria uma redução do horário de trabalho também para os homens»[38].

**4.9.** No *Manifesto Comunista* (1848), Marx e Engels abordam a questão família sob o modo de produção capitalista, reforçando a ideia de que a família burguesa se constitui e mantém por interesses económicos:

---

[37] *Idem, ibidem*, pp. 27-28.

[38] Mark, Karl (1847). *The poverty of philosophy*. Disponível em: https://www.marxists.org/archive/marx/works/1847/poverty-philosophy/ch01b.htm

«Às relações de família a burguesia arrancou o seu véu de tocante senti-mentalismo; ela reduziu-as a simples relações de dinheiro»[39].

Todavia, a crítica à família não supõe necessariamente a sua abolição e é ambígua sobre a sua transformação, até porque Marx e Engels olham com preocupação para a sua desagregação motivada pelo desenvolvi-mento industrial e exploração a ele associada. O que se entrevê no texto é que a destruição das relações de produção capitalistas conduziria à emergência de novas formas de família, diferentes das burguesas:

«Querer abolir a família! Mesmo os mais radicais se escandalizam com este infame desígnio dos comunistas. Em que bases assenta a família bur-guesa dos nossos dias? No capital, no lucro individual. A família, na sua plenitude, existe apenas para a burguesia; mas ela tem como contrapartida a ausência forçada para o proletário de toda a vida em família e a prosti-tuição pública»[40].

Marx e Engels acusam a burguesia de transformar as crianças e as mulheres em instrumentos de produção, desumanizando-os e revelando uma visão instrumental da vida das pessoas. As infindáveis jornadas de trabalho, as precárias condições em que este é desenvolvido, a dete-rioração da saúde que daí deriva e a insalubridade destroem «todos os laços familiares relativamente ao proletário e transforma os filhos em simples artigos de comércio, em simples instrumentos de trabalho»[41]. As mulheres e as crianças são, nesta forma de exploração, concebidas como instrumentos de produção. Por conseguinte, a lógica de exploração a elas aplicada é igual à aplicada a qualquer outro instrumento de produção:

«Para o burguês, a mulher não é mais do que um instrumento de produ-ção. Ele ouve dizer que os instrumentos de produção devem ser explorados em comum e tanto lhe basta para concluir que as próprias mulheres terão de sofrer a mesma sorte de pertencer a todos.

Não lhe vem à ideia sequer que se trata precisamente de arrancar a mulher ao seu papel atual de simples instrumento de produção.

---

[39] Marx, Karl e Engels, Friedrich. (1848/1974). *Manifesto do Partido Comunista.* Coimbra: Centelha, p. 26.

[40] *Idem, ibidem*, p. 50.

[41] *Idem, ibidem*, p. 51.

PATRIARCADO E CAPITALISMO NA PREPARAÇÃO DE *O CAPITAL*

Aliás, nada existe de mais grotesco do que o horror ultramoral que inspira, aos nossos burgueses, a pretensa comunidade das mulheres que seria oficialmente preconizada pelos comunistas. Os comunistas não têm necessidade de introduzir a comunidade das mulheres: ela existiu quase sempre»[42] [43].

Todavia, se a burguesia tem esta visão instrumental das mulheres, Marx e Engels, tendo identificado o problema, também avançam uma resposta instrumental: se as relações de produção originam a comunidade de mulheres, o fim desta passa pela destruição daquelas:

> «De resto, é evidente que suprimindo o atual regime de produção se fará desaparecer a comunidade das mulheres que dele resulta, isto é, a prostituição oficial e não oficial»[44].

Fazendo uso da terminologia marxista, percebe-se nesta teorização que a resolução da questão feminina se imbrica na emancipação humana global. O problema da teoria é que não elucida sobre a emancipação política.

**4.10.** Como se verifica nas páginas anteriores, tanto Marx como Engels, como o seu trabalho conjunto, evoluem ao longo de discussões, recensões, críticas e reflexões para o que aqui me interessa sobre o patriarcado, o lugar das mulheres na organização social e produtiva e nos espaços de representação. *O Capital* (1867) não é a conclusão desse processo, tanto que ainda regista imprecisões e ambiguidades. Assim, no seu Livro I (secção IV, capítulo 12, subcapítulo 4), Marx retoma a ideia

---

[42] *Idem, ibidem*, p. 51.

[43] Curiosamente, esta ideia de que o casamento burguês é uma espécie de prostituição legalizada, como defendem Marx e Engels, tinha sido já defendida por Mary Wollstonecraft na sua obra *Vindication of the righsts of woman* (p. 63), publicada em 1790. «Entre as pessoas que têm algum rendimento, para continuar a comparação, os homens, na sua juventude, são preparados para profissões, e o casamento não é considerado muito importante para as suas vidas; ao passo que as mulheres, pelo contrário, não têm outro esquema para superar as suas dificuldades. Não é o negócio, ou planos detalhados, ou os grandes voos da ambição, que concentram a sua atenção; não, os seus pensamentos não se ocupam de alcançar tão nobres estruturas. Para subirem na vida, e terem a liberdade de correr de prazer em prazer, têm de se casar vantajosamente, e o seu tempo é dedicado a este objetivo, e estas pessoas são com frequência legalmente prostituídas».

[44] *Idem, ibidem*, pp. 51-52.

avançada em *A ideologia alemã*, a de que a divisão sexual do trabalho na família tem a sua origem na biologia:

«A divisão do trabalho na sociedade e a correspondente limitação dos indivíduos a esferas profissionais particulares se desenvolve, como a divisão do trabalho na manufatura, a partir de pontos opostos. Numa família ou, com o desenvolvimento ulterior, numa tribo, surge uma divisão natural--espontânea do trabalho fundada nas diferenças de sexo e de idade, portanto, sobre uma base puramente fisiológica, que amplia seu material com a expansão da comunidade, com o aumento da população e, especialmente, com o conflito entre as diversas tribos e a subjugação de uma tribo por outra»[45].

Nesta obra, os efeitos da substituição da mão de obra masculina pela feminina e infantil são novamente descritos, revelando as difíceis condições de vida do operariado. O facto de Marx se referir inúmeras vezes às condições de trabalho e de vida das mulheres trabalhadoras significa que ele percebia que a exploração era diferenciada, que a exploração era um traço comum ao modo de produção capitalista, mas era genderizada. Assinala ele, por exemplo:

«Na Inglaterra, ocasionalmente ainda se utilizam, em vez de cavalos, mulheres para puxar etc. os barcos nos canais, porque o trabalho exigido para a produção de cavalos e máquinas é uma quantidade matematicamente dada, ao passo que o exigido para a manutenção das mulheres da população excedente está abaixo de qualquer cálculo»[46].

Ou ainda, entre muitas outras:

«A exploração de forças de trabalho baratas e imaturas torna-se mais inescrupulosa na manufatura moderna do que na fábrica propriamente dita, pois a base técnica existente nesta última, a substituição da força muscular por máquinas e a facilidade do trabalho é algo que inexiste, em grande parte, na primeira, que, ao mesmo tempo, submete o corpo de mulheres e crianças, com a maior naturalidade, à influência de substâncias tóxicas

---

[45] Marx, Karl (1867/2011). *O Capital*, Livro I. São Paulo: Boitempo, p. 529.
[46] *Idem, ibidem*, p. 574.

etc. Essa exploração se torna ainda mais inescrupulosa no assim chamado trabalho domiciliar do que na manufatura, porque a capacidade de resistência dos trabalhadores diminui em consequência de sua dispersão, porque toda uma série de parasitas rapaces se interpõe entre o verdadeiro patrão e o trabalhador, porque o trabalho domiciliar compete em toda parte e no mesmo ramo da produção com a indústria mecanizada ou, ao menos, manufatureira; porque a pobreza rouba do trabalhador as condições de trabalho mais essenciais, como espaço, luz, ventilação etc.; porque cresce a instabilidade do emprego e, finalmente, porque a concorrência entre os trabalhadores atinge necessariamente seu grau máximo nesses últimos refúgios daqueles que a grande indústria e a grande agricultura transformaram em "supranumerários [überzählig]"»[47].

Mais do que um retrato social, esta persistência no assunto revela um dado importante e bastante inovador para a época, assim como revela um avanço no pensamento marxista: as mulheres são reconhecidas como parte da classe operária, como proletárias[48]. Esta transformação representa o reconhecimento das mulheres como parte desse sujeito emancipador e revela-as como política e economicamente ativas. Todavia, ou em razão disso, Marx, em jeito de graça, parece não reconhecer a importância de um movimento de mulheres, pelo menos é o que dá a entender numa carta que dirige a Louis Kugelmann, pensador e ativista alemão, a 5 de dezembro de 1868:

«A sua esposa também é ativista da grande campanha alemã pela emancipação das mulheres? Eu acho que as mulheres alemãs deveriam ter começado por conduzir os seus homens para a autoemancipação»[49].

---

[47] *Idem, ibidem*, pp. 650-651.

[48] Em nota à edição inglesa de 1888, Engels definia assim o proletariado: «Por proletariado, a classe dos trabalhadores assalariados modernos, os quais, não tendo meios próprios de produção, estão reduzidos a vender a sua força de trabalho [labourpower] para poderem viver». In Marx, Karl e Engels, Friedrich. (1848/1997). *Manifesto do Partido Comunista*. Lisboa: Avante!, p. 28.

[49] Marx, Karl (s/d). "Carta 5 de dezembro de 1868". In *Letters to Kugelmann*. Londres: Martin Lawrence, p. 82.

Disponível em: http://ciml.250x.com/archive/marx_engels/english/1934_marx_letters_to_kugelmann.pdf

Uma semana depois, a 12 de dezembro de 1868, redige nova carta a Louis Kugelmann desculpando-se pela graça e fazendo suas as palavras que 13 anos antes, em *A sagrada família*, tinha tomado de empréstimo a Fourier, talvez para deixar claro que efetivamente reconhecia a importância da afirmação das mulheres como sujeito político.

«Diga à tua mulher que eu nunca "suspeitei" que ela fosse uma das subordinadas da generala Geck. A minha pergunta deve ser entendida como uma piada. Em qualquer caso, as mulheres não podem queixar-se da *Internacional*, pois foi eleita uma mulher, a senhora Law, para membro do Conselho Geral. Piadas à parte, grandes progressos foram evidentes no último Congresso do Sindicato dos Trabalhadores Americano que, entre outras coisas, tratou as mulheres trabalhadoras com completa igualdade, enquanto a este respeito os ingleses e os galantes franceses carregam um espírito de intolerância. Quem quer que conheça alguma coisa de história sabe que as grandes mudanças sociais são impossíveis sem o fermento feminino. O progresso social pode ser medido exatamente pela posição do sexo justo (feias incluídas)»[50].

Esta questão é extremamente importante e revela uma rutura fundamental do marxismo com uma parte do pensamento sociopolítico da época, socialismo incluído, que considerava as mulheres como estranhas na classe trabalhadora.

Outra das questões importantes abordada nesta obra tem a ver com a forma como o capitalismo se apropria da vida das pessoas, não só na exploração da força de trabalho, mas também através da colonização da vida privada. Marx considera que a produção e a reprodução da ordem social não podem ser concebidas separadamente, pois são processos que reciprocamente se relacionam, ou seja, no capitalismo, o consumo da força de trabalho e a renovação das condições de exploração do trabalhador são um processo contínuo e em relação. Isto significa que o capital se reproduz sempre que os trabalhadores e as trabalhadoras consomem os produtos que garantem a sua subsistência, independentemente de este consumo ocorrer fora ou dentro do local de produção. Por outras

---

[50] Marx, Karl (s/d). "Carta 12 de dezembro de 1868". In *Letters to Kugelmann*. Londres: Martin Lawrence, p. 83.

Disponível em: http://ciml.250x.com/archive/marx_engels/english/1934_marx_letters_to_kugelmann.pdf

palavras, quando o trabalhador ou trabalhadora se alimenta no espaço doméstico, o capital reproduz-se.

O consumo individual dos trabalhadores e trabalhadoras é, assim, indispensável para o capitalista, não só porque dessa forma os salários são convertidos em compra de mercadorias, mas também porque desta forma garante a conservação e reprodução da força de trabalho:

> «O capital que foi alienado em troca da força de trabalho é convertido em meios de subsistência, cujo consumo serve para reproduzir os músculos, os nervos, os ossos, o cérebro dos trabalhadores existentes e para produzir novos trabalhadores. Dentro dos limites do absolutamente necessário, portanto, o consumo individual da classe trabalhadora é a reconversão dos meios de subsistência, alienados pelo capital em troca da força de trabalho, em nova força de trabalho a ser explorada pelo capital. Tal consumo é produção e reprodução do meio de produção mais indispensável ao capitalista: o próprio trabalhador. O consumo individual do trabalhador continua a ser, assim, um momento da produção e reprodução do capital, quer se efetue dentro, quer fora da oficina, da fábrica etc., e quer se efetue dentro, quer fora do processo de trabalho, exatamente como ocorre com a limpeza da máquina, seja ela realizada durante o processo de trabalho ou em determinadas pausas deste último. O fato de o trabalhador realizar seu consumo individual por amor a si mesmo, e não ao capitalista, não altera em nada a questão. (...) A manutenção e reprodução constantes da classe trabalhadora continuam a ser uma condição constante para a reprodução do capital»[51].

Se, aparentemente, o trabalhador tem autonomia na forma como gasta o seu salário, e em regra os seus consumos são feitos longe do controlo do capitalista, não fazendo por isso parte do processo de produção de mercadorias, ele está inevitavelmente relacionado com a reprodução da força de trabalho, na medida em que os trabalhadores concorrem entre si e, nesse sentido, o consumo deve garantir que o trabalhador seja competitivo na venda da sua força de trabalho. Por outras palavras, mesmo afastado do processo produtivo, os consumos do trabalhador são tutelados pelas necessidades da produção capitalista. Esta mesma lógica de exploração é extensível à família do trabalhador, pois todos os seus

---

[51] Marx, Karl (1867/2011). *O Capital*, Livro I. São Paulo: Boitempo, pp. 788-789.

membros são potenciais vendedores de força de trabalho, mulheres e crianças. Por isso, escreve:

> «Com base na troca de mercadorias, o primeiro pressuposto era de que capitalista e trabalhador se confrontassem como pessoas livres, como possuidores independentes de mercadorias, sendo um deles possuidor de dinheiro e de meios de produção e o outro possuidor de força de trabalho. Agora, porém, o capital compra menores de idade, ou pessoas desprovidas de maioridade plena. Antes, o trabalhador vendia sua própria força de trabalho, da qual dispunha como pessoa formalmente livre. Agora, ele vende mulher e filho. Torna-se mercador de escravos»[52].

Esta situação, para além de evidenciar a tutela absoluta do capitalista sobre o trabalhador, é uma forma de o docilizar, pois a contratação de mulheres e crianças a preços mais baixos são o espectro que paira sobre os trabalhadores, funcionando não só como uma forma de desestruturação das relações familiares, mas também como um travão à luta de classes. A substituição da mão de obra masculina por mão de obra feminina e infantil foi usada para baixar salários e para alterar a forma como era calculado o valor da força de trabalho, já que antes este era concebido como salário familiar e agora passa a ser entendido como salário individual:

> «O valor da força de trabalho estava determinado pelo tempo de trabalho necessário à manutenção não só do trabalhador adulto individual, mas do núcleo familiar. Ao lançar no mercado de trabalho todos os membros da família do trabalhador, a maquinaria reparte o valor da força de trabalho do homem entre sua família inteira. Ela desvaloriza, assim, sua força de trabalho. É possível, por exemplo, que a compra de uma família parcelada em quatro forças de trabalho custe mais do que anteriormente a compra da força de trabalho de seu chefe, mas, em compensação, temos agora quatro jornadas de trabalho no lugar de uma, e o preço delas cai na proporção do excedente de mais-trabalho dos quatro trabalhadores em relação ao mais-trabalho de um. Para que uma família possa viver, agora são quatro pessoas que têm de fornecer ao capital não só trabalho, mas mais-trabalho. Desse modo, a maquinaria desde o início amplia, juntamente com o material humano de

---

[52] *Idem, ibidem*, p. 576.

exploração, ou seja, com o campo de exploração propriamente dito do capital, também o grau de exploração»[53].

A exploração capitalista, ao integrar as mulheres no trabalho assalariado, contribuiu para desafiar e dissolver as relações familiares como eram até então conhecidas. E Marx reconhece-o:

«Não foi, no entanto, o abuso da autoridade paterna que criou a exploração direta ou indireta de forças de trabalho imaturas pelo capital, mas, ao contrário, foi o modo capitalista de exploração que, suprimindo a base econômica correspondente à autoridade paterna, converteu esta última num abuso. Mas por terrível e repugnante que pareça a dissolução do velho sistema familiar no interior do sistema capitalista, não deixa de ser verdade que a grande indústria, ao conferir às mulheres, aos adolescentes e às crianças de ambos os sexos um papel decisivo nos processos socialmente organizados da produção situados fora da esfera doméstica, cria o novo fundamento econômico para uma forma superior da família e da relação entre os sexos. (...) Também é evidente que a composição do pessoal operário por indivíduos de ambos os sexos e das mais diversas faixas etárias, que em sua forma capitalista, natural-espontânea e brutal – em que o trabalhador existe para o processo de produção, e não o processo de produção para o trabalhador –, é uma fonte pestífera de degeneração e escravidão, pode se converter, sob as condições adequadas, em fonte de desenvolvimento humano»[54].

Podemos ver neste livro a evolução do pensamento de Marx, nomeadamente na consideração das mulheres como parte do sujeito revolucionário e mesmo na ideia de «uma forma superior de família». Esta conclusão é o resultado da observação das difíceis condições de trabalho e da compreensão da estratégia do capitalismo em fomentar a concorrência entre as massas trabalhadoras usando a mão de obra feminina como fator de dissensão entre a classe operária.

A desnaturalização da opressão, isto é, a descoberta de que a desigualdade entre os sexos é resultado das relações sociais e não da biologia, é trabalhada por Engels em *A origem da família, da propriedade privada e do Estado*, um livro escrito e publicado após a morte de Marx. Talvez

---

[53] *Idem, ibidem*, p. 576.
[54] *Idem, ibidem*, p. 684.

por essa razão, Marx, na obra que estou a citar, ainda considere a origem das diferenças entre homens e mulheres naturais, isto é, do domínio da biologia. Todavia, isso não o impede de registar os efeitos sociais específicos da integração do trabalho sob o capitalismo e, em particular, de olhar para a desestruturação do sistema familiar provocado pela sobre-exploração e perceber as alterações que esta nova ordem instaura como um campo de possibilidades para engendrar uma outra forma de família e de relação entre os sexos, que caracteriza como «fonte de desenvolvimento humano». Vislumbra-se aqui a consecução da tese 11 sobre Feuerbach: «Os filósofos têm apenas interpretado o mundo de maneiras diferentes; a questão, porém, é transformá-lo»[55].

**4.11.** *A origem da família, da propriedade privada e do Estado* (1884) é uma obra de Engels escrita e publicada após a morte de Marx. Engels parte para a escrita desta obra tendo por base anotações de Marx feitas no livro *Ancient society* de Lewis Morgan[56], publicado em 1877, e de Johann Bachofen[57], ambos antropólogos. Apresenta assim o seu projeto:

> «As páginas seguintes vêm a ser, de certo modo, a execução de um testamento. Marx dispunha-se a expor, pessoalmente, os resultados das investigações de Morgan em relação com as conclusões da sua (até certo ponto posso dizer nossa) análise materialista da história, para esclarecer assim, todo o seu alcance. (...) O meu trabalho só debilmente pode substituir aquele que o meu falecido amigo não chegou a escrever. Disponho, entretanto, não só dos excertos detalhados que Marx retirou à obra de Morgan, como também das suas anotações críticas, que reproduzo aqui sempre que oportunas»[58].

---

[55] Marx, Karl (1845/1982). "Teses sobre Feuerbach". In Karl Marx e Friedrich Engels, *Obras Escolhidas de Marx e Engels*, vol. I. Lisboa: Avante!, p. 3.

[56] Lewis Morgan (1818-1881) publicou em 1877 o livro *Ancient society*, onde defendia a tese de que a história humana se divide em três momentos de desenvolvimento social fundamentais, o estado selvagem, a barbárie e a civilização. Em cada um destes momentos, a família tem características distintas, evoluindo de uma forma inferior para uma forma superior. Disponível em: https://www.marxists.org/reference/archive/morgan-lewis/ancient-society/

[57] Johann Bachoffen (1815-1887) foi um antropólogo suíço, precursor do estudo sobre a família com base em critérios científicos, que defendeu a teoria de que teria existido um matriarcado original, uma ginocracia, num livro publicado em 1861, o *Mother Right: an investigation of the religious and juridical character of matriarchy in the Ancient World*.

[58] Engels, Friedrich (1884/1975). *A origem da família, da propriedade privada e do Estado*. Lisboa: Presença, pp. 7-8.

*A origem da Família, da propriedade privada e do Estado* é, provavelmente, uma das mais importantes investigações e reflexões teóricas do marxismo para o movimento feminista anticapitalista. É um diálogo fecundo entre o materialismo histórico e a emergente ciência antropológica, tendo por base os estudos de Lewis Morgan sobre as comunidades iroquesas, e essa foi a principal inspiração de Engels na sua análise das formas históricas de família. Nela, Engels estabelece a relação entre o capitalismo e aquilo a que chama de instituição em permanente mudança, a família. É, pois, uma leitura histórica da família e da sua relação com as questões de classe, da subalternidade feminina e da propriedade privada.

À distância de quase um século e meio, percebemos que a obra de Engels é perpassada por várias imprecisões. Curiosamente, Engels, que é um pensador crítico, tem noção de que não está a escrever a última palavra e, por isso, afirma que a análise de Lewis Morgan «(...) permanecerá certamente em vigor até que uma riqueza de dados muito mais considerável nos obrigue a modificá-la»[59]. Todavia, é injusto criticar Engels à luz do que hoje sabemos e desgarrá-lo do tempo em que viveu. Se recusarmos as leituras a-históricas e o situarmos no seu tempo, descobriremos nele um visionário, alguém que, com as poucas ferramentas que tinha, foi capaz de identificar o patriarcado como estrutura social e de encontrar o fio histórico que construiu e reificou a desigualdade entre homens e mulheres, sendo esta desigualdade entendida como inferioridade, quer ontológica, quer social.

Engels procura perceber como se deu a passagem das sociedades ginocratas, baseadas no direito materno, para as sociedades patriarcais, baseadas no direito paterno, caracterizando «o desmoronamento do direito materno» como «a grande derrota histórica do sexo feminino em todo o mundo», pois «o homem apoderou-se também da direção da casa; a mulher viu-se degradada, convertida em servidora, em escrava da luxúria do homem, em simples instrumento de reprodução»[60].

Marx e Engels, em *A ideologia alemã*, já tinham afirmado que a primeira divisão sexual do trabalho foi a que ocorreu entre homens e mulheres para a procriação dos filhos. Nesta obra, Engels reforça essa ideia e defende que, até ao surgimento da família sindiásmica, predominava uma economia doméstica comunista, na qual havia preponderância

---

[59] *Idem, ibidem*, p. 31.
[60] *Idem, ibidem*, p. 76.

CONTEXTOS E RECEPÇÕES

da mulher dentro da *gens*, não obstante já existir uma divisão sexual do trabalho como primeira forma de divisão do trabalho.

As descobertas antropológicas punham assim em causa que a opressão das mulheres tivesse uma origem biológica, ao afirmarem que nem sempre as sociedades se organizaram dessa forma. Ora, se nem sempre foi assim, é porque a opressão tem raízes históricas, não resulta de nenhuma essência feminina ou masculina. Assim, baseado em dados antropológicos, Engels investiga e conclui que as sociedades ginocratas foram suplantadas por outras em que a ordem social se transformou. Localiza essa transformação entre a fase média e a fase superior da barbárie[61], quando surge um novo modelo de família, a família monogâmica, que suplanta a família sindiásmica, e que responde à necessidade de transferir a propriedade para herdeiros legítimos, o que passa a condicionar as formas de relacionamento e a colocar um ferrete sobre a livre expressão sexual das mulheres, originando a emergência de uma nova moral sexual que autoriza a infidelidade masculina e impõe a castidade feminina. Nascia assim a família monogâmica. Afirma ele:

> «O seu triunfo definitivo é um dos sintomas da civilização nascente. Baseia-se no predomínio do homem; a sua finalidade expressa é a de procriar filhos cuja paternidade seja indiscutível; e exige-se essa paternidade indiscutível porque os filhos, na qualidade de herdeiros diretos, entrarão, um dia, na posse dos bens de seu pai. A família monogâmica diferencia-se do matrimónio sindiásmico por uma solidez muito maior dos laços conjugais, que já não podem ser rompidos por vontade de qualquer das partes. Agora, como regra, só o homem pode rompê-los e repudiar a sua mulher. Ao homem se concede igualmente o direito à infidelidade conjugal, sancionado ao menos pelo costume (o Código Napoleónico outorga-o expressamente, desde que ele não traga a concubina ao domicílio conjugal), e esse direito exerce-se cada vez mais amplamente, à medida que se processa a evolução da sociedade. Quando a mulher, por acaso, recorda as antigas práticas sexuais

---

[61] Engels caracterizava do seguinte modo a classificação de Morgan: «Estado selvagem – período em que predomina a apropriação de produtos da natureza, prontos para serem utilizados; as produções artificiais do homem são, sobretudo, destinadas a facilitar essa apropriação. Barbárie – período em que aparecem a criação de gado e a agricultura por meio do trabalho humano. Civilização – período em que o homem continua aprendendo a elaborar os produtos naturais, período da indústria propriamente dita e da arte. In *A origem da família, da propriedade privada e do Estado*. Lisboa: Presença, p. 38.

PATRIARCADO E CAPITALISMO NA PREPARAÇÃO DE *O CAPITAL*

e intenta renová-las, é castigada mais rigorosamente do que em qualquer época anterior»[62].

Para Engels, a monogamia não representa uma união livre de vontades. Pelo contrário, vê nela a subjugação do feminino ao masculino:

«A monogamia não aparece na história, portanto, como uma reconciliação entre o homem e a mulher e, menos ainda, como a forma mais elevada de matrimónio. Pelo contrário, ela surge sob a forma de escravização de um sexo pelo outro, como proclamação de um conflito entre sexos, ignorado, até então, na pré-história. Num velho manuscrito inédito, redigido em 1846 por Marx [*A ideologia alemã*] e por mim, encontro a seguinte frase: "A primeira divisão do trabalho é a que se fez entre o homem e a mulher para a procriação dos filhos". Hoje posso acrescentar: o primeiro antagonismo de classes que apareceu na história coincide com o desenvolvimento do antagonismo entre o homem e a mulher na monogamia; e a primeira opressão de classes, com a opressão do sexo feminino pelo masculino»[63].

Engels relaciona o surgimento da propriedade privada com a subordinação das mulheres e sinaliza-os como marco histórico do início da luta de classes. A família monogâmica patriarcal é, pois, o que sustenta o desenvolvimento de novas relações de propriedade e produção, assim como instaura uma nova divisão sexual do trabalho, remetendo as mulheres para o espaço doméstico e para a dependência económica. Nesse contexto, os casamentos com matriz económica são os que predominam nas sociedades burguesas e centram-se na necessidade de transmissão da propriedade.

Engels tem a argúcia de perceber que uma das transformações à estrutura familiar introduzida pela exploração do capitalismo industrial coloca as mulheres trabalhadoras numa situação insustentável, já que estas, se se dedicarem às tarefas domésticas, não têm espaço no trabalho assalariado que lhes garante autonomia económica. Se, pelo contrário, forem trabalhadoras assalariadas, ficam impedidas, devido à interminável jornada de trabalho, de garantir as tarefas domésticas.

---

[62] *Idem, ibidem*, pp. 81-82.
[63] *Idem, ibidem*, p. 86.

«O governo do lar perdeu o seu caráter social. A sociedade já nada mais tinha a ver com ele. O governo do lar transformou-se em serviço privado; a mulher converteu-se na primeira criada, sem participação na produção social. Só a grande indústria dos nossos dias lhe abriu de novo – embora apenas para a proletária – o caminho da produção social. Mas fê-lo de maneira tal que, se a mulher cumpre os seus deveres domésticos no seio da família, fica excluída do trabalho social e nada pode ganhar; e, se quer tomar parte na indústria social e ganhar a sua vida de maneira independente, é-lhe impossível cumprir com as obrigações domésticas. Da mesma forma que na fábrica, é isso o que acontece à mulher em todos os setores profissionais, inclusive na medicina e na advocacia. A família individual moderna baseia-se na escravidão doméstica, franca ou dissimulada, da mulher, e a sociedade moderna é uma massa cujas moléculas são as famílias individuais»[64].

Se o casamento burguês é sustentado por interesses económicos, o casamento proletário não o é necessariamente, uma vez que não há propriedade a transmitir, logo, «ironia da história», ele pode ser a expressão livre das vontades dos homens e das mulheres oprimidos, como argumenta Engels:

«Nas relações com a mulher, o amor sexual só pode ser, de facto, uma regra entre as classes oprimidas, quer dizer, nos nossos dias, entre o proletariado, estejam ou não oficializadas essas relações. Mas também desapareceram, nesses casos, todos os fundamentos da monogamia clássica. Faltam aqui, por completo, os bens de fortuna, para cuja conservação e transmissão por herança foram instituídos, precisamente a monogamia e o domínio do homem; e, por isso, aqui também, falta todo o motivo para estabelecer a supremacia masculina. Mais ainda, faltam até os meios de consegui-lo: o direito burguês, que protege essa supremacia, só existe para as classes possuidoras e para regular as relações destas classes com os proletários. (...) A classe dominante continua submetida às influências económicas conhecidas e, somente por exceção, apresenta casos de casamentos realizados verdadeiramente com toda a liberdade; enquanto esses casamentos, como já vimos, constituem a regra nas classes oprimidas»[65].

---

[64] *Idem, ibidem*, pp. 96-97.
[65] *Idem, ibidem*, pp. 94, 107.

PATRIARCADO E CAPITALISMO NA PREPARAÇÃO DE *O CAPITAL*

Do mesmo modo, a questão da dependência económica das mulheres que o casamento instaura, porque as remete para o espaço doméstico, não tem paralelo entre as formas de família burguesa e proletária. O acesso e detenção de propriedade é o que explica a supremacia masculina dentro das famílias patriarcais. Se este cenário não se verifica nas famílias operárias, verifica-se um outro. Os proletários industriais estavam a ser substituídos nas fábricas pelas mulheres e crianças e isso desestruturava a forma como as famílias se organizavam. Isto significa que foi o contexto histórico, e não uma qualquer superioridade moral ou política dos homens proletários, que fez com que a autoridade patriarcal se manifestasse diferentemente nas famílias operárias e que as mulheres gozassem de um certo grau de autonomia:

«Além disso, sobretudo desde que a grande indústria arrancou a mulher ao lar para atirá-la no mercado de trabalho e na fábrica, convertendo-a, frequentemente, em sustentáculo da casa, ficaram desprovidos de qualquer base os restos da supremacia do homem no lar proletário, excetuando-se, talvez, certa brutalidade no trato com as mulheres, muito arraigada desde o estabelecimento da monogamia. Por isso o heterismo e o adultério, eternos companheiros da monogamia, desempenham aqui um papel quase nulo; a mulher reconquistou, na prática, o direito de divórcio e os esposos preferem separar-se quando já não se podem entender um com o outro. Resumindo: o matrimónio proletário é monogâmico no sentido etimológico da palavra, mas de modo algum no seu significado histórico»[66].

Todavia, a identificação da opressão fundamentalmente a partir do lugar económico ocupado pelas mulheres na produção e a suposição de que as relações entre os homens e as mulheres da classe trabalhadora seriam livres, ou mais livres, de opressão por não existir nesse casamento interesse económico é reveladora de um enorme otimismo sem respaldo na realidade.

Continua Engels: «A família é produto do sistema social e refletirá o estado de cultura desse sistema»[67], pelo que vislumbra a possibilidade da constituição de outro tipo de família. Abolindo a propriedade privada, que está na origem dos casamentos económicos, é possível forjar um

---

[66] *Idem, ibidem*, pp. 94-95.
[67] *Idem, ibidem*, p. 109.

outro tipo de casamento, uma relação baseada no amor e «na igualdade entre os dois sexos»[68]. Esse casamento é monogâmico, mas extirpado das características que lhe foram impostas pelas relações de propriedade: a supremacia masculina e a indissolubilidade. Conclui, por isso:

> «Se o matrimónio baseado no amor é o único moral, só pode ser moral o matrimónio onde o amor persiste. Mas a duração do amor sexual é muito variável, segundo os indivíduos, particularmente entre os homens; em virtude disso, quando o afeto desaparece ou é substituído, por um novo amor, o divórcio será um benefício tanto para ambas as partes como para a sociedade»[69].

Sem prescrever receitas de como será ou deverá ser a nova família surgida da sociedade sem classes, Engels ensaia algumas respostas para os problemas que reconhece e antevê:

> «Quando os meios de produção passarem a ser propriedade comum, a família individual deixará de ser a unidade económica da sociedade. A economia doméstica converter-se-á em indústria social. O trato e a educação das crianças tornar-se-ão assunto público; a sociedade cuidará, com o mesmo empenho, de todos os filhos, sejam legítimos ou naturais. Desaparecerá, assim, o temor das "consequências", que é hoje o mais importante motivo social – tanto do ponto de vista moral como do ponto de vista económico – que impede uma jovem solteira de se entregar livremente ao homem que ama. Não bastará isso para que se desenvolvam, progressivamente, relações sexuais mais livres, e também para que a opinião pública se torne menos rigorosa quanto à honra das virgens e à desonra das mulheres?»[70].

Esta obra tem ainda mais importância se a situarmos historicamente e percebermos que surge num contexto em que, não só no senso comum, mas também nos meios intelectuais, a tese que hegemonizava o pensamento era a de que a situação social, política, económica e cultural subordinada das mulheres era fruto e expressão da natureza/essência

---

[68] *Idem, ibidem*, p. 110.
[69] *Idem, ibidem*, p. 108.
[70] *Idem, ibidem*, pp. 99-100.

feminina. A revolução operada por Engels consiste precisamente nisso, na recusa do essencialismo e na busca de razões históricas capazes de explicarem a dominação masculina e a subordinação feminina, no fundo, o fermento que no século XX fará surgir a teoria do género, a qual reconhece nas relações sociais de poder parte da explicação para a desigualdade formal e simbólica das mulheres. Dito por outras palavras, aquilo que Engels fez foi aplicar o materialismo histórico à situação das mulheres. Este processo permitiu a desnaturalização da opressão, isto é, permitiu perceber que o lugar depreciado que as mulheres ocupam nas estruturas sociais, culturais e económicas tem raízes na história e não numa essência, numa característica biológica.

A análise da família a partir das relações de produção origina um outro efeito notável, a dispensa do discurso moralista. Em resultado de tudo isto, Marx e Engels passam a perceber as mulheres como sujeitos históricos, o que permite que sejam concebidas como trabalhadoras e parte da classe operária e não como estranhas ao processo de emancipação humana.

Outro autor central para a história das ideias feministas anticapitalistas é Auguste Bebel (1840-1913), autor de *A mulher e o socialismo*[71], obra publicada cinco anos antes do livro de Engels. Nela «abordava toda a história das mulheres, desde a sociedade primitiva até ao presente (...). Ao contrário do trabalho de Engels, *A origem da família, da propriedade privada e do Estado*, Bebel oferecia pouca análise teórica. Sua crítica era essencialmente moral, centrada nos males e na hipocrisia da sociedade burguesa»[72]. Após a publicação de *A origem da família, da propriedade privada e do Estado*, o próprio Bebel incorporou os avanços teóricos apresentados na obra nas edições subsequentes de *A mulher e o socialismo*.

---

[71] Bebel, Auguste (1879). *Die Frau und der Sozialismus*. Publicado em 1879, cinco anos antes de *A origem da família, da propriedade privada e do Estado*, o livro foi imediatamente proibido. Apesar disso, teve múltiplas edições. Em 1891 foi publicado pela primeira vez em francês, numa edição prefaciada por Paul Lafargue. Disponível em: https://www.marxists.org/francais/bebel/bebel_fs.htm

[72] Goldman, Wendy (2014). *Mulher, Estado e Revolução: política familiar e vida social soviéticas, 1917-1936*. São Paulo: Boitempo.

## 5. CONCLUSÕES

Marx e Engels foram homens do seu tempo. Olharam a realidade, interpretaram-na e procuraram transformá-la. Muitas das leituras feministas contemporâneas dos seus textos e proposta política enfermam, na minha opinião, de dois problemas principais: (1) confundem desejo com possibilidade histórica, e por isso acusam-os de não terem tido para com as questões das mulheres a mesma radicalidade teórica que os motivou noutros temas, e (2) outras acusam-nos de não terem dialogado com o movimento feminista da sua época e com as ideias emancipatórias que iam sendo avançadas, esquecendo que o antagonismo de classes era o instrumento de interpretação da realidade e que este era em si mesmo uma novidade em rutura com o pensamento da época. Contesto ambas as críticas e as interpretações que as sustentam. Pelo contrário, argumento que o percurso intelectual que foi esboçado nas páginas anteriores indica uma crescente sensibilidade de Marx e de Engels para o papel do patriarcado como construtor da desigualdade de género e sobre como este foi absorvido na modernidade capitalista. Mais ainda, os dois autores foram descobrindo, além do papel submetido das mulheres na produção, reprodução e normalização das relações sociais, a sua força emancipatória e as transformações que são possíveis para a criação de um novo modelo de família baseado no amor e na cooperação.

Marx e Engels não estão isentos de crítica, o que, aliás, seria contraditório com o seu próprio pensamento, que era crítico e antidogmático. Não eram conhecedores de todos os textos da sua época, percebendo-se que dialogavam, preferencialmente, com os pensadores e as pensadoras que se exprimiam no campo da política e não noutros territórios, mas foram capazes de descobrir a origem e as raízes profundas da desigualdade e de colocar as mulheres no processo da emancipação humana.

Devemos, por isso, olhá-los como obreiros de um monumento colossal do pensamento e da transformação política e social. Devemos percebê-los como protagonistas da mais importante revolução filosófica e política oitocentista e conhecer as transformações que a industrialização trouxe à organização do trabalho e à transformação da estrutura familiar. O que fizeram foi monumental e seria injusto e falso dizer que se esqueceram das mulheres. Marx e Engels descobriram as mulheres na classe trabalhadora e a abordagem que fizeram das condições de trabalho e da exploração foi genderizada, permitindo-nos hoje conhecer e

## PATRIARCADO E CAPITALISMO NA PREPARAÇÃO DE *O CAPITAL*

perceber como viviam as mulheres da classe trabalhadora e, com eles, concluir aquilo que Clara Zetkin afirmou no seu discurso no Congresso de Fundação da II Internacional: «Não é o trabalho feminino em si que rebaixa os salários ao entrar em competição com o trabalho masculino, mas a exploração do trabalho feminino pelos capitalistas que dele se apropriam»[73].

Numa época em que parte do movimento socialista e do movimento operário se opunha à entrada das mulheres no trabalho assalariado, Marx e Engels foram parte dessa disputa e escolheram o lado das mulheres, reconhecendo-lhes o estatuto de trabalhadoras e incluindo-as no movimento de emancipação humana. A classe trabalhadora foi elevada a sujeito histórico, a motor da história, e as mulheres formam parte dela. Não é coisa pouca, sobretudo se percebermos que esta era uma conceção dissonante no espírito da época e, por isso, absolutamente radical.

Reconhecer Marx e Engels como pilares do pensamento socialista faz-nos desejar que o fossem também do pensamento feminista. Mas o desejo turva a leitura da radicalidade dos pensadores. Marx e Engels são precursores também para o feminismo, não porque tenham teorizado especificamente sobre a emancipação das mulheres, mas porque as visibilizaram e as incluíram na história. Não podemos esquecer o papel da luta de classes e do proletariado na teoria marxista e devemos ter presente que as mulheres foram por eles integradas, quer no movimento histórico emancipador, quer no sujeito histórico protagonista desse movimento. Não podemos esquecer também que os instrumentos de pensamento da teoria marxista, mesmo não tendo sido propostos para as lutas contra o patriarcado, são fundamentais na compreensão e transformação das estruturas da opressão. Não foram mais longe do que isso, mas esse caminho foi imenso.

Podemos também perguntar por que razão não dialogaram com o movimento sufragista da época, mas devemos ter presente a natureza desse movimento e perceber que os interesses que defendia eram omissos ou contrários à luta de classes. Dizia Engels, numa carta enviada a Gertrude Guillaume-Schack, uma socialista alemã que lhe perguntava se a proposta de salários iguais para homens e mulheres inscrita no

---

[73] Clara Zetkin no seu discurso no Congresso de Fundação da II Internacional em 1889. In Wendy Goldman (2014). *Mulher, Estado e Revolução: política familiar e vida social soviéticas, 1917-1936*. São Paulo: Boitempo, p. 62.

programa do Partido dos Trabalhadores Franceses tinha sido elaborada por ele e por Marx:

> «Salários iguais para trabalho igual, até à sua abolição geral, é exigido, tanto quanto sei, por todos os socialistas. Que a mulher trabalhadora precisa de especial proteção contra a exploração capitalista por causa de suas funções fisiológicas especiais é óbvio para mim. As mulheres inglesas que defendiam o direito formal dos membros do seu sexo de se permitirem ser tão completamente exploradas pelos capitalistas como os homens estão maioritariamente, direta ou indiretamente, interessadas na exploração capitalista de ambos os sexos. Admito que estou mais interessado na saúde das futuras gerações do que na igualdade formal absoluta dos sexos durante os últimos anos do modo de produção capitalista. É minha convicção que a verdadeira igualdade entre mulheres e homens só pode se concretizar quando a exploração do capital for abolida e o trabalho doméstico privado for transformado em uma indústria pública»[74].

Critiquemos então Marx e Engels pelo que disseram e pelo que não disseram, mas façamo-lo tendo presente o tempo histórico em que viveram. Não confundamos, pois, desejo com possibilidade histórica e, sobretudo, não culpemos Marx e Engels pelos erros de marxismos posteriores.

Nas notas seguintes, resumo destas leituras de Marx e Engels o que considero ter sido o seu legado essencial para o movimento feminista anticapitalista.

## 5.1. A opressão tem bases materiais

A rutura com o hegelianismo forjou uma nova filosofia assente na realidade concreta, realidade essa que é produtora das ideias que conformam a sociedade. Esta inversão dos termos da dialética hegeliana é o fermento que permite fundar o materialismo histórico e o materialismo dialético. Fazendo «descer a filosofia do céu à terra», os seres humanos passam a ser protagonistas da sua história. O materialismo histórico é das mais preciosas e poderosas ferramentas para o pensamento crítico moderno,

---

[74] Carta de Engels a Gertrude Guillaume-Schack, 5 de julho de 1885. Disponível em: https://www.marxists.org/archive/marx/works/1885/letters/85_07_05.htm

porque permite desessencializar a opressão, percebendo nela uma génese histórica, e não biológica, e, dessa forma, abre todo um campo de possibilidades para a emancipação humana.

Outro dos contributos fundamentais do materialismo histórico foi a possibilidade que trouxe de rejeitar a argumentação moral aplicada às relações sociais, uma vez que a matéria social deve ser encarada estritamente na sua relação com o modo de produção. Nesta perspetiva, o lugar depreciado que as mulheres ocupam na sociedade não pode justificar-se com recurso à moralidade, mas antes às relações sociais que se estabelecem e ao lugar que se ocupa na produção.

Engels, em *A origem da família, da propriedade privada e do Estado*, explicou que na sociedade sem classes, antes da invenção do Estado, o objetivo da organização social era garantir a existência e sobrevivência dos membros do grupo. Os meios de produção eram propriedade comum e estavam associados à produção de alimentos. Depois, com a pastorícia, a sociedade dividiu-se em classes. A criação de animais proporcionou uma maior produção de alimentos e matérias-primas, gerando um excedente produtivo, isto é, uma produção para além da necessária à sobrevivência do grupo. A existência do excedente permitiu e instaurou a troca regular de produtos. Ao mesmo tempo, exigiu uma maior quantidade de trabalho, que foi suprida por meio da escravização dos prisioneiros de guerra. Nascem assim as relações hierárquicas de poder, os senhores e os escravos, os exploradores e os explorados. Mas a pastorícia foi também responsável por outras mudanças sociais importantes, nomeadamente as que dizem respeito à divisão sexual do trabalho e, em resultado disso, à organização familiar. Prover a família de alimentos passou a ser tarefa masculina. Os rebanhos, que eram a nova fonte de alimento e de matéria-prima para a transformação têxtil, permitiam as trocas comerciais. O resultado dessas trocas era apropriado pelos homens, ou seja, o excedente da produção passou a ser propriedade masculina. As mulheres foram assim desapossadas dos meios de produção, antes coletivos, passando ao estatuto de consumidoras, e não de produtoras, e, por conseguinte, ausentes da posse de propriedade. Dizia Engels:

> «O pastor, mais "suave" envaidecido com a riqueza, tomou o primeiro lugar, relegando a mulher para o segundo. E ela não podia reclamar. A divisão do trabalho na família havia sido a base na qual assentava a distribuição da

propriedade entre o homem e a mulher. Essa divisão do trabalho na família continuava a ser a mesma, mas agora transtornava as relações domésticas, pelo simples facto de ter mudado a divisão do trabalho fora da família»[75].

Estas alterações na estrutura familiar, na organização do trabalho e dos papéis sexuais instaurada pelo advento da propriedade privada provocaram transformações sociais e relacionais profundas. Os homens acumularam riquezas e poder; as mulheres foram relegadas para o âmbito do privado e do trabalho doméstico. Com a propriedade emergia o patriarcado e com ele a opressão e a sujeição das mulheres ao poder masculino. O patriarcado é a propriedade e a propriedade gera a diferenciação entre o lugar dos homens e das mulheres.

## 5.2. Emancipação política e emancipação humana

A distinção que Marx estabelece em *A questão judaica* entre emancipação política e emancipação humana é fecunda, sendo hoje uma ferramenta útil que nos possibilita distinguir entre feminismo liberal, cujo objetivo se restringe à igualdade de direitos, e feminismo emancipatório, que preconiza que as liberdades formais, sendo importantes para a vida concreta, não resolvem o problema da subordinação, pois esta exige a transformação das estruturas económicas e políticas geradoras das desigualdades. Como diz Daniel Bensaïd, «para Marx não há mais emancipação pura e simples. Seu problema é precisamente esclarecer de que emancipação se trata»[76]. A operatividade desta distinção permite-nos também pensar o capitalismo das sociedades ocidentais, aquelas que superaram as formas de organização social precedentes, como estruturalmente patriarcal e racista e defender que, de facto, só a emancipação humana é portadora da resposta para as desigualdades que o capitalismo instaura, ou seja, é possível melhorar as condições de vida concretas das mulheres sob o capitalismo (emancipação política), mas não é possível resolver a desigualdade profunda que o patriarcado e o capitalismo sustentam.

---

[75] Engels, Friedrich (1884/1975). *A origem da família, da propriedade privada e do Estado.* Lisboa: Presença, p. 214.

[76] Bensaïd, Daniel (2010). "Apresentação". In Karl Marx, *Sobre a questão judaica.* São Paulo: Boitempo, p. 19.

## 5.3. A visibilização das mulheres no contexto da exploração capitalista

Numa época de exploração selvagem, Marx e Engels perceberam de que forma o capitalismo usava as mulheres e as crianças para aumentar os seus lucros. As descrições que fazem das condições de trabalho e da exploração dão às mulheres uma centralidade que, por exemplo, nos dias de hoje não é suficientemente replicada e estudada, pois quando se fala em classe trabalhadora ela é descrita como se de um todo homogéneo se tratasse, como se não fosse composta por homens e mulheres, como se as profissões não fossem segregadas e os salários diferenciados.

As políticas de diferenciação salarial operadas pelo capitalismo sustentam-se na depreciação e desvalorização do trabalho feminino, exatamente porque as mulheres eram ontológica e praxicamente percebidas como inferiores. Todavia, Marx e Engels, quando visibilizam as mulheres, ao contrário dos capitalistas e mesmo de outros pensadores socialistas, fazem-no sem as apoucar, no sentido em que se debruçam sobre um problema que surge com a sua introdução no mercado de trabalho assalariado, poupando-nos a apartes e conceptualizações misóginas. É verdade que conseguimos perceber nos autores um certo paternalismo, centrado sobretudo na conceptualização de que as mulheres são mais frágeis, no sentido de terem menos força física. Mas mesmo essa ideia nunca é usada para diminuir as mulheres, mas antes para reclamar medidas de proteção especiais. O que observam é uma realidade, um facto, e é como tal que o tratam, dispensando as leituras morais.

Marx e Engels progridem na sua conceptualização, isto é, partem da empiria para avançar para proposta política, terminando por defender a entrada das mulheres no trabalho assalariado, ao arrepio das posições mais expressivas do movimento operário de então e, seguramente, de alguns pensadores da corrente socialista. No seu estilo desconcertante e otimista, Marx acaba por ver nessa estratégia do capital uma possibilidade de forjar uma «forma superior da família e da relação entre os sexos» e uma «fonte de desenvolvimento humano»[77].

---

[77] Marx, Karl (1867/2011). *O Capital*, Livro I. São Paulo: Boitempo, p. 684.

## 5.4. A denúncia do poder paterno/marital e da dupla moral sexual

Já em *Sobre o suicídio* Marx tinha mostrado perceber que as desigualdades e contradições da vida moderna não são exclusivas do mundo do trabalho. Reconhece a família tradicional como um espaço de expressão de tirania contra as mulheres, assente no poder paterno e/ou marital e na dupla moral sexual, comparando o marido a um senhor de escravos e denunciando o estatuto de mercadoria atribuído às mulheres no casamento.

## 5.5. O trabalho doméstico

A entrada das mulheres no trabalho assalariado significou a substituição da mão de obra masculina por mão de obra feminina, porque esta era ainda pior remunerada. Esta situação subverte a organização familiar conhecida até então, assim como desafia as identidades sociais. A mulher, muitas vezes, passa a ser a provedora do lar e o homem, tantas vezes desempregado, depara-se com um novo papel no espaço doméstico.

Uma reflexão mais profunda sobre o trabalho doméstico é, provavelmente, a maior ausência no pensamento de Marx e Engels. Todavia, ela não está completamente ausente e pode mesmo observar-se nos autores a evolução do seu pensamento. Marx acredita que o desenvolvimento do modo de produção capitalista acabaria por transformar todas as atividades em atividades assalariadas, realizadas no âmbito da produção capitalista, trabalho doméstico incluído, uma vez que as mulheres cada vez mais exerciam atividade nas unidades de produção. Engels defende a socialização das tarefas domésticas na sociedade futura. Contudo, no tempo presente que era o seu, o trabalho doméstico não podia ser considerado trabalho produtivo, na exata medida em que não é gerador de valor de troca. A crítica feminista, sobretudo a feita a partir dos anos 1960, assenta muito nesta classificação do trabalho doméstico como trabalho não produtivo. Todavia, o facto de este ser considerado um trabalho não produtivo não corresponde, necessariamente, à sua desvalorização. O trabalho doméstico é não produtivo, não porque seja percebido como como menor ou inútil, mas porque não gera mais-valia, porque é consumido como valor de uso:

«O trabalhador produz não para si, mas para o capital. Não basta, por isso, que ele produza em geral. Ele tem de produzir mais-valor. Só é produtivo o trabalhador que produz mais-valor para o capitalista ou serve à autovalorização do capital»[78].

Ora, Marx poderia ter percebido que o facto de o trabalho doméstico ser não produtivo não significa que não determine as condições de reprodução da força de trabalho, fazendo, portanto, parte das relações de produção e sendo mesmo uma condição da acumulação. Nesse sentido, é trabalho explorado. Se Marx pode ser criticado por não ter percebido que o trabalho das mulheres realizado fora do espaço da produção de mercadorias é uma das bases económicas da sua opressão específica, não pode, contudo, ser acusado de misoginia, porque tal, para além de injusto, seria falso. Antes pelo contrário, o que o percurso que aqui procurei resumir demonstra é que tanto Marx como Engels foram transformando a sua visão da luta de classes, incorporando a perceção da vida concreta das famílias trabalhadoras, em particular das mulheres sob o capitalismo, que perceberam a raiz patriarcal dessa história moderna e que pensaram uma política revolucionária que juntasse toda a energia emancipatória dos explorados e das exploradas.

## REFERÊNCIAS BIBLIOGRÁFICAS

ANDRADE, Joana El-Jaick (2011). *O marxismo e a questão feminina: as articulações entre gênero e classe no âmbito do feminismo revolucionário*. São Paulo: Faculdade de Filosofia, Letras e Ciências Humanas da Universidade de São Paulo.

BACHOFFEN, Johann (1861/1992). *Myth, Religion, and Mother Right*. Nova Jérsia: Princeton University Press.

BEBEL, Auguste (1879). *Woman and socialism*. Disponível em: https://www.marxists.org/archive/bebel/1879/woman-socialism/index.htm

BENSAÏD, Daniel (2010). "Apresentação". In Karl Marx, *Sobre a questão judaica*. São Paulo: Boitempo.

---

[78] *Idem, ibidem*, p. 706.

CONTEXTOS E RECEPÇÕES

BENSAÏD, Daniel (2013). *Marx, o intempestivo*. Lisboa: Combate.

DRAPER, Hal (1970). "Marx and Engels on Women's Liberation". In *International Socialism* (I Série), n.º 44, julho/Agosto, pp.20-29.

ENGELS, Friedrich (1845/1975). *A situação da classe trabalhadora na Inglaterra*. Porto: Afrontamento.

ENGELS, Friedrich (1884/1975). *A origem da família, da propriedade privada e do Estado*. Lisboa: Presença.

FEUERBACH, Ludwig (1841/2002). *A essência do cristianismo*. Lisboa: Fundação Calouste Gulbenkian.

FOURIER, Charles (1808). *Théorie des quatre mouvements et des destinées générales*. Disponível em: http://gallica.bnf.fr/ark:/12148/bpt6k106139k

GOLDMAN, Wendy (2014). *Mulher, Estado e Revolução: política familiar e vida social soviéticas, 1917-1936*. São Paulo: Boitempo.

HEGEL, Friedrich (1820/1976). *Princípios da Filosofia do Direito*. Lisboa: Guimarães.

KANT, Immanuel (1798/2006). *Anthropology from a Pragmatic Point of View*. Cambridge: Cambridge University Press.

LALOUETTE, Jacqueline (2001). "Les femmes dans les banquets politiques en France (vers 1848)". In *Clio. Femmes, Genre, Histoire*, n.º 14, pp. 71-91. Disponível em: https://journals.openedition.org/clio/104

LÖWY, Michael (2006). "Marx insólito". In Karl Marx, *Sobre o suicídio*. São Paulo: Boitempo.

LUXEMBURGO, Rosa (1912/1971). "Women's Suffrage and Class Struggle". In Dick Howard (ed.), *Selected Political Writings*. Nova Iorque: Monthly Review Press. Disponível em: https://www.marxists.org/archive/luxemburg/1912/05/12.htm

MANDEL, Ernest (1978). *Introdução ao marxismo*. Lisboa: Antídoto.

MARX, Karl (s/d). "Carta 5 de dezembro de 1868". In *Letters to Kugelmann*. Londres: Martin Lawrence. Disponível em: http://ciml.250x.com/archive/marx_engels/english/1934_marx_letters_to_kugelmann.pdf

MARX, Karl (s/d). *Letters to Kugelmann*. Londres: Martin Lawrence. Disponível em: http://ciml.250x.com/archive/marx_engels/english/1934_marx_letters_to_kugelmann.pdf

MARX, Karl (1843/2005). *Crítica à filosofia do direito de Hegel*. São Paulo: Boitempo.

MARX, Karl (1844/2004). *Manuscritos econômico-filosóficos*. São Paulo: Boitempo.

MARX, Karl (1844/2010). *Sobre a questão judaica*. São Paulo: Boitempo.

PATRIARCADO E CAPITALISMO NA PREPARAÇÃO DE *O CAPITAL*

MARX, Karl (1845/1982). "Teses sobre Feuerbach". In Karl Marx e Friedrich Engels, *Obras Escolhidas de Marx e Engels*, vol. I. Lisboa: Avante!.

MARX, Karl (1847). The poverty of philosophy. Disponível em: https://www.marxists.org/archive/marx/works/1847/poverty-philosophy/cho1b.htm

MARX, Karl (1867/2011). *O capital*, Livro I. São Paulo: Boitempo.

MARX, Karl (2006). *Sobre o suicídio*. São Paulo: Boitempo.

MARX, Karl e ENGELS, Friedrich (1844/2003). *A sagrada família ou A crítica da Crítica crítica contra Bruno Bauer e consortes*. São Paulo: Boitempo.

MARX, Karl e ENGELS, Friedrich (1845/1982). *Obras Escolhidas de Marx e Engels*, tomo 1. Lisboa: Avante!.

MARX, Karl e ENGELS, Friedrich (1846/2001). *A ideologia alemã*. São Paulo: Martins Fontes.

MARX, Karl e ENGELS, Friedrich. (1848/1974). *Manifesto do partido comunista*. Coimbra: Centelha.

MARX, Karl e ENGELS, Friedrich (2008). *Obras Escolhidas*, vols. I e III. Lisboa: Avante!.

MORGAN, Lewis (1887). *Ancient society*. Disponível em: http://www.gutenberg.org/files/45950/45950-h/45950-h.htm

PROUDHON, Pierre-Joseph (1858). *La pornocratie, ou les femmes dans les temps modernes*. Disponível em: http://gallica.bnf.fr/ark:/12148/bpt6k111425h/f1.image.r=proudhon.langPT.

TRISTÁN, Flora (1843). *L'Union ouvrière*. Disponível em: http://gallica.bnf.fr/ark:/12148/btv1b8626625v

WOLLSTONECRAFT, Mary (1792/1996). *A vindication of the rights of Woman*. Nova Iorque: Dover Publications.

ZETKIN, Clara (1889). "Discurso no Congresso de Fundação da II Internacional". In Wendy Goldman (2014), *Mulher, Estado e Revolução: política familiar e vida social soviéticas, 1917-1936*. São Paulo: Boitempo.

# A RECEPÇÃO DE *O CAPITAL* EM PORTUGAL (1867-1914)

### CARLOS BASTIEN

"O método de análise que utilizei e que ainda não
fora aplicado aos problemas económicos torna
bastante árdua a leitura dos primeiros capítulos (...)."

(K. Marx, carta de 18.3.1872 a M. la Châtre, editor francês
de *O Capital*).

## 1. INTRODUÇÃO

O objectivo deste capítulo é dar conta da recepção de *O Capital* de Marx
em Portugal e em particular por um sector intelectual constituído em
grande medida por economistas universitários ou com formação universitária. A análise concentra-se pois nas expressões dessa recepção no
plano da teoria e não tanto na dimensão política, embora esta constitua
aspecto incontornável do marxismo.

As referências a Marx, e em particular a *O Capital*, surgiram sobretudo
no contexto de lições, conferências e memórias académicas incorporando
a contribuição de Marx no património do saber económico, ainda que
as apreciações emitidas fossem diversas.

Pelo seu lado, o movimento operário e socialista assumiu em Portugal,
em particular a partir de 1872, uma relação próxima com o marxismo,
mas uma relação essencialmente política com uma componente teórica fraca. As organizações socialistas eram de pequena dimensão e a
generalidade dos seus dirigentes trabalhadores com acesso limitado às
obras teóricas e doutrinárias dos fundadores, e até dos divulgadores,
do marxismo e portanto com uma formação precária que não deixou

rasto significativo na reflexão e no debate públicos ainda que cingidos ao campo político ou sindical.

A introdução do marxismo em Portugal no século XIX foi já objecto de alguns estudos (vg. Bastien, 1997 e 2016; Castro, 1980 e 1985; Margarido, 1975; Oliveira, 1973), mas são relativamente raros os que tomaram a recepção de *O Capital* como tema específico (vg. Castro, 1983; Moreira, 1983; Santos, 1983).

Procuramos agora dar continuidade a esta linha de investigação aprofundando o modo como esta obra de Marx foi recebida mesmo sabendo à partida que quase não existiam, ou não existiam de todo, intelectuais, e em particular economistas, que tivessem tomado o marxismo como referência teórica ou política principal. Ainda assim, cremos que o tema tem sentido, pois, como notou Eric Hobsbawm, "temos sido tentados a escrever a história do marxismo exclusivamente como a do desenvolvimento e dos debates dentro do corpo específico da teoria marxista, e assim a negligenciar uma importante, ainda que não facilmente identificável, área de influência do marxismo." (Hobsbawm, 2012: 211).

Os resultados que aqui se apresentam não procuram dar conta da totalidade das referências aquela obra de Marx mas tão só inventariar de forma crítica as suas expressões mais significativas. Na sua maioria situam-se em torno da transição de século XIX para o século XX, quando o marxismo atingiu uma maior visibilidade política e teórica no plano internacional.

As datas referidas no título respeitam ao ano da publicação original do texto de Marx, 1867, ainda que sem reflexo imediato em Portugal, e ao termo do longo século XIX, quando a Primeira Guerra Mundial fez desabar o mundo liberal e introduziu uma rotura na história do próprio marxismo em resultado da vitória da Revolução Socialista na Rússia e do emergir da teoria marxista da época do imperialismo.

## 2. MOVIMENTO OPERÁRIO E MARXISMO NA SEGUNDA METADE DO SÉCULO XIX

Em 1867, à data do início da publicação de *O Capital*, a sociedade portuguesa vivia uma época de industrialização incipiente num quadro liberal – a Regeneração – sendo as organizações operárias de natureza

A RECEPÇÃO DE *O CAPITAL* EM PORTUGAL

mutualista e filantrópica. Um operariado concentrado essencialmente nos sectores do têxtil e do tabaco não tinha relação significativa com as manifestações do pensamento socialista, muito embora fossem já frequentes as declarações hostis ao socialismo por parte da élite política dominante, nomeadamente nos debates parlamentares.

As primeiras referências a Marx haviam já surgido em meados do século mas de forma episódica e sem continuidade em escritos de intelectuais que nem sempre, ou quase nunca, tiveram relação próxima com o movimento operário nascente. Mas mesmo nos anos 1870, quando o movimento socialista adquiriu significado na sociedade portuguesa, foram fundamentalmente operários a assumir a direcção desse movimento, ainda que acompanhados por alguns intelectuais, expressando alguma forma de pensamento tributário das diversas correntes do socialismo utópico e em particular de Proudhon.

Não houve nestes anos que medeiam entre 1853, ano em que o estudante de direito da Universidade de Coimbra José Júlio de Oliveira Pinto citou formalmente pela primeira vez um texto de Marx (Pinto, 1853) – no caso a *Miséria da Filosofia* –, e a Primeira Guerra Mundial um conhecimento aprofundado da contribuição teórica deste e menos ainda uma interpretação portuguesa do marxismo. No entanto, a partir do início da década de 1870, em particular na sequência da Comuna de Paris, quando o movimento operário português evoluiu na sua estrutura e se radicalizou, estabeleceu-se uma ligação no plano político entre uma fracção dos socialistas portugueses e o marxismo internacional visível, por exemplo, nos contactos com Lafargue no verão de 1872 em Lisboa; na troca de correspondência dos dirigentes operários portugueses com o referido Lafargue e com os próprios Marx e Engels; nos elogios do mesmo Engels à acção dos seus pares portugueses, em particular à revista *O Pensamento Social*; na fundação do núcleo português da Associação Internacional dos Trabalhadores (A.I.T.), que se manteria alinhado com a corrente marxista no Conselho Geral incluindo no próprio Congresso de Haia de 1872; na nomeação de Engels como secretário correspondente do Conselho Geral da A.I.T. para Espanha e Portugal; na fundação, em obediência às conclusões daquele congresso, do Partido Socialista em 1875, que apesar da sua fraqueza se manteria hegemónico no movimento operário até ao advento da República; nos pedidos para que Marx enviasse textos para publicação na imprensa local ou para serem lidos em comícios de apoio a operários grevistas; nas saudações que Marx, Engels e Lafargue enviaram ao 2º Congresso Nacional do Partido Socialista em 1878; na participação de Eudóxio Azedo Gneco, tipógrafo e dirigente do Partido Socialista, em diversas conferências operárias internacionais promovidas pela corrente marxista, designadamente no Congresso Internacional Socialista realizado em Londres em 1896. Os próprios programas do Partido Socialista, particularmente o de 1882 e o de 1895, ambos da responsabilidade do referido Azedo Gneco, embora sem referência explícita à figura de Marx, denotavam influência marxista, pese embora a ambiguidade na questão da tomada do poder político pela classe operária.

A publicação local de alguns textos marxistas, designadamente do *Manifesto Comunista*, do *Manifesto Inaugural*, e sobretudo *Do socialismo utópico ao socialismo científico*, o texto mais relevante na transmissão das teses fundamentais do marxismo aos militantes socialistas, e de um dos resumos de *O Capital* que circulavam na Europa – o de Gabriel Deville, de 1883, mas apenas publicado em Portugal em 1912 – foram elementos relevantes desta ligação internacional. Outros resumos que permitiriam um primeiro contacto dos académicos e dos militantes socialistas com a obra de Marx, particularmente os de C. Cafiero e de P. Lafargue, também circularam em Portugal ainda que nas edições francesas e de forma restrita, mas já os de J. Most, de E. Aveling, de F. D. Nieuwenhuis e o de K. Kautsky permaneceram desconhecidos, não existindo também nenhuma tentativa de produzir localmente um texto afim. Em geral, foi difícil o acesso aos textos fundamentais do marxismo, designadamente a *O Capital*, que não conheceu nenhuma edição portuguesa até aos anos 70 do século XX.

Há notícia que o próprio Marx ofereceu dois exemplares de *O Capital*, presumivelmente apenas do primeiro fascículo do Livro I na edição francesa de 1872, um dos quais autografado, a José Nobre França, e que mais de uma centena dos dez mil exemplares daquela edição terão sido vendidos clandestinamente em Lisboa. Aliás, este tipógrafo e dirigente do núcleo português da A.I.T. consideraria no agradecimento a Marx que a chegada desta tradução de *O Capital* – a edição original alemã de 1867 bem como a italiana de 1886 foram apenas pontualmente referidas – seria uma peça importante no combate à influência das ideias proudhonianas.

Quando da morte de Marx, em Março de 1883, a mais completa das notícias necrológicas então publicadas na imprensa operária revelava ser Marx uma figura conhecida e prestigiosa entre os socialistas portugueses:

## A RECEPÇÃO DE *O CAPITAL* EM PORTUGAL

*"O seu [de Marx] primeiro pensamento realizou-se na Internacional, o segundo na Crítica da Economia Política (1859) e principalmente [no] Capital (1867) obra magistral que fez época na história do socialismo e colocou o seu autor ao lado dos primeiros economistas críticos e socialistas do nosso século.*

*(...) A grande obra desse ilustre pensador O Capital ficou por acabar. A primeira parte dela, A Produção das Riquezas produziu uma verdadeira revolução mesmo no sentido excatedra da economia política em toda a parte onde este ensino não está completamente unificado. A segunda, A Circulação das Riquezas supõe-se ficou adiantada e a ponto de poder ser publicada por Frederico Engels, o amigo mais íntimo e o mais digno intérprete de Marx.*

*O terceiro volume História da Teoria, devia ser uma análise crítica de toda a literatura e economia. É para recear que apenas existam fragmentos esboçados, porquanto Marx considerava esta parte como um trabalho ligeiro e fácil."* (–, 1883: 2).

Mas quando da publicação de *O Capital* não surgiram na imprensa periódica portuguesa notícias assinalando, reproduzindo ou discutindo algum aspecto da obra. As dificuldades reveladas na interpretação da teoria de Marx e a sua aplicação na análise da situação concreta portuguesa eram de monta. Assim o demonstra o relatório sobre a situação portuguesa enviado por Nobre França a Engels em Junho de 1872, no qual as categorias próprias da análise marxista estavam ausentes, como ausente estava uma análise minimanente pormenorizada das estruturas económicas e sociais portuguesas ou considerações sobre estratégia política referindo-se a textos de Marx.

O conhecimento de *O Capital* por parte da vanguarda dos trabalhadores portugueses era pois escasso, como aliás também sucedeu na generalidade dos países europeus e em particular nos do Sul. Texto extenso e difícil para a generalidade dos militantes socialistas, e por maioria de razão para uma classe operária maioritariamente analfabeta, não foi objecto de qualquer esforço relevante de divulgação e não deixou marca significativa nas intervenções públicas. O próprio Azedo Gneco, o mas sensível dos dirigentes socialistas à dimensão teórica da luta em que se achavam envolvidos, reconheceria essas limitações ao referir em carta a Engels que "à custa de muito sacrifício consegui alcançar alguns conhecimentos científicos." (Gneco, 1978 [1876]: 55) Aliás, o próprio Marx assumiu a dificuldade em fazer chegar a sua obra aos seus destinatários naturais, designadamente quando aceitou a sua publicação em fascículos bem como quando estimulou a edição de versões resumidas em ordem a atenuar as dificuldades de leitura.

Outros textos de Marx, porventura circunstanciais, nomeadamente artigos publicados em jornais e revistas de Inglaterra, da Alemanha, de França e dos Estados-Unidos mantiveram-se desconhecidos em Portugal. Quanto ao mais, apenas uma ou outra tradução publicada na imprensa operária de artigos originários da social-democracia alemã, em particular de A. Bebel, K. Liebknecht, E. Bernstein e K. Kautsky, ou francesa, sobretudo de J. Guesde e P. Lafargue.

A influência do marxismo permaneceu pois socialmente e culturalmente limitada e para mais permanentemente confrontada com a pressão de ideias oriundas de outros sistemas doutrinais, designadamente do proudhonismo, do anarco-sindicalismo e do republicanismo liberal, ou simplesmente do senso comum. O atraso no desenvolvimento do capitalismo industrial e da classe operária, bem como de uma intelectualidade revolucionária, assim o determinaram.

Em todo o caso, foram frequentes na imprensa operária referências à teoria marxista do valor-trabalho e da exploração pois havia consciência que privada dessas referências a luta pelo socialismo prescindia de um verdadeiro suporte teórico e resultava numa questão puramente moral. Isso mesmo foi sublinhado, por exemplo, quando na apresentação da revista *A Questão Social*, em 1892, se referiu a importância desse suporte e se notou que se deve a Karl Marx a explicação científica do socialismo.

Não por acaso, um tipógrafo e militante socialista, Ernesto da Silva, iniciou nesses anos uma dramaturgia visando contribuir para a formação de uma consciência revolucionária por parte dos trabalhadores portugueses com uma peça teatral justamente intitulada *O Capital*, cuja inspiração era o texto de Marx (Silva, 1896).


## 3. INTELECTUAIS SOCIALISTAS, ANARQUISTAS E REPUBLICANOS

Se os autores das primeiras referências a Marx, ainda nos anos 1850, não tiveram relação significativa com o movimento socialista, já o mesmo não sucedeu nos anos 1870, quando da afirmação da segunda geração deste movimento.

Alguns intelectuais da Geração de 70 aproximaram-se do movimento operário e socialista emergente, designadamente da fracção que se ligou

A RECEPÇÃO DE *O CAPITAL* EM PORTUGAL

à A.I.T. e que saudou Marx, mas mantiveram em relação a este e ao marxismo um distanciamento claro, sendo que das várias influências que condicionaram a sua produção doutrinária a de Proudhon foi a mais forte e sedutora.

Antero de Quental, a figura mais destacada daquela geração, sustentava um socialismo fundado mais em considerações de ordem moral e religiosa que numa análise aprofundada da situação concreta portuguesa, não atendendo, designadamente, à economia enquanto dimensão fundamental da sociedade e do respectivo processo de transformação. Referiu-se à propriedade na perspectiva da justiça, preconizando sobretudo a eliminação de alguns aspectos da economia capitalista mas não verdadeiramente a sua superação.

Sem ter formação económica sólida, chegou a citar Marx como um dos seus mestres, mas é improvável que tenha lido *O Capital* embora se lhe tenha referido ocasionalmente. Em uma das cartas a Oliveira Martins sugeriu mesmo que o seu conhecimento do marxismo resultava da leitura do artigo *L'Internationale* inserto no *Dictionnaire Generale de la Politique* do "conscencioso e sem-sabor Maurice Block" (Quental, 2009 [1873]: 296).

Em qualquer caso, as ideias de Marx não lhe serviram para fundamentar uma revolução que não desejava, sendo que a sua posição em matéria de ciência económica ficava claramente expressa na afirmação que esta foi "reformada e rectificada por aquele grande pensador popular, Proudhon" (Quental, 1980 [1871]: 12). Como já foi assinalado, "a adopção que a Geração de 70 fez de Proudhon foi extemporânea e ela própria retrógrada pois que dezoito anos antes os seus conceitos eram já conhecidos e criticados (...)" (Sá, 1976: 228).

Pelo seu lado, Oliveira Martins, outra figura destacada daquela geração, e aquele que apesar de autodidata sem formação universitária dispunha de um conhecimento mais evoluído da economia política do seu tempo, não chegou a integrar o núcleo da A.I.T. embora colaborasse no respectivo jornal, *O Pensamento Social*.

Enquanto teorizador do socialismo, Martins não deixou de assinalar que "o primeiro passo da Revolução é defini-la na sua teoria" (Martins, 1953 [1983]: 24) e procurou mesmo proceder à análise dos fundamentos económicos da doutrina. É possível que tenha lido *O Capital* mas revelou não entender as bases da teoria, não denotou qualquer influência relevante dessa eventual leitura e antes defendeu teses totalmente opostas às expressas em *O Capital*, designadamente sobre a teoria do valor. Não por acaso, notou que "o valor das coisas vem pois da sua urgência, ou do grau do desejo com que as queremos, combinado com a abundância relativa dessas mesmas coisas" (Martins, 1955a [1883]: 113). Aliás, a sua concepção de economia política – "a circulação é pois o ponto nodal da economia" (Martins, 1955b [1883]: 10) – divergia totalmente da concepção marxista e conduzia-o a interpretações de fenómenos como as crises de sobreprodução próprias do capitalismo como "generalização social dos choques que a especulação necessariamente produz na esfera comercial ou individual" (*idem*: 57). Mas, no essencial, obstinou-se em ignorar a obra económica de Marx, quer não a citando quer afirmando expressamente que "Proudhon e Owen, embora arrastados pela corrente lógica, são os únicos que abrem o novo período à economia social" (Martins, 1974 [1872]: 272). Como notou Alfredo Margarido, "a questão não é de pura e simples ignorância, como sucedeu com outros próceres portugueses, mas antes de recusa deliberada de considerar a importância teórica e prática dos elementos teóricos propostos por Marx e Engels" (Margarido, 1975: 47). Desde logo porque o seu percurso político assaz errático o afastou da geração socialista em que inicialmente se integrou.

Jaime Batalha Reis, um dos fundadores do núcleo da A.I.T., engenheiro agrónomo e professor de economia política no Instituto Geral de Agricultura, propôs-se, ainda quando estudante, participar nas Conferências do Casino em 1871 com uma conferência sobre o socialismo de Proudhon, Marx e Engels. Proibição governamental impediu a realização da conferência, sendo que se desconhece o seu texto, se é que alguma vez foi escrito. Em todo o caso, o próprio Batalha Reis, em 1873, já professor, retomou o tema numa das suas primeiras aulas onde terá abordado a economia de Marx. Do conteúdo das suas lições – até que ponto terão sido influenciadas pelas suas convições socialistas – não deixou registo.

Curiosamente foi um doutrinador anarquista, Manuel Silva Mendes, quem, escrevendo um pouco mais tarde, em 1896, quando o movimento procurava substituir o socialismo enquanto influência predominante no movimento operário, comentou as ideias económicas de Marx, referindo-se num primeiro momento de forma abonatória a *O Capital*.

A sua posição em relação a Marx resultou ambígua, o que não o impediu de o considerar "um economista de primeira grandeza" (Mendes,

A RECEPÇÃO DE *O CAPITAL* EM PORTUGAL

2006 [1896]: 67) e de interrogar-se se "no fim de todas as investigações não se reconhecerá que o socialismo marxista, ou antes, o socialismo científico, é fundamentalmente anarquista." (*idem*: 208).

Esta ideia surpreendente – mas que explica que muitos dos divulgadores e autores de resumos de *O Capital* fossem anarquistas – permitia-lhe, após reconhecer a insuficiência da fundamentação teórico-económica da proposta política anarquista –"no tempo em que foi publicada a teoria do valor, o anarquismo, que então se dizia colectivista, não tinha ainda traçado de um modo preciso as linhas gerais da sua concepção económica" (*idem*: 305) –, notar que esta corrente havia adoptado durante algum tempo a análise de Marx. Em qualquer caso, a sua exposição ds ideias fundamentais de *O Capital,* assente na leitura dos resumos de Deville e de Lafargue, mas também, aparentemente, na leitura ou na consulta das edições integrais francesa e alemã, ía além da referência genérica e antes procurava proporcionar aos leitores uma panorâmica da problemática do valor-trabalho e da mais-valia bem como do ciclo do capital. Não obstante a correcção da generalidade da exposição, Silva Mendes não conseguiu evitar alguns equívocos, designadamente quando, ignorando a rotura fundamental operada por Marx na evolução da teoria económica sustentava que "ele [Marx] é o continuador do movimento iniciado por [...] Bastiat" (*idem:* 221), ou quando atribuía a teoria da mais-valia "a Proudhon" (*idem:* 288). Mas, no essencial, a crítica e o afastamento deste doutrinador anarquista da análise contida em *O Capital* acabou por residir fundamentalmente na ideia que "o estudo dos fenómenos económicos não deve pois partir da produção para o consumo mas, sim, deste para aquela"(*idem*: 307). Num segundo momento, afirmou a sua recusa da teoria do valor-trabalho, passando a julgá-la "simplista" (*idem:* 315) e falsa pois "pensando maduramente sobre o valor da teoria, principalmente depois dos certeiros e profundos golpes que nela fizeram os economistas ortodoxos, os quais demonstraram que era falsa logo na primeira proposição de que partia, golpes que os próprios anarquistas renovaram e agravaram" (*idem*: 306). Em qualquer caso, a demonstração avançada não se revelava consistente, desde logo porque não se situava num plano propriamente teórico mas antes assentava na recusa de supostas implicações doutrinárias da teoria; isto é, "ainda que fosse de todo irrefutável o sistema social que sobre ela [teoria do valor-trabalho] se baseasse seria necessariamente imperfeito, arbitrário, injusto, despótico, anti-orgânico" (*idem*: 306).

CONTEXTOS E RECEPÇÕES

Outros intelectuais, designadamente republicanos envolvidos na luta política, referiram-se também a Marx e a *O Capital*, por regra a partir de posições ideológicas hostis ao marxismo. A sua crítica situou-se na maioria dos casos num plano mais literário ou simplesmente polémico que propriamente teórico, acrescendo que nem sempre dispunham de conhecimentos económicos que lhes permitissem uma crítica articulada e profunda.

Teófilo Braga, doutor em direito e professor da Faculdade de Letras, ilustra exemplarmente esta atitude quando ao procurar descartar o tema e sem adiantar qualquer justificação de natureza teórica se limitou a sentenciar que "o conflito do capital com o trabalho é um preconceito da escola clássica da economia política que desconhece a coordenação dos factores sociais." (Braga, 1892: 408).

Diverso foi o caso de José Rodrigues de Freitas, já que, ao contrário da generalidade dos seus pares, era um engenheiro e economista respeitado e professor de economia política na Academia Politécnica do Porto. Este liberal, e figura maior do republicanismo, irritado com o facto de nas universidades "às vezes se ensinar um pouco de socialismo como se fosse boa economia política" (Freitas, 1996 [1872]: 77), anunciou que examinaria as teorias internacionalistas e que esperava "provar que essas doutrinas são geralmente falsas e especialmente nocivas às classes laboriosas" (*idem*: 7), mas situou a sua crítica num plano preferencialmente doutrinário, quando não político ou panfletário, e não foi muito fundo na crítica da economia de Marx. Entretanto, chegou a considerar este como "um dos escritores contemporâneos tidos como mais conhecedores da economia política" (Freitas, 1875: 19) e referiu *O Capital*, logo em 1872, como a sua obra principal, sem prejuízo de ter acusado Marx e os internacionalistas em geral de "desconhecerem as mais rudimentares verdades económicas" (Freitas, 1996 [1872]: 32). Seria, aliás, ao procurar fundamentar a sua oposição radical ao socialismo que afirmou, por exemplo, que Marx e os demais membros da Internacional não sabem "como se cria o capital [pois] se houvessem reflectido mais nisto deparariam rapidamente com a harmonia entre ele e o trabalho" (*idem*: 33) e que lhes atribuiu tomadas de posição estranhas ao marxismo, como a defesa do princípio de um "salário igual para cada homem" (*idem*: 73) e a de "lançarem um olhar inimigo às máquinas" (*idem*: 101).

Algo surpreendentemente, na sua obra económica mais relevante, os *Princípios de Economia Política*, publicados em 1883 e construídos no cânone eclético dominante em Portugal na segunda metade do século XIX, acolhendo a doutrina liberal e influências teóricas diversas, não por insuficiência de conhecimento da obra de Marx mas por entender que as referências ao socialismo deveriam ser expurgadas dos livros destinados ao ensino silenciou por completo a contribuição teórica deste. Um caso pois de rejeição liminar.

Mas outros políticos e publicistas republicanos também se referiram a Marx e a *O Capital*. Sampaio Bruno, que da obra económica de Marx terá privilegiado o resumo de Deville – desde logo porque considerava que *O Capital* "presta-se dificilmente aos nossos entendimentos pelo carácter aridamente abstracto que posui agravado pela germânica falta de ordenação lógica das matérias" (Bruno, 1893: 125) –, revelou-se surpreendentemente certeiro a indicar certas características basilares do pensamento marxista, como o anti-humanismo – "entrou-se na fatalidade histórica e o humanitarismo apaixonado cedeu o lugar às frias previsões sociológicas" (*idem*: 155) –, e sobretudo a identificação da teoria da mais--valia enquanto contribuição teórica original e fundamental – "toda esta parte da obra de Karl Marx é que é a nova e realmente imprevista" (*idem*: 153). No entanto, não deixou de procurar impugnar aspectos relevantes da teoria, a começar pela própria noção de mais-valia: "o abusivo excesso de trabalho sobre o salário representa, no mesquinho condicionamento moral da actual normalidade social, o serviço prestado pelo capital ao trabalho em o tornar efectivo. [...]. Bem sei que Karl Marx considera o capital como matéria inerte, susceptível de amortização mas não de lucro. Inerte é contudo também o trabalho sem o capital. Coagulação de trabalho, trabalho-trabalho e trabalho-capital são interdependentes. Simplista, em absoluto, aquela é porém uma proposição que não se demonstrou." (*idem*: 154).

Se Bruno deixava aqui claro que não entendia que a citada interdependência entre capital e trabalho não implicava que capital e força de trabalho fossem realidades da mesma natureza e com o mesmo valor de uso, a posição crítica de Basílio Teles – economista relevante no campo republicano –, cuja crítica, formulada cerca de uma década mais tarde e que alguns consideraram estranhamente (ou ironicamente ?) "grande tentativa de análise teórica" (Margarido, 1975: 75), não era menos incorrecta que a de Bruno. A sua argumentação destacava confusamente um alegado desconhecimento, por parte de Marx, da moeda enquanto instância depositária de valor, ao notar: "a ideia de Marx não é vaga somente;

é sobretudo inexacta aplicada à mercadoria monetária, pela razão ini-
ludível de que a moeda [...] é em sentido estrito um sinal reconhecido
que credite socialmente o produtor por um certo quantitativo da vida
integral, dispendida num certo lapso de tempo. E este o seu carácter de
título creditório ao portador e à vista, convertível em qualquer artigo de
consumo que torna compreensíveis pelo povo rude a normalidade e a
comodidade da moeda de papel e é ele também, por singular contradição, que incandesce e transforma as cabeças de pensadores eminentes,
incluindo as de revolucionários resolutos." (Teles, 1901: 64).

Mas a crítica de Basílio Teles visava sobretudo uma alegada insuficiência da teoria do valor-trabalho, introduzindo este economista alguns
conceitos da sua lavra para concluir que "o hebreu Marx" (*idem*: 163)
ignorava a distinção entre valor absoluto (auto-retribuição) e valor relativo (retribuição social), do que resultava que apenas consideraria, ainda
segundo Basílio Teles, o produto do trabalho enquanto mercadoria des-
prezando os elementos espirituais igualmente constitutivos do valor:
"Na materialidade da mercadoria a economia clássica esqueceu a espiritualidade do agente; na equação grosseira dos produtos não viu e teima
ainda em não ver a equivalência delicada da vida." (*idem*: 157). Uma
consequência que retirava do alegado esquecimento era fazer desaparecer
o conceito de mais-valia, o mecanismo basilar da economia capitalista
dissolvido na referida espiritualidade do agente, assim como como os
conceitos de capital e de antagonismo de classes, entre outros, e portanto
eliminar os aspectos essenciais da análise económica de Marx.

No seu conjunto, estas posições críticas de *O Capital* apresentaram
frequentemente limitações relevantes as quais poderão ter decorrido
quer do conhecimento deficiente do texto comentado – a generalidade
destes autores apenas realizou leituras parciais de *O Capital*, ou apenas
dele leu resumos, designadamente o de Deville, – quer de preconceitos
ideológicos ou de visões apriorísticas da problemática económica que
resultavam na incompreensão das categorias próprias da análise marxista, retirando-lhes em alguns casos a dimensão social e objectiva, ou
no privilegiar da esfera da circulação e/ou do consumo em detrimento
da esfera da produção, eliminando nesse passo os fundamentos da teoria
do valor-trabalho, da mais-valia e por extensão do conflito de classes.

No entanto, a fraqueza teórica do movimento socialista, e a ausência
de intelectuais marxistas, determinou que muitas destas posições críticas
de *O Capital* ficassem sem resposta. As referências na imprensa socialista

A RECEPÇÃO DE *O CAPITAL* EM PORTUGAL

foram algumas e laudatórias – "*O Capital,* o mais lógico e irrefutável de quantos escritos têm aparecido em economia social" (Ricardo, 1880: 1) – mas sem continuidade numa discussão propriamente teórica.

## 4. O ENSINO DA TEORIA ECONÓMICA DE MARX NA UNIVERSIDADE

Apesar da prevenção de Afonso Costa, de que "a nossa Universidade tem contribuído um pouco para esta falta [de interesse pelo socialismo], a questão social não chama as suas atenções com o empolgante interesse que lá fora desperta em todos os institutos similares" (Costa, 1895: 89), a maioria das referência à visão económica de Marx, e a *O Capital* em particular, surgiram logo a partir do início dos anos 1870 no âmbito da academia coimbrã. Não que se tenha formado algum núcleo ou tradição de estudos marxistas mas porque alguns professores e estudantes da Faculdade de Direito o incorporam em alguma medida no seu saber teórico eclético, que se apresentava tendencialmente sob a forma de catálogo de conhecimentos.

José Frederico Laranjo foi dirigente do Partido Progressista, partidário do socialismo catedrático e um dos professores que demonstrou ter um conhecimento directo e quase único de *O Capital,* e não apenas de resumos, bem como conhecimento de outros escritos de Marx, em particular da *Miséria da Filosofia.* Já a *Crítica da Economia Política* de 1859, o primeiro texto em que Marx discutiu e criticou as ideias de Adam Smith e David Ricardo, passou despercebido no país.

Em todo o caso, Laranjo referiu-se originalmente a *O Capital* logo em 1874 em duas conferências sobre as origens do socialismo, quando ainda estudante e quando ainda a publicação da edição francesa do Livro I em fascículos não estava terminada.

As diversas referências a *O Capital* visando dar conta do essencial da contribuição de Marx eram fragmentárias mas no essencial correctas. Apesar de Laranjo não ter entendido claramente o carácter crítico e revolucionário da contribuição marxista –– caso em que não teria produzido afirmações em que notava que "na economia política pode dizer-se que há duas escolas, a escola inglesa e a francesa" (Laranjo, 1874-1875: 57) – é manifesto que não caía nas confusões primárias presentes em outros economistas, nomeadamente no citado Rodrigues de Freitas, ao observar, por exemplo, que "é necessário tempo e experiência, como diz Karl Marx, para que os trabalhadores, tendo aprendido a distinguir entre a máquina e o seu emprego capitalista, dirijam os seus ataques não contra o meio material de produção mas contra o seu modo de exploração social" (*idem*: 60). Acresce que Laranjo reconhecia naquele dirigente da Internacional o estatuto de verdadeiro teórico e não apenas de doutrinário, designadamente quando notava que "Karl Marx, o homem cujas ideias são da cor do sangue e do fogo arrefece de quando em quando e faz-se análise" (*idem*: 65). Laranjo citou assim directamente *O Capital*, designadamente o capítulo 15 do Livro I, "O maquinismo e a grande indústria", que, aliás, usava como apoio na sua crítica às posições de Proudhon, de Bastiat e de Rodrigues de Freitas, e para concluir genericamente que «o socialismo [...] é necessário, fatal, legítimo" (*idem*: 74).

Na primeira edição dos seus *Princípios de Economia Política*, o seu manual de ensino cuja publicação em fascículos começou em 1882 mas reportando-se ao início da sua leccionação em 1877, mostrou entender a economia política como a ciência que estuda as relações sociais da riqueza e referiu-se também, e com acerto, às leis económicas não como leis gerais e universais mas como leis válidas apenas numa dada época histórico-económica. Do mesmo modo, tomou o conceito de mercadoria, objecto do capítulo 1 de *O Capital*, e bem assim a análise da cooperação entre os trabalhadores submetidos ao capital e a análise do maquinismo e da grande indústria em termos sintéticos mas tributários das ideias de Marx expressas nos capítulos 13 e 15 do mesmo livro.

Também na apresentação da teoria do valor aceitou e expôs de forma sintética mas correcta os dados fundamentais da teoria de Marx, designadamente ao introduzir as noções de tempo de trabalho médio e socialmente necessário e as de trabalho complexo e trabalho simples, embora não fosse inteiramente claro ao individualizar a teoria do valor de Marx das de Smith e de Ricardo, e ao referir, ainda que apenas de forma passageira, imprecisa e sem citar explicitamente *O Capital*, o conceito crucial de mais-valia: "Karl Marx investiga a génese da produção subordinada aos donos do capital e conclui que na troca o trabalho recebe muito menos do que dá (...)" (*idem*: 30). E ao referir-se às crises económicas afastou-se de novo da escola clássica em benefício das ideias de Marx, rejeitando explicitamente as explicações da "escola individualista de Ricardo, Say e MacCulloch" (Laranjo, 1997 [1891]: 118).

Noutros pontos simplesmente afastou-se da teorização marxista. Foi o que sucedeu, por exemplo, ao definir capital como "a parte da produção destinada para matéria, meios e instrumentos de produção" (*idem*: 40) e um "auxiliar do trabalho" (*idem:* 43), ignorando que o capital é conjunto de meios de produção monopolizados pela classe capitalista destinados a proporcionar a produção de mais-valia, constituindo por isso uma relação social específica, que assume sucessivamente as formas de dinheiro, capital produtivo e mercadorias, e não apenas um conjunto de objectos separados do trabalho.

Em qualquer caso, com Laranjo o marxismo adquiriu a partir de finais dos anos 1870 lugar no saber leccionado na academia, ainda que em parceria com outras influências teóricas e no âmbito do sistema teórico eclético que caracterizava o pensamento económico em Portugal neste último quartel do século XIX.

Afonso Costa, um dos sucessores de Laranjo no ensino da economia política na Faculdade Direito de Coimbra, e que também leccionou nas Faculdades de Ciências e de Direito de Lisboa, manteve no seu ensino, pelo menos formalmente, referências a Marx e a *O Capital*.

Na sua tese de doutoramento, de 1891, que visava essencialmente a crítica da doutrina social da Igreja, não só aceitava a natureza científica da obra de Marx como, ao contrário de Laranjo, proclamava a sua "adesão ao socialismo científico" (Costa, 1895: 12). Referia então a *Crítica da Economia Política* e *O Capital* e propunha-se apresentar um resumo sistematizado de "toda a colossal obra do grande socialista alemão" (*idem*: 68) conducente à ideia que "a sua teoria do valor leva à conclusão de que fica muito trabalho por pagar" (*idem*: 73), embora na sua exposição nada revelasse que conhecia efectivamente aqueles textos a não ser através de fontes secundárias, designadamente de obras de Emile Laveleye e de Benoit Malon. A sua propalada adesão ao marxismo revelava-se superficial, tão só um expediente coadjuvante do seu anti-clericalismo feroz, e falsa, conforme a sua prática política demonstraria abundantemente.

Nas suas lições de economia política, entre 1896 e 1903, organizadas essencialmente como uma história das doutrinas económicas – diferindo portanto de forma de exposição adoptada por Laranjo – Afonso Costa recorria a uma linguagem mais clara e no plano teórico mais correcta que a utilizada na tese. Definia então a economia de uma forma compatível com a visão marxista – "a ciência que estudas as condições de existência, desenvolvimento e transformação das sociedades humanas" (Costa, 2015 [1896]: 62) – e reafirmava "as bases indestrutíveis da parte fundamental da sua [de Marx] doutrina que é ainda hoje o ponto de partida de todo o socialismo científico" (*idem*: 97).

Retomava aí, em pouco mais de cinco páginas, as ideias fundamentais de *O Capital*. Assim, os conceitos de lei económica histórica, de mercadoria, de valor de uso, de valor de troca, a noção de força de trabalho, de trabalho necessário, de mais-valia (ainda que a designada de sobre-trabalho ou de lucro), de mais-valia absoluta e relativa, de acumulação primitiva, .... e em geral os conceitos fundamentais presentes no Livro I.

Também aqui não existiam citações formais de *O Capital*, embora a edição francesa fosse referida de forma genérica em nota de pé-de-página, mas a indicação de leitura dada aos estudantes era a consulta da versão resumida de Deville.

Também José Marnoco e Sousa, que regeu o ensino na mesma faculdade após a saída de Afonso Costa, e porventura o mais erudito dos professores de economia política desta época, seguiu a concepção eclética do saber económico já presente em Laranjo, adoptando embora uma forma de apresentação diversa da adoptada por este.

A sua abordagem da obra de Marx não se reduzia à apresentação sintética das ideias base de *O Capital* e antes se referia de forma mais geral ao materialismo histórico, considerando expressamente ter esta doutrina "um valor excepcional no movimento científico contemporâneo" (Sousa, 1997 [1910]: 25). Não obstante o apreço manifestado, apresentava uma síntese absurdamente distorsida, afirmando, por exemplo, que "o materialismo histórico é o sistema que considera todas as modalidades dos fenómenos sociais como um produto exclusivo dos factores económicos. Este é o conceito que resulta das doutrinas seguidas por Marx, Engels, (...)" (*idem*: 25). Certamente não por acaso, neste sub-capítulo justamente intitulado "materialismo histórico", arrolava uma relativamente extensa bibliografia na qual não figurava nenhum texto de Marx ou de Engels.

A economia de Marx foi sobretudo referida no âmbito de um outro capítulo dedicado à história do pensamento económico sob a designação de colectivismo. Esclarecia então Marnoco e Sousa que foi Marx que coordenou estas ideias [do colectivismo] num todo orgânico, de modo a fazer surgir um sistema harmónico e logicamente deduzido" (*idem*: 62) e acrescentava uma referência a diversas obras de Marx, esclarecendo em particular que este publicou "em 1867 o primeiro volume da obra *Das Kapital* (*O Capital*), aparecendo os outros dois volumes depois da sua morte, que teve lugar em 1883, o segundo em 1885, e o terceiro e último,

A RECEPÇÃO DE *O CAPITAL* EM PORTUGAL

em 1897 e que destas obras, a mais importante é o primeiro volume do *Das Kapital*, que contem a exposição das ideias fundamentais do sistema de Karl Marx" (*idem*: 62).

De acordo com esta observação, a exposição de Marnoco e Sousa surgia sintética mas no essencial correcta com a particularidade de os diversos conceitos que integram a economia de Marx serem apresentados não a partir da noção de mercadoria, como em *O Capital*, mas directamente a partir da noção de mais-valia, definida, de forma pouco precisa, como "o excesso de força exigida ao operário sobre a força comprada" (*idem*: 64). Esta noção assumia na sua exposição uma posição *pivot* a partir da qual eram introduzidos os demais conceitos (força de trabalho, trabalho, trabalho necessário, hipertrabalho, mercadoria, etc). Para além disso, apenas algumas observações breves sobre a população, a acumulação primitiva, a concentração agrária, e as crises de sobreprodução para, em geral, discordar das posições de Marx. No entanto, só a lei do valor--trabalho era objecto de discussão minimamamente aprofundada por parte de Marnoco e Sousa e para concluir que "a teoria marxista do valor não é aplicável à época capitalista" (*idem*: 256) . Segundo este professor, Marx mostra no Livro III que os valores não determinam directamente as relações de troca entre as mercadorias, mas como aparentemente desconhece o Livro II e não atende à problemática da conversão dos valores em preços toma aquela lei como errada ou inútil.

Em qualquer caso, a posição de Marnoco e Sousa sobre a obra económica de Marx tinha implícita a ideia, expressa em relação às posições marxistas em geral, que se encontrava em estado "moribundo" (*idem*: 70). Não só porque a lei do valor-trabalho, esse "elemento de dissecação das relações capitalistas" (*idem*: 257), se revelava errada mas sobretudo porque a crença no colapso do capitalismo em resultado da actuação das leis económicas próprias do modo de produção capitalista não se havia verificado. No dizer do professor de Coimbra, "nem as caraestias, nem as guerras, nem os escândalos bancários, nem as crises pletóricas têm tido o poder de arruinar a sociedade capitalista." (*idem*: 69).

Estes três momentos na recepção da economia de Marx por parte do saber académico em Portugal são diversos entre si, desde logo porque só a exposição de Laranjo era fundada na leitura directa do *O Capital*, comprovada, aliás, pela frequente citação directa do texto do Livro I. Os outros dois momentos resultaram de leituras de resumos e de comentários diversos, frequentemente de economistas divergentes ou adversos a Marx, resultando em apresentações superficiais e em alguns erros. Acresce que independentemente das fontes utilizadas, a leitura de Laranjo é a mais extensa e a que exibe uma maior compreensão das bases fundmentais da teoria, pelo que a substituição deste professor na leccionação da economia política ocorrida em 1896 determinou uma clara regressão do saber económico disponível.

Não obstante as diferenças assinaladas, há alguns elementos interpretativos que parecem comuns às apresentações propostas pelos três professores citados. Um deles é que se limitam a considerar o Livro I, sendo que a referência de Marnoco e Sousa ao Livro III é brevíssima e indirecta, e sem citação formal, não resultando manifestamente de um conhecimento efectivo do texto referido.

A exposição da teoria em *O Capital* divide-se, ao longo dos três Livros, em produção, circulação e reprodução. A teoria da produção decorre num tempo abstracto e linear, a da circulção, que é a da rotação do valor, decorre num tempo circular ou cíclico, e a da reprodução, que resulta da articulação da produção com a circulação, decorre num tempo contínuo mas de forma sempre diferente, num proceso em última instância assegurado pela intervenção do Estado. Estes diversos tempos e níveis, que na análise de Marx formam uma totalidade, parecem ter escapado a estes economistas que, para quase todos os efeitos, concentraram a sua atenção em alguns aspectos do Livro I, ainda que sem darem muito relevo ao conceito de mercadoria enquanto forma embrionária da estrutura e do funcionamento do capitalismo. Em todo o caso, se prorventura tivessem prosseguido na leitura de *O Capital* teriam também entendido mais claramente a articulação entre os conceitos teóricos e as referências históricas dele constantes já que o cânone eclético em que se moviam denotava a este respeito algum paralelismo.

Outro elemento comum parece ser uma visão determinista do processo histórico, sendo essa visão extrapolada das referências à economia quase nunca refere o papel activo da classes sociais nem da acção política no processo de evolução e transformação da sociedade.

Um terceiro elemento comum é que esta recepção do marxismo decorreu sob a égide do positivismo, a concepção filosófica dominante na Universidade no último quartel do século XIX. Antes disso a filosofia de Hegel não tinha tido influência significativa, o que explicará também parte da dificuldade no entendimento do marxismo, e os Krausistas, ainda que influentes e interessados na reforma social, não se ocuparam da economia de Marx. A referida visão positivista, ao admitir apenas a consideração dos aspectos imediatamente visíveis dos processos económicos e ao não atender às suas determinações internas – e portanto aos diferentes níveis de abstracção em que decorre a análise de Marx – bloqueou o entendimento do método novo introduzido por este e conduziu a uma visão vulgar da economia de que resultaram alguns dos erros de indicados. A incapacidade de distinguir entre a esfera dos valores e a dos preços é apenas um dos mais evidentes.

## 5. ENSAIOS E COMENTÁRIOS CRÍTICOS EM TORNO DE *O CAPITAL*

Para além dos manuais citados, a economia de Marx, e em particular considerações sobre *O Capital*, afloraram em outros textos académicos de menor relevo e impacto, sendo que na sua esmagadora maioria se ficaram a dever a docentes, estudantes e ex-estudantes da Universidade de Coimbra.

A maioria destas abordagens revelava clara hostilidade ao marxismo, em regra apoiada num conhecimento apenas indirecto das problemáticas constantes de o Livro I de *O Capital*, o quase desconhecimento das problemáticas constantes dos Livros II e III e o total desconhecimento do Livro IV. Já no que respeita ao âmbito e profundidade de análise, ao tipo de críticas que dirigiam à economia de Marx e às posições ideológicas de que emanavam essas críticas, as diversas abordagens revelaram-se distintas.

### 5.1. A crítica do catolicismo tradicionalista

Em alguns casos, elas emergiram de preconceitos religiosos anti-socialistas ainda que recorrendo a considerandos económicos como arma de arremesso.

Augusto E. Nunes, professor da Faculdade de Teologia, e arcebispo de Évora, propôs-se combater a grande heterodoxia dos tempos modernos, isto é, o socialismo, que considerou que "não é somente uma aberração dos espíritos e uma preversão dos corações, é uma paixão odienta, uma implacável conspiração, uma cruenta luta anti-social incarnada e concretizada em uma organização poderosa" (Nunes, 1881: 26). Esse combate passava, no seu entender, pela demonstração dos erros económicos de Marx e assim, numa apresentação breve mas carregada de simplismos, ignorava, por exemplo, a distinção entre trabalho simples e trabalho complexo, afirmava, referindo-se a Marx, que "a única fonte do valor é o trabalho e a duração do trabalho é o único critério de valor" (*idem*: 43). Mas a sua preocupação fundamental era contestar de forma geral a teoria do valor-trabalho e a lei da pauperização. Sobre aquela teoria admitiu de forma aprioristica e sem apresentar fundamentação consistente que "o valor de um objecto não é estritamente determinado pelo trabalho materializado nesse objecto, o direito de propriedade dá ao proprietário do objecto um certo monopólio que inclui sobre o valor dele" (*idem*: 44). Quanto à lei da pauperização respondeu de forma igualmente expedita naturalizando a miséria e retirando legitimidade à luta por melhores condições de vida ao notar que "seria preciso ser mentecapto para não ver na constituição física e moral do indivíduo, da família, da sociedade, e ainda das leis de ordem material, causas permanentes (atenuáveis, sim, mas indestrutíveis) da pobreza." (*idem*: 81).

Alguns anos mais tarde, a tese de doutoramento de Afonso Costa, acima referida, elogiada pelos seus arguentes Frederico Laranjo e Alves Moreira, teve o condão, porventura pela visibilidade e radicalismo do seu autor, de suscitar ataque imediato por parte dos sectores católicos tradicionalistas e desde logo do historiador e publicista Fortunato de Almeida. Neste caso, a crítica de alguns aspectos da economia Marx, para a qual Almeida, que não era economista nem tinha qualquer qualificação visível na matéria, era o meio escolhido para atingir Afonso Costa. O ponto nodal dessa crítica era, como quase sempre, a impugnação sumária da teoria do valor-trabalho: "não só os factos provam que entre o valor e o tempo de trabalho há muitas vezes grande desproporção, mas também é evidente que o valor depende de muitas outras circunstâncias. [...] A raridade e a utilidade são condições essenciais do valor" (Almeida, 1895: 65).

Em 1907, Manuel Abúndio da Silva, personagem relevante no âmbito da doutrinação católica tradicionalista, formado em teologia e em direito na Universidade de Coimbra, retomou a discussão de temáticas de *O Capital* – que citou uma só vez e equivocadamente – em especial as teorias do salário e do lucro. Naturalmente, considerou "falsa" (Silva, 1907: 83) a teoria do materialismo histórico, mas produziu uma análise reveladora de algumas subtilezas, designadamente ao notar que "Marx opôs à lei de bronze de Lassalle a tese da reserva do exército industrial"

A RECEPÇÃO DE *O CAPITAL* EM PORTUGAL

(*idem*: 82), ou ao referir o conceito de trabalho abstracto – "trabalho não significa na economia marxista o trabalho desta ou daquela espécie (...) mas o trabalho humano em geral, sem forma concreta e particular" (*idem*: 107) –, o que nem sempre acontecia mesmo entre os socialistas. No entanto, já revelava dificuldade em destrinçar entre força de trabalho e trabalho, entre valor e preço ou entre mais-valia e lucro acabando por sustentar, numa clara injunção de ideologia religiosa no seio da problemática económica, que "em nossa opinião a verdadeira teoria do valor pertence a S. Antonino de Florença." (*idem*: 109).

No seu conjunto, estas posições críticas revelavam-se assaz frágeis, como uma dimensão teórica mínima e uma dimensão ideológica máxima, estando fundamentalmente em causa a recusa liminar de soluções socialistas e dos seus possíveis fundamentos teóricos. Isto é, estava em causa a defesa *a outrance* do conformismo social e a tentativa de minimização de qualquer argumento legitimador da luta social, designadamente contra a exploração e a pobreza.

## 5.2. Os economistas da tradição eclética

Em posição ideológica e política diversa dos representantes do pensamento católico tradicionalista acima citados, Roberto A. Sousa Ferreira, também ele formado na Faculdade Direito de Coimbra, professor de economia política a partir de 1897 na Academia Politécnica e na Faculdade de Ciências do Porto, deputado pelo Partido Progressista, revelou ser um dos leitores do Livro I *O Capital*, e presumivelmente na sua versão integral.

Ao contrário de que sucedeu com outros professores de economia política, este economista não deixou nenhum manual de ensino que permita avaliar até que ponto incorporou aquele saber nas suas lições. O seu contacto visível com a economia de Marx resultou apenas num ensaio sobre a teoria do salário no qual se propôs apresentar "os tópicos essenciais da doutrina de Marx" (Ferreira, 1889: 80) introduzindo de forma sistemática e correcta em cerca de cinquenta páginas uma série de conceitos, designadamente, os de mercadoria, valor de uso, valor de troca, moeda, força de trabalho, trabalho simples e complexo, mais-valia absoluta e mais-valia relativa, salário, capital constante e capital variável, ciclo da mercadoria e ciclo do capital, revelando ser dos economistas aqui referidos aquele que, juntamente com Laranjo, revelou um melhor entendimento da problemática económica marxista.

Essa circunstância, e também à semelhança do que também sucedeu com Laranjo, não fez dele um marxista. Na parte crítica da sua exposição afastou-se de Marx em pontos fundamentais, nomeadamente ao considerar que os termos da demonstração da teoria do valor deste "parecem contraditórios" (*idem*: 150), e ao secundar as críticas de Schaffle quando este admitia que "a determinação de equivalências na troca só pelas quantidades de trabalho é incompleta porque exclui a utilidade que é um dos elementos da substância do valor" (*idem*: 150). E o mesmo sucedeu ao questionar a noção de mais-valia: "o aumento do valor, que representa o lucro do empresário, não significa necessariamente, como Marx supôs, a espoliação do trabalhador" (*idem*: 288).

À semelhança de outros economistas do seu tempo, revelou uma influência positivista e um modo imediatizante de entender a realidade económica, geradores de alguma dificuldade em distinguir os diversos níveis de abstracção presentes na obra de Marx o que não o impediu, algo contraditoriamente, de aceitar a destrinça cara a Marx entre "economia clássica e economia vulgar" (*idem*: 74) nem de ver neste o personagem cujo "trabalho sereno, trabalho lento, mas paciente e obstinado demoliu lanço a lanço, pedra a pedra, desde os alicerces, o edifício social" (*idem*: 80).

Em plano semelhante, Guilherme Alves Moreira professor da Faculdade de Direito, em estudo sobre a teoria do lucro retomava a discussão e a crítica da teoria marxista do valor. A leitura que este autor fazia daquela teoria não era significativamente diversa das generalidade dos outros académicos, aí se encontrando a mesma confusão entre valor e preço, a relativamente vulgar incompreensão da relação entre trabalho simples e complexo, e até o desconhecimento da própria perequação da taxa do lucro: "Como vimos, este economista [Karl Marx] sustenta que o aumento do valor é devido ao capital variável, isto é, ao capital transformado em força de trabalho e não ao capital constante. Ora desta teoria deriva necessariamente [...] que os produtores cujas mercadorias exigem um processo técnico mais demorado, embora sejam obtidos com igual quantidade de trabalho, seriam prejudicados, porque receberiam menor lucro." (Moreira, 1891: 96).

Três anos mais tarde, Fernando Martins de Carvalho, também formado em Direito pela Faculdade de Direito de Coimbra, terá comentado as teorias económicas de Marx numa conferência proferida em 1894 dedicada

A RECEPÇÃO DE *O CAPITAL* EM PORTUGAL

ao socialismo científico e cujos exactos termos se desconhecem. Em qualquer caso, num texto que publicou pouco antes procurou afastar o valor científico daquelas teorias, pois, não obstante referir lisonjeiramente os "exercícios de cabeçuda dialéctica demolidora do incontestavelmente grande Karl Marx" (Carvalho, 1894: 6) não deixou de acrescentar, citando implicitamente Comte, que "um socialismo que tenha feito uma ciência económica subordinada à síntese sociológica não apareceu ainda" (*idem*: 6). Ainda assim via mérito no facto de os socialistas terem "fundado a doutrina da evolução económica, a dinâmica" (*idem*: 11), embora logo acrescentasse que considerava a economia ocupada na tarefa medíocre de inventar umas quaisquer entidades metafísicas como o valor, o capital e o interesse, sem atender a que "a evolução realiza-se pela evolução das raças e pelas transformações dentro das raças. São lutas de raças os grandes conflitos sociais modernos" (*idem*: 14).

Também o ainda estudante da Faculdade de Direito, António A. Pires de Lima, que de *O Capital* apenas havia lido os primeiros nove capítulos do resumo de Lafargue e que ainda assim se propunha pretensiosamente conferir "um cunho mais científico a essa obra informe e desorganizada, generalizando, deduzindo e simplificando" (Lima, 1899-1900: 774), se dedicou à exposição e à crítica da economia de Marx. A memória académica em que o fez contém também ela uma exposição de parte das matérias referentes ao Livro I, na qual não estavam de novo ausentes substanciais incompreensões, designadamente quando atribuía a Marx a ideia de que "a soma da moeda é determinada pela soma total dos preços de todas as mercadorias" (*idem*: 836), esquecendo a velocidade de circulação da moeda.

Cabe notar que Pires de Lima era o único destes autores que tentava desenvolver uma aplicação imediata da teoria, pelo que se propunha "determinar concretamente a taxa de mais-valia" (*idem*: 1029) numa empresa do sector têxtil. Os dados de que partia eram, sem que adiantasse qualquer prevenção, os preços de mercado quer das mercadorias consumidas no processo produtivo quer das que constituíam o produto final, o que desde logo revelava que não distinguia valor de preço de mercado. Para além disso, é ainda visível que não entendia a teoria do salário em Marx – "a lei de bronze de Lassalle [...] que viria a completar a teoria de Karl Marx" (*idem*: 1094) – como não entendia também a hipótese teórica que assenta na consideração da determinação do valor a partir do trabalho médio socialmente necessário à produção das mercadorias,

CONTEXTOS E RECEPÇÕES

do trabalho abstracto, afirmando, ao procurar impugnar aquela hipótese, que "não existe um dinamómetro capaz de medir a força dispendida por um indivíduo em determinada produção [e por isso] Marx cedeu muito da pureza da sua teoria" (*idem*: 4).

Mas a sua contestação da teoria do valor-trabalho centrava-se na ideia que a mercadoria é um objecto autónomo e independendente da prática económica e social que resulta na sua produção para concluir que o respectivo valor advém da sua necessidade. Daí chegava à estranha conclusão de que "todo o valor vem realmente do trabalho, mas não do trabalho do produtor: do trabalho do consumidor" (*idem*: 5-6).

Em geral, estes ensaios situavam-se no plano teórico como no metodológico no prolongamento do que estava plasmado nos manuais de ensino acima citados, isto é, no cânone eclético, duplamente eclético – o ecletismo reportava-se tanto à doutrina como à teoria – dominante e sem evidenciar inovação significativa no campo conceptual. As ambiguidades na avaliação da teoria do valor-trabalho eram comuns como comum era, no limite, a ambiguidade relativamente à ideia de exploração da classe trabalhadora enquanto elemento constitutivo básico do modo de produção capitalista.

## 5.3. A crítica neoclássica

Ao contrário destes últimos quatro economistas, António Horta Osório, ainda que também formado em Direito pela Universidade de Coimbra, adoptou posições teóricas e epistemológicas assaz divergentes das da generalidade dos seus colegas. Assumiu-se como economista neoclássico, na linha de Pareto e Walras, e portanto como representante de um sistema teórico que à data se havia já convertido em sistema internacionalmente dominante, mas que tinha ainda então pouca expressão entre os economistas portugueses.

Osório concorreu em 1911, sem êxito, para o lugar de professor de economia política na Escola Politécnica de Lisboa e foi justamente nesse concurso que apresentou o seu único trabalho de investigação teórico-económica, *A matemática na economia pura: a troca*.

Surpreendentemente, porque o seu estudo não tinha qualquer ponto de contacto com o sistema teórico de Marx – mas certamente inspirado pelo seu mestre V. Pareto que havia publicado vários artigos sobre a

# A RECEPÇÃO DE *O CAPITAL* EM PORTUGAL

teoria do valor de Marx e sobre *O Capital* –, dedicou parte do prefácio à crítica deste sistema, que considerava sem valor científico, já que, em seu entender, se incluía naquela categoria de "trabalhos teóricos em que, com roupagens científicas, se não faz mais que a propaganda de certas maneiras de sentir dos seus autores". E acrescentava de forma mais incisiva: "é certo que [*O Capital* de] Marx parece deduzir muitas das suas conclusões da simples observação dos factos e não sair portanto para fora do campo da ciência. Na realidade as suas principais proposições foram por ele postas antes e independentemente dos factos, de que parece deduzi-las" (Osório, 1996 [1911]: 4).

A crítica de *O Capital*, mais epistemológica que propriamente económica, surgia em Osório de forma apenas genérica e em nome de uma concepção positivista que afirmava não ser a ciência "outra coisa senão o estudo dos factos e das relações entre eles (...) [para] determinar as uniformidades ou leis que essas relações apresentam" *(idem:* 4). Esta concepção que não admitia mais que as aparências imediatas quotidianas dos processos económicos – e que neste ponto não o distinguia da generalidade dos economistas ecléticos – conduzia necessariamente à incompreensão da natureza da teoria económica de Marx. Em particular, ao seu processo de investigação, que partia dessas aparências para a descoberta de categorias e das suas relações internas, abstractas, e o seu processo de exposição, a que obedecia a construção de *O Capital* que, como Marx deixou claro no posfácio à segunda edição alemã, percorria o caminho inverso ao reconstituir o movimento real e concreto da economia capitalista a partir das categorias mais gerais e abstractas alcançadas na fase de investigação.

Entretanto, a crítica de Osório escondia que era justamente a sua versão da economia organizada em torno da noção de equilíbrio estático, que eliminava qualquer explicação sobre as condições da dinâmica económica e histórica, e a que recorria a entidades metafísicas assumidas aprioristicamente, designadamente ao conceito de *homo economicus*. Mas, fundamentalmente, ao deslocar o centro da análise da produção para o consumo e para a troca em mercado cncorrencial fazia desaparecer a incómoda problemática da exploração do trabalho.

Curiosamente, nem Marx nem Engels, que viveram ainda os dias da chamada revolução marginalista valorizaram o seu impacto e não procederam à sua crítica sistemática – seria Bukharine a fazê-lo em 1914 quando escreveu o seu estudo *A economia política do rentista* – e em

CONTEXTOS E RECEPÇÕES

Portugal, a ausência de um pensamento marxista estruturado determinou que o mais poderoso ataque à economia de Marx ficasse sem resposta.

## 6. CONCLUSÕES

Da análise das diferentes abordagens de *O Capital* resultam algumas conclusões.

Uma delas é que o discurso filosófico implícito em *O Capital* passou despercebido. *O Capital* não foi lido por filósofos e por isso essa dimensão implícita do discurso de Marx não foi compreendido nem comentado. Apenas algum economista sugeriu que Marx conferia uma arrumação hegeliana à sua exposição, mas não mais que isso.

*O Capital*, em rigor quase só o Livro I, foi pois objecto de interesse quase exclusivamente por economistas, não muitos, e alguns apenas economistas eventuais. A maioria dos comentários mais ou menos críticos que produziram eram genéricos, superficiais e não raro resultantes de posições aprioristicas e não de qualquer estudo ou discussão aprofundada do texto. A maioria desses comentários centraram-se na análise da teoria do valor reproduzindo argumentos não originais retirados da literatura internacional, designadamente de autores colectivistas como B. Malon, A. Schaffle, E. Laveleye, ou liberais como P. Leroy-Beaulieu e V. Pareto, ou até anarquistas como P. Kropotkine.

Não há escritos portugueses, nem no campo da teoria pura nem da aplicada que denotem alguma originalidade, seja no desenvolvimento seja na rejeição das ideias de Marx, desde logo porque o conhecimento dessas ideias era apenas sumário. Laranjo e Ferreira foram, porventura, excepções parciais já que revelaram uma razoável compreensão das bases fundamentais da teoria.

Para esse fraco conhecimento terá contribuído o pequeno número de economistas e professores de economia no país e bem assim as barreiras ideológicas que os afastavam de uma eventual adesão ao marxismo. Mas a barreira linguística também foi relevante. Quando Engels morreu, em 1895, *O Capital* estava traduzido e editado em 9 línguas mas não em português. O alemão era língua desconhecida e as traduções francesas dos Livros II e III só apareceram em 1900 e 1901-2.

Um resultado deste facto é que a generalidade das problemáticas constantes daqueles dois Livros, como as referentes ao processo de

A RECEPÇÃO DE *O CAPITAL* EM PORTUGAL

acumulação ou à queda tendencial da taxa de lucro, por exemplo, jamais foram referidas.

A generalidade dos economistas situados no cânone eclético, em particular os que publicaram manuais de ensino, tomavam Marx como um continuador da tradição económica clássica, um continuador de Petty, de Smith e de Ricardo ainda que dotado de alguma originalidade. Por isso, alguns elementos teóricos de *O Capital* puderam ser incorporados a par de referências à economia clássica e ao historicismo em sínteses frágeis e inacabadas. Mas esses manuais integravam também uma componente doutrinal, sendo esse o plano em que se diferenciavam e em que sobrevieram as manifestações de adesão ao socialismo catedrático ou ao ideário liberal.

A crítica vinda do catolicismo tradicionalista revelou-se essencialmente polémica e sem densidade teórica, resultando do recurso a fragmentos de teoria económica e na injunção de preconceitos ideológicos pouco elaborados e apenas explicáveis pela omnipresença da questão social e pelo envolvimento da Igreja no combate ao socialismo.

A refutação neoclássica de *O Capital* permaneceu limitada às poucas páginas críticas de Osório numa obra que sob todos os pontos de vista se situava nos seus antípodas e que talvez por isso se revelou, no plano da teoria, o mais poderoso ataque às posições marxistas.

Na intervenção de Osório estava em causa a proposta de um novo sistema teórico, abstracto, competindo directamente com o de Marx na luta pela hegemonia da representação da esfera do económico e que ao abandonar a perspectiva macroeconómica e ao deslocar o centro da análise da esfera da produção para as da troca e do consumo fazia desaparecer a problemática da evolução do capitalismo no longo prazo e fazia desaparecer a ideia de exploração dos produtores.

Para além do afrontamento entre os dois sistemas num plano puramente teórico, estava fundamentalmente em causa a discussão da legitimidade do capitalismo e indirectamente um conflito social de grande envergadura numa época em que o marxismo surgia como uma força ameaçadora para a burguesia europeia.

## REFERÊNCIAS BIBLIOGRÁFICAS

–, 1883, *Karl Marx,* in O Protesto Operário, vol 2(3), pp. 1-2.

Almeida, F., 1895, *A questão social: reflexões à dissertação inaugural do sr. Dr.Affonso Costa,* Coimbra, Typ. de F. França Amado.

Bastien, C., 1997, *Os primeiros leitores portugueses de Marx economista,* in Vértice, nº 79.

Bastien, C., 2016, *Readings and translations of Karl Marx in Portugal (1852-1914),* in The European Journal of the History of Economic Thought, vol. 23(5).

Braga, T., 1892, *As modernas ideias na literatura portuguesa* (vol. 2), Porto, Ernesto Chardon.

Bruno, S., 1893, *Notas do exílio,* Porto, Casa Editora Lugan & Genelioux, Sucessores.

Carvalho, F. M., 1894, *A questão social,* Coimbra, Imprensa da Universidade.

Castro, A., 1980, *O pensamento económico no Portugal moderno,* Lisboa, Instituto de Cultura Portuguesa.

Castro, A., 1983, *Os primeiros críticos de Marx em Portugal,* in Vértice, nº 453.

Castro, A., 1985, *Para a história do pensamento marxista em Portugal,* in J. F. Branco et alii (org.) , O Marxismo no limiar do ano 2000, Lisboa, Editorial Caminho.

Costa, A., 1895, *A Igreja e a questão social,* Coimbra, Imprensa da Universidade.

Costa, A., 2015, *Apontamentos das preleções do Dr. Afonso Costa sobre ciência económica e direito económico português,* Lisboa, Imprensa Nacional – Casa da Moeda.

Ferreira, R., 1889, *A retribuição dos operários: estudo sobre a teoria dos salários na economia política e no socialismo contemporâneos,* Porto, Typ. de A. J. da Silva Teixeira,

Freitas, J. R., 1875, *Crises comerciais,* in Revista Ocidental, vol. 1(2).

Freitas, J. R., 1996, *A Revolução Social – Análise das doutrinas da Associação Internacional dos Trabalhadores,* in J. J.Rodrigues de Freitas, Obras Económicas Escolhidas (1872-1889) (vol. 2), Lisboa, Banco de Portugal.

Gneco, A., 1978, *Carta a Engels,* in C. Oliveira (org.), 13 Cartas de Portugal para Engels e Marx, Lisboa, Iniciativas Editoriais.

Hobsbawm, E., 2012, *How to change the World,* London, Abacus.

Laranjo, J. F., 1874-1875, *Origens do socialismo,* in O Instituto, vol. 20.

Laranjo, J. F., 1997, *Princípios de economia política,* Lisboa, Banco de Portugal.

Lima, A. P., 1899-1900, *As doutrinas económicas de Karl Marx,* in O Instituto, vol. 46 e 47.

Margarido, A., 1975, *A introdução do marxismo em Portugal*, Lisboa, Guimarães & Cª Editores.

Martins, O., 1953, *Portugal e o Socialismo*, Lisboa, Guimarães & Cª Editores.

Martins, O., 1955a, *O regime das riquezas*, Lisboa, Guimarães & Cª Editores.

Martins, O., 1955b, *A circulação fiduciária*, Lisboa, Guimarães & Cª Editores.

Martins, O., 1974, *Teoria do Socialismo*, Lisboa, Guimarães & Cª Editores.

Mendes, S., 2006, *Socialismo libertário ou anarchismo*, Lisboa, Letra Livre.

Moreira, G. A., 1891, *O lucro e a questão económica*, Coimbra, Imprensa da Universidade.

Moreira, V., 1983, *O Capital em Portugal*, in Vértice, nº 453.

Nunes, A. E., 1881, *Socialismo e catolicismo*, Coimbra, Imprensa da Universidade.

Oliveira, C., 1973, *O socialismo em Portugal 1850-1900*, Porto, ed. Autor.

Osório, A. H., 1996, *A matemática na economia pura: a troca*, Lisboa, Banco de Portugal.

Pinto, O., 1853, *Proudhon e a economia política,* in O Instituto, vol. 1 (7, 8, 12, 15, 18, 21).

Quental, A., 1980, *O que é a Internacional*, Lisboa, Ulmeiro.

Quental, A., 2009, *Cartas – I*, Lisboa, Imprensa Nacional - Casa da Moeda.

Ricardo, G., 1880, *O Trabalho e o Capital*, in O Operário (de 4 de Janeiro). Porto.

Sá, V., 1976, *Perspectivas do século XIX*, Porto, Limiar.

Santos, F. P., 1983, *Marx e o movimento operário português,* in Vértice, nº 453.

Silva, E., 1896, *O Capital. Drama original em 4 actos*, Lisboa, Typographia do Instituto Geral das Artes Graphicas.

Silva, M., 1907, *O capital-salários*, Porto, Typographia Universal.

Sousa, J. M., 1997, *Ciência económica*, Lisboa, Banco de Portugal.

Teles, B., 1901, *Estudos históricos e económicos* (vol. 2), Porto, Livraria Chardron.

# D'*O CAPITAL* (E DE OUTRAS OBRAS) DE MARX NO BRASIL[*]

### JOSÉ PAULO NETTO

Pode-se afirmar que hoje, para o leitor brasileiro, estão acessíveis em português e em volumes editados no país, as obras fundamentais de Marx (e várias das de Marx-Engels, assim como algumas de Engels). Este quadro favorável às pesquisas de marxistas e marxólogos, bem como de cientistas sociais, economistas, filósofos, historiadores e militantes sociais inscritos noutros quadrantes do espectro teórico-metodológico, é relativamente recente – ele se configurou nos últimos cinquenta anos.

Este artigo pretende oferecer uma sinopse deste quadro, aludindo a certas particularidades da cultura política brasileira, com breves referências à latino-americana. Trata-se de uma abordagem panorâmica, embasada em algumas hipóteses que não são necessariamente consensuais (aliás, em matéria de Marx e da tradição marxista, há mais dissensos que concordâncias...). O que aqui se apresenta é, tão somente, uma contribuição, muito concisa, para o esclarecimento de uma questão nada simples – que pode ser designada como a questão da *tardia incorporação de textos originais de Marx* (e de Engels) ao acervo bibliográfico editado no Brasil.

## SOBRE A TRADIÇÃO MARXISTA NA AMÉRICA LATINA

As ideias de Marx e Engels chegam à América Latina no final do século XIX, simultaneamente com o aparecimento – animado por emigrantes europeus (sobretudo italianos e espanhóis, os mais politizados e com forte

---

[*] Este artigo é uma versão, reduzida e modificada e ainda inédita, de uma pesquisa realizada no marco do *Núcleo de Estudos e Pesquisas Marxistas/NEPEM*, da Escola de Serviço Social da *Universidade Federal do Rio de Janeiro/UFRJ*. O autor contou com a inestimável colaboração do Dr. Mauro Iasi, pesquisador e docente da mesma instituição.

inspiração anarquista) – de grupos socialistas pioneiros. Destes grupos, ideologicamente diferenciados, nascem os primeiros partidos socialistas (Argentina, 1896; Uruguai, 1910; Chile, 1912), logo alinhados com a Segunda Internacional; e do desenvolvimento e/ou das dissidências de alguns deles, nos anos 1920 surgirá a maioria dos partidos comunistas latino-americanos. Tais partidos, superando os influxos do anarquismo e do anarcossindicalismo sobre os trabalhadores, nas décadas seguintes responderão pela divulgação da *tradição marxista* – expressão que preferimos ao usual termo *marxismo*.

Observe-se, desde já, que, no Brasil, também foi extremamente importante, nas duas primeiras décadas do século XX, a influência do anarquismo e do anarcossindicalismo. Todavia, não se registrou no país a criação efetiva de qualquer partido socialista ou social-democrata – foram vãos, neste sentido, os esforços, por exemplo, de um Silvério Fontes (1858-1928). No Brasil, *a fundação do Partido Comunista, em março de 1922, não teve nenhum precedente partidário socialista/social-democrata* – foi obra, sobretudo, de anarquistas que, sob o impacto da Revolução de Outubro, deslocaram-se para o campo bolchevique, sendo Astrojildo Pereira (1890-1965) o mais expressivo deles.

É nos anos 1920, de fato, sob o impacto da Revolução Bolchevique, que será criada, como já assinalamos, a maioria dos partidos comunistas latino-americanos. E é também no fim desta década que a Internacional Comunista (a *Terceira Internacional*) começará a exercer decisivamente a sua influência sobre eles: em junho de 1929, na sequência da primeira conferência dos comunistas da América Latina (Buenos Aires), reorganiza-se o *Secretariado Sul-Americano da Internacional Comunista* (criado em 1925) que, sediado na capital argentina, sistematizará a publicação do quinzenário *La correspondencia sudamericana*, instrumento de articulação do comunismo latino-americano sintonizado com a orientação crescentemente stalinizada da Internacional Comunista. De formação posterior, bem mais tardia, são poucos partidos comunistas (Bolívia, 1950; Honduras, 1954; Nicarágua, 1967).

Desde os anos 1920 verifica-se que tanto a difusão das ideias marx-engelsianas quanto a constituição de uma cultura marxista (teórica e política) na América Latina não se revela como um processo único e idêntico; ao contrário, expressou – e expressa – a realidade própria de um subcontinente que envolve formações sociais muito diversas, países com desenvolvimento bastante desigual das forças produtivas, estruturas

D'*O CAPITAL* (E DE OUTRAS OBRAS) DE MARX NO BRASIL

de classe e instituições sócio-políticas distintas, problemáticas étnicas e culturais específicas e diferentes inserções internacionais.

Ao longo do século XX, a América Latina registrou experiências políticas muito peculiares, que a marcaram profunda e diversamente: grandes insurreições antioligárquicas, vitoriosas ou não (México, 1910; El Salvador, 1932; Bolívia, 1952), intentos mais ou menos exitosos de modernização social sob regimes ditatoriais (no Brasil, Vargas, 1930/1945, e, na Argentina, Perón, 1946-1955), guerra civil (Costa Rica, 1948), processos revolucionários que se orientaram ao socialismo, vitoriosos ou não, contra a ordem ou no interior da ordem (Cuba, 1959; Nicarágua, 1979; Chile, 1970-1973), lutas guerrilheiras em praticamente todo o subcontinente, nos anos 1960 (com algumas de longa persistência, como na Colômbia), breves episódios democratizantes envolvendo as Forças Armadas (Peru, 1968; Bolívia, 1971), longas ditaduras visceralmente corruptas (no Paraguai, 1954-1989, na Nicarágua dos Somoza, intermitentemente entre os anos 1930 e 1979, e no Haiti dos Duvalier, 1964-1986) e, enfim, as ditaduras do grande capital erguidas no Cone Sul sob a égide da "doutrina de segurança nacional" (Brasil, Chile, Uruguai e Argentina) entre 1964 e 1976, cujas crises diferenciadas culminaram, nos anos 1980, em movimentos de democratização muito particulares.

É compreensível, pois, que uma efetiva *unidade* latino-americana só possa ser pensada como não identitária, como *unidade do diverso*. Esta unidade latino-americana é um processo ainda em construção, que possui como base objetiva o fato de as massas trabalhadoras do subcontinente terem os mesmos inimigos: o imperialismo (especial, mas não exclusivamente, o norte-americano) e as classes dominantes nativas, a ele associadas. E é, portanto, compreensível que não se possa falar sem mais de um "marxismo latino-americano": *desde os anos 1920, o desenvolvimento da tradição marxista (e das organizações políticas nele inspiradas) na América Latina foi e continua sendo, na entrada do século XXI, largamente diferenciado, diferenciação que não elude traços e elementos comuns.*

Vejamos muito rapidamente dois momentos do processo de expansão da tradição marxista na América Latina[1]. O primeiro constitui o que designamos como sendo o da *década fundacional*.

---

[1] Sumario aqui os dados bibliográficos apresentados em "Nota sobre o marxismo na América Latina", *in* Marcelo Braz, *José Paulo Netto. Ensaios de um marxista sem repouso.* S. Paulo: Cortez, 2017.

CONTEXTOS E RECEPÇÕES

Se os primeiros ecos socialistas começam a ressoar na América Latina na sequência das revoluções europeias de 1848, é a partir dos anos 1880 que as ideias de Marx e Engels chegam ao subcontinente – o mexicano Juan de Mata Rivero (1838-1893) publicou o *Manifesto do Partido Comunista* em 1884 e o argentino Juan B. Justo (1865-1928), pensador e dirigente socialista identificado com a Segunda Internacional, traduziu o livro I de *O Capital* em 1898.

(Façamos aqui outra observação que é relevante para a nossa argumentação. A primeira edição brasileira do *Manifesto do Partido Comunista* é de 1924 e a do Livro I *d'O Capital* é de 1968: no caso do *Manifesto*..., um atraso de 40 anos em relação à edição mexicana, que circulou na maioria dos países latino-americanos; no caso do Livro I, um atraso de 60 anos em relação à edição argentina.)

Retomemos o fio da meada: em vários países, ativistas e pensadores contribuíram para criar condições para o florescimento das ideias marx-engelsianas: assim, por exemplo, citem-se, na Colômbia, Luís Tejadas (1898-1924); no Chile, Luís Emilio Recabarren (1876-1924); no Uruguai, Emilio Frugoni (1880-1969); em Cuba, José Martí (1853-1895), Diego V. Tejera (1848-1903) e Carlos Baliño (1848-1926). Mas as ideias marx-engelsianas constituem à época não mais que um vetor de um complexo e heterogêneo universo político-ideológico, conformado num caldo de cultura que envolvia os mais heteróclitos componentes ideológicos do pensamento anticapitalista.

Nos anos 1920, a organização político-partidária autônoma do movimento operário dá os seus primeiros passos mais seguros; é então que se fundam os partidos comunistas e se registra uma difusão maior de alguns materiais de Marx e Engels – na primeira metade da década, estão disponíveis em castelhano, além dos dois textos já citados, *Do socialismo utópico ao socialismo científico* e a *Miséria da filosofia* (note-se: no Brasil, a primeira tradução do texto de Engels é de 1934 e a da *Miséria da filosofia* é de 1946); na segunda metade dos anos 1920, circulam no subcontinente, em edições francesas e castelhanas, textos de Marx e Engels, e ainda de Plekhanov, Lenin, Trotski e Bukharin. É quando a tradição marxista começa a se perfilar nitidamente como uma concepção teórica e política peculiar na América Latina.

Por isto é que, em nosso entender, os anos 1920 constituirão a *década fundacional* da tradição marxista na América Latina. Escritos de dirigentes políticos – alguns dos quais haveriam de influir por longos anos

D'*O CAPITAL* (E DE OUTRAS OBRAS) DE MARX NO BRASIL

em seus partidos comunistas, como o ítalo-argentino Victorio Codovilla (1894-1970), outros sendo afastados dos partidos que fundaram em consequência da stalinização dos anos 1930, como o brasileiro Astrojildo Pereira (1890-1965) – forneceram as bases teórico-ideológicas para este processo fundacional, que foi dinamizado por várias lideranças. Entre essas lideranças, cabe destacar o protagonismo de Julio Antonio Mella (1903-1929), fundador do PC cubano, obrigado ao exílio pela ditadura de G. Machado (1871-1939), sob cujas ordens foi assassinado no México. Mella, organizador e publicista brilhante, notabilizou-se pela dura crítica a que submeteu, em 1928, as propostas do peruano Victor Raul Haya de la Torre (1895-1979), que criou, em 1924, a APRA (*Aliança Popular Revolucionária Americana*, frente anti-imperialista depois transformada em *Partido Aprista Peruano*). São desse decênio as primeiras tentativas de interpretação marxista das realidades nacionais latino-americanas, de que um exemplo incipiente encontra-se em *Agrarismo e industrialismo* (1928), do brasileiro Octavio Brandão (1896-1980).

Estas duas questões básicas – a posição dos marxistas latino-americanos em face do imperialismo e a análise das suas realidades nacionais – foram enfrentadas nesta *década fundacional* do marxismo na América Latina pela figura mais importante do período, o peruano José Carlos Mariátegui (1894-1930). Autodidata extremamente talentoso, Mariátegui assimilou ideias marxistas durante um estágio (1919-1923) na Itália e, no seu regresso, dedicou-se intensivamente a uma ampla intervenção revolucionária: no plano da organização da cultura, criou a revista *Amauta* (1926), de impacto continental e repercussão europeia e, no plano da organização política, o Partido Socialista (1928, logo transformado em Partido Comunista) e a Confederação Geral dos Trabalhadores do Peru (1929). E toda a sua intervenção foi conduzida por uma perspectiva que colidia com o provincianismo intelectual característico de um continentalismo estreito e sectário, que demandava uma "teoria própria" (ou "autônoma", "específica") para a compreensão da América Latina: contra Haya de la Torre, que o acusava de "europeísmo", afirmou peremptoriamente a universalidade das ideias socialistas numa formulação antológica: "Fiz na Europa meu melhor aprendizado. E creio que não há salvação para a Indo-América sem a ciência e o pensamento europeus ou ocidentais". Polemizando a partir de 1927 com Haya de la Torre, que tomava a pequena burguesia como sujeito revolucionário por excelência e desvinculava o combate ao imperialismo da luta pelo socialismo, Mariátegui elaborou uma concepção da revolução latino-americana na qual um autêntico anti-imperialismo era componente do processo revolucionário direcionado ao socialismo, cuja vanguarda era o proletariado urbano.

Esta é a concepção que subjaz à análise que ofereceu de seu país nos *Siete ensayos de interpretación de la realidad peruana* (1928), que permanece até hoje como paradigma da lenineana "análise concreta da situação concreta": recusando a aplicação de esquemas apriorísticos no trato da sociedade peruana, Mariátegui apreendeu a sua particularidade histórica ao enfrentar com originalidade a problemática da propriedade da terra, que afetava a quatro quintos da população: o *indígena*. Todo o seu esforço analítico foi no sentido de clarificar o processo da *revolução peruana* (para ele, de caráter socialista e, por consequência, anti-imperialista, antilatifundista e anticapitalista) que, liderada pelo proletariado, teria como pedra de toque a unidade dos trabalhadores urbanos com o campesinato. Graças à atenção de Mariátegui para com os contingentes trabalhadores de raiz autóctone, sua obra ganhou novo relevo em função de fenômenos políticos recentes (o *zapatismo* mexicano, os eventos na Bolívia e no Equador) em que adquiriu plena visibilidade a questão dos "povos originários". Entretanto, a obra de Mariátegui foi duramente criticada por ideólogos vinculados à Terceira Internacional na sequência de sua morte, inclusive em seu país, só vindo a ser devidamente valorizada a partir da segunda metade dos anos 1950.

Mas se a década de 1920 inscreveu a tradição marxista na cultura política latino-americana, esta inscrição só se adensou no período subsequente – aquele em que a tradição marxista se consolidou efetivamente na América Latina. De fato, entre inícios dos anos 1930 e meados dos anos 1950, a tradição marxista haverá de tornar-se uma referência indescartável no conjunto da cultura latino-americana, mesmo quando se leva em conta a desigualdade do seu nível de desenvolvimento nos vários países do subcontinente.

Atesta-o, no primeiro terço dos anos 1950, o largo rol de personalidades do "mundo da cultura" que, *em todos os países do subcontinente e para além da ação estritamente política*, ligaram seus nomes à tradição marxista (alguns anos depois, chocados com as revelações feitas por N. Kruschev no XX Congresso do PCUS, muitos desses cientistas, poetas, escritores, arquitetos, pintores e artistas se deslocaram para outros espaços do espectro político-ideológico). A tradição marxista, à época, exerceu um verdadeiro fascínio sobre o melhor da intelectualidade

D'*O CAPITAL* (E DE OUTRAS OBRAS) DE MARX NO BRASIL

latino-americana – recorde-se, entre os muitos daqueles que dela nunca se afastaram, uns poucos: poetas e romancistas como o chileno Pablo Neruda (1904-1973), o brasileiro Graciliano Ramos (1892-1953) e os cubanos Juan Marinello (1898-1977) e Nicolás Guillén (1902-1989), arquitetos como o brasileiro Oscar Niemeyer (1907-2012), cientistas como o físico também brasileiro Mário Schenberg (1914-1990) e o matemático uruguaio José Luis Massera (1915-2002), criadores musicais populares – como o músico paraguaio José Asunción Flores (1904-1972) e o argentino Osvaldo Pugliese (1905-1995) – e grandes pintores, como o brasileiro Cândido Portinarti (1903-1962).

Na base desta consolidação da tradição marxista na América Latina estão processos extra-continentais (o fascismo europeu e a resistência a ele, a guerra civil na Espanha, a Segunda Guerra Mundial e o papel protagônico nela desempenhado pela União Soviética, a Revolução Chinesa e os avanços das lutas anticolonialistas na Ásia e na África) e processos propriamente endógenos às sociedades latino-americanas (migrações, industrialização, urbanização), dinamizadores de novas lutas sociais e que possibilitaram um adensamento da influência de seus partidos comunistas.

No período em tela, há que considerar que a circulação de publicações marxistas experimentou um enorme crescimento quantitativo e um verdadeiro salto de qualidade: a partir de finais dos anos 1920 e inícios dos anos 1930, a documentação divulgada pelas editoras *Bureau d'Éditions* e *Éditions Sociales Internationales* (França) e *Cenit* e *Europa-América* (Espanha), que se difundiu na América Latina, permitiu o conhecimento de mais obras de Marx e Engels, mas sobretudo de textos de expoentes bolcheviques e revolucionários europeus; e também, a partir dos anos 1930, nota-se o crescimento, em boa parte do subcontinente, de atividades editoriais autóctones centradas na literatura marxista e apresentando produções nacionais. Cumpre destacar, neste âmbito, a partir da década de 1940, a importância de que se revestiu a produção editorial mexicana, estimulada, inclusive, pelo exílio de republicanos espanhóis: a presença do editor Juan Grijalbo (1911-2002, que nos anos 1950 divulgaria inúmeros manuais soviéticos) e de intelectuais como Wenceslao Roces (1897-1992, tradutor de Marx-Engels) contribuiu para tornar o México um polo difusor da tradição marxista.

Contudo, esta consolidação do marxismo na cultura latino-americana se opera – e este é um dos seus traços mais decisivos – quando o processo

CONTEXTOS E RECEPÇÕES

de stalinização iniciado no final dos anos 1920 na URSS triunfa e, na sequência, pela mediação da Terceira Internacional, equaliza ideológica e politicamente os partidos comunistas latino-americanos, enquadrando-os segundo os parâmetros do "marxismo-leninismo" que se tornou a ideologia oficial da era a que Stalin vinculou seu nome – e que, nos anos seguintes, constituiria a matriz da *cultura de manual* que seria dominante na América Latina até a primeira metade dos anos 1950. É sabido que esse "marxismo-leninismo" geralmente não passou de uma degradação, vulgar e positivista, do legado de Marx, Engels e Lenin: frequentemente reduzido a um economicismo barato e/ou a um sociologismo mecanicista, quase sempre tratou-se de uma codificação escolástica da teoria social dos clássicos, que esterilizou muitos esforços de mais de uma geração de comunistas. Parte expressiva da produção dos marxistas latino-americanos foi domesticada pelos cânones desse "marxismo-leninismo", que se tornou uma espécie de senso-comum dos militantes comunistas e que, pelo menos até 1956, orientou a linha política dos partidos latino-americanos. Mesmo o XX Congresso do PCUS (1956) não pôs fim à *cultura de manual*, o que obrigou marxistas informados e inconformados, como o venezuelano Ludovico Silva (1937-1988), a criticá-la ainda duas décadas depois.

Entre dirigentes mais qualificados e intelectuais talentosos, em todos os quadrantes do subcontinente, foram deletérias as implicações (algumas de largo prazo) da incorporação desse "marxismo-leninismo". Dirigentes preparados sacrificaram as peculiaridades das formações sociais de seus países para formular estratégias e táticas conformadas às orientações da Terceira Internacional (ou, depois, do *Kominform*) e em não poucas ocasiões identificaram sumariamente o internacionalismo proletário com a política de Estado da União Soviética. Intelectuais criativos dobraram-se aos imperativos daquele que Marcuse designou como "marxismo soviético", incorporando acriticamente a recusa abstrata e apriorística ao "pensamento burguês", ao "idealismo", bem como as exigências do "realismo socialista" de corte staliniano. Sobre todo o subcontinente, multiplicaram-se algozes/vítimas dessa ideologia vulgar. Para exemplificar muito sucintamente, entre dirigentes, sua pesada hipoteca pode ser verificada sobre os argentinos Rodolfo (1897-1985) e Orestes Ghioldi (1901-1982), o brasileiro Luís Carlos Prestes (o "Cavaleiro da Esperança", 1898-1990) e o peruano Jorge del Prado (1910-1999); e, entre intelectuais e ficcionistas, sobre o argentino Emilio Troise (1885-1976), o equatoriano

## D'*O CAPITAL* (E DE OUTRAS OBRAS) DE MARX NO BRASIL

Manuel Agustín Aguirre (1903-1992), o peruano Cesar G. Mayorga (1906-1983), o brasileiro Jorge Amado (1912-2001) e o costarricense José Marín Canas (1904-1980).

Seria um gravíssimo equívoco, porém, considerar o período de consolidação da tradição marxista (1930-1950) na cultura latino-americana como carente de elaborações fecundas ou somente como um triunfo do "marxismo-leninismo". Neste período, com efeito, registram-se contribuições significativas, entre as quais se devem mencionar a de Jacques Roumain (1907-1944) que, nos anos 1930, procurou compreender a realidade haitiana, e os estudos do argentino Anibal Ponce (1898-1938); este, tornando-se marxista no fim da década de 1920, recuperou a herança do humanismo clássico burguês e, tematizando a problemática da educação, tornou-se por décadas uma referência na América Latina. Na Bolívia, José Antônio Arze (1904-1955) surgiu como pensador importante, bem como seu companheiro de lutas, Ricardo Anaya (1907-1997). Nesses mesmos anos, no Chile, o futuro dirigente socialista Clodomiro Almeyda (1923-1997) discutia a teoria marxista do Estado. No México revolucionário, o reformismo de Vicente Lombardo Toledano (1894-1968) alimentava polêmicas sobre educação, em confronto com o filósofo construtivista Antônio Caso (1883-1946); mas José Revueltas (1914-1976), pensador e artista então vinculado ao Partido Comunista, expressava um posicionamento mais firme. No Paraguai, o dirigente comunista Oscar Creydt (1903-1987) acumulava materiais para seus expressivos escritos posteriores.

Nestes decênios, talvez a dimensão de maior relevância da tradição marxista na América Latina tenha sido a pesquisa histórica. Verifica-se um interesse pela história das formações sociais latino-americanas que, desde então, só se veio acentuando. Francisco Pintos (1880-1968) inicia as investigações de que resultarão as suas primeiras obras sobre a formação histórica do Uruguai. Em 1940, o argentino Rodolfo J. Puiggross (1906-1980), à época membro do Partido Comunista, dá à luz suas originais interpretações da história do seu país. Nos mesmos anos 1940, a história da Colômbia é reconstruída por Luís Eduardo Nieto (1888-1957) e, pouco depois, Carlos Rafael Rodríguez (1913-1997), que desempenharia destacadas funções políticas no processo revolucionário cubano, publicaria suas pesquisas históricas. E é de 1943 o primeiro ensaio histórico do chileno Volodia Teitelboim (1916-2008), mais tarde um destacado dirigente comunista.

CONTEXTOS E RECEPÇÕES

O interesse dos marxistas latino-americanos pela história não se pode separar de uma problemática extremamente complexa, que já viera à tona na obra de Mariátegui: a questão do(s) modo(s) de produção vigente(s) na América Latina, questão com claras implicações políticas nas estratégias comunistas e que se conservou atual até os anos 1970. Já nos anos de que estamos tratando, esta problemática aparece nitidamente, com alguns historiadores marxistas argumentando pela vigência plena do modo de produção capitalista na América Latina e outros sustentando a forte ponderação de relações pré-capitalistas ("feudais" ou "semifeudais"). Entre os primeiros, cabe destaque ao brasileiro Caio Prado Jr. (1907-1990), autor de obra original, pioneira e seminal. Na esteira de Prado Jr., um cientista social independente, Sergio Bagú (1911-2002), reinterpretou a história argentina em nova chave; também numa via similar trabalhou o trotskista chileno Marcelo Segall (1920-1991). O contraponto às teses de Caio Prado Jr., no Brasil, coube a um historiador de obra substantiva, Nelson Werneck Sodré (1911-1999), militar comunista, intelectual de largos horizontes culturais. No Chile, Hernán Ramírez Necochea (1917-1979) defendeu posição semelhante à de Sodré.

É preciso deixar claro, igualmente, que o período de que nos ocupamos nunca foi inteiramente dominado pelo "marxismo soviético" oficial: por fora dos partidos comunistas (ou em grupos que deles dissentiram) também se encontram desenvolvimentos significativos, de que é exemplo C. L. R. James (1901-1989), caribenho de Trinidad-Tobago educado na Inglaterra, ativista nos Estados Unidos ao lado de Raya Dunayevskaya, professor em universidades europeias – originariamente trotskista e estudioso da precoce revolução haitiana e depois um portavoz do nacionalismo africano, foi ensaísta de relevo.

Não por acaso, aqui, há referências aos trotskistas: em seus variados matizes, exercitaram uma ativa intervenção publicística na América Latina. Esta intervenção foi quase sempre, salvo uns poucos episódios, a crítica direta e contundente aos partidos comunistas que, por sua vez, responderam com igual contundência, chegando-se a confrontos de intensa exasperação. No subcontinente, o trotskismo, para além de capítulos barulhentos, no plano prático-político foi, salvo na Bolívia e na Argentina, sempre pouco mais que residual, mas revestiu-se de importância no confronto ideológico com o "marxismo-leninismo" stalinista. Na Bolívia, teve seu primeiro representante em Tristán Marof (pseudônimo de Gustavo Adolfo Navarro, 1898-1979); no entanto, foi o

D'*O CAPITAL* (E DE OUTRAS OBRAS) DE MARX NO BRASIL

ativíssimo Guillermo Lora (1922-2009) a sua maior expressão no país. No Brasil, em 1931, constituiu-se talvez a primeira fração trotskista latino--americana, tendo à frente três intelectuais refinados: os jornalistas Lívio Xavier (1900-1988) e Fúlvio Abramo (1909-1993) e o culto polígrafo Mário Pedrosa (1900-1981), que deixou vasta obra de crítica das artes plásticas e de estudos de processos políticos contemporâneos. Na Argentina, quase simultaneamente ao Brasil, expressam-se os primeiros trotskistas: Antonio Gallo (1913-1990) e Hector Raurich (1903-1963); publicistas e dirigentes políticos foram J. Posadas (pseudônimo de Homero Cristaldi, 1912-1981) e Nahuel Moreno (pseudônimo de Hugo Miguel Bressano Capacete, 1924-1987). Mas é depois, na segunda metade dos anos 1950, que se registraria uma intervenção teórica mais significativa de raiz trotskista (e esta observação vale, genericamente, tanto para a Argentina quanto para toda a América Latina).

As décadas (1930/meados dos anos 1950) aqui sumariadas constituíram, efetivamente, um período de acúmulo de ideias da tradição marxista que, mesmo se processando sob a hegemonia do "marxismo-leninismo" de feição stalinista, consolidaram diferencialmente esta tradição na cultura e na política da América Latina.


A CONSOLIDAÇÃO DA TRADIÇÃO MARXISTA NO BRASIL

Nas páginas precedentes, nossas considerações não se referiram particularmente ao Brasil. Tratamos rapidamente da difusão e da consolidação da tradição marxista na América Latina até à década de 1950 e só tangencialmente mencionamos este processo no Brasil – assinalando em especial a dissincronia entre edições de Marx (e Marx-Engels) em países latino-americanos e no Brasil. Cuidemos agora, também rapidamente, da fortuna de Marx (e de Marx-Engels) no nosso país.

Registremos que as referências mais remotas das idéias de Marx no Brasil remetem à publicação da tradução de um artigo em castelhano, em 1871, publicado em dois números do jornal *Seis de Março* (Recife). Em 1883, num discurso de Tobias Barreto (1839-1889), há remissão a idéias de Marx e a'*O Capital*. Por seu turno, em 1895, o quinzenário de Santos (S. Paulo) *A Questão Social,* sob a orientação do já citado Silvério Fontes, em 1895, saudava o fato de a publicação iniciar uma propaganda reformista fundada no "trinômio marxista: interpretação materialista

125

CONTEXTOS E RECEPÇÕES

da história, determinismo econômico e luta de classes". Entretanto, a divulgação das ideias de Marx só se iniciará nos anos 1920 – coincidindo com a supra-mencionada *década fundacional*.

Nesses anos, a divulgação iniciada tem alcance reduzido, por uma razão elementar: a debilidade do Partido Comunista – mal fundado em 1922, foi logo posto na ilegalidade. Ademais, as relações com outros partidos latino-americanos e sua produção editorial pouco se desenvolveram até o final da década. Somente a partir do começo dos anos 1930 aquela divulgação ganhará um sensível dinamismo, tanto pelas relações que se estabelecem com partidos da América Latina, mediadas por órgãos da Terceira Internacional, quanto pelas iniciativas editoriais que são empreendidas na primeira metade da década de 1930. Neste período é que se registram edições de textos marxianos[2], sempre de traduções a partir do francês e do castelhano: saem a luz os resumos d'*O Capital* (em 1932, o de C. Cafiero, em 1934, o de G. Deville) e de *Salário, preço e lucro* (*sic*, em 1934); e de textos de Marx-Engels e sobretudo de Engels, também com traduções do francês e do castelhano: novas edições do *Manifesto do Partido Comunista* (em 1931 e 1934); o *Ludwig Feuerbach e o fim da filosofia clássica alemã* (1932), o *Anti-Dühring* (1934; neste ano sai uma edição do (*sic*) *Socialismo utópico e socialismo científico*), *A origem da família, da propriedade e do Estado* (1934) e *Princípios do comunismo* (1934). Igualmente, neste período se publicam textos de Plekhanov (*A concepção materialista da história*, 1931), Lenin (*O Estado e a revolução*, 1933; *O extremismo* (*sic*): *doença infantil do comunismo*, 1934; *A revolução proletária e o renegado Kautski*, 1934), de A. Kolontai (*A nova mulher e a moral sexual*, 1932), de Bukharin (*A B C do comunismo*, 1933), de I. A. Lapidus e K. Ostrovitianov (*Princípios de economia política*, 1933), de A. Thalheimer (*Introdução ao materialismo dialético: fundamentos das teorias marxistas*, 1934). Como se vê, muitos textos constitutivos da tradição marxista, mas poucos do próprio Marx. Vê-se também que a arraigada cultura francófila/francófona brasileira contribuiu fortemente para que as traduções fossem praticamente todas elaboradas a partir de edições francesas ou, alternativamente, castelhanas.

Na segunda metade dos anos 1930, a divulgação da tradição marxista é obviamente travada. Fato compreensível: com a implantação do Estado

---

[2] O registro bibliográfico que se segue foi extraído da indispensável obra de Edgard Carone, *O marxismo no Brasil (das origens a 1964)*. Rio de Janeiro: Dois Pontos, 1986.

## D'O CAPITAL (E DE OUTRAS OBRAS) DE MARX NO BRASIL

Novo (1937), a repressão aos comunistas – na verdade, ao conjunto das forças democráticas – impede a circulação de quaisquer ideias socialistas. Porém, com a crise da ditadura, que começa a manifestar-se a partir de 1943 e culmina em 1945, a tradição marxista adquire um novo alento – o quadro nacional a favorece, uma vez que o Partido Comunista retorna à legalidade e cresce rapidamente e a conjuntura internacional (a derrota do nazi-fascismo, o prestígio conquistado pela União Soviética etc.) também a beneficia. A *Guerra Fria*, emergente logo a seguir, determinará a travagem e a reversão desse processo – o Partido Comunista experimentará novamente a clandestinidade (1947) e as possibilidades democráticas no país são congeladas. Mas as restrições impostas à democratização brasileira, se se revelaram eficazes no domínio prático-político, não se mostraram capazes de impedir a circulação das ideias e de reverter a imantação que a tradição marxista já exercia nos âmbitos cultural e político-ideológico: os comunistas conseguem manter uma revista (*Problemas*) e sua atividade editorial até se mostra dinamizada (centralizada na Editorial Vitória, fundada em 1944 e sediada no Rio de Janeiro).

Já na sequência imediata da crise do Estado Novo, editoras como a Vitória, mas também outras, independentes (como a Calvino, também do Rio de Janeiro, a Flama, de São Paulo, a Guaíra, de Curitiba) retomaram a divulgação de obras marxistas[3]. Textos de Marx e Engels foram dados à luz: *O 18 brumário de Luís Bonaparte* (1946), *A origem do capital: a acumulação primitiva* (extrato d'*O Capital*, 1946), *Miséria da filosofia* (1946), *Contribuição à crítica da Economia Política* (1946), *As guerras camponesas na Alemanha* (1946), *Trabalho assalariado e capital* (1954). E também obras de Lenin (*Duas táticas da social-democracia na revolução democrática*, 1945; *Materialismo e empiro-criticismo*, 1946; *Que fazer?*, 1946). Mas sobretudo trabalhos de Stalin – *Sobre os fundamentos do leninismo*, 1945; *Sobre o materialismo dialético e o materialismo histórico*, 1945; *Problemas econômicos do socialismo na URSS*, 1953 –; na primeira metade dos anos 1950, a Vitória começou a publicar as *Obras* de Stalin, de que saíram 6 volumes.

É de notar que a Vitória, diretamente vinculada ao Partido Comunista, que ofereceu ao público vários dos textos de Marx e Engels que referenciamos acima, somente na segunda metade da década de 1950 decidiu-se

---

[3] Também aqui, a principal fonte é E. Carone, citado na nota anterior.

pela edição de um conjunto de tomos especificamente dedicados aos dois clássicos – enfeixados numa coleção de três volumes, *Obras escolhidas de Marx e Engels*; a publicação completa concluiu-se em 1963.

Em todo este período – da segunda metade dos anos 1940 até a entrada da década de 1960 –, os brasileiros não contavam com qualquer edição em português d'*O Capital*, mas apenas com os resumos (Cafiero e Deville) já mencionados. É óbvio que este fato não impediu o conhecimento da obra fundamental de Marx por cientistas sociais e filósofos, a maioria dos quais (recorde-se a francofilia/francofonia da nossa cultura até então) recorreu às traduções francesas e castelhanas e uns poucos a edições no idioma original. Nem impediu que a tradição marxista se consolidasse no interior da cultura brasileira e, particularmente, no âmbito das concepções e elaborações políticas, econômicas e sociais[4]. Um balanço dessa incidência da tradição marxista, no período referido, mostra inequivocamente o seu peso nos domínios da política, da economia, da filosofia etc. Mas é também inequívoco que, para além do restrito universo de especialistas, o acesso a'*O Capital* (mas não somente a esta obra fundamental) era muito limitado.

A inferência possível dessa situação é que, paradoxalmente, a tradição marxista consolidou-se no Brasil em sincronia *cronológica* com o que se passou na América Latina, porém restringida *conteudisticamente* pelo limitado acesso à obra marxiana fundamental. No Brasil, a consolidação da tradição marxista no marco da cultura política não pôde contar inteiramente com este suporte indispensável. Nela, o recurso ao Marx mais essencial não esteve plenamente disponível. Quando este recurso foi mais amplamente disponibilizado, a tradição marxista não apenas se enriqueceu, mas encontrou novas possibilidades de desenvolvimento e de fecundas incidências naquela cultura política.


ENFIM, *O CAPITAL*

Somente em 1968, um ano após o mundo comemorar o centenário da primeira edição do livro I d'*O Capital*, é que se inicia, no Brasil, a publicação integral da obra, traduzida diretamente alemão. Mesmo sob o

---

[4] Cf. os 6 volumes da obra coletiva *História do marxismo no Brasil*, organizados por João Quartim de Moares *et alii*. Campinas: Unicamp, 2ª. ed., 2007-2014.

## D'*O CAPITAL* (E DE OUTRAS OBRAS) DE MARX NO BRASIL

regime ditatorial, mas quando ainda se mantinha a hegemonia cultural que a esquerda vinha construindo desde 1961[5], Ênio Silveira (1925-1996) – intelectual refinado, experiente editor vinculado ao Partido Comunista Brasileiro e sócio majoritário da *Editora Civilização Brasileira*, sediada no Rio de Janeiro[6] – dispôs-se a correr os riscos previsíveis e realizou a *primeira edição integral em língua portuguesa do principal trabalho de Marx*. Encarregou da tradução o economista Reginaldo Sant'Anna[7] e, em 1968, a Civilização Brasileira lançou o livro I d'*O Capital*, em dois volumes (num total de 924 páginas). Os dois livros seguintes, com os respectivos prefácios de Engels, vieram à luz pela mesma Civilização Brasileira: o livro II saiu em 1970, num único volume (577 páginas) e o livro III saiu em 1974, em três volumes (num total de 1.079 páginas). Enfim, ao cabo de seis anos, todos os três livros d'*O Capital*, distribuídos por 6 volumes, num total de 2.580 páginas, foram postos à disposição do público brasileiro. Esta primeira tradução integral da obra maior de Marx continua circulando atualmente, com alguns de seus volumes já com mais de 20 reimpressões (não há dados sobre tiragens) – e embora o esforço de Sant'Anna seja reconhecido, críticos apontam equívocos, alguns graves, no seu no trato de categorias marxianas.

É nos anos 1980, já com o país livre da censura ditatorial, que surge a segunda edição integral brasileira dos três livros d'*O Capital* – sob a supervisão/revisão de um conhecido economista e professor universitário,

---

[5]   Para uma síntese de todo o regime ditatorial imposto ao país pelo golpe militar de abril de 1964, bem como da sua crise e da transição para o quadro democrático que o sucedeu, cf. José Paulo Netto, *Pequena história da ditadura brasileira. 1964-1985*. S. Paulo: Cortez, 2014 (obra que apresenta larga bibliografia sobre a ditadura brasileira).

[6]   Cf. Moacyr Félix, *Ênio Silveira, arquiteto de liberdades*. Rio de Janeiro: Bertrand Brasil, 1998. O projeto de Ênio Silveira para *O Capital* incluía também o Livro IV, do qual só editou o volume 1 – os dois outros (cf. *infra*) saíram pela empresa a que ele foi obrigado, por pressão da ditadura, a ceder seu fundo editorial.

[7]   Reginaldo Sant'Anna, falecido em 1999, dedicou-se em tempo integral à tradução d'*O Capital*; valeu-se, para o livro I, da 4ª. ed. alemã, de 1890; para o livro II, recorreu à 2ª. edição (1893) e, para o livro III, à 1ª. edição (1894) – socorreu-se das reedições revistas dos volumes 23, 24 e 25 da *Marx-Engels Werke/MEW*. Dietz: Berlin, 1965.
Sant'Anna não traduziu somente os livros I, II e III d'*O Capital* – também verteu o Livro IV, *na única edição até hoje existente em língua portuguesa* sob o título *Teorias da mais-valia. História crítica do pensamento econômico. Livro IV de "O Capital"*. O material foi distribuído em três volumes, só o 1 editado pela Civilização Brasileira (1980); o 2 e o 3 saíram pela DIFEL/Difusão Europeia do Livro, de S. Paulo, em 1983 e 1985. A tradução de Sant'Anna valeu-se dos originais publicados nos volumes 26.1, 26.2 e 26.3 da edição *MEW*. Berlin: Dietz, 1974.

CONTEXTOS E RECEPÇÕES

Paul Singer (1932-2018) e em nova tradução, realizada por dois competentes germanistas, os acadêmicos Régis Barbosa e Flávio R. Kothe. A obra inseriu-se em uma coleção, "Os economistas", composta por 47 títulos de autores fundantes do pensamento econômico dos séculos XVIII ao XX, lançados semanalmente para venda, em larga escala, em bancas de jornais; esta coleção, além de bem cuidada em termos gráficos (com encadernação padronizada de capas rígidas), antepunha aos textos dos economistas apresentações assinadas por especialistas e constituiu um êxito de público; foi um lucrativo negócio para a Editora Abril (S. Paulo), à época uma destacada empresa monopolista operando na indústria cultural. Não se divulgaram dados acerca das tiragens, mas é quase certo que por via desta coleção *O Capital* tenha tido o maior número de leitores na sua história editorial no Brasil. Nesta edição da Abril, posteriormente republicada, a distribuição das matérias d'*O Capital* não é a mesma da edição da Civilização Brasileira – o conjunto dos três livros se dispõe em 5 volumes: o livro I se compõe de 2 volumes (publicados em 1983-1984), o II de l volume (publicado em 1984) e o III de 2 volumes (publicados em 1984-1985), totalizando 1.679 páginas. A correção da tradução foi reconhecida por analistas credenciados e não há dúvidas quanto ao seu trato rigoroso da textualidade marxiana – esta edição é, claramente, superior à da Civilização Brasileira[8]. Mas não é apenas pela qualidade da tradução que esta edição se distingue daquela da Civilização Brasileira – distingue-se porque nela a obra de Marx é precedida, além dos mesmos pósfacio/prefácios que constam da edição anterior, por uma longa e substantiva "Apresentação", redigida por um histórico marxista brasileiro, Jacob Gorender (1913-2013).

A terceira edição integral brasileira da obra de Marx é recente e se insere no ambicioso projeto implementado por Ivana Jinkings, através da Boitempo Editorial (S. Paulo), fundada em 1995 e voltada para divulgar o pensamento – clássico e contemporâneo – da esquerda. O projeto referido é a "Coleção Marx-Engels" que, pretendendo reunir o essencial dos dois autores em novas traduções diretas dos originais, já tem duas dezenas de títulos lançados. É nesta coleção que saiu *O Capital*, em produção graficamente cuidada (parte das edições é oferecida com capa rígida) e com uma característica que a diferencia das edições precedentes: os três livros

---

[8] R. Barbosa e F. Kothe trabalharam sobre os mesmos textos originais que serviram de base a Sant'Anna, mas recorrendo à sua reimpressão de 1977.

130

não se compõem de volumes separados, mas saem como "Livro I", "Livro II" e "Livro III" – todos contendo os prefácios/posfácio de Marx e Engels. O "Livro I", publicado em 2013 com 894 páginas, reproduz parcialmente a apresentação de Gorender que figura na edição da Abril, um texto de L. Althusser, de 1969, e um ensaio do filósofo brasileiro José Arthur Giannotti ("Considerações sobre o método"). O "Livro II" foi lançado em 2014, com 766 páginas, um prefácio de M. Heinrich e uma introdução elaborada pelos pesquisadores da *Mega²*, contextualizando o que a nova edição ajuda a elucidar. O "Livro III" saiu em 2017, com apresentação de Marcelo Carcanholo e 984 páginas. A tiragem de cada um dos livros foi de 5.000 exemplares. O verdadeiro diferencial desta edição, contudo, reside na nova tradução – feita por Rubens Enderle, que já verteu ao português vários textos de Marx e Engels –: ela incorpora a textualidade estabelecida pela *Mega²* e inova a nomenclatura consagrada pela tradição neolatina (p. ex., em lugar de *mais-valia*, o tradutor empregou *mais-valor*). Não é irrelevante registrar que, na mesma coleção "Obras de Marx e Engels", que conta atualmente com mais de vinte títulos, a Boitempo publicou, em co-edição com a Universidade Federal do Rio de Janeiro e com a supervisão de M. Duayer, os *Grundrisse*, subintitulados *Manuscritos econômicos de 1857-1858. Esboços da crítica da Economia Política* (2011, 1.285 páginas).

Ressalte-se que, no caso brasileiro, os impactos da divulgação d'*O Capital* devem ser considerados de forma diversa no que diz respeito ao universo acadêmico e ao campo político. Parece-nos inegável que a publicação da obra fundamental de Marx já tem sido responsável por uma alteração de qualidade dos estudos acadêmicos, contribuindo para uma leitura mais densa e criteriosa, tornando possível ir além da superficial e, muitas vezes, esquemática compreensão do ser do capital e das consequências que daí derivam. Prova disso pode ser encontrada não apenas no conteúdo da produção acadêmica brasileira mais recente em dissertações, teses e publicações, como na proliferação de núcleos de estudo e pesquisa de orientação marxista nas universidades brasileiras, espaço tradicionalmente voltado ao conservadorismo e ao tecnicismo[9].

---

[9] Entre os núcleos e grupos de pesquisa em atuação podemos citar, entre muitos, o NEAM (PUC-SP), o NIEP-Marx (UFF), o CEMARX (UNICAMP), o GMarx (USP), o NEPEM (UFRJ), o NPM (UFG), o NEmarx (UnB), o NUPE-Marx (UFPR), o EPmarx (UFPE), o NUMEP (UFMT). Em recente manifestação pela liberdade de expressão e contra a perseguição acadêmica, cerce da 154 núcleos de estudo que se referenciam direta ou indiretamente nas

CONTEXTOS E RECEPÇÕES

A intervenção desses núcleos vem impactando a instituição universitária: estão resistindo à pressão de segmentos reacionários, que se avolumou nos dois últimos anos, e garantindo a presença de Marx num rol extremamente amplo de disciplinas acadêmicas, desde o campo das Ciências Sociais, da História, da Economia, até as mais diversas áreas do conhecimento e dos saberes profissionais, como o Direito, a Psicologia e a Psicologia Social, a Geografia, a Educação, o Serviço Social, a Agronomia, a Medicina e a Educação Física.

Destaque-se, no entanto, que constatamos, dos inícios dos anos 1980 aos dias de hoje, uma incidência expressiva das idéias de Marx em geral, mas também especificamente resultantes do estudo d'*O Capital,* sobre os movimentos dos trabalhadores e as lutas sociais que se desenvolveram e desenvolvem nesta quadra histórica. Iniciativas de formação sindical, educação popular e outras modalidades no espectro daquilo que poderíamos designar como *educação política* vêm constituindo um cenário de pedagogia sociocêntrica, levando à divulgação e à socialização de categorias marxianas fundamentais junto aos trabalhadores brasileiros. São exemplos disso programas de formação de incontáveis sindicatos em todo o país, da Escola Nacional Florestan Fernandes, mantida pelo Movimento dos Trabalhadores Rurais Sem Terra (MST), do Núcleo de Educação Popular 13 de Maio (NEP-SP), entre outros, além de ações formativas de partidos políticos de esquerda, de organizações de base da própria Igreja católica e de movimentos sociais diversos.

Em face desta realidade, podemos avançar a prospecção otimista de que, prosseguindo a trajetória contemporânea da tradição marxista no Brasil, é bem provável que aqui escapemos ao que Anderson identificou como o "exílio acadêmico" do marxismo ocidental[10].

---

contribuições marxistas subscreveram uma carta a um importante órgão governamental de fomento à pesquisa (www.cfess.org.br/arquivos/CartaAbertaCAPES-9-6-2014.pdf; em 28 de outbro de 2016).

[10] Cf. Perry Anderson, *A crise da crise do marxismo.* São Paulo: Brasiliense, 2.ª edição, 1984.

# *O CAPITAL* DEPOIS DA MEGA: DESCONTINUIDADES, INTERRUPÇÕES E NOVOS COMEÇOS[*]

## MICHAEL HEINRICH

Há pouco mais de meio século, foram publicadas em França duas obras que, durante muitos anos, influenciaram fortemente os debates internacionais sobre Marx. A primeira foi a colecção de ensaios *Pour Marx*, da autoria de Althusser, e a segunda foi *Lire le Capital*, o trabalho de Althusser em colaboração com Balibar, Establet, Macherey e Rancière. Foi, em particular, a teoria de Althusser do «corte» explícito entre o jovem Marx, filósofo e humanista, dos *Manuscritos Económico-Filosóficos* e o cientista mais maduro dos *Grundrisse* e de *O Capital* que esteve na base do debate aceso que se começou a travar. Independentemente da posição tomada nesta disputa sobre a relação entre os trabalhos de juventude e de maturidade de Marx, a obra de maturidade dedicada à economia, desenvolvida a partir de 1857, é habitualmente considerada uma unidade – por vezes, uma unidade dividida em duas partes. Por um lado, os três volumosos manuscritos que surgiram entre 1857 e 1865 – os *Grundrisse* (1857-58), os «Manuscritos de 1861-63» (que, entre outras coisas, incluem as *Teorias da Mais-Valia*) e os «Manuscritos de 1863-65» (que incluem o «manuscrito principal» em que Engels se apoiou para a publicação do terceiro volume de *O Capital*) – constituem os três grandes esboços que serviram de base à publicação de *O Capital*. Por outro lado, os três livros de *O Capital* são considerados uma unidade – *O Capital*, precisamente. Procurarei mostrar que a adopção de qualquer uma das perspectivas, a da unidade pura e dura e a da unidade dividida em duas partes, não tem qualquer sustentação.

Uma breve panorâmica do desenvolvimento da crítica económica de Marx mostrará, em primeiro lugar, que após 1857 estamos perante dois

---

[*] Tradução do original inglês de João Vasco Fagundes.

CONTEXTOS E RECEPÇÕES

projectos diferentes. Entre 1857 e 1863, a obra de Marx é concebida, na *Contribuição para a Crítica da Economia Política*, em seis livros (Capital, Propriedade fundiária, Trabalho assalariado, Estado, Comércio externo e Mercado mundial); do ponto de vista metodológico, este plano de seis livros assenta na separação entre «capital em geral» e «concorrência». É apenas a partir de 1863 que passamos a ter *O Capital* em quatro livros, deixando então de ser utilizado o conceito de «capital em geral». Tal panorâmica mostrará, em segundo lugar, que os três livros de *O Capital*, tal como foram apresentados na edição de Engels, são bastante menos uniformes do que habitualmente se presume. Houve desenvolvimentos significativos nos esboços de *O Capital* desde 1863, embora tenham ficado documentados sobretudo nos manuscritos e nas cartas de Marx dos anos 70. Esses desenvolvimentos deixam entrever alterações profundas, expressas na edição em três livros de *O Capital* estabelecida por Engels, mas de forma inadequada[1].

Estudos como este teriam sido impossíveis de realizar sem o novo projecto Marx Engels Gesamtausgabe (MEGA). A "nova" MEGA é a segunda tentativa de levar a cabo uma edição completa das obras de Marx e de Engels. A primeira tentativa foi empreendida nos anos 20 do século XX pelo célebre investigador da obra de Marx, e primeiro director do Instituto Marx-Engels de Moscovo, David Borisovitch Riazanov. Os primeiros volumes foram publicados em Berlim e em Moscovo, em 1927. Depois de 1933, o fascismo alemão e logo a seguir o stalinismo impossibilitaram o prosseguimento do trabalho. Riazanov foi morto por acólitos de Stálin em 1938[2]. Nos anos 60 do século passado, foi feita uma nova tentativa para concretizar o projecto MEGA pelo Instituto do Marxismo-Leninismo de Berlim (Oriental) e de Moscovo[3]. Surgida em

---

[1] Para evitar mal-entendidos: não é minha intenção menorizar o trabalho realizado por Engels. Na sequência da morte de Marx, Engels pôs de parte o seu próprio trabalho e dedicou-se quase em exclusivo à publicação de *O Capital*. Com uma grande energia, Engels fez o que uma pessoa sozinha podia fazer e criou uma versão legível do segundo e do terceiro volumes. Porém, se não quisermos, com efeito, considerar Engels um semideus; se quisermos, ao contrário, levá-lo a sério – também precisamos, então, de discutir as insuficiências, praticamente inevitáveis, da sua edição de *O Capital* (ver Vollgraf/Jungnickel 1995 e Heinrich 1996/97).

[2] Sobre Riazanov e a primeira MEGA, ver *Beiträge zur Marx Engels Forschung Neue Folge Sonderband 1* (1997) e *Sonderband 3* (2001).

[3] Para um conhecimento do contexto da segunda MEGA, ver Dlubek (1994).

O CAPITAL DEPOIS DA MEGA

1975, a segunda MEGA não é uma continuação da primeira, mas um projecto independente. Após a queda da União Soviética e da RDA, a Fundação Internacional Marx-Engels, sediada em Amesterdão, passou a ser responsável pela publicação do projecto MEGA[4].

A MEGA é uma edição histórico-crítica. Todos os textos, extractos e cartas de Marx e de Engels que sobreviveram figuram nesta edição. Devido a este princípio de completude, há uma série de materiais publicados pela primeira vez, entre os quais os manuscritos originais de Marx do segundo e do terceiro volumes de *O Capital*. Além disso, os textos constantes da MEGA são publicados de forma fidedigna. Uma vez que muitos dos textos eram manuscritos inacabados, os editores anteriores (a começar por Friedrich Engels) intervieram de molde a torná-los mais legíveis, aproximando-os, tanto quanto possível, do que se presumia ser a versão final do trabalho. Estes textos, até certo ponto, já haviam sido alvo de uma interpretação, sem que isso fosse minimamente visível para os leitores posteriores, uma vez que muitas das modificações dos textos nunca foram documentadas. Uma edição histórico-crítica, pelo contrário, obedece geralmente ao princípio da autenticidade, segundo o qual as posições do autor são apresentadas e publicadas na forma exacta da sua existência, ou seja, em todas as suas variações e versões; as posições do autor não são editadas com base naquela que se julga ser a sua provável intenção. Aqui, o editor não decide qual das versões é melhor ou pior, nem sequer se é ou não uma versão ultrapassada. Cada volume da MEGA é composto por uma secção onde figuram os textos e, por regra, por um apêndice a ele associado que contém as várias versões dos textos, descrições de dados textuais, explicações, índices e uma introdução sobre a origem do texto. A MEGA está dividida em quatro secções. A primeira secção inclui todas as obras e todos os manuscritos de Marx e de Engels, excepto *O Capital* (32 volumes); a segunda secção contém *O Capital* e todos os trabalhos preparatórios (15 volumes); a terceira secção apresenta as cartas trocadas entre Marx e Engels, bem como todas as cartas que lhes foram endereçadas por terceiros (35 volumes); e a quarta secção contém 32 volumes de extractos. Até hoje, foram publicados pouco mais de metade dos 114 volumes. A publicação da segunda secção ficou concluída em 2012. Todos os manuscritos económicos de Marx de 1857 em

---

[4] Ver Hubmann/Münkler/Neuhaus (2001), Sperl (2004), Marxhausen (2006), assim como http://mega.bbaw.de/.

diante, assim como todas as edições e traduções de *O Capital* nas quais Marx e Engels estiveram envolvidos, encontram-se agora disponíveis.

## 1. DA UTILIZAÇÃO CRÍTICA DA ECONOMIA POLÍTICA À CRÍTICA DAS SUAS CATEGORIAS

Marx foi um estudante a vida inteira, tendo-se mostrado sempre disponível para abandonar as suas opiniões quando as reconhecia como falsas. Assim, não pode causar surpresa que os seus vastos trabalhos tenham sofrido alterações constantes, de tal forma que neles iam incessantemente sendo introduzidos novos termos, conceitos e perspectivas. Ao mesmo tempo, há importantes linhas de continuidade desde 1843, particularmente porque Marx estava interessado em desenvolver – numa perspectiva crítica da dominação e de abolição do capitalismo – uma análise aprofundada sobre a relação entre o Estado burguês e a economia capitalista. A avaliação que Marx faz do desenvolvimento da sua própria teoria aparece apenas num texto: no prefácio da *Contribuição para a Crítica da Economia Política: Primeiro Caderno* (1859). Este célebre prefácio resume o modo como Marx concebe a história e a sociedade. Não há qualquer discussão sobre "materialismo histórico" (um termo nem uma única vez usado pelo próprio Marx) e, por conseguinte, não há nenhuma referência a este conceito. O prefácio contém, além disso, elementos da autobiografia intelectual de Marx.

A primeira obra (ainda por publicar nesse ano de 1859) indicada por Marx neste prefácio é *Para a Crítica da Filosofia do Direito de Hegel*, de 1843, que desemboca na conclusão de que «nem relações jurídicas, nem formas de Estado podem ser compreendidas a partir de si mesmas, ou na base do chamado desenvolvimento do espírito humano, mas enraízam-se, pelo contrário, nas condições sociais da vida», às quais Hegel se refere como "sociedade civil". A conclusão de Marx prossegue: «a anatomia desta sociedade civil, no entanto, tem de ser procurada na economia política» (MECW 29: 262). É a partir deste ponto de vista que Marx se vai debruçar sobre a economia.

Nos *Manuscritos Económico-Filosóficos de 1844*, Marx não considerou a economia como objecto de análise. Estes manuscritos são hoje sobretudo reconhecidos pelo desenvolvimento da teoria da alienação. Em relação a *A Ideologia Alemã*, também ainda por publicar em 1859

O *CAPITAL* DEPOIS DA MEGA

(o título foi atribuído mais tarde pelos editores), Marx não deu nenhuma importância ao facto de o texto, redigido por ele e por Engels, não ter sido impresso, uma vez que a sua função principal – servir de «autocompreensão» – tinha sido cumprida. Para Marx e para Engels, era importante, como se diz no texto, «ajustar contas com a nossa consciência filosófica anterior» (MECW 29: 264). *A Ideologia Alemã* confronta-se com as posições de três autores: Bruno Bauer, Max Stirner e Ludwig Feuerbach. Embora possa parecer que Feuerbach sai complacentemente ilibado deste confronto, ele é, de um modo geral, profundamente criticado. Stirner, pelo contrário, não tinha tido qualquer importância para Marx antes de *A Ideologia Alemã*. Alguns meses antes, em *A Sagrada Família*, Marx já se tinha confrontado com o trabalho do seu antigo amigo Bruno Bauer. Já Feuerbach, neste contexto de *A Sagrada Família*, era tão elogiado (como já tinha sido nos *Manuscritos Económico-Filosóficos*) que Marx, depois de ter encontrado em 1867, por acaso, uma cópia de *A Sagrada Família*, escreveu a Engels dizendo-lhe que, visto em retrospectiva, o «culto de Feuerbach», no qual Marx tinha participado, «torna-se extremamente cómico» (carta de 24 de Abril de 1867, MECW 42: 360).

Em *A Ideologia Alemã* (e nas *Teses sobre Feuerbach*, redigidas pouco tempo antes), Marx critica pela primeira vez Feuerbach fundamentalmente com o objectivo de confrontar as suas próprias «convicções filosóficas» com a filosofia de Feuerbach, centrada na noção de «essência do Homem». Esta noção, juntamente com a teoria da alienação que dela decorre, formara a base implícita – com alguns desenvolvimentos importantes – dos *Manuscritos Económico-Filosóficos*. Apesar de, em *O Capital*, se encontrarem algumas considerações gerais a respeito da «natureza humana», esta noção extremamente carregada de «essência humana» alienada deixou de ter qualquer relevância. Quando Marx, em *O Capital*, fala de alienação – embora o faça raramente –, já não o faz nos termos de uma perda da natureza humana, mas apenas em relação à incapacidade dos homens controlarem as relações sociais que produzem – uma conclusão que torna desnecessário o conceito veemente de «essência humana».

Salientando-se estas diferenças, não se pretende sugerir que nos trabalhos de maturidade de Marx não tenham subsistido quaisquer temas e motivos dos *Manuscritos Económico-Filosóficos*. O que se constata, isso sim, é que a consideração destes temas e motivos tem lugar no âmbito de coordenadas teóricas diferentes. Confrontando-se com a sua consciên-

CONTEXTOS E RECEPÇÕES

cia [filosófica] anterior, Marx encetou um corte com o campo teórico da economia política clássica, um corte que, em 1845, estava longe de estar concluído[5].

Nos finais da década de 40 do século XIX, Marx considerava David Ricardo a autoridade incontestada no domínio da economia política. Na *Miséria da Filosofia* (1847), as conclusões de Ricardo foram celebradas de forma quase veemente e postas em contraste com as frases túrgidas de Proudhon[6]. A crítica marxiana de Ricardo, nesta altura, relaciona-se apenas com o a-historicismo deste, com a transformação de categorias delimitadas, históricas, em verdades eternas (ver as observações de Marx sobre o «erro dos economistas burgueses» na sua carta a Annenkov de 28 de Dezembro de 1846, MECW 38: 100). No entanto, Marx não cuidava de criticar as próprias categorias utilizadas por Ricardo e pelos economistas burgueses da altura. Para Marx, estas categorias eram válidas enquanto expressões científicas adequadas das relações capitalistas. Podemos dizer, por conseguinte, que, apesar de os escritos económicos de Marx dos finais dos anos 40 (*Miséria da Filosofia* e, particularmente, *Trabalho Assalariado e Capital*, mas também o *Manifesto do Partido*

---

[5] Em todo o caso, o problema do «corte», que aqui suscitamos, não se coloca nos mesmos moldes que o invocado por Althusser entre «ideologia» e «ciência». Na *Wissenschaft vom Wert* [*A Ciência do Valor*] (Heinrich 2014), demonstrei que há quatro dimensões diferentes neste corte, suportadas pelas críticas formuladas por Marx em momentos diferentes: a crítica do *individualismo* sócio-teórico (a ideia de que a sociedade pode ser compreendida tendo por ponto de partida o indivíduo); a crítica do *antropologismo* (a ideia de uma essência humana inerente a todos os indivíduos), a crítica do *a-historicismo* (no âmbito da qual o a-historicismo não se refere a uma atitude de negação geral do desenvolvimento histórico, mas a uma redução de tudo a estados dicotómicos, tais como natural/artificial, alienado/não-alienado); e a crítica do *empirismo* (a ideia de que a realidade empírica é imediatamente transparente e, como tal, oferece uma base imediata para a teorização; uma crítica do empirismo não significa uma rejeição dos estudos empíricos – Marx foi praticamente um pioneiro na análise empírica da teoria económica –, mas um reconhecimento de que o empirismo capitalista está atravessado por distorções e por fetichismos e de que a investigação empírica precisa de ser realizada no quadro de uma crítica destas categorias que emergem do empirismo). Foi só em 1845 que Marx levou até ao fim o corte com o antropologismo e com o a-historicismo. É na «Introdução» de 1857 que, pela primeira vez, o corte com o individualismo e com o empirismo é expressamente declarado.

[6] «Ricardo mostra-nos o movimento real da produção burguesa que constitui o valor. O Sr. Proudhon faz abstracção deste movimento real [...]. A teoria do valor de Ricardo é a interpretação científica da vida económica actual; a teoria do valor do Sr. Proudhon é a interpretação utópica da teoria de Ricardo. Ricardo estabelece a verdade da sua fórmula derivando-a de todas as relações económicas, e explicando desta maneira os fenómenos, mesmo aqueles que, à primeira vista, parecem contradizê-la» (MECW 6: 126).

*O CAPITAL* DEPOIS DA MEGA

*Comunista*) revelarem uma utilização crítica da economia burguesa, tais escritos não constituem uma crítica das categorias da economia política desse tempo. Esta crítica só havia de ser desenvolvida em Londres, ao longo da década de 50.

Isto leva-nos ao segundo corte teórico (para além do confronto com a sua consciência filosófica) que Marx destacou no prefácio de 1859. Na sequência da mudança para Londres, em 1850, Marx tinha decidido «começar outra vez», «exactamente do início», os seus estudos de economia (MECW 29: 265). A razão para isto prendia-se com a enorme quantidade de publicações que o British Museum reunia e com a situação privilegiada de Londres para uma observação da sociedade civil. Este novo começo também contribuiu para um progresso qualitativo em direcção à crítica das próprias categorias económicas (superando os limites de uma crítica apenas dirigida ao posicionamento a-histórico dessas categorias).

## 2. CONTRIBUIÇÃO PARA A CRÍTICA DA ECONOMIA POLÍTICA EM SEIS LIVROS

### 2.1. Dos «Cadernos de Londres» à «Introdução» (1850-1857)

Marx tinha planeado fazer, desde meados dos anos 40, uma análise exaustiva da economia. Instalado em Londres, serviu-se da maior colecção de literatura económica que existia nessa época, pertencente à biblioteca do British Museum, e encheu inúmeros cadernos com extractos de diferentes autores. Os chamados «Cadernos de Londres» (1850-53), que contribuíram para cinco volumes da MEGA (IV/7-11), três dos quais já foram publicados, são particularmente importantes. Apesar de muitos outros cadernos económicos de Marx terem resultado do tempo passado em Londres, os seus estudos básicos podem ser encontrados nestas primeiras 24 brochuras. Nos anos subsequentes, Marx regressou, repetidamente, a estes cadernos. No entanto, até há muito pouco tempo, eles não eram tidos em conta nos debates sobre Marx[7].

---

[7] Os editores da MEGA, sob a direcção de Wolfgang Jahn e de Ehrenfried Galander, na RDA, tinham trabalhos de investigação em curso sobre estes cadernos, na sua maioria documentados em «Arbeitsblätter zur Marx-Engels-Forschung» [«Fichas de trabalho para

CONTEXTOS E RECEPÇÕES

Marx começou rapidamente a pôr em causa as teorias básicas de Ricardo, apesar de, até então, as ter aceitado na sua maioria. Pelas suas cartas a Engels, torna-se evidente que Marx começou por manifestar dúvidas em relação à teoria da renda da terra de Ricardo e que, pouco tempo depois, pôs em causa a teoria monetária deste (cartas de 7 de Janeiro e de 3 de Fevereiro de 1851, MECW 38: 258-263 e 278-282). Nos anos seguintes, as críticas de Marx alargaram-se a outras áreas temáticas, conduzindo-o, finalmente, a uma crítica fundamental das categorias da economia política.

Foi só em Março de 1851 que Marx, pela primeira vez, foi além da mera transcrição de extractos e redigiu o curto manuscrito «Reflexão» (MECW 10: 584-594), no qual abordou, principalmente, as questões do dinheiro, do crédito e da crise no contexto da reprodução do capital. O manuscrito «Observações sobre Economia», provavelmente mais detalhado, ao qual Marx se refere nos *Grundrisse* (MECW 28: 95), não sobreviveu.

Marx delineou, em termos mais específicos, o trabalho que iria ser desenvolvido na «Introdução» de Agosto de 1857 (MECW 28: 17-48). A literatura da especialidade refere-se normalmente a este texto como a introdução aos *Grundrisse*, publicados em 1857-58; esta suposição, porém, é altamente questionável. A «Introdução», conforme é indicado no prefácio de 1859, é uma introdução ao conjunto da obra de crítica da economia política que estava planeada (ver Capital I: 91). Contudo, este manuscrito específico, que hoje é conhecido pelo título de *Grundrisse*, não foi concebido como esboço da obra económica que estava planeada.

O manuscrito começa com uma análise de Darimon, um partidário de Proudhon. A sua teoria da reforma monetária levou Marx a colocar a questão fundamental de saber se a circulação de mercadorias possibilita um meio de troca necessário, separado. Se tal conexão for demonstrada, a impossibilidade fundamental dessas estratégias de reforma torna-se óbvia, uma vez que elas tinham por objectivo a abolição do dinheiro e conservavam, ao mesmo tempo, a produção privada de mercadorias. A análise de Marx da ligação entre a circulação de mercadorias e o dinheiro rapidamente se passou a desenvolver a um nível de fundamentalidade; divergia por completo das reflexões de Darimon. A seguir, Marx insistiu

---

a investigação Marx-Engels»] (1976-1988), e também tinham desenvolvido várias dissertações sobre o tema. Na sequência da integração da RDA na República Federal, este grupo de investigação produtivo – como muitos outros – tornou-se "relaxado".

O *CAPITAL* DEPOIS DA MEGA

em considerações básicas do mesmo jaez referentes à relação de capital. O manuscrito, mais tarde intitulado «Grundrisse der Kritik der politischen Ökonomie» [*Esboços da Crítica da Economia Política*], uma vez que evoluiu a partir de um extracto, não tem sequer um começo propriamente dito: não é uma "obra" que, como tal, possa ter uma introdução.

Embora Marx possa ter tomado a «Introdução» de Agosto de 1857 como o primeiro passo na preparação do conjunto da obra que planeou, o seu conteúdo pode ser interpretado como uma fase conclusiva dos extractos que havia preparado e dos primeiros esboços que elaborara. Dos seus estudos anteriores, Marx extraiu uma síntese conceptual e metodológica. As considerações formuladas na «Introdução» – como, por exemplo, a tantas vezes mencionada «ascensão do abstracto ao concreto» – não são, de modo algum, definitivas; são, isso sim, os primeiros ensaios preliminares, posteriormente transformados num esboço concreto. A própria *Contribuição para a Crítica da Economia Política*, de 1859, não começa pela categoria mais abstracta de valor, mas pela análise da mercadoria – que é, como se diz nas muito mais tardias «Notas sobre Adolph Wagner», «o elemento concreto [*Konkretum*] mais simples da economia» (MECW 24: 369)[8]. Outros aspectos da «Introdução», como o facto de começar com uma secção sobre «produção em geral», já tinham sido abandonados no decurso do trabalho de Marx nos *Grundrisse*. Marx sustentou que a sequência das categorias não é determinada ponto por ponto pelo desenvolvimento histórico, mas pela relação sistemática que mantêm entre si no quadro da sociedade burguesa; foi esta a perspectiva seguida por Marx nos *Grundrisse* e nos trabalhos posteriores.

No Verão de 1857, Marx tinha apenas algumas ideias vagas quanto à estrutura da obra de crítica económica que tinha projectado. Ele precisava de clareza quanto à necessidade de começar pelo capital como relação básica de produção. Marx afirmara a existência de duas classes antagónicas no *Manifesto do Partido Comunista*; foi apenas no decurso dos seus estudos dos anos 50 que a importância fundamental da classe dos proprietários fundiários se tornou clara para si. Por conseguinte, isso levou-o a considerar que a sua obra tinha de englobar três classes. No final da «Introdução», é afirmado que a obra apresentaria «a estrutura

---

[8] No seu prefácio de 1859, Marx salienta que «o leitor que desejar realmente seguir-me terá de se decidir a ascender [*aufsteigen*] do particular para o geral». (MECW 29: 261). Significativamente, não se refere à ascensão do abstracto ao concreto.

mais íntima da sociedade civil», que forma a base das «três grandes classes sociais». Abordar-se-ia depois a «súmula da sociedade burguesa na forma do Estado», passando-se daí ao «valor internacional de produção» e, por fim, ao «mercado mundial e [às] crises» (MECW 29: 261). Ao mesmo tempo que o plano de seis livros já estava indicado, Marx ainda não tinha ideias pormenorizadas sobre novas sub-secções; só as desenvolveu durante o processo de escrita.

## 2.2. *Grundrisse* (1857/58): primeiro esboço da «Crítica da Economia Política» (período de formação: «capital em geral» vs. «concorrência»)

É provável que Marx tenha começado a escrever o manuscrito dos *Grundrisse* em Outubro de 1857. Que Marx tenha iniciado os trabalhos preparatórios da obra que havia planeado e trabalhado neles de forma quase obsessiva durante o Inverno de 1857-58 tem menos a ver com o facto de ele acreditar que chegara suficientemente longe nos seus estudos económicos recentes do que com a circunstância de, naquele momento, a crise económica que previa há anos ter finalmente começado. Na sequência desta crise, Marx estava à espera de um abalo significativo na economia capitalista e de desenvolvimentos revolucionários semelhantes aos de 1848. A sua análise da revolução de 1848 fizera-o chegar à conclusão de que os acontecimentos revolucionários tinham sido provocados, em grande medida, pela crise económica de 1847-48; donde, o seu comentário do início dos anos 50: «é possível uma nova revolução apenas como consequência de uma nova crise. Porém, ela é tão certa quanto esta crise» (MECW 10: 135).

Paralelamente ao trabalho nos *Grundrisse*, Marx elaborou o «Livro da Crise de 1857», composto por vários cadernos de extractos com material relativo a essa crise (estes materiais foram publicados recentemente; ver MEGA IV/14). Isto mostra que Marx procurou estudar os processos da crise em todos os seus detalhes. Os aspectos estruturais do seu trabalho teórico, assim como a compreensão exacta do contexto de muitas categorias[9], só se desenvolveram no decorrer do trabalho nos *Grundrisse*.

---

[9] Nos *Grundrisse*, Marx apresenta todo um conjunto de reflexões sobre o contexto conceptual das categorias e das suas representações que é muito relevante para a questão de saber

O *CAPITAL* DEPOIS DA MEGA

Podemos falar, neste sentido, de um período de formação da «Crítica da Economia Política». Tendo em vista a exposição do capital, Marx começou por se situar, na esteira de Hegel, no quadro de uma tricotomia: universalidade – particularidade – singularidade. Isto foi apresentado nos *Grundrisse*, no começo do «Capítulo do capital»[10]. É uma estrutura superficial, tratada por Marx de uma forma apenas provisória.

Marx nunca mais regressou a esta primeira disposição dos materiais; substituiu-a rapidamente por uma nova ordenação, não só com o propósito de classificar de outra forma o material existente, mas também com o de estabelecer uma base racional para uma nova diferenciação estrutural. Esta nova disposição dos materiais assentava, com efeito, na diferenciação entre o «capital em geral» e a «concorrência» de vários capitais. Tal diferenciação é expressão de uma perspectiva adquirida durante os anos 50, repetidamente destacada nos *Grundrisse*: a concorrência dos capitais executa unicamente as leis do capital, mas não as explica[11]. Os economistas burgueses tinham imaginado que a concorrência era a explicação natural de tais leis e Marx acompanhou esta suposição nas suas obras económicas dos anos 40, como, por exemplo, em *Trabalho Assalariado e Capital* (MECW 6: 203-217 6: 397-423). Agora, porém, tornara-se evidente para Marx que, antes do mais, as leis do capital precisavam de ser teoricamente apreendidas sem o recurso à concorrência, antes de serem estudados os seus efeitos na concorrência. Assim, um conjunto de «capital, tal como o consideramos aqui, como relação que tem de ser distinguida do valor e do dinheiro, é capital em geral, i.e., a quintessência das características que diferenciam o valor como capital do valor como simples valor ou dinheiro». (MECW 28: 236). Este capital, porém, não é idêntico a um capital empiricamente existente: «Mas nós ainda não estamos a considerar nem uma forma particular do capital, nem um capital individual como capital diferente de outros capitais individuais, etc». (Ibidem).

---

o que é a «representação dialéctica». Não posso entrar aqui neste conjunto de problemas; ver, no entanto, Heinrich (2014: 164-179) e, para um contexto mais geral, Heinrich (2008).

[10] Ver a concepção do projecto em MEGA II/1: 199; MEW 42: 201. Como passo preliminar: MECW 29: 7-129.

[11] «A concorrência, em geral, como locomotora essencial da economia burguesa, não estabelece as leis desta, mas é a sua executora. A concorrência, por conseguinte, não *explica* estas leis, nem as produz: permite-lhes *tornarem-se manifestas*». (MECW 28: 475; os sublinhados são de Marx).

CONTEXTOS E RECEPÇÕES

Isto resulta, pois, num duplo requisito de exposição do «capital em geral»: um determinado conteúdo (isto é: todas as leis do capital que aparecem na concorrência) tem de ser mostrado a um certo nível de abstracção (isto é: a um nível que abstraia da concorrência de vários capitais). O «capital em geral» não é, por conseguinte, um simples rótulo aposto numa das secções da exposição, nem uma mera classificação externa do material (atribuindo-lhe um grau maior ou menor de generalidade). É antes um determinado modelo conceptual que só faz sentido no confronto com a concorrência de vários capitais[12].

Sabemos, com base na carta de Marx a Engels de 2 de Abril de 1858, que estava previsto que o livro sobre o capital contivesse quatro secções distintas: a) capital em geral, b) concorrência, c) crédito e d) capital por acções (MECW 40: 298). Nos *Grundrisse*, já havia sido estabelecida uma tricotomia temática para a representação do «capital em geral», que Marx descreveu de forma explícita na sua carta a Lassalle: «o processo de produção do capital; o processo da sua circulação; a unidade dos dois, ou capital e lucro (juro)». (Carta de 11 de Março de 1858; MECW 40: 287). Marx escreveu a Lassalle a 22 de Fevereiro de 1858; depois de enumerar os seis livros, acrescentou que «a crítica e a história da economia política e do socialismo seriam objecto de outro trabalho e, finalmente, o breve esboço histórico do desenvolvimento das categorias e relações económicas objecto de um terceiro.» (MECW 40: 271). Enquanto trabalhava no manuscrito dos *Grundrisse*, surgiu o seguinte plano:

Livro I: Capital
- a) Capital em geral
  1. Processo de produção do capital
  2. Processo de circulação do capital
  3. Capital e lucro (juro)
- b) Concorrência
- c) Crédito
- d) Capital por acções

---

[12] O facto de ser suposto que o «capital em geral» apresente, a um nível particular de abstracção, um conteúdo específico é muitas vezes descurado. Se o conceito só é utilizado por referência a um conteúdo específico, então a subsistência do conceito, uma vez que o conteúdo não desaparece, é-lhe inerente, apesar de Marx deixar de usar o termo após 1863. (Moseley 2007 e Fineschi 2011 argumentam neste sentido).

Livro II: Propriedade fundiária
Livro III: Trabalho assalariado
Livro IV: O Estado
Livro V: Comércio externo
Livro VI: O mercado mundial

## 2.3. Crítica e história da economia política e do socialismo
Esboço histórico do desenvolvimento económico

O plano de seis livros proporcionou uma análise abrangente e autónoma das relações capitalistas – das determinações mais gerais do capital e da exposição teórico-conceptual das respectivas categorias, como ponto de partida, até ao mercado global – e permitiu apreender teoricamente a forma do sistema capitalista. Para Marx, esta era a condição real que fundamentava a existência das categorias expostas.

Com este plano estrutural, Marx assumiu que era possível estabelecer uma dupla separação. As «condições económicas de existência das três grandes classes» (como Marx, no prefácio da *Contribuição para a Crítica da Economia Política*, caracterizou o conteúdo dos três primeiros livros, MECW 29: 261) deveriam ser expostas em separado; e o «capital em geral», face aos vários capitais, deveria ser tratado separadamente. Ambas as distinções viriam a revelar-se um problema.

Em comparação com o seu plano original, Marx, nos *Grundrisse*, tratou a secção sobre o «capital em geral» de um modo rudimentar. Com efeito, a exposição ainda estava marcada por algumas insuficiências fundamentais, frequentemente descuradas em muitas das recepções eufóricas dos *Grundrisse*. A principal insuficiência fica a dever-se à origem dos *Grundrisse*: o extracto original sobre Darimon resultou numa investigação teórica sobre o dinheiro sem fundamentação numa teoria do valor. O que ainda não era nítido nos *Grundrisse* era aquilo a que Marx, no primeiro volume de *O Capital* (Capital I: 129), ao referir-se ao carácter duplo do trabalho exposto nas mercadorias, iria chamar o «ponto», ou o *pivot* (*Springpunkt*), em torno do qual gira a compreensão da economia política. De modo semelhante, a distinção rigorosa entre o valor da mercadoria *força de trabalho* e o suposto valor do *trabalho* também ainda não tinha sido estabelecida. No chamado «Fragmento sobre Máquinas», dos *Grundrisse*, uma teoria inadequada do valor foi, entre outras coisas, condensada numa teoria inadequada da crise. Trata-se do único local onde Marx formulou uma teoria do colapso (MECW 29: 80-98). O argumento aí apresentado é o seguinte: o desenvolvimento das forças produtivas capitalistas levaria a uma corrosão da medida do valor – que assenta na duração do tempo de trabalho – das mercadorias (o que, para o capitalismo, é fundamental). No primeiro volume de *O Capital*, no quadro da sua análise da mais-valia relativa, Marx refutou, na verdade, este argumento.

## 2.4. Segundo esboço da «Crítica da Economia Política»: a fase de implementação e a resolução da conceptualização original (1858-63)

A crise de 1857-58, que levara Marx a trabalhar nos *Grundrisse*, não foi nem tão profunda como ele tinha previsto, nem trouxe desenvolvimentos revolucionários. Posteriormente, Marx reviu tanto as suas perspectivas sobre a relação directa entre crise e revolução, como a ideia de um colapso do capitalismo. Foi precisamente com base na crise de 1857-58 que Marx argumentou que as crises económicas são produtivas para o sistema capitalista como um todo. No seguimento da consolidação dos mercados, um novo ciclo de acumulação pode começar. Apesar de as suas previsões relativas à crise de 1857-58 não se terem concretizado, Marx elaborou, porém, um extenso manuscrito. Proceder a revisões finais para publicar o manuscrito tornou-se, como tal, um empreendimento realista.

A partir de 1858, Marx tentou preparar para publicação o que havia elaborado nos *Grundrisse*. Depois da formação da «Crítica da Economia Política» nos *Grundrisse*, tornou-se necessário implementar este projecto, concebido sob a forma de uma série de brochuras. Em 1858, surgiu uma versão da primeira brochura, que recebeu o título editorial de «Texto original da Contribuição para a Crítica da Economia Política» (*Urtext*). Em 1859, a *Contribuição para a Crítica da Economia Política* foi finalmente publicada. Em comparação com o «Texto original», a *Contribuição para a Crítica da Economia Política* foi profundamente revista e substancialmente abreviada. Finalmente, em 1861-63, foi elaborada uma sequência da *Contribuição para a Crítica da Economia Política* num manuscrito de aproximadamente 2400 páginas impressas. A partir do «Texto original» de 1858, da *Contribuição para a Crítica da Economia Política*, publicada em 1859, e dos «Manuscritos de 1861-63», temos sinais de um segundo esboço da «Crítica da Economia Política».

Na *Contribuição para a Crítica da Economia Política*, que trata da mercadoria e do dinheiro, encontramos a primeira exposição do carácter duplo do trabalho que produz mercadorias, bem como uma análise rudimentar do fetichismo (apesar de Marx ainda não empregar o termo). Os fundamentos da teoria do valor, inexistentes nos *Grundrisse*, já tinham sido lançados nesta altura e ligados ao estudo do dinheiro por via de uma análise da forma-valor. Embora ainda presente nos *Grundrisse* e no «Texto original», Marx prescinde aqui de uma exposição da transição categorial do dinheiro para o capital. Além do mais, Marx já não pretende ilustrar de forma separada a história da economia política; em vez disso, apresenta uma história da análise de cada categoria económica. A *Contribuição para a Crítica da Economia Política* contém, assim, secções sobre a história das teorias do valor e das teorias do dinheiro.

Os «Manuscritos de 1861-63» tratam, especificamente, da transformação do dinheiro em capital, da mais-valia absoluta e da mais-valia relativa, bem como do lucro e do lucro médio. Metade do manuscrito é composta pelas *Teorias da Mais-Valia*, que não oferecem apenas uma história da teoria; convertem-se no quadro de um novo processo de investigação. Por intermédio deste processo de investigação, foram examinadas, entre outras coisas, as crises, a formação da taxa média de lucro e problemas respeitantes à renda fundiária.

O segundo esboço de Marx continuou a evidenciar insuficiências significativas. Assim, a exposição dos processos de circulação capitalista permaneceu, em larga medida, por concretizar (como nos *Grundrisse*). Isto ficou a dever-se aos importantes problemas de fundo que Marx tinha com a «doutrina smithiana» (ou seja, com a desintegração de todo o valor das mercadorias em rendimento: lucro, salário e renda). A formulação de uma posição contraposta pressupunha uma análise detalhada do processo de reprodução total do capital, o que, neste manuscrito, apenas gradualmente foi ganhando forma (ver, para mais pormenores, PEM 1975). Igualmente insatisfatórias eram as diferentes abordagens a uma teoria da crise, apesar dos avanços consideráveis que tinham sido feitos desde as considerações sobre o tema nos *Grundrisse* (ver Heinrich 2014, 351 e seguintes).

CONTEXTOS E RECEPÇÕES

Nos «Manuscritos de 1861-63», Marx não apenas se aproxima da resolução destes problemas, como os limites da conceptualização até aí elaborada se tornam mais pronunciados. Torna-se evidente que o conceito metodológico de «capital em geral» – ou seja, tudo aquilo que aparece na concorrência, abstraído dos vários capitais – não é viável. A análise do processo global de reprodução exigia uma diferenciação do capital em dois sectores (respectivamente, o da produção de meios de produção e o da produção de meios de consumo). Tinham, portanto, de ser consideradas formas especiais de capital, nomeadamente as que foram inicialmente excluídas da exposição do «capital em geral» (ver as citações já indicadas dos *Grundrisse*, MECW 28: 236).

Este não foi, porém, o único problema. O capital portador de juro, que Marx sempre incluiu na exposição do «capital em geral», só podia ser desenvolvido com base na existência do lucro médio. Na secção «Capital e Lucro», tornou-se evidente que a exposição da taxa média de lucro não era possível sem ter em consideração a concorrência dos vários capitais (MEGA II/3.5: 1598 e seguintes). Marx só pretendia, inicialmente, introduzir a «relação de concorrência» como uma «ilustração» (MEGA II/3.5: 1605), mas desintegrou, de facto, o conceito de «capital em geral».

Finalmente, revelou-se inviável apresentar uma história da teoria baseada na história de categorias particulares. Embora em 1859 ainda parecesse possível apresentar separadamente uma história das teorias do valor e do dinheiro, bem como diferenciar estas das outras categorias, nas *Teorias da Mais-Valia* tornou-se evidente que uma teoria separada da mais-valia, que seria seguida por uma teoria do lucro e da renda, dificilmente seria possível. Acresce que, até ter terminado o seu trabalho nos «Manuscritos de 1861-63», Marx considerou a necessidade de um estudo fundamental e renovado da história da economia política. Em meados de 1863, surgiram os «Suplementos A a H» (700 páginas de extractos de 150 obras; serão publicadas na MEGA IV/17). Marx extractou pormenorizadamente, entre outras coisas, textos de Richard Cantillon, que não tinha influenciado as *Teorias da Mais-Valia*, mas que, em *O Capital*, foi posto em destaque como fonte importante de Quesnay, Steuart e Smith (Capital I: 697, nota de rodapé 11). Com as *Teorias da Mais-Valia*, a análise desta história teórica estava longe de estar concluída.

148

## 3. *O CAPITAL* (EM QUATRO LIVROS)
## – UM PROJECTO RECONCEPTUALIZADO

Quando, em 1867, o primeiro volume de *O Capital* foi pela primeira vez publicado, Marx anunciou uma obra em quatro livros:

Livro I: O processo de produção do capital
Livro II: O processo de circulação do capital
Livro III: Configurações do processo total
Livro IV: A história da teoria

Estava previsto que a obra fosse publicada em três volumes: o Livro Primeiro no Volume 1, o Livro Segundo e o Livro Terceiro no Volume 2 e o Livro Quarto no Volume 3 (Capital I: 93). Depois de Engels ter publicado, em 1885, o Livro Segundo como Volume 2 e, em 1894, o Livro Terceiro (com um título diferente: «O Processo Total da Produção Capitalista») como Volume 3, a distinção entre o que constituía um livro e um volume tornou-se irrelevante. Deve fazer-se notar, em todo o caso, que quando Marx se referiu ao «segundo volume», na sua correspondência do final dos anos 60 e de toda a década de 70, foi sempre com o significado de Livro Segundo e Livro Terceiro.

No prefácio, Marx descreveu *O Capital* como «uma continuação» da *Contribuição para a Crítica da Economia Política*, de 1859. No entanto, não mencionou nem uma única vez o plano de seis livros que tinha anunciado no prefácio da *Contribuição para a Crítica da Economia Política*. Se *O Capital* se reportava apenas ao primeiro volume (ou, até, a uma única secção deste primeiro volume) da obra anteriormente planeada, ou se *O Capital* substituiu por completo este plano anterior – foi uma questão que ficou por esclarecer.

Henryk Grossman (1929) foi o primeiro a discutir o «problema da mudança de plano» de Marx. Contudo, só se começou a prestar atenção ao problema a partir do final da década de 60 do século XX, no seguimento da publicação dos comentários de Roman Rosdolsky sobre os *Grundrisse*. Rosdolsky realçou tanto o plano original de seis livros, como o conceito de «capital em geral» desenvolvido nos *Grundrisse*. Consequentemente, levantou a questão de saber até que ponto isto continuava a ter validade para *O Capital* (Rosdolsky 1968: 24 e seguintes.). Ao longo da década de 70 do século XX, foi travado um debate no mundo de língua alemã.

O centro do debate, porém, ficou limitado ao apuramento das secções dos três livros de *O Capital* que ainda podiam considerar-se pertencentes à exposição do «capital em geral». Como a definição substantiva de «capital em geral» permaneceu superficial, não houve um questionamento sobre se tinha sido criada uma nova estrutura para substituir o «capital em geral». Antes de discutir os esboços de *O Capital* que surgiram depois de 1863, deter-me-ei nestas mudanças estruturais com o objectivo de mostrar que, a partir da segunda metade de 1863, estamos efectivamente perante um novo projecto, estruturado de uma forma diferente.

### 3.1. A estrutura de *O Capital*: o capital individual e a constituição do capital social total a níveis diferentes de abstracção

Nos «Manuscritos de 1861-63», Marx enfrentou uma série de problemas conceptuais que exigiam uma reestruturação da sua exposição. No entanto, Marx não ultrapassou os seus planos originais num momento único; fê-lo no decorrer de estádios diversos. Marx mencionou pela primeira vez o seu novo trabalho numa carta a Kugelmann, datada de 28 de Dezembro de 1862, enquanto trabalhava nos «Manuscritos de 1861-63». Marx informou Kugelmann de que não tencionava continuar a *Contribuição para a Crítica da Economia Política*; pretendia antes começar uma obra autónoma, *O Capital*, que incluiria apenas a secção sobre o «capital em geral». O resto, excepto o livro sobre o Estado, poderia inclusivamente ser feito por outros autores (MECW 41: 158). Marx assentava ainda o seu trabalho no plano de seis livros e na concepção de «capital em geral», embora tivesse admitido que este plano era demasiado vasto e que não estaria em condições de o executar na íntegra. Nos anos seguintes, não se limitou a reduzir o plano do ponto de vista quantitativo; também alterou o método da exposição.

A alteração mais óbvia foi o lugar atribuído à história da economia política. Em vez de apresentar separadamente a história de cada categoria económica, Marx pretendia apresentar uma história coerente da teoria (Capital I: 93), como escreveu no prefácio de 1867. Tendo em conta que deixa de haver uma exposição da história de cada categoria nos «Manuscritos de 1863-65», é provável que Marx tenha tomado esta decisão antes de ter começado a trabalhar nestes manuscritos.

O *CAPITAL* DEPOIS DA MEGA

Rosdolsky assinalou uma segunda mudança (1968: 37 e seguintes): em *O Capital*, Marx teve em consideração os temas centrais inicialmente previstos para os livros sobre o trabalho e a propriedade fundiária, mobilizando-os no âmbito da abordagem das seguintes questões: a luta em torno dos limites do dia de trabalho; o impacto da maquinaria nas condições de trabalho; os salários como suposto preço do trabalho; a «lei geral da acumulação capitalista» e as suas implicações na situação da classe trabalhadora; mobilizando-os, também, no âmbito da exposição da renda absoluta e da renda diferencial. Evidentemente, «as condições económicas das três grandes classes» (MECW 29: 261) estão de tal maneira entrelaçadas que não podem ser representadas – ao contrário do que Marx anunciou no prefácio de 1859 – em três livros separados sobre o capital, a propriedade fundiária e o trabalho assalariado. Deste modo, *O Capital* substituiu o escopo fundamental dos três primeiros livros constantes do plano de seis livros[13]. Os outros três, sobre o Estado, o comércio externo e o mercado mundial, ficavam além de *O Capital*.

A mudança estrutural mais importante, contudo, consistiu na criação de uma alternativa ao «capital em geral». A partir da segunda metade de 1863, esta noção deixa de aparecer como subdivisão da obra e nunca mais é mencionada em manuscritos ou cartas. Marx parece ter compreendido que o duplo requisito que projectava para a secção do «capital em geral» – expor um conteúdo específico (aquilo que aparece na concorrência) a um determinado nível de abstracção (uma abstracção da concorrência) – não podia ser cumprido.

No entanto, Marx reteve da exposição do «capital em geral» a tricotomia do processo de produção, assim como a do processo de circulação e a do processo total (anteriormente, capital e lucro). Não se trata da divisão arbitrária de um material muito volumoso, mas de níveis diferentes de abstracção, cuja importância resulta do próprio processo de valorização do capital e não está, por isso, vinculada ao conceito específico de «capital em geral».

Ao nível do «processo de produção», o processo «imediato» de produção do capital é examinado de duas formas. Por um lado, é encarado como

---

[13] O «estudo especial do trabalho assalariado» (Capital I: 683) e o «tratamento independente da propriedade fundiária» (Capital III: 752), mencionados em *O Capital*, e que talvez Marx ainda desejasse prosseguir, são análises especiais que não podem ser comparadas com os livros planeados antes.

CONTEXTOS E RECEPÇÕES

produção capitalista: aquilo que é produzido não são apenas mercadorias, mas também mais-valia. Por outro lado, é encarado como produção do próprio capital, mediante a qual a transformação de mais-valia em capital ocorre. Ao nível do «processo de circulação», não são só os actos de circulação a ser analisados com base no pressuposto da sua subordinação à investigação do processo imediato de produção. É apresentado, além disso, o processo total da produção capitalista, de molde a formar uma unidade do processo imediato de produção e do processo de circulação. Esta unidade é assumida ao nível do «processo total», no âmbito do qual são estudadas as formas concretas que existem na base desta unidade, tais como o lucro, o lucro médio, o juro e a renda fundiária.

Nos manuscritos de *O Capital*, Marx aborda apenas de passagem o novo princípio estrutural, assumido em substituição da diferenciação entre «capital em geral» e «concorrência de vários capitais». Este princípio torna-se, porém, suficientemente claro a uma leitura mais cuidada. A impossibilidade de abstrair completamente do capital singular e particular já se tinha tornado evidente nos «Manuscritos de 1861-63». No entanto, o capital singular e particular não podia ser tratado de forma imediata e de uma só vez ao nível empírico da concorrência. Em cada um dos livros de *O Capital* (isto é, em cada um dos três níveis de abstracção já caracterizados), é estabelecido, em primeiro lugar, como capital individual (como Marx se lhe refere) e, em segundo lugar, como constituição do capital social total, alcançado no nível de abstracção respectivo.

No «Manuscrito II» do Livro Segundo de *O Capital* (redigido em 1868-70)[14], Marx resumiu o Livro Primeiro, que na altura já tinha sido publicado, nestes termos: «Aquilo de que então tratávamos era do próprio processo imediato de produção, que em cada ponto se expunha como processo de um capital individual». (Capital II: 470).

Ao nível do processo imediato de produção, Marx tinha estudado a produção da mais-valia absoluta e da mais-valia relativa como um processo do capital individual. No décimo terceiro capítulo da edição alemã (vigésimo quinto da tradução inglesa), o nível do capital individual é abandonado e a constituição do capital total passa a ser considerada. Para o estádio alcançado da exposição, os capitais individuais só se

---

[14] A numeração dos manuscritos do Livro Segundo segue a de Engels no prefácio do segundo volume de *O Capital* por ele publicado (Capital I: 106). No entanto, as datas atribuídas por Engels aos manuscritos individuais nem sempre se revelaram correctas.

*O CAPITAL* DEPOIS DA MEGA

diferenciam uns dos outros pela dimensão e pela composição de valor (a relação capital constante/capital variável). Por consequência, neste contexto só se podem apresentar argumentos sobre o capital total. Este aparece como uma mera soma matemática de capitais individuais. No entanto, a este nível abstracto, os efeitos do movimento do capital total já se tornaram evidentes, nomeadamente no que toca às consequências da sua acumulação – à medida que mantém e aumenta a composição de valor – em termos de desemprego e das condições de vida da classe trabalhadora.

No Livro Segundo pode ser encontrada uma estrutura semelhante. No que se refere aos dois primeiros capítulos (as duas primeiras secções da edição de Engels do segundo volume), que abordam a circulação e a rotação do capital, o «Manuscrito II» indica que se trata de «um capital individual, do movimento de uma parte autónoma do capital social» (Capital II: 429). No «Manuscrito I» (parte dos «Manuscritos de 1863-65») do Livro Segundo, Marx, durante a investigação deste ciclo, já tinha assumido o pressuposto de que todas as fases existem simultaneamente; por conseguinte, os diferentes capitais assumem simultaneamente os diferentes estádios: «Como um todo, como uma unidade, [o capital, M. H.] é simultaneamente distribuído pelas suas várias fases, coexistentes em termos espaciais. (...) Por conseguinte, os processos de reprodução paralela dos diversos capitais são assumidos». (MEGA II/4.1: 180, 182). No processo de circulação, os diversos capitais individuais deixam de existir como mera justaposição. O capital social total, considerado no terceiro capítulo (a terceira secção da versão inglesa) do Livro Segundo, deixa de ser uma soma aritmética de capitais individuais como era no Livro Primeiro: «Os circuitos dos capitais individuais estão entrelaçados, pressupõem-se e condicionam-se uns aos outros; e é precisamente por estarem entrelaçados deste modo que formam o movimento do capital social total». (Capital II: 429). O capital social é considerado agora nos termos do seu processo de reprodução. Devido às exigências que coloca em termos de valor e de proporções materiais, como Marx realça, o processo de reprodução introduz barreiras próprias no movimento dos capitais individuais.

Além disso, ao nível do «processo total», examinado no Livro Terceiro, Marx começou por apresentar a transformação da mais-valia em lucro como um processo do capital individual. A seguir, considerou a maneira como a produção de lucro pelos capitais individuais constitui, através

CONTEXTOS E RECEPÇÕES

do estabelecimento de uma taxa geral de lucro, o capital social total. O processo que consumou isto deixou de ser, exclusivamente, o entrelaçamento dos seus ciclos; foi também a «concorrência», que aqui não se reporta apenas ao sentido estrito da definição, mas também ao mecanismo específico da socialização do capital: «Esta é a forma através da qual o capital se torna consciente de si próprio como uma força social, na qual cada capitalista participa na proporção da sua quota no capital social total». (Capital II: 297). Ou, a mesma ideia articulada através de uma formulação ligeiramente diferente, que realça a relação entre capital individual e social: «Vimos que o lucro médio do capitalista individual, ou de qualquer capital particular, é determinado não pelo sobretrabalho apropriado em primeira mão, mas pelo sobretrabalho total apropriado pelo capital total, do qual cada capital particular apenas retira os seus dividendos enquanto parte proporcional do capital total». (Capital II: 742). Esta taxa geral de lucro é um pré-requisito para o estudo de outras formas económicas, como o lucro mercantil, o juro e a renda fundiária.

A perspectiva formulada nos *Grundrisse*, que não se perdeu na nova abordagem de Marx, é a de que a concorrência não produz as leis do capital: apenas as executa. No entanto, estas leis não podem ser abstraídas, no seu tratamento, de todas as condições que os diversos capitais enfrentam. A lógica destas leis exige uma exposição muito mais complexa do que a inicialmente concebida nos *Grundrisse*. Contudo, aquela parte da concorrência que apenas garante que as leis do capital são executadas continua a estar excluída da exposição em *O Capital*. Marx esclarece-o no final dos «Manuscritos de 1863-65», no quadro de uma revisão da sua exposição: «Na exposição da reificação das relações de produção e da sua autonomização face aos agentes da produção, não entraremos no modo como as conexões – através do mercado mundial e das suas conjunturas, do movimento dos preços de mercado, dos ciclos da indústria e do comércio e da alternância de prosperidade e crise – lhes aparecem como leis naturais irresistíveis, governando-os independentemente da sua vontade e impondo-se-lhes como necessidade cega. Não entraremos aí porque o movimento real da concorrência fica fora do nosso plano; pretendemos apenas expor a organização interna do modo capitalista de produção na sua média ideal, por assim dizer». (Capital III: 969/70). O «movimento real» da concorrência – as suas manifestações empíricas e a sua forma no mercado mundial – é excluído da exposição. No entanto,

## O CAPITAL DEPOIS DA MEGA

esta concorrência, excluída da exposição, está longe de incluir tudo o que está relacionado com o movimento dos diversos capitais. A concorrência como mecanismo geral da socialização do capital faz inteiramente parte da «média ideal» do modo capitalista de produção que Marx afirmou que iria elucidar.

### 3.2. Primeiro esboço de *O Capital*: período de formação (1863-65)

Depois de, no Verão de 1863, ter parado de trabalhar nos «Manuscritos de 1861-63», Marx começou um novo manuscrito económico na segunda metade desse ano. Na MEGA, estes «Manuscritos de 1863-65» são designados por «terceiro esboço» de *O Capital* (sucedem aos *Grundrisse* e aos «Manuscritos de 1861-63»). Se considerarmos, porém, que estão em causa dois projectos diferentes – a «Crítica da Economia Política», estabelecida em seis livros, e *O Capital* –, então os «Manuscritos de 1863-65», publicados na MEGA II/4.1 e 4.2, podem efectivamente ser considerados o primeiro esboço de *O Capital* (partindo de 1863). Isto refere-se, porém, apenas aos três primeiros livros. Marx não escreveu quaisquer esboços para o quarto livro nem em 1863-65, nem nos anos seguintes. Que as *Teorias da Mais-Valia* não podem contar como esboço deve tornar-se claro por três razões. Em primeiro lugar, lidam com a história de uma única categoria; incluem várias digressões, mas não são uma história sequencial de teorias completas. Em segundo lugar, o material dos estudos posteriores de Marx, em particular os novos estudos de base das brochuras A-H de 1863, não está incluído nas *Teorias da Mais-Valia*. Em terceiro lugar, a história das teorias deve assentar nas perspectivas sobre as relações entre produção capitalista e reprodução. Ora, Marx só formou perspectivas importantes a este respeito durante a redacção das *Teorias da Mais-Valia*, como o demonstra a sua discussão do «Dogma Smithiano» (ver PEM 1975).

Em termos de conteúdo, Marx registou um progresso assinalável nos «Manuscritos de 1863-65» e houve um conjunto de questões que foi aqui desenvolvido de forma sistemática pela primeira vez. Seja como for, com os manuscritos do Livro Segundo e do Livro Terceiro, Marx estava longe de uma situação em que eles pudessem ter servido de provas tipográficas para revisão antes de seguirem para impressão. Neste sentido, pode-se dizer que *O Capital* ainda estava numa fase de formação.

CONTEXTOS E RECEPÇÕES

É provável que com o esboço do Livro Primeiro as coisas fossem um pouco diferentes. Deste esboço só foi preservado o capítulo final, «Resultados do Processo Imediato de Produção» (MECW 34), o que nos impossibilita de conferir directamente a fase de preparação em que se encontrava. Tendo em conta que Marx finalizou o manuscrito do Livro Primeiro de *O Capital* entre Janeiro de 1866 e Abril de 1867 – período durante o qual esteve várias vezes doente e precisou de reescrever a primeira secção da obra, sobre a mercadoria e o dinheiro (aquando da redacção dos «Manuscritos de 1863-65» tinha planeado apresentar apenas um brevíssimo resumo da *Contribuição para a Crítica da Economia Política*) –, é lícito supor que se possa ter servido directamente de grande parte do esboço perdido do Livro Primeiro.

No «Manuscrito I» do Livro Segundo, encontramos pela primeira vez uma concepção coerente do processo de circulação capitalista. Foi só aqui que Marx determinou, pela primeira vez, a estrutura do processo nas suas três partes: circulação, rotação e reprodução do capital social total. Contudo, na exposição destas partes, Marx ainda se viu confrontado com vários problemas, impedindo assim Engels de utilizar este manuscrito para a sua edição do segundo volume.

No manuscrito do Livro Terceiro (o chamado «manuscrito principal», utilizado por Engels para a sua edição do terceiro volume de *O Capital*), Marx não só tratou o lucro e o lucro médio em pormenor, como também analisou o capital portador de juro, o que incluiu uma exposição geral do crédito e do capital por acções. Entre outras coisas, Marx salientou a ambivalência fundamental do sistema de crédito, ou seja, os seus efeitos positivos para a acumulação e a sua grande elasticidade e flexibilidade que, entretanto, não existem sem a tendência para a «sobre-especulação» e para as crises financeiras (Capital III: 622)[15]. A exposição, direccionada apenas para aspectos gerais do sistema de crédito, muito rapidamente se transformou, porém, num processo de investigação renovado. Todas

---

[15] Assim, Marx traz uma contraposição fundamental, de facto, à concepção hoje muito em voga de que uma regulação «devida» do sistema financeiro evitaria as crises. Esta disputa entre economistas neoclássicos e keynesianos gira principalmente em torno da questão de saber qual deve ser a abrangência da regulação. Seja como for, no caso da acumulação acelerada, qualquer regulação aparece como um obstáculo a pôr em causa. Na sequência de uma crise, entretanto, atribui-se a culpa pela ocorrência da crise à falta de regulação. O facto de só ser possível apontar o excesso ou a quase inexistência de regulação depois do deflagrar da crise indica que o grau adequado de regulação nunca pode ser determinado, uma ambivalência precisamente analisada por Marx.

O *CAPITAL* DEPOIS DA MEGA

as partes constitutivas deste ponto de vista geral, e a maneira como o seu conteúdo devia ser delineado, ainda não tinham sido clarificadas nesta altura[16].

A sua teoria da crise ficou, posteriormente, numa posição semelhante. Nos «Manuscritos de 1863-65», encontramos uma co-existência de diferentes teorias da crise e até argumentos teóricos relativos à importância do papel desempenhado pelo sub-consumo no despoletar das crises[17]. A «lei da queda tendencial da taxa de lucro» foi considerada com maior pormenor e de forma mais sistemática do que antes. De seguida, somos confrontados com as mais vastas considerações sobre crises de todo o manuscrito. Trata-se, porém, de reflexões sem sistematicidade. Foi Engels que, através do seu trabalho de edição, simplificou estas reflexões, formando assim o décimo quinto capítulo. O título deste capítulo, «Desdobramento das contradições internas da lei», sugere uma conexão íntima entre a «lei da queda tendencial da taxa de lucro» e a teoria da crise. No entanto, este título (tal como os subtítulos do décimo quinto capítulo) não é da responsabilidade de Marx, mas de Engels; e não é certo que a teoria da crise tenha alguma vez sido destinada por Marx a figurar neste lugar da obra. Ademais, uma análise detalhada das observações de Marx esclarece-nos quanto ao facto de apenas uma parte da sua argumentação estar ligada à lei da taxa de lucro. Podemos encontrar aqui considerações fundamentais sobre a teoria marxiana da crise inteiramente independentes desta lei (ver Heinrich 2014: 357 e seguintes).

O manuscrito do Livro Terceiro termina com o início de um sub-capítulo sobre as classes. As classes já haviam sido mencionadas antes; a existência de uma classe que tem acesso aos meios de produção e de outra classe excluída desse acesso é uma das condições essenciais da

---

[16] Engels converteu o ponto 5 «Crédito. Capital fictício» (Capital III: 525) do quinto capítulo (quinta secção, na edição de Engels) em onze capítulos. Em termos editoriais, Engels alterou consideravelmente o texto e, ao fazê-lo, alterou a perspectiva e a direcção da investigação de Marx, tendo mesmo chegado, em parte, a deslocá-la. Portanto, a discussão sobre o estádio de desenvolvimento da teoria do crédito de Marx deve partir do manuscrito de Marx e não da edição de Engels do terceiro volume, uma tarefa agora possível também em língua inglesa. Em 2015, foi publicada uma tradução inglesa do manuscrito original de Marx do Livro Terceiro de *O Capital* (1864-65).

[17] Ver, por exemplo, a afirmação amplamente citada de acordo com a qual: «A razão última de todas as crises reais continua a ser a pobreza e a restrição do consumo face ao impulso da produção capitalista para desenvolver as forças produtivas como se apenas a capacidade absoluta de consumo da sociedade lhe impusesse um limite». (Capital III: 614-5)

CONTEXTOS E RECEPÇÕES

relação de capital. Não obstante, Marx é obviamente da opinião de que o tratamento sistemático das classes e da luta de classes só pode figurar no final da exposição do modo capitalista de produção na «sua média ideal» (Capital III: 970). Portanto, torna-se evidente que despontara um conceito de classe diferente daquele que Marx tinha assumido nos anos 40. Na década de 40, com efeito, Marx supunha que todas as classes (e a sua luta) fossem dados adquiridos, perspectiva tornada muito clara na famosa primeira frase da Secção I do *Manifesto do Partido Comunista*: «A história de todas as sociedades existentes até hoje é a história de lutas de classes» (MECW 6: 482). Em *O Capital*, a análise das classes é um resultado, repleto de pressupostos, da investigação do modo capitalista de produção.

Após os «Manuscritos de 1863-65», não houve qualquer esboço do conjunto dos três primeiros livros de *O Capital*. Todavia, podem ser identificadas duas fases de trabalho claramente diferentes, no âmbito das quais surgiram dois esboços parciais de *O Capital*. A primeira fase durou de 1866 a 1870 e a segunda de 1871 a 1881, aproximadamente.

### 3.3. O segundo esboço de *O Capital*: primeira fase de implementação (1866-70)

Se Marx pretendia que a sua «Crítica da Economia Política» original fosse publicada sob a forma de problemas específicos individualizados, com *O Capital* o caso foi completamente diferente. A 31 de Julho de 1865, Marx escreveu a Engels explicando-lhe que, na medida em que o manuscrito, na sua totalidade, ainda não se encontrava numa forma acabada, não poderia publicar nenhuma parte da obra (MECW 42: 173). Marx cedeu, ainda assim, às pressões de Engels e de Wilhelm Libknecht, que nunca se cansaram de o questionar sobre o andamento do trabalho. Em Janeiro de 1866, Marx começou a passar a limpo o primeiro volume, que, embora inicialmente concebido como Livro Primeiro e Livro Segundo, incluiu apenas o Livro Primeiro. Aqui, depois de um período de formação, começou a fase inicial de implementação. É provável que a circunstância de Marx ter deixado de se opor a uma publicação parcial da obra se tenha ficado a dever, sobretudo, à convicção de que já teria produzido uma parte substancial do trabalho nos «Manuscritos de 1863-65» e de que se poderiam seguir rapidamente volumes adicionais. A 7 de Maio de 1867,

158

## O *CAPITAL* DEPOIS DA MEGA

Marx escreveu a Engels informando-o de que o editor estava à espera do manuscrito do segundo volume (Livro Segundo e Livro Terceiro) o mais tardar até ao fim do Outono; e acrescentou: «O terceiro volume [Livro Quarto, M.H.] tem de ser terminado durante o Inverno, por forma a ter-me libertado da obra toda na próxima Primavera». (MECW 42: 371)[18]

O problema maior na preparação da impressão do Livro Primeiro deverá ter sido o da reescrita da exposição sobre a mercadoria e o dinheiro. Marx não se limitou, como estava inicialmente previsto, a um breve resumo da exposição sobre a mercadoria e o dinheiro publicada, em 1859, na *Contribuição para a Crítica da Economia Política*. Em vez disso, houve uma reformulação dessa exposição. A análise da forma-valor tinha-se tornado agora, pela primeira vez, claramente distinta do exame do processo de troca, a fim de que a análise das determinações da forma económica das mercadorias se distinguisse claramente da análise das acções dos proprietários de mercadorias e a exposição do fetichismo da mercadoria recebesse um destaque consideravelmente maior. Porém, durante a correcção das provas, Marx decidiu acrescentar como apêndice uma segunda versão, mais popular, da análise da forma-valor, uma vez que Engels e Kugelmann (que tinham lido as provas) foram unânimes em considerar que a exposição de Marx era particularmente difícil de compreender.

Os «Resultados do processo imediato de produção» já não estavam incluídos no Livro Primeiro, embora Marx, nos «Manuscritos de 1863-65», lhes tivesse destinado a conclusão desse mesmo livro. A razão para isto, no entanto, não é clara. A assunção de que Marx os omitiu porque o Livro Segundo não iria ser publicado imediatamente a seguir ao Livro Primeiro – e, assim sendo, já não seria necessário acautelar a transição proporcionada pelos «Resultados do processo imediato de produção» – não é um argumento inteiramente convincente. Em primeiro lugar, porque estava previsto que o Livro Segundo saísse logo a seguir ao Livro Primeiro, o que, a acontecer, tornaria a omissão da transição entre ambos bastante perceptível; e, em segundo lugar, porque os «Resultados do processo imediato de produção» contêm muito mais do que uma mera transição do Livro Primeiro para o Livro Segundo. Parece-me mais plausível que Marx não tenha incluído os «Resultados do processo imediato

---

[18] Marx expressou sentimentos semelhantes a Sigfrid Meyer (carta de 30 de Abril de 1867, MECW 42: 366) e a Ludwig Buchner (carta de 1 de Maio de 1867, MECW 42: 367).

CONTEXTOS E RECEPÇÕES

de produção» no primeiro volume devido à pressão do tempo (o editor, no início de 1867, já estava à espera de que o manuscrito lhe fosse entregue). Marx precisava de rever não apenas os «Resultados do processo imediato de produção», mas também o ponto 1 do quinto capítulo (o décimo quarto capítulo da segunda edição alemã, correspondente ao décimo sexto capítulo da tradução inglesa), no qual Marx já se ocupara da subsunção formal e real do trabalho, temas importantes dos «Resultados do processo imediato de produção».

Após a correcção das provas do primeiro volume, Marx lançou-se à preparação do Livro Segundo. É provável que, no decorrer do processo, tenha surgido um texto completamente novo entre a Primavera de 1868 e meados de 1870. O «Manuscrito II» do Livro Segundo (incluído na MEGA II/11) é não apenas consideravelmente maior do que o «Manuscrito I» de 1864-65 (na MEGA, o «Manuscrito II» contém umas boas 500 páginas impressas face às aproximadamente 240 do «Manuscrito I»), mas também significativamente mais rigoroso (ver Fiehler, 2008 e 2011)[19].

Enquanto ainda trabalhava no «Manuscrito II», Marx começou a dedicar-se ao «Manuscrito IV» do Livro Segundo, para o qual passou parcialmente a limpo o «Manuscrito II», ao mesmo tempo que, ocasionalmente, desenvolvia ideias novas. Marx escreveu, além disso, mais manuscritos para o Livro Terceiro, nos quais tratou da relação entre mais-valia e lucro, bem como do lucro, do preço de custo e da rotação do capital. Verificam-se aqui problemas de demarcação entre o Livro Segundo e o Livro Terceiro. Além do mais, também houve várias tentativas de elaboração do início do Livro Terceiro (ver, relativamente a pormenores destes manuscritos, Vollgraf 2011). O «Manuscrito IV» do Livro Segundo e os manuscritos menores do Livro Terceiro estão incluídos em MEGA II/4.3[20].

---

[19] O termo «capital em geral» aparece, pela última vez, no «Manuscrito II». Marx, a certa altura, escreve: «esta não é a forma como a circulação contínua do capital em geral realmente se expõe». (MEGA II/11: 48). Esta secção é gramaticalmente ambígua. Porém, torna-se evidente, pelo contexto, que a referência que Marx faz não é ao ciclo do *capital em geral*, mas à forma como este ciclo do capital é representado *em geral*.

[20] Devido a uma atribuição incorrecta da data, na fase de conceptualização da MEGA, estes manuscritos menores do Livro Segundo e do Livro Terceiro foram considerados a primeira revisão dos «Manuscritos de 1863-65», publicados na MEGA II/4.1 e 4.2. Estavam, por conseguinte, destinados ao volume II/4.3. No entanto, os editores da MEGA estão convencidos de que estes manuscritos menores surgiram depois da redacção, em 1866-67, do manuscrito da primeira edição de *O Capital* (ver MEGA II/4.3: 429 e seguintes).

*O CAPITAL* DEPOIS DA MEGA

Assim, depois de preparar o manuscrito da primeira edição do primeiro volume, Marx trabalhou intensivamente no acabamento do Livro Segundo e do Livro Terceiro. Em 1869-70, um acabamento iminente do Livro Segundo tinha-se tornado uma perspectiva realista. O mesmo não acontecia, no entanto, com o Livro Terceiro. Para além de vários problemas por resolver, uma sequência de cartas de 1868 aponta para uma expansão do material a expor no Livro Terceiro.

Por um lado, uma tal expansão envolvia uma exposição da renda fundiária. Marx ocupou-se da conceptualização da renda elaborada por Henry Carey, a qual, ao contrário da de Ricardo, se baseava num aumento da produtividade agrícola (ver Volgraff, 2011: 110). Marx estudou uma vasta bibliografia sobre química agrícola e estava particularmente interessado nos conflitos sociais entre rendeiros e senhores da terra em torno do pagamento da renda fundiária. É preciso substituir «os dogmas conflituantes pelos factos conflituantes, e pelos antagonismos reais que formam o seu fundo escondido», escreveu Marx a Engels a 10 de Outubro de 1868 (MECW 43: 128).

Por outro lado, a expansão do material dizia respeito à exposição do crédito. A razão para isso pode ter sido a crise de 1866, da qual Marx reteve a ideia de ter tido «um carácter predominantemente financeiro»; como indicou numa curta nota do primeiro volume: «A sua eclosão em Maio de 1866 foi assinalada pela falência de um gigantesco banco londrino, imediatamente seguida por um colapso de inúmeras sociedades financeiras de burla. Um dos maiores ramos londrinos da indústria apanhados pela catástrofe foi o da construção naval em ferro. Durante o tempo de burla, os magnatas deste negócio tinham não só sobreproduzido para além de toda a medida, como, além disso, tinham celebrado contratos de fornecimento enormes com base no pressuposto especulativo de que o crédito continuaria acessível no mesmo grau. Instalou-se então uma reacção terrível, que continua até agora (fim de Março de 1867), na construção naval e noutras indústrias londrinas». (Capital I: 823).

A ligação íntima entre crédito e crise ainda não se pode encontrar nos «Manuscritos de 1863-65». Nestes, o crédito estava apenas destinado a formar um ponto subordinado do capítulo sobre o capital portador de juro. Numa carta a Engels de dia 30 de Abril de 1868, na qual Marx explica a estrutura do Livro Terceiro, a consideração do crédito já surge a par do capital portador de juro (MECW 43: 25). A 14 de Novembro de 1868, Marx escreveu a Engels e disse que «utilizaria o capítulo sobre o

CONTEXTOS E RECEPÇÕES

crédito para uma verdadeira denúncia desta burla e desta moral comercial» (MECW 43: 204). Embora isto possa parecer, evidentemente, apenas uma ilustração mais cabal do problema, a verdade é que não é difícil imaginar que esta ilustração já implicava uma base teórica mais ampla. Marx, ao que tudo indica, já tinha mergulhado no assunto. Em 1868 e 1869, surgiram trechos exaustivos sobre o crédito, o mercado de dinheiro e a crise (estes trechos serão publicados na MEGA IV/19).

Aquele a que me refiro como o «segundo esboço» de *O Capital* inclui a versão impressa de 1867 do primeiro volume, os manuscritos II e IV do Livro Segundo e alguns manuscritos menores, redigidos entre 1868 e 1871, relativos ao início do Livro Terceiro. Dois acontecimentos impediram Marx de poder continuar a trabalhar no segundo esboço de *O Capital*. Em primeiro lugar, eclodiu a guerra franco-prussiana de 1870, a que se seguiu, imediatamente após a derrota da França em 1871, a instauração da «Comuna de Paris». Marx, que já empenhara muito do seu tempo a trabalhar no quadro do Conselho Geral da Associação Internacional dos Trabalhadores (AIT), viu-se agora na obrigação de dedicar a sua atenção à análise e à explicação destes acontecimentos. Como tal, escreveu *A Guerra Civil em França*, um livro que o tornou muito mais famoso na Europa do que o primeiro volume de *O Capital*.

Em segundo lugar, por meados de 1871, Marx recebeu uma mensagem do editor de *O Capital* a informá-lo de que o primeiro volume se esgotaria em breve. Em vez de poder continuar a trabalhar no Livro Segundo e no Livro Terceiro, Marx tinha agora de rever o primeiro volume para uma segunda edição.


## 3.4. Terceiro esboço de *O Capital*: segunda fase de implementação e início de um novo período de formação (1871-81)

Embora durante esta fase final se tenham registado progressos significativos em relação ao conhecimento dos temas dos três volumes de *O Capital*, Marx estava longe de concluir a obra, devido, entre outras coisas, precisamente a esses progressos.

No princípio desta fase, Marx ocupou-se do primeiro volume de *O Capital*. Na segunda edição alemã, publicada em 1872-73, a dupla exposição da análise da forma-valor foi eliminada. Com base no apêndice da primeira edição, Marx elaborou uma nova versão. Daqui resultou um manuscrito consideravelmente retrabalhado que, posteriormente, acolheu considerações importantes sobre a mercadoria e o valor que não se encontravam nem na primeira, nem na segunda edição alemãs[21]. Além disso, Marx procedeu a uma subdivisão detalhada do volume todo. Para facilitar de forma considerável a leitura do texto, os seis capítulos originais da primeira edição passaram a sete secções compostas por diversos capítulos e sub-capítulos[22].

Entre 1872 e 1875, surgiu uma tradução francesa do primeiro volume (inicialmente em fascículos periódicos), da autoria de Joseph Roy. O próprio Marx a corrigiu. Durante o processo, Marx reviu várias partes do texto alemão, particularmente a secção sobre a acumulação, na qual fez uma série de importantes acrescentos à segunda edição alemã. Desta forma, Marx estabeleceu, pela primeira vez, a diferença entre a concentração e a centralização do capital e sublinhou o papel desempenhado pelo crédito na acumulação. Também continuou a subdividir o volume.

À pergunta de Danielson sobre se o segundo volume (isto é, o Livro Segundo e o Livro Terceiro) estava concluído, Marx respondeu, no dia 13 de Junho de 1871, que não: «Decidi que é necessária uma revisão completa do manuscrito» (MECW 44: 152). Em todo o caso, no «Manuscrito II», Marx já tinha procedido a uma tal reformulação do Livro Segundo. Aparentemente, tinha uma posição semelhante sobre a reformulação do Livro Terceiro, o que, aliás, foi sugerido nas cartas indicadas na secção anterior que preconizavam uma revisão da representação do crédito. Marx nunca escreveu, na sequência do «manuscrito principal» que faz parte dos «Manuscritos de 1863-65», um esboço completo do Livro Terceiro. Contudo, preocupou-se insistentemente com a relação

---

[21] Este manuscrito está publicado na MEGA II/6: 1-54 com o título «Ergänzungen und Veränderungen zum ersten Band des 'Kapitals'» («Aditamentos e alterações ao primeiro volume de *O Capital*»). As passagens metodologicamente importantes (MEGA II/6: 29-32) que foram mencionadas estão incluídas, como Apêndice 4, em Heinrich (2016).

[22] No que toca à quase inexistente estrutura da primeira edição, Engels queixou-se dela, se não com frequência, pelo menos de um modo expressivo: «Mas como é que podes deixar a classificação *externa* do livro da forma como está? O 4º capítulo tem perto de 200 páginas e apenas 4 secções, identificadas por títulos insignificantes que mal se conseguem encontrar. Além disso, a linha de raciocínio é constantemente interrompida por exemplificações e a questão exemplificada *nunca* é resumida no final da exemplificação, de modo que somos sempre atirados directamente da exemplificação de uma questão para a formação de uma outra questão. Isto é terrivelmente cansativo, e até confuso, quando não se segue atentamente o texto». (Carta de 23 de Agosto de 1867, MEW 31: 324; sublinhados de Engels).

CONTEXTOS E RECEPÇÕES

# MANUSCRITOS DE MARX DA CRÍTICA DA ECONOMIA 1844-81

| | Manuscritos/extractos importantes | Carácter da fase de trabalho | Temas e áreas de investigação importantes |
|---|---|---|---|
| **Crítica da economia política [*Nationalökonomie*] e da política (1844)** | | | |
| 1844 | Manuscritos Económico-Filosóficos; Extractos de Mill | Primeiras tentativas de elaborar uma crítica da economia política com base na filosofia de Feuerbach e dos resultados alcançados por Moses Hess e por Friedrich Engels | Conhecimento limitado da literatura económica e da história económica; espécie e alienação são conceitos centrais |
| **Abertura de um novo campo teórico (1845-49)** | | | |
| 1845 1845-46 | *Teses sobre Feuerbach* *A Ideologia Alemã* | Afastamento do campo teórico anterior («ajuste de contas com a consciência filosófica») | Crítica dos conceitos de espécie e de alienação da espécie |
| 1847 1848 1849 | Miséria da Filosofia Manifesto do Partido Comunista Trabalho Assalariado e Capital | Aplicação crítica da economia burguesa e da teoria das classes, mas ainda não há uma crítica fundamental das categorias da economia política | A teoria do valor de Ricardo é utilizada contra Proudhon para explicar o capitalismo; luta de classes como explicação da dinâmica histórica |
| **Novo começo em Londres, 1850. Crítica das categorias da economia política (1850-1881)** | | | |
| **Fase preparatória (1850-57)** | | | |
| 1850-53 1854-57 1857 | «Cadernos de Londres» Outros extractos económicos «Introdução» | Nova apropriação da Economia burguesa, mas em termos muito mais amplos do que nos anos 40; primeiras elaborações e considerações metodológicas próprias relativas à obra planeada | Crítica crescente da teoria do valor de Ricardo, bem como da sua teoria monetária; desenvolvimento de uma crítica fundamental das categorias |
| **Primeiro projecto: «Crítica da Economia Política» em 6 livros (1857-63)** | | | |
| 1857-58 | Primeiro esboço da «Crítica da economia Política» Excertos dos *Grundrisse*; «Livro da crise de 1857» | Fase de formação deste (primeiro) projecto de 6 livros; «capital em geral/a concorrência das diversas formas do capital» como princípio estrutural; divisão tripartida do «capital em geral» em processo de produção, processo de circulação, capital e lucro | Teoria do valor ainda não elaborada; crítica da concepção do dinheiro de Proudhon e das teorias burguesas do capital; perspectiva global de produção, circulação e crise ainda incompleta |
| 1858-63 | **Segundo esboço da «Crítica da Economia Política»** | **Fase de implementação** | Primeira elaboração da teoria do valor; análises da forma-valor e do processo de troca ainda não se encontram claramente separadas; análise do fetichismo apenas no início; Confronto com Bailey revela insuficiências na análise da forma-valor; têm início a análise do processo total de reprodução e a análise da transformação do lucro em lucro médio |
| 1858 | «Texto original da Contribuição para a Crítica da Economia Política» | Publicação da secção acerca da mercadoria e do dinheiro | |
| 1859 | *Contribuição para a Crítica da Economia Política* | História da teoria como história de categorias individuais | |
| 1861-63 | Terceiro capítulo (inclui as *Teorias da Mais-Valia*) | Tentativa de elaboração do livro sobre o capital; processo de investigação renovado; insuficiências visíveis de princípios estruturais | |
| 1863 | Transcrição de extractos de história da economia política (suplementos A a H) | **Inicia-se a formação de um segundo projecto** | |

164

# O CAPITAL DEPOIS DA MEGA

| Segundo projecto: O Capital em 4 livros (1863-81) | | |
|---|---|---|
| **1863-65** | **Primeiro esboço de O Capital** | **Fase de formação do segundo projecto** | Primeira exposição, destinada ao Livro Segundo, do processo de circulação capitalista. Primeira (e última) exposição integral, destinada ao Livro Terceiro, do processo capitalista como um todo (inclui o capital portador de juro e o início da teoria do crédito)

Teoria inacabada da crise; exposição da teoria das classes interrompida (dados sobre o assunto em *Valor, Preço e Lucro*) |
| **1863-64** | Do Livro Primeiro só sobreviveu o capítulo final: «Resultados do processo imediato de produção» | 4 livros planeados; história da teoria como livro separado; princípio estrutural do «capital em geral» é abandonado; capital individual/capital social total como novo princípio estrutural da análise do capitalismo

Exposição, em larga medida integrada, do trabalho assalariado e da propriedade fundiária | |
| **1864-65** | Livro Segundo («Manuscrito I»); Livro Terceiro («manuscrito principal»); não existe esboço do Livro Quarto | | |
| **1865** | Valor, Preço e Lucro | | |
| **1866-70** | **Segundo esboço de O Capital** | **Fase de implementação do Livro Primeiro e do Livro Segundo** | Análises separadas da forma-valor e do processo de troca; a «transformação de dinheiro em capital» ainda não é apresentada de forma explícita; o capítulo «Resultados do processo imediato de produção» não é incluído no Livro Primeiro; nova preparação para publicação do Livro Segundo (tentativa de criar uma configuração geral mais rigorosa); tratamento da relação taxa de mais-valia/taxa de lucro no âmbito do Livro Terceiro; investigação sobre o sistema de crédito |
| **1867** | O Capital volume 1 (Livro Primeiro) | Versão impressa do Livro Primeiro completada; tratamento da mercadoria e do dinheiro consideravelmente revisto face à «primeira edição» de 1859; «Manuscrito II» do Livro Segundo como continuação directa do Livro Primeiro já publicado; «Manuscrito IV» (começo de uma revisão do «Manuscrito II» tendo em vista a sua publicação); ampliação do plano de análise do crédito e da renda fundiária | |
| **1867-68** | Manuscritos menores do Livro Segundo e do Livro Terceiro | | |
| **1868-70** | «Manuscrito II» e «Manuscrito IV» do Livro Segundo | | |
| **1868-69** | Extractos sobre mercado de dinheiro e crises | | |
| **1871-81** | **Terceiro esboço de O Capital** | **Fase de implementação; transição para uma nova fase de formação** | |
| **1871-72** | «Ergänzungen und Veränderungen zum ersten Band des 'Kapitals'» | | Considerações metodológicas sobre a teoria do valor; a análise da forma-valor e a secção sobre o fetichismo são densamente trabalhadas; a tradução francesa da secção sobre a acumulação é profundamente revista |
| **1872-73** | 2ª edição do volume 1 de O Capital | Revisão significativa da 2ª edição do Livro Primeiro | |
| **1872-75** | Volume 1 de O Capital em tradução francesa | Nova revisão para a tradução francesa | |
| **1875** | «Mehrwertrate und Profitrate mathematisch behandelt» | Alteração fundamental do Livro Segundo e do Livro Terceiro | |
| **1876-77** | «Manuscrito V» do Livro Segundo | Alargamento do escopo:
– Interesse crescente pelos Estados Unidos (desenvolvimento industrial, sistema de crédito) e pela Rússia (agricultura, renda fundiária)
– Teoria da crise (novo tipo de crise)
– Novas técnicas de produção e de comunicação
– Questões ambientais

Em 1881 também houve transformações no Livro Primeiro
**Início de uma nova fase de formação** | Avanços no Livro Segundo; clarificação do processo de circulação e do processo total de reprodução; possivelmente, Marx desiste da «lei da queda tendencial da taxa de lucro»; a investigação anterior continua e uma série de novos processos de investigação começa, especialmente sobre temáticas do Livro Terceiro |
| **1877** | Contribuição para o Anti-Dühring, de Engels | | |
| **1877-81** | Manuscritos VI, VII e VIII do Livro Segundo | | |
| **1877-79** | Extractos sobre o sistema bancário e financeiro | | |
| **1876-81** | Extractos sobre história da propriedade fundiária, sobre tecnologia, ciência e questões ambientais «Notas sobre Wagner» | | |

165

CONTEXTOS E RECEPÇÕES

quantitativa entre a taxa de lucro e a taxa de mais-valia. Surgiram alguns manuscritos menores – no contexto do que eu chamei «segundo esboço» de *O Capital* (1866-70) (reeditados na MEGA II/4.3) e no início dos anos 70 – como parte do «terceiro esboço». Em 1875, Marx escreveu finalmente um manuscrito maior, que foi publicado pela primeira vez com o título de «Mehrwertrate und Profitrate mathematisch behandelt» («Análise matemática das taxas de mais-valia e de lucro») na MEGA II/14. Marx, neste caso, procurou registar de forma sistemática, com bastantes exemplos matemáticos, as várias possibilidades, em diferentes condições, da relação quantitativa entre a taxa de mais-valia e a taxa de lucro.

A partir do final de 1876, os manuscritos do Livro Segundo voltaram a ganhar desenvolvimentos. Imediatamente antes disso, Marx tinha dado uma contribuição para o *Anti-Dühring*, de Engels, no âmbito da qual se ocupou criticamente da *História Crítica da Economia Política*, de Dühring, e tratou, em particular, do *Tableau Économique*, de Quesnay, ou seja, dos temas do Livro Segundo[23]. Os manuscritos V, VI e VII, redigidos desde o final de 1876, foram tentativas de revisão do início do Livro Segundo. Em comparação com o «Manuscrito II», nestes manuscritos Marx progrediu de forma significativa na exposição da circulação do capital. O «Manuscrito VIII», que, em parte, Marx escreveu em paralelo com estes manuscritos, e em parte depois, trata do terceiro capítulo (a terceira secção da edição de Engels) do Livro Segundo. Como os editores da MEGA correctamente salientam, Marx conseguiu finalmente ultrapassar a «perspectiva do dinheiro como véu» (MEGA II/11: 881 e seguintes), isto é, a ideia de que o âmbito monetário forma apenas uma espécie de véu quando se consideram quantidades económicas. Apesar de esta ideia não se encontrar, especificamente, na abordagem do valor no princípio do primeiro volume de *O Capital*, pode ser identificada como estando de facto subjacente às primeiras tentativas empreendidas por Marx de registar o processo de reprodução. Este é inicialmente identificado de forma puramente quantitativa sem a circulação de dinheiro; e, posteriormente, no âmbito da circulação de dinheiro. Esta duplicação é ultrapassada no «Manuscrito VIII».

---

[23] Na versão impressa do *Anti-Dühring*, os capítulos relevantes ocupam apenas cerca de 15 páginas impressas (MEGA I/27: 411-425). O exaustivo trabalho preparatório de Marx está publicado em MEGA I/27: 136-216.

Quando se olha mais de perto para os conteúdos dos manuscritos desta fase, considerando, ao mesmo tempo, a correspondência de Marx dos anos 70 e os temas dos extractos deste período, encontra-se um apoio firme para assumir que Marx tinha a intenção de retrabalhar amplamente *O Capital*, especialmente o Livro Terceiro. Um novo período de formação de *O Capital* tinha começado. Trataremos disto na secção seguinte.

## 4. ALTERAÇÕES E NOVAS ABORDAGENS NA DÉCADA DE 70

### 4.1. O valor e a forma-valor nas várias edições do primeiro volume

O primeiro volume de *O Capital* foi o único que o próprio Marx pôde publicar. Durante a sua vida, surgiu em três versões: as duas primeiras edições alemãs e a tradução francesa, revista e corrigida por Marx. Marx mostrou-se bastante orgulhoso da edição francesa, escrevendo, no «Avis au lecteur» [«Advertência ao leitor»] de 1875, que «ela possui um valor científico independente do original e deve ser consultada mesmo pelos leitores familiarizados com a língua alemã» (Capital I: 105). Marx quis introduzir alterações, a partir desta tradução, na terceira edição alemã. Engels procurou implementar este plano quando editou a terceira edição alemã de 1883. Apesar de ter incluído algumas das alterações, ficou muito longe de acolher todas as que podem ser encontradas na tradução francesa. Em 1890, Engels publicou a quarta edição de *O Capital*, na qual recolheu outras alterações provenientes da tradução francesa, mas, mais uma vez, não todas[24]. Esta quarta edição é, actualmente, a versão mais corrente do primeiro volume de *O Capital*; serve de base não apenas para o Volume 23 das Marx-Engels-Werke (MEW), mas também para a maioria das traduções. No entanto, este texto não corresponde a nenhuma das edições do primeiro volume trabalhadas pelo próprio Marx.

Tendo em conta que a edição francesa foi a última em que Marx esteve pessoalmente envolvido, e tendo ainda em conta que tratou de realçar o significado científico dessa edição, alguns intérpretes adoptaram-na como a melhor edição. Isto é, entretanto, contrariado pela correspondência de Marx. Quando teve de responder à pergunta sobre qual seria

---

[24] Ver a «Lista das passagens da edição francesa que não foram incluídas na 3ª e na 4ª edições» (MEGA II/10: 732-783).

o texto que deveria servir de base à tradução russa, Marx solicitou, com efeito, que «o tradutor compare sempre cuidadosamente a segunda edição alemã com a edição francesa, dado que esta comporta alterações e aditamentos muito importantes»; mas acrescentou o seguinte: «embora, é verdade, por vezes me tenha visto obrigado – principalmente no primeiro capítulo – a "aplatir" ["simplificar", M. H.] o assunto na versão francesa» (Marx a Danielson, 15 de Novembro de 1878, MECW 45: 343). Na carta seguinte, de 28 de Novembro de 1878, Marx escreveu que «as duas primeiras secções ("Mercadoria e dinheiro" e "A transformação de dinheiro em capital") devem ser traduzidas exclusivamente a partir do texto alemão» (MECW 45: 346). De facto, Marx tinha resolvido diversos problemas de tradução nas duas primeiras secções, quer omitindo, pura e simplesmente, expressões específicas e mesmo frases inteiras, quer comprimindo-as bastante.

Em relação à teoria do valor, a edição francesa não é, certamente, a melhor versão – porém, o mesmo acontece com qualquer das edições alemãs. Um dos elementos centrais da teoria do valor – a análise da forma-valor – recebe três versões diferentes: uma no primeiro capítulo da primeira edição, outra no apêndice da primeira edição e uma terceira na segunda edição alemã, baseada, em larga medida (mas não inteiramente), no apêndice da primeira edição. Marx, contudo, parece não ter ficado completamente satisfeito com esta última versão alemã. Sobre a exposição da análise da forma-valor no primeiro capítulo de *O Capital*, Marx escreve, no prefácio do primeiro volume, em 1867, que «é difícil de compreender porque a dialéctica é muito mais penetrante do que na primeira exposição» [através da expressão «primeira exposição» Marx está a referir-se à *Contribuição para a Crítica da Economia Política*, de 1859, M. H.] (MEGA II/5: 11 e seguintes). Apesar de também apresentar este prefácio na segunda edição, Marx eliminou a frase que acabámos de citar. Com efeito, em relação a determinados aspectos, as novas versões da análise da forma-valor – no apêndice e na segunda edição – exibem, em comparação com a primeira exposição na primeira edição, uma simplificação problemática. Por exemplo, a paradoxal quarta forma-valor (cada mercadoria é um equivalente universal) foi substituída pela forma-dinheiro. Porém, a forma-dinheiro não pode ser justificada por intermédio de uma análise centrada na forma, mas apenas a partir da perspectiva da teoria da acção, que Marx também deixa sugerida com a sua referência ao «hábito social» (Capital I: 162). Desse modo, a linha

O CAPITAL DEPOIS DA MEGA

de demarcação rigorosa entre o nível da análise centrada na forma, no primeiro capítulo, e o da teoria da acção, no segundo capítulo, perde a nitidez. Por outro lado, o apêndice da primeira edição e a exposição da segunda edição tratam alguns pontos de forma muito mais pormenorizada do que o primeiro capítulo da primeira edição. No caso das três versões da análise da forma-valor, não há nenhuma que seja inequivocamente a melhor. A análise da forma-valor é, porém, uma das pedras angulares da teoria marxiana do valor. É por via daquela que esta se distingue, em termos fundamentais, tanto da teoria do valor da economia política clássica, como das abordagens da teoria neoclássica do valor e do dinheiro. Para lidar com as três versões, é, portanto, necessária uma discussão científica da análise marxiana da forma-valor.

A revisão da secção sobre a mercadoria e o dinheiro para a segunda edição resultou no manuscrito «Ergänzungen und Veränderungen» («Aditamentos e alterações»), publicado pela primeira vez na MEGA II/6. Este manuscrito não se limita a mostrar a forma como Marx se debatia com diversas formulações[25]; contém também quase três páginas impressas de um comentário de Marx aos seus próprios enunciados. Marx reporta-se às perspectivas sobre a determinação do valor, apresentadas no início do primeiro capítulo da primeira edição, e conclui: «neste sentido, o casaco e o tecido de linho, como valores, foram, cada um por si, reduzidos a uma objectivação de trabalho humano. Mas, através desta redução, foi esquecido que nenhum deles, em si mesmo e por si mesmo, é essa objectividade-valor; só o é na medida em que são objectividade comum. Fora da sua relação um com o outro – a relação no âmbito da qual são equiparados –, nem o casaco, nem o tecido de linho contêm objectividade-valor ou a sua própria objectividade enquanto mera gelatina de trabalho humano» (MEGA II/6: 30). Além disso, na página seguinte, Marx afirma, de um modo ainda mais conciso, que «um produto do trabalho, considerado de modo isolado, não é nem um valor, nem uma mercadoria. Só se torna valor na sua unidade com outros produtos do trabalho ou numa relação no âmbito da qual os vários produtos do trabalho, enquanto cristais da mesma unidade, o trabalho humano, são equiparados» (MEGA II/6: 31). Marx pronuncia-se sobre um problema muitas vezes discutido ao longo do século XX: o valor é imediatamente

---

[25] O texto tem apenas cerca de 50 páginas impressas, mas a lista de versões na MEGA abarca mais de 300 páginas.

um resultado do dispêndio de trabalho na produção, ou o valor só se obtém como resultado da produção e da circulação?

No quadro desta questão – perspectivada conjuntamente com a da igualização dos vários produtos do trabalho –, o valor só se realiza na troca. De acordo com Marx, se um produto não for trocado, não é nem uma mercadoria, nem possui objectividade-valor [*Wertgegenständlichkeit*]. Marx também trata de destacar isto na segunda edição, onde encontramos estas palavras: «o seu [das mercadorias] valor de troca manifesta-se como algo totalmente independente do seu valor de uso» (Capital I: 128).

Na produção, o «carácter de valor das coisas» é apenas «considerado» (Ibidem), ou seja, os produtores calculam o valor, mas ele não existe na produção. No início do capítulo, Marx já tinha introduzido uma alteração na caracterização do trabalho (abstracto): de «gemeinsame gesellschaftliche Substanz» [«substância social comum»] (MEGA II/5: 19) passou a «gemeinschaftliche[n] gesellschaftliche[n] Substanz» [«substância social compartilhada»] (Capital I: 138), o que expressa de uma maneira mais adequada, também do ponto de vista linguístico, a circunstância de as mercadorias não possuírem esta substância cada uma por si própria, mas apenas em "comunidade" com outras mercadorias.

Assim, para chegar a uma compreensão adequada da teoria do valor de Marx, precisamos não só da primeira e da segunda edições alemãs do primeiro volume, mas também das revisões que constam neste manuscrito[26].

## 4.2. Abandonou Marx a «lei da queda tendencial da taxa de lucro»?

Pelo facto de fornecer informação de longo prazo sobre as tendências de desenvolvimento do capitalismo, Marx considerava, desde os *Grundrisse*, a «queda tendencial da taxa de lucro» uma das leis mais importantes da economia política. Que ocorreria, no longo prazo, uma queda da taxa de lucro era algo que também à economia burguesa não oferecia dúvidas. Não havia, porém, acordo em relação às causas desta situação. Marx reclamava ter encontrado a razão dessa queda: a forma capitalista intrínseca

---

[26] Em Heinrich (2016), desenvolvo um comentário sobre a análise da forma-valor recorrendo a todos estes textos. Sobre a evolução histórica da teoria do valor nas diversas edições de *O Capital*, ver Hecker (1987).

O CAPITAL DEPOIS DA MEGA

de aumento da produtividade, que é acompanhada por um aumento sempre crescente da composição orgânica do capital (a relação entre capital constante e capital variável). Dado que o aumento da produtividade leva não apenas a um aumento da composição de valor, mas também a um aumento da taxa de mais-valia, não é de forma nenhuma óbvio que a taxa de lucro, efectivamente, caia. No «manuscrito principal» do Livro Terceiro (1864-65), Marx fez diversas tentativas de fundamentar esta lei. O êxito dessas tentativas foi avaliado de maneiras muito diferentes no quadro dos debates do século XX[27].

Depois de 1865, Marx não se ocupou explicitamente, em nenhum manuscrito, da lei da queda tendencial da taxa de lucro. Ele mencionou esta lei, pela última vez, numa carta a Engels de 30 de Abril de 1868, na qual apresentou a estrutura do Livro Terceiro (MECW 43: 21). O facto de Marx nunca se ter referido a esta "lei" na década de 70, apesar das inúmeras indicações, na sua correspondência, a respeito das crises e das tendências de desenvolvimento do capitalismo, poderá ser um primeiro sinal de que abandonou esta lei.

Marx ainda se ocupou, várias vezes, da relação quantitativa entre a mais-valia e o lucro – a relação que está no centro do debate sobre a lei da queda tendencial da taxa de lucro – depois da conclusão do primeiro volume de *O Capital*. Após 1868, surgiram diversos manuscritos menores sobre o tema (ver MEGA II/4.3). Em 1875, Marx escreveu finalmente o já mencionado manuscrito (mais extenso) «Mehrwertrate und Profitrate mathematisch behandelt» («Análise matemática das taxas de mais-valia e de lucro») (incluído na MEGA II/14). Neste manuscrito, Marx procurou descobrir «as leis que determinam o aumento, a diminuição e a invariabilidade do lucro, ou seja, as leis do seu movimento» (MEGA II/14: 128 e seguintes). Partindo da fórmula da taxa de lucro, Marx percorreu matematicamente diferentes possibilidades de modificação desta taxa. No decorrer do processo, tornou-se rapidamente evidente que, por princípio, todos os tipos de movimento são possíveis. Marx chegou inclusivamente a apreender, em diversas ocasiões, as possibilidades de subida da taxa de lucro mesmo quando se verifica um aumento da composição orgânica do capital.

---

[27] Henning (2006) reuniu os diversos argumentos para fundamentar a lei, apresentados no âmbito do debate. Pode-se encontrar uma crítica destes argumentos em Heinrich (2007). Abordo, no essencial, a naureza problemática desta "lei" em Heinrich (2013a).

Apesar de Marx não ter feito mais nenhuma referência explícita à «lei da queda tendencial da taxa de lucro», há um forte indício que sugere que Marx abandonou esta lei. Numa nota constante na sua cópia pessoal da segunda edição do primeiro volume de *O Capital*, Marx afastou-se de facto desta lei quando escreveu: «Aqui, para outros comentários mais tarde: se a expansão for apenas quantitativa, as massas de lucro de um capital maior ou mais pequeno, no mesmo ramo de negócio, comportam--se de acordo com as magnitudes dos capitais adiantados. Se a expansão quantitativa provocar mudanças qualitativas, a taxa de lucro para o capital maior sobe simultaneamente» (Capital I: 781). Como se pode verificar a partir deste enquadramento, um aumento da composição de valor do capital significa um efeito "qualitativo" de uma expansão quantitativa. Marx assume assim uma subida da taxa de lucro graças a um aumento da composição de valor do capital – trata-se do exacto oposto da lei da queda tendencial da taxa de lucro. Engels integrou esta observação, na qualidade de nota de rodapé, na terceira e na quarta edições do primeiro volume, embora tenha permanecido, em grande medida, ignorada (ver o texto editado por Engels em Capital I: 781). Os únicos a suspeitar de que este comentário indicava que Marx punha em dúvida a sua lei da taxa de lucro foram Groll/Orzech (1987: 604 e seguintes). Uma tal suposição tornou-se consideravelmente mais plausível desde a publicação, na MEGA, dos manuscritos respeitantes à mais-valia e à taxa de lucro.

### 4.3. A teoria da crise e o empirismo da crise da década de 70

Quando se lida com a teoria da crise de Marx, normalmente examinam-se passagens do terceiro volume de *O Capital* e das *Teorias da Mais-Valia*, isto é, textos que foram escritos entre 1861 e 1865. Mas depois de 1865, e durante os quinze anos seguintes, Marx, como ficou documentado nos extractos e nas cartas, ocupou-se das crises suas contemporâneas. Este empenhamento no estudo do problema levou-o muito para além daquilo que tinha formulado na primeira metade da década de 60.

A crise de 1866, que referimos mais atrás, já tinha levado Marx a empreender um estudo profundo da relação entre crédito e crise. Se os processos de crise estivessem tão intimamente ligados ao crédito, então não seria possível (ou, pelo menos, completamente possível) abordar a crise antes da teoria do crédito – assim insinua a edição de Engels do

O CAPITAL DEPOIS DA MEGA

terceiro volume. A incerteza constante de Marx em relação a muitos pontos da teoria da crise fica bem à vista na sua carta a Engels de 31 de Maio de 1873. Marx pergunta-se aí se seria possível «determinar matematicamente as principais leis da crise» (MEW 33: 82). Esta possibilidade pressupõe que os processos de crise se desenrolam com uma enorme regularidade. Torna-se evidente que Marx, ao colocar a questão da determinação matemática, estava longe de clarificar a medida desta regularidade.

A teoria da crise de Marx registou progressos importantes, no final dos anos 70, com o «Manuscrito VIII» do Livro Segundo de *O Capital*. No manuscrito do Livro Terceiro, redigido em 1864-65, a teoria do sub--consumo constituiu apenas uma das várias abordagens registadas; no entanto, Marx deu-lhe bastante relevo quando indicou a «pobreza das massas», por um lado, e o desenvolvimento das forças produtivas capitalistas, por outro lado, como «a razão última de todas as crises reais» (Capital III: 614). No «Manuscrito VIII» do Livro Segundo, que surgiu no final da década de 70, Marx rejeitou, basicamente, qualquer versão de uma teoria do sub-consumo. Marx considerou uma «pura tautologia» sugerir «que as crises procedem da falta de consumo solvente» e acrescentou que se houver a pretensão de «dar a esta tautologia uma aparência de grande profundidade, dizendo que a classe trabalhadora recebe uma parte demasiado pequena do seu próprio produto e que o mal seria remediado se recebesse uma parte maior, isto é, se o seu salário crescesse – precisamos apenas de fazer notar que as crises são sempre preparadas por um período em que os salários sobem universalmente e a classe trabalhadora recebe realmente uma quota-parte maior da parte do produto anual destinada ao consumo». (Capital II: 486). Por conseguinte, a última palavra (cronologicamente falando) sobre a teoria da crise não se encontra no manuscrito do Livro Terceiro, mas no último manuscrito do Livro Segundo.

Da mesma maneira, no final da década de 70, numa carta a Danielson acerca do progresso do seu trabalho em *O Capital*, Marx deixou a indicação de que não poderia publicar, de modo algum, «o segundo volume» (leia--se: o Livro Segundo e o Livro Terceiro) «antes da actual crise industrial em Inglaterra atingir o seu pico. Os fenómenos, desta vez, são bastante peculiares; diferenciam-se, sob vários pontos de vista, dos anteriores... É preciso, portanto, acompanhar o rumo actual das coisas até a situação ter amadurecido. Só então podemos "consumi-la produtivamente", ou seja, "teoricamente"» (Carta de 10 de Abril de 1879, MECW 45: 354). Pela

CONTEXTOS E RECEPÇÕES

ênfase que coloca no desejo de consumir "teoricamente" esta crise, não é difícil de perceber que Marx não estava interessado em inventariar em *O Capital* alguns dos dados actualizados sobre o curso da crise. Uma tal ênfase está associada, pelo contrário, a um desejo de penetração teórica nos processos de crise que estavam a ocorrer, os quais constituíam para Marx um fenómeno totalmente novo.

Na verdade, ocorreu efectivamente um novo tipo de crise no final da década de 70 do século XIX. Enquanto a uma recessão acelerada se seguia uma recuperação igualmente rápida das crises anteriores, durante a segunda metade dos anos 70 teve lugar, pela primeira vez, uma estagnação que se prolongou por muitos anos. Consequentemente, quando Marx disse que o seu processo de investigação não se encontrava suficientemente desenvolvido para poder concluir a exposição da teoria da crise estava absolutamente correcto. Se bem que as suas perspectivas teóricas sobre a crise, constantes no «manuscrito principal» de 1864-65, não se tivessem tornado inválidas, era nítido que estavam longe de oferecer uma teoria completa da crise. Elas englobavam, pelo contrário, abordagens díspares da teoria da crise, apoiadas numa fundamentação empírica muito limitada.

Um dos elementos novos destacados por Marx foi a inexistência de um *crash* bolsista e de uma crise monetária em Londres, o «centro do mercado de dinheiro» (MECW 45: 354). Este foi um aspecto que, menos de um ano e meio depois, Marx também salientou numa outra carta a Danielson (ver carta de 12 de Setembro de 1880, MECW 46: 30-31). Na primeira carta, Marx explica a inexistência de uma crise monetária em resultado da interacção entre o Banco de Inglaterra e o Banco de França e do recomeço dos pagamentos em dinheiro nos Estados Unidos.

Independentemente de se saber até que ponto Marx apreendeu correctamente estas relações, a verdade é que se tornara evidente que, nos principais países capitalistas, as crises e as condições de crédito não podiam continuar a ser consideradas a um nível meramente nacional; tornara-se também evidente o papel decisivo desempenhado pelos bancos. Isto significava que o sistema de crédito e as crises não podiam ser examinados sem entrar em linha de conta com o papel activo e interventivo desempenhado pelos bancos centrais e, portanto, sem atender ao Estado. Coloca-se, por conseguinte, a questão de saber se a exposição da «organização interna do modo capitalista de produção na sua média ideal» (Capital III: 970), nos moldes preconizados por Marx em

*O Capital*, poderia ser levada a cabo a um nível ainda inteiramente abstraído do Estado e do mercado mundial. Ou seja, coloca-se a questão de saber se não seria necessária uma nova alteração da estrutura da exposição.

## 4.4. Inglaterra, EUA e Rússia

Nem a Rússia, nem os EUA têm um papel importante nos manuscritos de *O Capital*. A razão para isso é trazida à luz no prefácio de 1867. Marx, que pretendia estudar o modo capitalista de produção, explicou que, até então, «o seu lugar clássico tem sido a Inglaterra. Esta é a razão pela qual a Inglaterra serve de ilustração principal do meu desenvolvimento teórico» (Capital I: 90). A situação, entretanto, mudou.

Na década de 70 do século XIX, os Estados Unidos registaram um forte desenvolvimento económico, que Marx acompanhou de perto. Neste quadro, Marx serviu-se não só dos materiais disponíveis em Londres, mas também de jornais e de dados estatísticos que lhe eram enviados directamente dos Estados Unidos por amigos e conhecidos. No dia 15 de Novembro de 1878, Marx escreveu, numa carta a Danielson, o seguinte: «para um economista, o campo de investigação mais interessante encontra-se agora, certamente, nos Estados Unidos, e, acima de tudo, durante o período compreendido entre 1873 (a partir do *crash* de Setembro) e 1878 – o período de crise crónica. Determinadas transformações – que, em Inglaterra, exigiram séculos para serem elaboradas – foram aqui realizadas em poucos anos» (MECW 45: 344). Tal como foi demonstrado na entrevista de 1878 conduzida por John Swinton, Marx planeava expor o sistema de crédito com base nas condições dos Estados Unidos (ver MEGA I/25: 442 e seguintes). Aparentemente, Marx tinha deixado de considerar a Inglaterra – ou, pelo menos, a Inglaterra em exclusivo – o «lugar clássico» do modo capitalista de produção.

Na década de 70, Marx ocupou-se intensamente, não apenas dos Estados Unidos, mas também da propriedade fundiária na Rússia, circunstância que desempenharia um papel importante no tratamento, no Livro Terceiro, da renda fundiária. Marx chegou mesmo a aprender russo para poder estudar a bibliografia relevante. A razão que esteve na origem do seu interesse pela Rússia foi, muito provavelmente, a expectativa de uma rápida convulsão revolucionária, desencadeada pelo livro de Flerovski sobre a classe trabalhadora na Rússia[28]. Esta expectativa saiu reforçada dos contactos encetados com revolucionários socialistas russos como Vera Zassúlitch. No prefácio da edição russa do *Manifesto do Partido Comunista*, datado de 1882, a última publicação de Marx, a Rússia é apontada como a «vanguarda da acção revolucionária na Europa» (MECW 6: 296). No entanto, Marx não se limitou a estudar a situação contemporânea da Rússia; também estudou a história da propriedade fundiária russa[29]. Em virtude disto, bem como dos estudos etnológicos (Marx, 1972) empreendidos na década de 70, Marx acabou por superar o eurocentrismo que pode ser atestado, em particular, nos seus artigos dos anos 50 sobre a Índia (ver Anderson 2010 e Lindner 2011).

Face, precisamente, aos diferentes níveis de desenvolvimento da Inglaterra, da Rússia e dos Estados Unidos, até a célebre frase do prefácio de 1867 deixara, claramente, de ser sustentável: «O país industrialmente mais desenvolvido apenas mostra ao menos desenvolvido a imagem do seu próprio futuro!» (Ibidem). Na tradução francesa, Marx tratou de refrear um pouco esta frase: «O país industrialmente mais desenvolvido apenas mostra àqueles que o seguem na escala industrial o seu próprio futuro» (MEGA II/7: 12). Tornara-se evidente que não era possível pressupor um rumo mais ou menos uniforme de desenvolvimento capitalista. Os países menos desenvolvidos não seguem necessariamente o padrão dos países desenvolvidos. Nos Estados Unidos – em consequência, predominantemente, da imigração europeia e de vastos recursos naturais –, registou-se, no século XIX, uma dinâmica tal, que o resultado foi um desenvolvimento substancialmente mais rápido do que o da Inglaterra, que ainda era, na altura, económica e politicamente dominante. Em relação à Rússia, Marx viu a oportunidade que aí estava colocada de se poder evitar o rumo europeu ocidental (nomeadamente inglês) de desenvolvimento capitalista – ele e Engels mencionaram-no no prefácio da edição russa do *Manifesto do Partido Comunista* – como um ponto de apoio a uma revolução na Europa, ligando os desenvolvimentos comunistas na Rússia à propriedade comum do solo que então existia (MEW 19: 296).

Em 1877, numa carta dirigida ao editor da *Otiechestvennie Zapiski*, Marx já realçara a peculiaridade do desenvolvimento russo e a sua

---

[28] Ver as cartas de Marx a Engels, de 12 de Fevereiro de 1870 (MECW 43: 428 e seguintes), e a Laura e Paul Lafargue, de 5 de Março de 1870 (MECW 43: 446 e seguintes).

[29] Ver o extracto de Kovalevski, publicado em Harstick (1977).

oposição de princípio à «teoria histórico-filosófica da evolução geral, fatalmente imposta a todos os povos, independentemente das circunstâncias históricas em que se encontram» (MEGA I/25: 116; MEW 19: 111). Se não há, porém, curso universal de desenvolvimento capitalista, então não pode haver apenas um modelo de capitalismo desenvolvido.

### 4.5. *O Capital*: os problemas dos manuscritos de Marx e da edição de Engels

Nos anos 70 do século XIX, Marx ocupou-se de muitos mais assuntos do que os até agora referidos. Marx coligiu ainda inúmeros extractos sobre fisiologia, história da tecnologia, geologia, questões de ciência[30] e matemática. Estes extractos não só ilustram o vasto leque de interesses de Marx, como também sugerem que, provavelmente, pelo menos parte deles estaria directamente relacionada com *O Capital*. As áreas temáticas sobre as quais Marx se debruçou continuaram a aumentar. Assim, Marx abordara já questões agora tratadas sob a designação de ecologia e economia (ver o estudo pormenorizado de Burkett/Forster 2010). Marx compreendeu claramente que o seu primeiro envolvimento com questões tecnológicas[31] – cujo resultado formou a base do primeiro volume de *O Capital*, publicado em 1867 – já não era suficiente face aos enormes avanços tecnológicos entretanto registados. Até à sua morte, acompanhou os desenvolvimentos técnicos mais recentes. Numa carta a Engels de dia 8 de Novembro de 1882 (MECW 46: 364 e seguintes), alguns meses antes da sua morte, continuou a mostrar um vivo interesse pelo então recente anúncio de uma transmissão de potência eléctrica a longa distância por cabo telegráfico – uma das bases da electrificação no século XX.

À luz das questões fundamentais atrás expostas, especialmente as do Livro Terceiro, e do alargamento das áreas temáticas de investigação, indicado nos extractos e nas cartas, era impossível a Marx, no final da década de 70, limitar-se, em termos de dedicação, a preparar os manuscritos existentes para publicação. Era requerida uma revisão fundamental

---

[30] Os extractos científicos produzidos entre 1877 e 1883 foram publicados na MEGA IV/31.

[31] Ver os primeiros extractos sobre maquinaria e equipamento em Marx (1981) e em Marx (1982).

CONTEXTOS E RECEPÇÕES

do material existente, era requerido um «quarto esboço» de *O Capital*, não só para introduzir novas perspectivas nos esboços existentes, mas também para fazer face a problemas conceptuais. Neste contexto, afigura-se particularmente relevante referir que, em relação ao crédito e à teoria da crise, já não era possível abstrair do papel desempenhado pelo Estado (nomeadamente, pelos bancos centrais e pelo crédito público); tão-pouco se podia abstrair do papel desempenhado pelo comércio internacional, pelas taxas de câmbio e pelos fluxos internacionais de crédito. Todas estas questões deviam ser excluídas da investigação do modo capitalista de produção «na sua média ideal» (Capital III: 452). Tornou-se evidente, porém, que isto não se podia fazer assim tão facilmente. Para apurar a forma de continuar a exposição, teria sido necessário identificar novamente tudo aquilo que faz parte desta «média ideal».

Após uma leitura crítica dos manuscritos disponíveis, é evidente a existência de problemas conceptuais a exigir uma reformulação fundamental é evidente. Estes problemas também foram assinalados por Marx no âmbito de algumas observações posteriores. Já fizemos referência à entrevista conduzida por Swinton, onde Marx manifestou a intenção de expor o sistema de crédito tendo por base a sua configuração nos Estados Unidos da América, e, antes disso, citámos a carta a Danielson de 10 de Abril de 1879, onde Marx frisou que não podia completar o segundo volume (Livro Segundo e Livro Terceiro) antes da crise em curso ter atingido o seu pico para só então poder processar "teoricamente" os novos fenómenos. Ambos os problemas exigem uma reformulação básica do manuscrito do Livro Terceiro. A 27 de Junho de 1880, Marx escreveu a Ferdinand Domela Nieuwenhuis sobre a segunda parte de *O Capital* (Livro Segundo e Livro Terceiro) e disse: «determinados fenómenos económicos estão, neste preciso momento, a entrar numa nova fase de desenvolvimento e reclamam, por isso, um novo começo» (MECW 46: 16). Isto soa a consideravelmente mais do que a uma mera necessidade de integrar dados novos na exposição. Finalmente, Marx também deixou explicitado que a necessidade de uma revisão minuciosa não se limitava ao Livro Segundo e ao Livro Terceiro. No dia 13 de Dezembro de 1881, Marx escreveu a Danielson sobre a iminência de uma terceira edição do primeiro volume de *O Capital* e disse-lhe que concordaria com a proposta do editor de publicar apenas um pequeno número de exemplares com algumas alterações. E acrescentou o seguinte: no caso de esses exemplares serem vendidos, «vou poder alterar o livro da maneira

O *CAPITAL* DEPOIS DA MEGA

como, em circunstâncias diferentes, já o devia ter feito» (MECW 46: 161). Quando Marx escreveu estas palavras, para além de se encontrar em péssimas condições de saúde, a sua mulher Jenny tinha falecido apenas há alguns dias.

Um dos últimos textos de Marx, as «Notas sobre Wagner», escritas entre 1879 e 1881, onde Marx faz um esforço renovado para enfrentar as questões da mercadoria e do valor, pode ter sido um primeiro passo em direcção a esta revisão[32]. No final da década de 70 do século XIX, *O Capital* de Marx encontrava-se inacabado não apenas de um ponto de vista quantitativo (visto que alguns capítulos ainda não tinham sido redigidos), mas também de um ponto de vista qualitativo: uma série de problemas conceptuais continuavam por resolver, as repercussões de várias perspectivas (tais como o abandono da concepção do «dinheiro como véu», no «Manuscrito VIII» do Livro Segundo, as dúvidas em torno da lei da queda tendencial da taxa de lucro e as novas concepções sobre a história e os efeitos das crises) ainda não tinham sido reflectidas no resto da exposição e, por fim, não era claro até que ponto poderia ir a exposição do modo capitalista de produção «na sua média ideal».

*

* *

Engels, depois da morte de Marx, fez com os manuscritos de *O Capital* precisamente o que Marx tentara evitar: preparou versões para publicação dos textos existentes. Servindo-se das ferramentas à sua disposição para salvar *O Capital* para a posteridade, Engels fez tudo o que estava ao seu alcance e a única coisa que podia fazer neste período histórico. Em 1885, Engels publicou, na qualidade de segundo volume de *O Capital*, O Livro Segundo e, em 1894, na qualidade de terceiro volume, o Livro Terceiro[33]. Engels, para tal, interveio consideravelmente – editando, alterando, cortando, introduzindo divisões e títulos – nos manuscritos de Marx. Assumindo este trabalho editorial, Engels enfrentou um dilema que ele próprio formulou. Com efeito, no prefácio do terceiro volume, Engels, em relação ao seu trabalho de redacção, escreve o seguinte:

---

[32] O economista alemão Adolph Wagner foi o primeiro a debater-se com *O Capital* de Marx num manual de economia política publicado em 1879.

[33] Ver, sobre a história das edições de *O Capital*, Hecker (1999) e Marxhausen (2008).

CONTEXTOS E RECEPÇÕES

«confinei-o simplesmente ao que era mais necessário, sempre que a clareza o permitia» (Capital III: 93); ao mesmo tempo, diz que a quinta secção, em particular, exigiu intervenções significativas (Capital III: 94). Quanto à sétima secção, informa que as «suas frases infinitamente emaranhadas tinham de ser primeiro decompostas para poderem ser publicadas» (Capital III: 97). No suplemento ao terceiro volume, Engels salientou que quis que Marx falasse «pelas próprias palavras de Marx» (Capital III: 1027). Porém, numa carta a Danielson de 4 de Julho de 1889, diz o seguinte: «uma vez que este volume final é um trabalho tão grande e completamente inatacável, considero que é meu dever publicá-lo de uma forma em que a linha geral do argumento seja exposta clara e grafi-camente. No estado em que se encontra este manuscrito – um primeiro rascunho, muitas vezes interrompido e incompleto –, a tarefa não vai ser assim tão fácil». (MEW 37: 244). Por um lado, Engels não desejava ocul-tar o carácter inacabado dos manuscritos de Marx e pretendia oferecer um texto tão autêntico quanto possível. Por outro lado, especialmente quando se tratava de entrar em linha de consideração com o significado político de *O Capital*, procurava melhorar a sua compreensibilidade e apresentá-lo como uma obra, em larga medida, completa. Deve-se apu-rar, entretanto, se estes dois objectivos não são mutuamente exclusivos.

Graças à MEGA, é agora possível estabelecer uma comparação entre os manuscritos de Marx e a edição de Engels. Verifica-se, a partir de tal comparação, que Engels interveio nos manuscritos de uma forma significativa. Muitas das intervenções melhoraram, de facto, a legibili-dade do texto, sem ter havido, necessariamente, uma modificação do seu conteúdo. Apesar disso, algumas das alterações introduzidas por Engels basearam-se em erros, na decifração de materiais[34] ou numa incorrecta classificação de textos[35]. Efectivamente, Engels procedeu a uma série de alterações com base nas suas interpretações do que Marx pretendia

---

[34] De «Eine Beweisform des Credits» [«Uma prova do crédito»] (MEGA II/4.2: 442). Trata-se da derivação do crédito a partir da função de meio de pagamento do dinheiro e é designada por Engels como «Eine besondre Form des Kredits» [«Uma forma particular do crédito»] (MEGA II/1: 350; MEW 25: 382).

[35] Assim, o quadragésimo oitavo capítulo de Engels, «A fórmula trinitária», é constituído por três fragmentos, numerados por Engels como I, II e III. I e II não estão obviamente integrados num texto corrido, enquanto III apresenta marcas de uma lacuna (Capital III: 959-970). Miskewitsch/Wygodski (1985) foram os primeiros a considerar que I e II são duas metades de uma folha dobrada saída do texto assinalado como III. Os fragmentos I e II colmatam perfeitamente a lacuna do fragmento III.

dizer. Apesar de o texto ter clarificado uma série de pontos importantes, os leitores não foram prevenidos de que, nestas passagens específicas, faltava clareza ao texto original de Marx. Um exemplo, já mencionado: no décimo quinto capítulo do terceiro volume, Engels estruturou o texto e o título do capítulo de tal modo que ficou estabelecida uma ligação estreita entre a teoria da crise e a «lei da queda tendencial da taxa de lucro», apesar de isso não acontecer no manuscrito original.

As diferenças entre os manuscritos de Marx e a edição de Engels já foram discutidas e debatidas diversas vezes[36]. Neste contexto, porém, para além da edição de Engels, importa também considerar a origem dos manuscritos a que recorreu, uma vez que estes resultaram de estádios muito diferentes de preparação de *O Capital*. O quadro seguinte pode ilustrar esta situação:

### A EDIÇÃO DE *O CAPITAL* POR FRIEDRICH ENGELS

| Volume de *O Capital* na edição de Engels | Manuscritos utilizados | Data dos manuscritos | Origem do manuscrito |
|---|---|---|---|
| Volume 1 (1890) | 2ª edição alemã do Volume 1 | 1872-73 | Terceiro esboço |
| | Tradução francesa | 1872-75 | |
| Volume 2 (1885) | Manuscritos II, IV | 1868-70 | Segundo esboço |
| | Manuscritos V, VI, VII, VIII | 1876-81 | Terceiro esboço |
| Volume 3 (1894) | «Manuscrito principal» do Livro Terceiro | 1864-65 | Primeiro esboço |

Aquilo que, na edição de Engels, aparece como não estando totalmente terminado, mas, apesar disso, como um trabalho razoavelmente completo e concluído, teve por base manuscritos que surgiram em alturas muito diferentes. Provém de esboços diferentes de *O Capital* e corresponde, por isso mesmo, a diferentes níveis de análise. Ao assumir-se a perspectiva de que *O Capital* estava fundamentalmente completo e pronto, o estádio de desenvolvimento respectivo da reflexão de Marx é, na verdade, definitivamente fixado. A partir desta perspectiva, o facto de a base empírica de Marx se ter ampliado consistentemente e de,

---

[36] Ver, por exemplo, a controvérsia entre Krätke (2007) e Elbe (2008), além das referências indicadas na nota de rodapé 1.

no terceiro volume em particular, o desenvolvimento das categorias ser incompleto é, em grande medida, ignorado. Enquanto o segundo esboço de *O Capital* (1866-70), sob vários pontos de vista, ofereceu uma clarificação, uma explicação e uma ampliação (embora limitada) do primeiro esboço de 1863-65, o terceiro esboço (1871-1881) revelou um novo período de formação do trabalho inteiro, como foi confirmado pelas últimas observações de Marx. Independentemente dos manuscritos que compõem este terceiro esboço, dos extractos que dele fazem parte e dos interesses de investigação que nele estão reflectidos, nada disto equivale, de modo algum, a um trabalho próximo de estar concluído. O legado de Marx não é um trabalho acabado, mas um programa de investigação cujos imensos contornos só agora começam a tornar-se visíveis através da MEGA.

## BIBLIOGRAFIA

Anderson, Kevin B. 2010, Marx at the Margins. On Nationalism, Ethnicity, and Non-Western Societies, University of Chicago Press.

Beiträge zur Marx-Engels-Forschung Neue Folge Sonderband 1 (1997): David Borisovic Rjazanov und die erste MEGA, Hamburg: Argument Verlag.

Beiträge zur Marx-Engels-Forschung Neue Folge Sonderband 3 (2001): Stalinismus und das Ende der ersten Marx-Engels-Gesamtausgabe (1931-1941), Hamburg: Argument Verlag.

Dlubek, Rolf 1994, Die Entstehung der zweiten Marx-Engels-Gesamtausgabe im Spannungsfeld von legitimatorischem Auftrag und editorischer Sorgfalt, in: MEGA-Studien 1994/1, 60-106.

Elbe, Ingo 2008, Die Beharrlichkeit des ‚Engelsismus‘. Bemerkungen zum Marx-Engels Problem, in: Marx-Engels Jahrbuch 2007, Berlin: Akademie Verlag, 92-105.

Fiehler, Fritz 2008, Wie schafft sich das Kapital seine Voraussetzungen? Über die Manuskripte zum „Zweiten Buch des Kapitals", in: Sozialismus 10/2008, 46-49.

_____ 2011, Die Selbstgestaltung des Kapitals. Der Umschlag des Kapitals in den Marx'schen Manuskripten, in: Beiträge zur Marx-Engels Forschung Neue Folge 2010, Hamburg: Argument Verlag, 131-148.

Fineschi, Roberto 2011, Überlegungen zu Marx' Plänen einer Kapitaltheorie zwischen 1857 und 1865, in: Beiträge zur Marx-Engels Forschung Neue Folge 2010, Hamburg: Argument Verlag, 59-76.

Groll, Shalom; Orzech, Ze'ev B. 1987, Technical progress and values in Marx's theory of the decline in the rate of profit: to exegetical approach, in: History of Political Economy 19:4, 591-613.

Grossmann, Henryk 1929, Die Änderung des ursprünglichen Aufbauplans des Marxschen „Kapital" und ihre Ursachen, in: Archiv für die Geschichte des Sozialismus und der Arbeiterbewegung XIV, S.305-338.

Harstick, Hans-Peter (ed.) 1977, Karl Marx über Formen vorkapitalistischer Produktion. Vergleichende Studien zur Geschichte des Grundeigentums 1879-80, Frankfurt/M: Campus.

Hecker, Rolf 1987, Die Entwicklung der Werttheorie von der 1. Zur 3. Auflage des ersten Bandes des „Kapitals" von Karl Marx (1867-1883), in: Marx-Engels-Jahrbuch 10, 147-196.

_____ 1999, Die Entstehungs-, Überlieferungs- und Editionsgeschichte der ökonomischen Manuskripte und des „Kapital", in: Altvater, Elmar u.a., Kapital. doc, Münster: Westfälisches Dampfboot, 221-242.

Heinrich, Michael 1996-97, Engels' Edition of the Third Volume of 'Capital' and Marx's Original Manuscript. In: Science & Society, vol. 60, no. 4, 452-466.

_____ 2007, Begründungsprobleme. Zur Debatte über das Marxsche „Gesetz vom tendenziellen Fall der Profitrate", in: Marx-Engels-Jahrbuch 2006, Berlin: Akademie Verlag, 47-80.

_____ 2008, Weltanschauung oder Strategie? Über Dialektik, Materialismus und Kritik in der Kritik der politischen Ökonomie, in: Alex Demirovic (Hrsg.), Kritik und Materialität, Münster: Westfälisches Dampfboot, 60-72.

_____ 2011, Entstehungs- und Auflösungsgeschichte des Marxschen Kapitals, in: Bonefeld, Werner; Heinrich, Michael (Hrsg.), Kapital & Kritik. Nach der neuen Marx-Lektüre, Hamburg: VSA, 155-193.

_____ 2013a, Crisis Theory, the Law of the Tendency of the Profit Rate to Fall, and Marx's Studies in the 1870s, in: Monthly Review, vol. 64, no. 11, April, 15-31.

_____ 2013b, The Fragment on Machines': A Marxian Misconception in the Grundrisse and its Overcoming in Capital, in: Riccardo Bellofiore et. al (eds.), In Marx's Laboratory. Critical Interpretations of the Grundrisse, Leiden: Brill, 197-212.

_____ 2014, Die Wissenschaft vom Wert. Die Marxsche Kritik der politischen Ökonomie zwischen klassischer Tradition und wissenschaftlicher Revolution,

6. Aufl., Münster: Dampfboot. (An English translation will appear in 2017 by Brill in the Historical Materialism book series).

\_\_\_\_\_ 2016, Wie das Marxsche „Kapital" lesen? Leseanleitung und Kommentar zum Anfang des „Kapitals", Teil 1, 3. Aufl. Stuttgart: Schmetterling Verlag.

Henning, Christoph 2006, Übersetzungsprobleme. Eine wissenschaftstheoretische Plausibilisierung des Marxschen Gesetzes vom tendenziellen Fall der Profitrate, in: Marx-EngelsJahrbuch 2005, Berlin: Akademie Verlag, 63-85.

Hubmann, Gerald; Münkler, Herfried; Neuhaus, Manfred 2001, "... es kömmt drauf an sie zu verändern". Zur Wiederaufnahme der Marx-Engels-Gesamtausgabe (MEGA), in: Deutsche Zeitschrift für Philosophie 49, Heft 2, 299-311.

Krätke, Michael R. 2007, Das Marx-Engels-Problem: Warum Engels das Marxsche „Kapital" nicht verfälscht hat, in: Marx-Engels Jahrbuch 2006, Berlin: Akademie Verlag, 142-170.

Lindner, Kolja 2011, Eurozentrismus bei Marx. Marx-Debatte und postcolonial studies im Dialog, in: Bonefeld, Werner; Heinrich, Michael (Hrsg.), Kapital & Kritik. Nach der neuen MarxLektüre, Hamburg: VSA, 93-129. (A shorter English version was published under the title "Marx's Eurocentrism. Postcolonial studies and Marx scholarship", in: Radical Philosophy, May/June 2010).

Marx, Karl (1864-65) 2015, Marx's Economic Manuscript of 1864-65, translated by Ben Fowkes, edited by Fred Moseley, Leiden: Brill.

\_\_\_\_\_ 1972 The Ethnological Notebooks, edited by Lawrence Krader, Assen: Van Gorcum.

\_\_\_\_\_ 1981, Die technologisch-historischen Exzerpte. Historisch-kritische Ausgabe. Transkribiert und herausgegeben von Hans-Peter Müller, Frankfurt/M.: Ullstein.

\_\_\_\_\_ 1982, Exzerpte über Arbeitsteilung, Maschinerie und Industrie. Historischkritische Ausgabe. Transkribiert und herausgegeben von Rainer Winkelmann, Frankfurt/M.: Ullstein.

\_\_\_\_\_ 1982, Capital. A Critique of Political Economy. Volume One, trans. by Ben Fowkes, London: Penguin Books. (Capital I)

\_\_\_\_\_ 1992, Capital. A Critique of Political Economy. Volume Two, trans. by David Fernbach, London: Penguin Books. (Capital II)

\_\_\_\_\_ 1991, Capital. A Critique of Political Economy. Volume Three, trans. by David Fernbach, London: Penguin Books. (Capital III)

Marxhausen, Thomas 2006, "MEGA – MEGA" und kein Ende, in: Utopie kreativ 189/190, Juli/ August, 596-617.

Marxhausen, Thomas 2008, Kapital-Editionen in: Historisch-kritisches Wörterbuch des Marxismus Bd. 7/I, Sp. 136-160.

MEGA: Karl Marx, Friedrich Engels: Gesamtausgabe, Berlin: Akademie Verlag (ursprünglich Dietz Verlag), 1975ff.

_____: Werke, Berlin: Dietz Verlag 1956ff.

MECW: Marx, Karl & Engels, Friedrich 2010, Collected Works, vol 6 (1845-48), London: Lawrence and Wishart.

_____ Collected Works, vol. 10 (1849-51), London: Lawrence and Wishart.

_____ Collected Works, vol. 24 (1874-83), London: Lawrence and Wishart.

_____ Collected Works, vol. 28 (1857-61), London: Lawrence and Wishart.

_____ Collected Works, vol. 29 (1857-61), London: Lawrence and Wishart.

_____ Collected Works, vol. 31, Letters (1861-63), London: Lawrence and Wishart.

_____ Collected Works, vol. 32, Letters (1861-63), London: Lawrence and Wishart.

_____ Collected Works, vol. 33, Letters (1861-63), London: Lawrence and Wishart.

_____ Collected Works, vol. 38, Letters (1844-51), London: Lawrence and Wishart.

_____ Collected Works, vol. 40, Letters (1857-59), London: Lawrence and Wishart.

_____ Collected Works, vol. 41, Letters (1860-4), London: Lawrence and Wishart.

_____ Collected Works, vol. 42, Letters (1864-68), London: Lawrence and Wishart.

_____ Collected Works, vol. 43, Letters (1868-70), London: Lawrence and Wishart.

_____ Collected Works, vol. 44, Letters (1870-3), London: Lawrence and Wishart.

_____ Collected Works, vol. 45, Letters (1874-9), London: Lawrence and Wishart.

_____ Collected Works, vol. 46, Letters (1880-3), London: Lawrence and Wishart.

Miskewitsch, Larissa; Wygodski, Witali 1985, Über die Arbeit von Marx am II. und III. Buch des „Kapitals" in den Jahren 1866 und 1867, in: Marx-Engels-Jahrbuch 8, Berlin, 198-212.

Moseley, Fred 2007, Das Kapital im Allgemeinen und Konkurrenz der vielen Kapitalien in der Theorie von Marx. Die quantitative Dimension, in: Marx-Engels-Jahrbuch 2008, Berlin: Akademie Verlag, 81-117.

PEM (Projektgruppe Entwicklung des Marxschen Systems) (1975): Der 4. Band des „Kapitals"? Kommentar zu den Theorien über den Mehrwert, Westberlin: VSA.

Rosdolsky, Roman 1968, Zur Entstehungsgeschichte des Marxschen 'Kapital'. Der Rohentwurf des Kapital 1857-1858, Frankfurt/M.: EVA.

Sperl, Richard 2004, "Edition auf hohem Niveau". Zu den Grundsätzen der Marx-EngelsGesamtausgabe, Hamburg: Argument-Verlag.

Vollgraf, Carl Erich 2011, Marx erstmals veröffentlichte Manuskripte zum 2. und 3. Buch des ‚Kapitals' von 1867/68 im MEGA-Band II/4.3. Zu neuralgischen

CONTEXTOS E RECEPÇÕES

Punkten in der Ausarbeitung des ‚Kapitals', in: Beiträge zur Marx-Engels Forschung Neue Folge 2010, Berlin: Argument, 77-116.

Vollgraf, Carl-Erich; Jungnickel, Jürgen 1995, Marx in Marx' Worten? Zu Engels Edition des Hauptmanuskripts zum dritten Buch des „Kapitals", in: MEGA-Studien 1994/2, 3-55.

# FILOSOFIA, MÉTODO
# E TEORIA DO VALOR

# DO "PRODUIT NET"
# DOS FISIOCRATAS À MAIS-VALIA DE MARX

### ANTÓNIO AVELÃS NUNES

**1.** – Não é muito favorável a opinião de Adam Smith acerca dos fisiocratas, que "apresentam o produto da terra como a única fonte de riqueza."[1] Marx foi o primeiro economista de relevo a reconhecer que "o doutor Quesnay fez da economia política uma ciência", considerando os fisiocratas "os pais da economia política moderna."[2]

E a verdade é que, apesar da diversidade da abordagem e das soluções, há um fio condutor entre os trabalhos dos fisiocratas e a teoria de Marx: desde os fisiocratas que a ciência económica se interroga acerca da origem da *riqueza* e da natureza do *excedente* e procura explicar como é que ele se distribui entre as várias *classes sociais*, em sociedades caraterizadas pelo *conflito social*.

Foram os fisiocratas que introduziram o conceito de *ordem natural*, "que encerra – escreve Dupont de Nemours – as leis constitutivas e fundamentais de todas as sociedades; uma ordem da qual as sociedades não podem afastar-se sem ser menos sociedades, sem que o estado político tenha menos consistência, sem que os seus membros se encontrem mais ou menos desunidos e numa situação violenta; uma ordem que não

---

[1] Cfr. *Riqueza das Nações*, II, ed. cit., 249 e 283.

[2] Cfr. K. MARX, *Grundrisse*, ed. cit., tomo 2, 111 e *Misère de la Philosophie...*, ed. cit., 113. Num trecho que colhi no *Prefácio* da edição do *Tableau Économique* que aqui utilizo, Marx reconhece que "foi grande mérito dos fisiocratas conceberem as formas de produção burguesas como formas fisiológicas da vida social, que têm a sua origem em necessidades naturais e são independentes da vontade, da política, etc. Elas são, na realidade, leis naturais. O único erro dos fisiocratas foi o de considerarem esta lei material como uma lei abstrata, geral, controlando igualmente todas as formas de sociedade." (cfr. *Quadro Económico*, ed. cit.,59). Engels sublinhou isto mesmo numa carta a Stephan Bauer (10.4.1895): "ninguém antes de Marx tinha compreendido a importância do grande trabalho [dos fisiocratas] no domínio da economia; Marx foi o primeiro a tirar os fisiocratas da obscuridade em que os tinham mergulhado os sucessos ulteriores da escola inglesa."

poderá abandonar-se inteiramente sem operar a dissolução da sociedade e, a breve prazo, a destruição absoluta da espécie humana."

Quesnay esclarece, por sua vez, que as *leis naturais* são "leis estabelecidas para todo o sempre pelo Autor da Natureza, para a reprodução e a distribuição contínua dos bens que são requeridos pelas necessidades dos homens reunidos em sociedade, e submetidos à ordem que essas leis lhes prescrevem." E acrescenta que "essas leis irrefragáveis constituem o corpo moral e político da sociedade, pelo concurso regular dos trabalhos e dos interesses particulares dos homens instruídos por essas mesmas leis a cooperar com o maior sucesso possível no bem comum e a assegurar a sua distribuição mais vantajosa possível a todas as diferentes classes de homens da sociedade."

A submissão a esta *ordem natural* e às suas *leis naturais* "é a condição única que permite a todos esperar e merecer a participação em todas as vantagens que a sociedade pode proporcionar a si mesma", sustenta Mercier de La Rivière. Estas *leis naturais* são "leis físicas e morais estabelecidas pela Providência para garantir a conservação, a multiplicação, a felicidade e o aperfeiçoamento da nossa espécie. (...) Elas são imutáveis, irrefragáveis e as melhores leis possíveis." Por isso – conclui Quesnay – "todos os homens e todas as potências humanas devem ser submetidos às leis soberanas instituídas pelo Ser Supremo."

A economia substitui a moral enquanto princípio regulador do comportamento humano. Na síntese feliz de Mirabeau, "o dever natural do homem é viver e ser feliz (...), a nossa moral deve ser inteiramente económica." Este ponto de vista é de tal modo fundamental na filosofia dos fisiocratas que Dupont de Nemour defende que é Économiste "quem quer que pense que se encontra nas leis da ordem física a base das leis da ordem moral."

O conceito de *ordem natural* surge contra o *ancien regime*, autoritário, discriminatório, regulamentador. Ao autoritário direito divino opunha-se o *direito natural* libertador dos indivíduos, reconhecendo a cada um o direito de prosseguir o seu próprio interesse. Desta forma, a *ordem económica*, funcionando por si própria, seria regida por uma *lei natural* que asseguraria os melhores resultados para toda a comunidade.

A ideia da *lei natural*, com raízes na teologia cristã, constitui uma simbiose entre *princípios normativos* (que vinham da jurisprudência romana e da teologia medieval, com a sua ideia de uma *ordem justa*, uma *ordem de justiça*) e *princípios científicos* (as 'leis naturais' partilham de um certo *cientismo* mais ou menos *determinista* então em voga).

Estava aberto o caminho para a Economia Política desenvolvida depois pelos clássicos ingleses, que extraiu os seus princípios da *natureza* e da *razão*, trazendo implícita a conclusão de que tais princípios conduziriam a uma *ordem social justa*, num tempo em que o desenvolvimento das relações de produção capitalistas coincidia com o progresso da sociedade e em que os interesses e os projetos de transformação social da burguesia poderiam facilmente identificar-se com os de todos os grupos sociais que não integravam as classes dominantes feudais.

**2.** – Um dos contributos dos fisiocratas no domínio da Economia foi o seu conceito de *riqueza*, que eles consideram tudo aquilo que *se pode consumir sem se empobrecer,* aquilo que *se alimenta e perpetua pelo próprio consumo.*

Outro ponto fundamental consiste no entendimento de que só a terra pode produzir *riqueza*, no sentido de que só a atividade agrícola se apresenta como um processo que, partindo de determinada quantidade de bens, se traduz na criação de um *excedente,* de um *produto líquido*, de uma *quantidade maior* de bens da mesma espécie (o produto agrícola excede a soma dos bens intermédios 'consumidos' na produção e dos bens que os agricultores guardam para si, para prover à sua subsistência – autoconsumo dos produtores). Ou seja: só na produção agrícola pode obter-se um *excedente em termos físicos* (não em termos de *valor)*, um *produto líquido* ("produit net").

Neste sentido, só a agricultura é atividade produtiva, só ela apresenta esta capacidade de *multiplicar os bens*. E esta capacidade é, para os fisiocratas, um atributo da Natureza: o poder de gerar um *produto líquido* resulta da *fertilidade natural da terra* (a "faculté productive de la terre" de que fala Le Trosne). Só a Natureza fecunda a matéria (i. é, as sementes lançadas à terra), não por força de qualquer caraterística específica que distinga o trabalho agrícola do trabalho desenvolvido em outras atividades, mas em virtude de só ele poder aproveitar os frutos desse "dom da Natureza", uma dádiva do "Autor de todas as coisas." A criação do *produto líquido* na agricultura é, pois, bem vistas as coisas, uma das caraterísticas da *ordem natural* instituída por Deus. A N*atureza fecunda a matéria* e o trabalho agrícola é a única atividade do homem que pode colher os frutos dessa fecundação. Só neste sentido o trabalho agrícola é trabalho produtivo, porque, em última instância, nenhuma espécie de trabalho é, em si mesma, geradora de riqueza. Verdadeiramente, como reconhecia Dupont de Nemours numa carta dirigida a Jean-Baptiste Say em 1815, "Dieu seul est producteur." Marx comentou: "a mais-valia surge como uma dádiva da natureza."

**3.** – Esta explicação 'providencial', este apelo à criação divina, revela, claramente, a permanência, na obra dos fisiocratas, de uma *mentalidade pré-científica*. E a estranha tese de considerar a agricultura como a única atividade produtiva gerou, ao longo dos tempos, alguma desconfiança relativamente à validade da interpretação fisiocrática da realidade económica e social e tem levado muitos autores a desvalorizar a importância da contribuição de Quesnay e dos seus seguidores para a teoria económica.

Os fisiocratas compreenderam, no entanto, a importância económica e social do *excedente agrícola* como fator de desenvolvimento: se as comunidades humanas fossem obrigadas a consagrar todo o seu tempo à obtenção dos meios de subsistência dos seus elementos, seria impossível o desenvolvimento de qualquer outra atividade (comercial, industrial, científica ou artística), uma vez que *todo o tempo de todas as pessoas* tinha de ser dedicado à obtenção dos alimentos necessários à subsistência. Sem a possibilidade de dispor regularmente de um *excedente agrícola* não é possível a nenhuma sociedade garantir a subsistência das pessoas que não produzam elas próprias os seus alimentos (i. é, que se dediquem a quaisquer outras atividades que não a de obtenção dos próprios alimentos). A consciência disto mesmo transparece nos escritos de Quesnay ("Todos os homens se veriam obrigados a trabalhar a terra se os produtos desta apenas lhes proporcionassem a alimentação") e poderá ajudar a compreender o relevo concedido ao *excedente agrícola* e à agricultura em todo o sistema fisiocrático.

E cabe, sem dúvida, aos fisiocratas o mérito de terem introduzido na análise económica o conceito de *excedente* (que, segundo alguns autores, tinha sido já enunciado por William Petty, em meados do século XVIII), a que acresce o mérito de terem localizado a origem do excedente no *processo produtivo* e não na esfera das trocas (i. é, na esfera da circulação), enterrando definitivamente a crença – tão marcada nos textos dos autores mercantilistas – de que a riqueza resulta do comércio.[3] Este conceito viria a constituir (com outro conteúdo, é certo) uma categoria teórica importante nas obras dos clássicos ingleses (Smith, Ricardo) e na obra de Karl Marx, que o projetaram na ciência económica até aos nossos dias.

O que é então o *excedente* para os fisiocratas? O *excedente* (= *produit net*) é aquela parte da riqueza produzida que excede a riqueza 'consumida' no decurso do processo produtivo. Dito de outra forma: é a parte da produção social que fica depois de se reconstituirem as condições de reprodução da atividade produtiva, quer os *meios de produção* quer os *meios de subsistência* daqueles que se empregam em atividades produtivas.

O *excedente* é, pois, uma diferença. Mas uma diferença entre duas *grandezas físicas*, não uma diferença entre duas *grandezas em valor*: o *produit net* é entendido pelos fisiocratas como um excedente físico de riqueza material, medida em termos quantitativos, não como um excedente de riqueza social em abstrato, medida pelo seu valor de troca. Os fisiocratas não determinam o excedente em termos da *qualidade social dos bens* (o *valor*), mas em termos da sua materialidade concreta, em termos de *grandezas físicas*. Não comparam o *valor dos outputs* com o *valor dos inputs*, mas comparam diretamente a *quantidade de bens materiais* obtidos no fim do processo produtivo com a *quantidade de bens materiais* existentes no início do processo produtivo e 'consumidos' na produção.

**4.** – No que se refere à apropriação do *excedente*, do *Tableau Économique* resulta claramente que a *classe dos proprietários* se apropria do excedente pelo facto de ser a proprietária da terra, daí derivando o seu direito à renda e não de qualquer contribuição sua para o processo produtivo e, nomeadamente, para a criação do produto líquido. Na verdade,

---

[3] Tendo como pano de fundo o princípio segundo o qual, na formulação de Josiah Child, "o que convém a uma nação não convém a todas as outras" (princípio que explica a "guerra do dinheiro" permanente entre as várias nações, cada uma delas um *espaço de poder* económico e de poder político), a Economia é considerada pelos mercantilistas como um conjunto de "máximas de sabedoria prática" (Keynes) para uso do príncipe, ao serviço da consolidação e da ampliação do poder. "É com os fisiocratas que a prioridade política do poder sobre a riqueza é invertida em favor desta última." Cfr. F. Araújo, *ob. cit.*, 1235.

Quesnay não reconhece qualquer *produtividade* ao capital que pudesse fundamentar o direito à renda.

Este é, a meu ver, um dos argumentos que pode invocar-se em favor da tese que vê na análise macroeconómica apresentada no *Tableau Économique* o tratamento das *classes sociais* (a *classe produtiva*, a *classe dos proprietários* e a *classe estéril*) como "agregados sociais definidos pela função que desempenham no processo produtivo."[4]

Não é este o ponto de vista de Schumpeter, segundo o qual o esquema utilizado por Quesnay "não é primordialmente um esquema de classes entendidas como entidades sociais, mas de classes como grupos económicos do tipo que encontramos nas estatísticas correntes dos indivíduos 'afetados', por exemplo, à agricultura, ou às minas, ou às indústrias transformadoras."[5] Este ponto de vista parece legitimado pela equiparação dos rendeiros (capitalistas) aos trabalhadores assalariados no âmbito da classe produtiva, bem como pela indiferenciação com que é apresentada a classe estéril (onde cabem os empregadores e os trabalhadores assalariados).

Creio, porém, que outras considerações (além das que refiro atrás) dão consistência à tese rejeitada por Schumpeter. Na verdade, os fisiocratas consideram a propriedade como a base essencial da sociedade e sustentam que é na propriedade que se fundamenta a autoridade do soberano: que o estado não pode ter outro interesse que não seja o interesse dos proprietários, que os direitos do estado são, por isso, os direitos dos proprietários.

A esta concepção do direito de propriedade associam os fisiocratas o sistema de relações jurídicas, sociais e políticas entre as várias classes sociais no seio do estado e relativamente ao estado. Assim começou a construir-se a ideia segundo a qual as leis que regulam a distribuição do excedente em sociedades constituídas por classes sociais estão intimamente ligadas às regras que enquadram o *processo social de produção*, à natureza das *relações sociais de produção*. Por outras palavras: a estrutura de classes da sociedade e as relações de produção que lhe são inerentes são os fatores determinantes da distribuição da riqueza e do rendimento. E a lógica da distribuição não pode ser antagónica da lógica inerente às relações sociais de produção. O que mostra o *non sense* da tese oficial da

---

[4] Cfr. R. LÓPEZ-SUEVOS, *ob. cit.*, 14.

[5] Cfr. J. SCHUMPETER, *Historia...*, cit., 283.

social-democracia europeia atual, que se diz defensora do capitalismo no que toca à produção e socialista no que se refere à distribuição. Não conheço melhor equação da *quadratura do círculo*.

Turgot chama a atenção para a "grande distinção, a única fundada na natureza, entre duas classes, a dos proprietários das terras e a dos não--proprietários" e sublinha a distinção entre elas no que se refere "aos seus interesses e por conseguinte aos seus direitos diferentes relativamente à legislação, à administração da justiça e da política, à contribuição para as despesas públicas e ao emprego."

Trata-se, sem dúvida, de uma distinção que tem por base a *proprie-dade dos meios de produção* (a terra e os *avances* [os adiantamentos] feitos pelos proprietários) e a função que cada grupo social desempenha no processo económico de produção. E esta divisão da sociedade em *proprietários de terras* e *não-proprietários* tem incidências imediatas na esfera dos direitos económicos, sociais e políticos dos membros de cada uma das classes. Mercier de La Rivière sustenta que os proprietários de terras são "os membros essenciais de uma nação" e que "o estado reside essencialmente no soberano, que é o chefe, nos proprietários do produto líquido e nos empreendedores de cultura." E Mirabeau é igualmente claro na afirmação de que só os proprietários gozam de direitos políticos e de que só eles são membros de pleno direito do estado: "O soberano e os proprietários do produto líquido e disponível eis o que compõe o estado."

Esta identificação da titularidade do poder social e político com o direito de propriedade explicam-na os fisiocratas com vários argumentos: a própria sociedade assenta na propriedade; o estado existe para a pro-teção da propriedade e dos interesses dos proprietários; acima de tudo, só os proprietários estão verdadeiramente 'enraizados' na sociedade e verdadeiramente interessados na prossecução dos objetivos da *ordem natural*. Repare-se neste texto de Nicolas Baudeau: "Um homem que incorpora os seus bens na terra, para a tornar mais frutificante, incorpora--se ele próprio nesse terreno, *toma raiz no estado*, se é permitido falar assim: a sua existência, as suas fruições estão intimamente ligadas ao território."[6]

---

[6] Cfr. A. VACHET, *ob. cit.*, 387-390.

FILOSOFIA, MÉTODO E TEORIA DO VALOR

**5.** – A verdade é que não é unívoco o juízo dos especialistas acerca do significado e importância das teses fisiocráticas.[7]

Perante a tese fisiocrática segundo a qual o *excedente* só tem lugar na agricultura, Claudio Napoleoni sustenta que ela conduziu os fisiocratas à conclusão de que o capitalismo, enquanto instrumento de ampliação do excedente, é uma ordem económica específica da agricultura, admitindo a estrutura artesana como a forma natural de gestão da indústria, e não compreendendo, por isso mesmo, que eram as atividades industriais as que ofereciam maiores possibilidades de implantação e de expansão da ordem capitalista.[8]

As concepções dos fisiocratas relativamente à agricultura – "conclusões que pareceram algo absurdas, mesmo aos observadores da época",

---

[7] De todo o modo, deve sublinhar-se que cabe aos fisiocratas, como já disse, o mérito de terem introduzido na análise económica certos conceitos que viriam a revelar-se bastante fecundos: v.g., os conceitos de excedente, de trabalho produtivo, a ideia do processo económico como um fluxo que se renova permanentemente, o conceito de capital como um estoque de bens previamente acumulados que se adiantam para que a produção seja possível.

Quesnay terá, segundo alguns, antecipado a lei de Say; o conceito de *produit net* é por muitos considerado um dos antecedentes da teoria marxista da mais-valia; o modelo de produção/circulação do *Tableau* terá influenciado Marx na elaboração dos esquemas de reprodução; é frequente os especialistas aproximarem a análise feita ao *Tableau* com a teoria do equilíbrio económico geral, de Walras; Piero Sraffa confessa a sua dívida intelectual para com o *Tableau* Économique de Quesnay.

Por outro lado, a representação numérica do sistema económico e a análise da *interdependência* entre os vários setores de atividade económica refletidas no *Tableau* vieram a projetar-se modernamente na análise de *input-output* desenvolvida por Wassily Leontief, autor que reconhece Quesnay como seu precursor, pondo em relevo a preocupação de ambos em atribuir a cada grandeza mencionada um valor concreto, tão próximo da realidade quanto possível. Alguns autores têm mesmo tentado interpretações do *Tableau* à luz dos modelos de *input-output* (v.g., A. PHILLIPS, "The *Tableau* Économique as a simple Leontief model", em *Quarterly Journal of Economics*, Vol. LXIX, 1955, 137-144; S. MAITAL, "The *Tableau* Économique as a Leontief model", em *Quarterly Journal of Economics*, Vol. LXXXIV, 1972, 504-507).

Outros autores reclamam para o *Tableau* de Quesnay o papel de pioneiro das modernas técnicas da contabilidade nacional; a utilização por Quesnay de grandezas agregadas tem levado a comparar a análise do *Tableau* com a análise macroeconómica keynesiana. "Quesnay – escreve J. SCHUMPETER, *Historia...*, cit., 287-288 – identificou o equilíbrio geral, i. é, o equilíbrio da economia como um todo, diferentemente do equilíbrio de qualquer setor isolado da mesma economia, com o equilíbrio de agregados sociais, exatamente como os modernos keynesianos." E Harry Johnson ensaiou uma interpretação do *Tableau* na ótica da teoria keynesiana do multiplicador (cfr. H. JOHNSON, "Quelques réflexions sur le *Tableau* Économique de Quesnay", em *Revue d'Économie Politique*, Vol. LXXXV (1975), 397-407).

[8] Cfr. C. NAPOLEONI, *Fisiocracia...*, cit., 19.

comenta Mark Blaug – poderão 'explicar-se', segundo este autor, como uma consequência do esforço de Quesnay e seus seguidores no sentido de apresentarem uma justificação teórica sólida para a reforma agrícola por eles preconizada, como grandes admiradores que eram da *revolução agrícola inglesa.*[9]

A verdade é que, na França do tempo de Quesnay (meados do século XVIII), as manufaturas capitalistas davam ainda os primeiros passos e a atividade industrial apresentava-se essencialmente sob a forma de indústria artesana ou, em casos raros, sob a forma de empresas de reduzida dimensão em que não se destacava ainda a figura do empresário capitalista. Nestas condições, não era fácil (ou talvez nem sequer tivesse sentido) detetar a existência do lucro industrial como rendimento específico dos titulares do capital (da empresa capitalista). No quadro da indústria artesana então dominante, a diferença entre o rendimento do mestre e o que cabia aos simples trabalhadores era em regra muito pequena, podendo explicar-se pela diferente natureza do trabalho efetuado e pela maior responsabilidade assumida pelo mestre no processo produtivo.

Com base nesta leitura, há quem, como Maurice Dobb, considere 'realista' e adequada a tese defendida dos fisiocratas, porque, na França anterior à Revolução Francesa, a renda da terra era *a base essencial* das receitas da classe dominante.[10]

Partilho com Maurice Dobb a ideia de que o conceito de *excedente* "representa na história das ideias uma interessante filosofia de transição entre a antiga e a nova era. Quanto à sua forma, parece assentar numa sociedade aristocrática do passado pela insistência na importância da

---

[9] Cfr. M. BLAUG, *História...*, I, cit., 25.

[10] Cfr. M. DOBB (*Introdução...*, cit., 18-20): "o que o comércio e as manufaturas consumiam – era o que necessitavam para alimentar as suas atividades. A indústria trocava os produtos que não utilizava pela produção agrícola que satisfazia a sua procura de matérias-primas e a subsistência dos seus operários. A indústria, por este ato de intercâmbio, não fazia mais do que dar um equivalente por um equivalente recebido, e não produzia, portanto, nenhum excedente. (...) A agricultura, por sua vez, troca parte dos seus produtos pelas manufaturas de que necessita, para a manutenção da agricultura e da população agrícola, como sejam os vestuários. Mas, aquilo que troca pelas manufaturas *mais* o que usa para a subsistência e sementes, não esgota o total do produzido pela terra: uma terceira parte vai para a classe proprietária em forma de renda, sem obter, em troca, nenhum equivalente. Esta parte era o *excedente social* ou *produto líquido* do sistema económico, e a agricultura era a única a produzir tal excedente. O progresso consistia no aumento contínuo deste *produto líquido*."

agricultura e da renda da terra. O certo é que não contém profecias a respeito do industrialismo do século XIX nem relativamente às necessidades e funções de uma nova classe burguesa." Por isso entendo também que, "no campo das ideias económicas, os fisiocratas foram como que o João Baptista da próxima revolução burguesa, assim como Voltaire e Rousseau representam igual papel no campo das ideias políticas."[11]

**6.** – Numa visão capitalista da propriedade fundiária, Quesnay sustenta que a "segurança da propriedade" deve abranger "a propriedade das riquezas mobiliárias necessárias para o cultivo, único meio de valorizar os bens de raiz." É um passo em frente relativamente à concepção feudal da propriedade fundiária e à atitude feudal relativamente ao processo produtivo.

Estas considerações podem ajudar a compreender que o facto de Quesnay sustentar que a produtividade da terra (origem de toda a riqueza) é um *dom da Natureza* não impediu os fisiocratas de proclamar que só a *cultura* (o cultivo da terra) permite multiplicar as subsistências, multiplicar a espécie, desenvolver a sociedade. Como sublinha Le Trosne, "aqueles que para assegurar e para aumentar os meios de subsistência puseram, pelos seus trabalhos, campos em estado de serem cultivados para sempre foram os primeiros fundadores das sociedades civis. (...) A cultura é o único meio de multiplicar as subsistências, (...) a cultura foi o berço da sociedade."

Mas a *cultura* pressupõe a *propriedade*, vista por Quesnay como a "base de todas as sociedades", a primeira das "leis gerais da ordem natural que constituem indiscutivelmente a forma de governo mais perfeita", porque – explica Mirabeau – "a necessidade da propriedade fundiária liga-se à necessidade da cultura" e porque "a necessidade da cultura se liga à lei imperiosa das nossas sociedades, que são de instituição divina, como o são as nossas forças, a nossa inteligência e todos os nossos talentos físicos e morais."

A *cultura* pressupõe, por outro lado, o *adiantamento* de *riquezas pré-existentes*, para que, em cada ano, possa produzir-se um volume de riqueza pelo menos igual ao produzido no ano anterior. O que põe em relevo a importância do *capital* e do *investimento* (nomeadamente dos "avances foncières") como fator de incremento da produtividade. Mas os

---

[11] Cfr. M. DOBB, *Introdução...*, cit., 18-20.

DO "PRODUIT NET" DOS FISIOCRATAS À MAIS-VALIA DE MARX

investimentos não são considerados capital, no sentido de elemento produtivo que *crie riqueza* e justifique, por isso, um *rendimento autónomo*. Os proprietários poderão vir a beneficiar de um aumento da renda porque aumentou a *produtividade da terra*. Mas esta *produtividade acrescentada pelo homem* à *produtividade natural da terra* é vista como produtividade *incorporada na própria terra* e só por isso relevante.

Em carta a Mirabeau, Quesnay refere-se aos homens "empregados nos trabalhos da terra" cujo trabalho, "graças aos dons da terra, produz mais que os seus gastos e este produto líquido constitui aquilo que se chama rendimento." E acrescenta que "o produto do trabalho dos operários que as fabricam [o vestuário, mobiliário, utensílios e todas as outras coisas] não vai além do salário, pelo qual eles subsistem, e que lhes restitui os seus adiantamentos."[12]

Assim sendo, poderá talvez dizer-se que aquilo que os *trabalhadores produtivos* (os que trabalham a terra) obtêm pelo seu trabalho e que vai além dos seus gastos, ou vai além do salário, constitui o *excedente*, o *produto líquido*, que vai caber à classe dos proprietários, classe que "obtém os seus rendimentos da classe produtiva", classe [a dos proprietários] que "subsiste por meio do rendimento ou produto líquido do cultivo, que lhe é pago anualmente pela classe produtiva."

É uma interpretação deste tipo que leva alguns autores a defender que, no *Tableau Économique*, Quesnay "demonstrou pela primeira vez, de maneira justa e precisa, o ato de apropriação pura e simples da mais-valia económica pela classe dos proprietários, pelo rei e pela igreja."[13]

**7.** – Mesmo os que subscrevam o ponto de vista de Ronald Meeek[14], que vê no *Tableau* Économique "um dos mais impressionantes exemplos, em toda a história do pensamento económico, de harmoniosa unidade entre teoria abstrata e investigação concreta", admitem que ele apresenta algumas limitações teóricas dignas de nota.[15] Referirei aqui apenas as que relevam no âmbito do presente texto.

A análise do produto líquido em termos físicos – o entendimento do *excedente* como uma *quantidade de bens materiais*: a diferença

---

[12] Cfr. *Quadro Económico*, cit., 73/74.

[13] Neste sentido, V. S. Nemtchinov (cit. por Teodora Cardoso, em *Quadro Económico*, cit., 53).

[14] Cfr. *The Economics of Physiocracy*, cit., 277.

[15] Ver A. J. AVELÃS NUNES, *As Origens...*, cit., 59ss.

FILOSOFIA, MÉTODO E TEORIA DO VALOR

entre a quantidade de bens existentes no início do processo produtivo e consumidos durante ele, e a quantidade (maior) de bens existentes no fim do ciclo produtivo – permitiu aos fisiocratas 'ver' (ou 'mostrar') o aparecimento do *excedente* sem terem de elaborar previamente uma *teoria do valor* com a qual articulassem a *teoria do excedente*. E há quem entenda que esta análise revela "um conceito coisificado de valor", que traduz o "estado de infantilismo teórico" que carateriza o pensamento fisiocrático.

Uma coisa é certa: a *ausência de uma teoria do valor* tornou aceitável a tese fisiocrática de que só a agricultura é uma atividade produtiva, capaz de gerar *excedente* (porque só a terra é capaz de gerar, no fim do ciclo produtivo, uma *quantidade* de bens superior à *quantidade* de bens existentes no início do processo de produção), e levou à conclusão de que a indústria não gera nenhum *excedente*: *transforma* os bens utilizados na produção em outros bens, mas não aumenta a quantidade deles (por isso, todos os que se ocupam nas manufaturas integram a *classe estéril*). Em suma: a *ausência de uma teoria do valor* impediu os fisiocratas de elaborar todas as categorias económicas indispensáveis à compreensão da realidade das sociedades capitalistas (nomeadamente o *lucro industrial* como uma das expressões do excedente social).

Apesar da importância que atribui aos investimentos feitos pelos rendeiros (os "avances primitives"), defende que o *capital*, seja qual for a forma que revista, não é susceptível de gerar qualquer produto líquido (de criar riqueza). Só a sua incorporação na terra permite o aumento da produtividade desta: aos proprietários da terra cabe, por isso, a título de renda, a totalidade do produto líquido por ela criado (mesmo naquela parte em que a produtividade da terra vem acrescentada pelos investimentos, quer os feitos pelos proprietários quer os feitos pelos rendeiros).

Tal como mais tarde Marx, Quesnay não reconhece qualquer aptidão ao capital (no sentido de instalações, equipamento, etc.) para produzir um excedente. Vendo no capital a mera cristalização de um excedente (mais-valia) já produzido pela terra (ou pelo trabalho), os dois autores entendem que o capital não acrescenta, por si mesmo, qualquer produto líquido (ou valor).

Mas há diferenças essenciais entre as duas concepções.

Por um lado, Marx defende que a 'produtividade' (i. é, a capacidade de produzir um excedente, a mais-valia) é uma qualidade da força de trabalho. Ao invés, os fisiocratas não atribuem ao trabalho o estatuto de agente produtor do *produit net*. O trabalho agrícola não é considerado estéril apenas porque a terra em que ele se aplica é produtiva por natureza (o trabalho é um mero instrumento de valorização da terra). Mas já no caso da indústria e do comércio o trabalho não acrescenta qualquer *produit net* (a matéria sobre que ele incide é apenas transformada, modificada ou deslocada). Vendo na produção mais a consequência de uma qualidade da Natureza do que uma forma de atividade humana, os fisiocratas não puderam compreender o significado do trabalho (do *trabalho produtivo*) como a causa da riqueza, como a origem do valor.

Por outro lado, a capacidade da força de trabalho para criar mais-valia traduz-se, segundo Marx, na criação de valor (com base na teoria do valor-trabalho é que Marx desenvolve a sua explicação sobre a origem e o significado da mais-valia). Diferentemente, para os fisiocratas, a produtividade da terra é *produtividade física*, traduz-se na criação de *bens materiais concretos* (de *mais bens* do que os 'consumidos' na produção) e não na criação de valor (a criação de valor resultante da produção). Como salienta Schumpeter, "Quesnay admitiu que a *produtividade física* implica *produtividade de valor* (...), erro nítido que Marx não cometeu."[16]

**8.** – Os limites do modelo do *Tableau* relativamente à compreensão das sociedades capitalistas estão bem patentes no entendimento da *classe produtiva* e da *classe estéril* (sobretudo desta) como blocos homogéneos, sem qualquer diferenciação no seio de cada uma delas. Se esta perspetiva pode ter bastado no período em que as relações de produção capitalistas davam os primeiros passos, ela revelou-se claramente incapaz logo que a implantação do capitalismo na indústria (e depois também na agricultura) como modo de produção dominante trouxe para o primeiro plano dos conflitos sociais o que colocou frente a frente a nova burguesia industrial e o proletariado das indústrias novas (capitalistas).[17]

Nestas novas condições, emergiu naturalmente a necessidade de explicar a origem do *lucro industrial* e de justificar a sua apropriação

---

[16] Cfr. J. SCHUMPETER, *Historia*..., cit., 282.

[17] Como Claudio Napoleoni põe em relevo (*O valor*..., cit., 13), que "o produto líquido acaba por identificar-se com a *renda* do proprietário fundiário, e a relação entre a renda e a massa dos gastos na agricultura acaba por representar a medida da *produtividade* do sistema global. Isto significa que os fisiocratas dão da produção capitalista uma imagem não liberta ainda de um invólucro de tipo feudal. Esta confusão só viria a ter fim com a economia política clássica inglesa."

FILOSOFIA, MÉTODO E TEORIA DO VALOR

pelos empresários capitalistas. Ficaram então às claras os limites da abordagem do *Tableau*. Os fisiocratas só reconheciam a existência de um excedente na agricultura, e um excedente que era considerado um *dom da Natureza*. Ora, *se apenas a Natureza fecunda a matéria*, só a terra (a Natureza) é produtiva. Está, pois, excluída em absoluto a possibilidade de se verificar a existência de um *excedente industrial*. E mesmo quanto ao excedente agrícola, resultante da *produtividade natural* da terra, os fisiocratas, como digo acima, concebem-no em termos físicos (como uma *quantidade adicional de bens* obtidos no fim do processo produtivo, em comparação com a *quantidade de bens* existentes no início dele). Quer dizer, confundindo a "produtividade física" com a "produtividade em valor" (como salienta Schumpeter), os fisiocratas não foram capazes de explicar o produto líquido em termos de valor.

Mas a identificação do *produit net* com uma *quantidade adicional de bens* pressupunha a sua medida em termos quantitativos, o que implicava a possibilidade de comparação física entre os bens existentes no início do ciclo produtivo e os bens existentes no fim dele, possibilidade que só é viável se houver homogeneidade entre os *bens adiantados* e o *produto final*.

A verdade, porém, é que Quesnay incluiu no *Tableau*, entre os "avances primitives" feitos pela classe produtiva, elementos provenientes do setor manufatureiro. Assim sendo, desfeita a *homogeneidade* acima referida, seria impossível comparar *inputs* e *outputs*, sendo impossível medir o excedente. Quesnay deu-se conta disto mesmo. No *Tableau* todas as grandezas (*inputs, outputs*, produto líquido) vêm expressas em termos de valor monetário. Mas isto significará o reconhecimento – ao menos implícito – de que *inputs* e *ouputs* só podem comparar-se em termos de valor. E se, nestas condições, surge um excedente – e então ele poderá surgir também na indústria –, é necessário explicá-lo. "Não é por acaso – observa Claudio Napoleoni – que no *Tableau* o produto líquido é considerado em termos de valor. Deste modo ficava expressa a necessidade de uma *teoria do valor*, isto é, de uma teoria orientada para explicar a formação do valor de troca das mercadorias."[18]

Tentar responder a esta necessidade foi o objetivo fundamental dos clássicos ingleses (Adam Smith e David Ricardo) e de Karl Marx ao elaborarem a *teoria do valor-trabalho*. No quadro desta teoria é que Marx

---

[18] Cfr. C. NAPOLEONI, *O valor...*, cit., 13.

veio a identificar o *excedente* (agrícola ou industrial) com a *mais-valia*, considerando esta como *trabalho não pago*.

**9.** – Ao intitular o seu livro mais importante *Um Inquérito sobre a Natureza e as Causas da Riqueza das Nações*, Adam Smith quis significar que o objetivo último do seu trabalho era, precisamente, a problemática do *desenvolvimento económico*, o estudo das causas da *riqueza* das nações, considerando *riqueza*, na esteira dos fisiocratas, não o *estoque* de bens acumulado em certo momento, mas o *fluxo* do rendimento nacional produzido ao longo de períodos sucessivos, o "suprimento anual" de bens materiais (de produção ou de consumo) que uma nação pode produzir ("todos os bens necessários à vida e ao conforto").

Tendo perante si uma realidade económica diferente da que caraterizava a França no tempo dos fisiocratas, o pensamento de Adam Smith no domínio da ciência económica desenvolve-se a partir da crítica às teses fisiocráticas de que só o trabalho na agricultura era capaz de produzir um *produto líquido*. Smith apercebeu-se de que os rendeiros (capitalistas) arrecadavam um rendimento que não era um salário, mas um *lucro* e conseguiu detetar a possibilidade de criação de um *excedente* em outros ramos da atividade, para além da agricultura: este *lucro capitalista* (tal como o *capital*) surgia agora de forma clara na indústria, atividade em que o capital vinha encontrando o seu mais amplo e dinâmico campo de aplicação.

Para os fisiocratas, como já disse, a riqueza resultava de um *dom da natureza*, era como que uma *dádiva divina*. Para Adam Smith, ao invés, toda a riqueza é fruto do *trabalho produtivo* dos homens: o homem substitui deus como criador de riqueza.[19] Assim começa a Introdução do famoso livro de Smith: "O *trabalho anual de uma nação* é o fundo de que provêm originariamente todos os bens necessários à vida e ao conforto que a nação anualmente consome, e que consistem sempre ou em produtos imediatos desse trabalho, ou em bens adquiridos às outras nações em troca deles. (...) Se excetuarmos alguns produtos espontâneos

---

[19] Como sublinha Fernando ARAÚJO (*ob. cit.*, 1230), "o que há de mais notável na construção teórica de Adam Smith é a sua ênfase na centralidade do trabalho como base do valor económico – o que representa uma *espiritualização* perante as noções mercantilistas e fisiocráticas, que exigiam, nos metais preciosos ou nos produtos agrícolas, um grau de *tangibilidade* no conceito de riqueza."

da terra, a produção anual total é, com efeito, devida ao *trabalho produtivo.*"[20]

A produtividade deixava de estar ligada às caraterísticas estruturais da terra, deixava de ser exclusiva da agricultura. Por isso, a explicação do *excedente* (do *produto líquido*, do qual sai não só a *renda* mas também o *lucro*, tanto o *lucro agrícola* como o *lucro industrial*) não podia continuar a assentar nas condições específicas de que beneficia um determinado tipo de trabalho concreto (o trabalho agrícola).

A economia inglesa que Adam Smith tinha perante si era um tipo de economia "em que existe um conjunto muito diversificado de modos concretos de trabalho, e em que nenhum deles predomina sobre os outros, (...) uma forma de sociedade em que os indivíduos passam com facilidade de um trabalho para outro e consideram como fortuito – e portanto indiferente – o caráter específico do trabalho." Nestas condições – e só nestas condições –, "o trabalho deixa de se conceber sob uma forma particular" e "não apenas no plano das categorias, mas no da própria realidade, o trabalho se torna o meio de produzir a riqueza em geral."[21]

E Adam Smith teve consciência desta nova realidade, ultrapassando as várias formas de *trabalho concreto* que se encontram na vida real e elaborando uma nova categoria teórica, a de *trabalho abstrato*, a qual – como ele próprio reconhece –, "embora possa tornar-se suficientemente inteligível não é de modo algum tão natural e óbvia."[22]

Na nova visão smithiana, o "poder produtivo do trabalho" (a produtividade) depende das caraterísticas do *trabalho abstrato – o trabalho em geral, o trabalho sem mais* (Marx) ou *o trabalho enquanto tal* (Napoleoni) –, daquilo que é comum a todos os tipos de trabalho, o dispêndio de energia física e psíquica exigido pelo processo de produção, qualquer que seja o objeto sobre que incide o trabalho produtivo e qualquer que seja a forma concreta do trabalho ou o setor de atividade produtiva em que se exerce.

A elaboração do novo conceito de *trabalho abstrato* (e a consequente "universalidade da atividade criadora de riqueza") – escreveu Marx – representa "um imenso progresso" e constitui o "ponto de partida da

---

[20] Cfr. *Riqueza das Nações*, ed. cit., I, 69.
[21] Este é o diagnóstico de MARX, em *Grundrisse*, ed. cit., 66.
[22] Cfr. *Riqueza das Nações*, ed. cit., I, 122.

economia moderna."[23] O conceito de *trabalho abstrato* veio abrir a possibilidade de conceber e explicar o *excedente* em termos de valor e não já em termos físicos (como os fisiocratas). Assim se equacionava a necessidade de uma *teoria do valor* e assim se configurava esta como uma *teoria do valor-trabalho*, ligando a teoria do valor ao *trabalho em geral*, entendido como a origem e a medida do valor. "Quando, em Smith, o produto líquido é identificado fora da agricultura, a caraterização em termos de valor torna-se a única concetualmente possível; consequentemente, é com Smith que, pela primeira vez, o problema capital da análise da economia capitalista consiste em saber o que é que determina o valor das mercadorias."[24]

É claro que foi o desenvolvimento da *divisão do trabalho* como caraterística do processo produtivo (sobretudo na indústria) que proporcionou as condições históricas que permitiram a elaboração da noção de *trabalho abstrato*. Com efeito, a *divisão do trabalho* trouxe consigo uma tal proliferação de tipos de trabalho concreto que possibilitou (e 'exigiu') a passagem à noção de trabalho abstrato (abstraindo das particularidades de cada forma de trabalho concreto).

E não é por acaso que Adam Smith se ocupa do estudo da *divisão do trabalho* logo no Capítulo I do Livro I de *Riqueza das Nações*. Ele entende, com efeito, que é na divisão do trabalho que radica a explicação do "maior acréscimo dos poderes produtivos do trabalho", o qual se verificaria, *proporcionalmente* à divisão do trabalho, "em todas as artes, na medida em que é possível introduzi-la." Da divisão do trabalho depende, pois, a *produtividade do trabalho*, i. é, a capacidade do trabalho para produzir um *excedente*.

**10.** – "Uma vez que a divisão do trabalho se tenha estabelecido completamente – escreve Smith –, só uma parte muito pequena das necessidades de cada pessoa será suprida pelo produto do seu próprio trabalho. (...) Assim, todos os homens vivem da troca, tornando-se, até certo ponto, mercadores, e a própria sociedade se vai transformando numa verdadeira sociedade mercantil."[25]

---

[23] Cfr. K. Marx, *Grundrisse*, ed. cit., 65/66.

[24] É a opinião de Claudio Napoleoni (*O Valor...*, cit., 24), que subscrevo.

[25] Cfr. *Riqueza das Nações*, ed. cit., I, 107.

## FILOSOFIA, MÉTODO E TEORIA DO VALOR

Nesta *sociedade mercantil*, na qual a moeda se tornou o "instrumento universal do comércio, por intermédio do qual se compram e vendem ou trocam bens de todas as espécies", as trocas de bens desempenham uma função essencial. Daí que Adam Smith se proponha examinar "as regras que os homens naturalmente observam ao trocar esses bens, quer uns pelos outros, quer por dinheiro." São estas regras que determinam o *valor relativo* ou *valor de troca* dos bens, noção que Smith distingue claramente da de *valor de uso*. Assim chegou Adam Smith ao enunciado da *teoria do valor-trabalho*, que é o ponto de partida de toda a sua obra teórica.

Nas sociedades pré-capitalistas (no "rude estado da sociedade"), Adam Smith entende que o *trabalho necessário* (a quantidade de trabalho necessária para se produzir uma mercadoria, o *trabalho incorporado* ou *trabalho contido* nessa mercadoria, como por vezes se diz também), indica qual é a quantidade de trabalho que essa mercadoria *can command*. Por outras palavras: o *labour commanded* é o padrão de medida do valor de troca de qualquer mercadoria; mas é o *trabalho necessário* que regula a quantidade concreta de trabalho que uma qualquer mercadoria permite adquirir.[26]

Este mesmo problema é depois por ele analisado tendo em vista a sociedade capitalista, caraterizada pela "acumulação do capital" e pela "apropriação da terra" e, consequentemente, por uma estrutura social assente, basicamente, em duas classes sociais: uma classe de indivíduos que dispõem de *riqueza acumulada* nas suas mãos e uma classe de *indivíduos industriosos* que nada mais têm de seu além da "sua força e habilidade de mãos."[27]

Nesta nova sociedade capitalista (em que "o trabalhador é uma pessoa e o proprietário do capital, que o emprega, é outra"), as classes sociais são claramente definidas por Adam Smith com base na posição de cada uma delas relativamente à atividade produtiva. O filósofo escocês parece antecipar Marx, reduzindo a estrutura essencial das sociedades capitalistas a estas duas classes sociais: os *trabalhadores* (desprovidos da propriedade do capital, que têm apenas de seu "a sua força e habilidade de mãos") e os *proprietários do capital* (que, por disporem de capital acumulado, estão em condições de contratar *indivíduos industriosos* e de se apropriarem

---

[26] Cfr. C. NAPOLEONI, *Fisiocracia...*, cit., 46/47 e C. LARANJEIRO, *ob. cit.*, 78-80.

[27] Cfr. *Riqueza das Nações*, ed. cit., I, 269: "todo o património de um homem pobre consiste na sua força e habilidade de mãos."

## DO "PRODUIT NET" DOS FISIOCRATAS À MAIS-VALIA DE MARX

de uma parte do valor que estes *trabalhadores produtivos* acrescentam ao valor das matérias-primas).[28]

Pois bem. Numa sociedade assim concebida, "o *produto total do trabalho* deixa de pertencer sempre aos trabalhadores. (...) E deixa também de ser a quantidade de trabalho habitualmente empregada na obtenção ou na produção de um bem o único fator que pode determinar a quantidade por que ele poderia, normalmente, trocar-se, que poderia, por seu intermédio, ser adquirida ou dominada." [29]

A quantidade de trabalho que se pode obter por troca com uma determinada mercadoria (*labour commanded*) continua a ser o *padrão de medida* do valor de troca dessa mercadoria. Mas o *trabalho necessário* (o tempo de trabalho normalmente despendido para produzir ou obter essa mercadoria) deixa de ser "o único fator que pode determinar a quantidade por que ele poderia, normalmente, trocar-se." Quer dizer: "Neste estado de coisas, o produto total do trabalho deixa de pertencer sempre ao trabalhador. Na maioria dos casos, ele é obrigado a partilhá-lo com o proprietário do capital, que o emprega." [30]

Nas condições do capitalismo, a configuração do trabalho como mercadoria significa, pois, para Adam Smith, que nem todo o produto do trabalho pertence ao trabalhador: o valor criado pelo trabalho (acrescentado pelo trabalho às matérias-primas) tem que pagar não só o salário mas também a renda e o lucro. Sendo assim (i. é, não sendo o *preço natural* das mercadorias igual ao montante dos salários pagos para as obter), o facto de uma mercadoria ser paga pelo dobro de outra não significa que a primeira tenha exigido o dobro do tempo de trabalho

---

[28] É certo que subsistem casos de *produtor independente* "simultaneamente patrão e operário", que "possui o capital suficiente, tanto para comprar as matérias-primas necessárias ao seu trabalho, como para se manter até ele se achar terminado" e para "poder levar o produto do seu trabalho até ao mercado." Mas estas situações são meramente residuais. Cfr. *Riqueza das Nações*, ed. cit., I, 157 e 176.

[29] Cfr. *Riqueza das Nações*, ed. cit., I, 150.

[30] Cfr. *Riqueza das Nações*, ed. cit., I, 148-151. Continua Adam Smith: "Logo que toda a terra de um país se torna propriedade privada, os seus proprietários, que, como todos os homens, gostam de colher o que nunca semearam, exigem uma renda, mesmo pelas suas produções naturais. A madeira da floresta, a erva do prado, e todos os frutos naturais da terra que, quando era comum, custavam ao trabalhador somente o incómodo de os colher, passam, mesmo para ele, a ter um preço adicional. Passa a ter de pagar a autorização de colhê-los; *e terá de entregar ao proprietário uma parte daquilo que o seu trabalho colheu ou produziu.* Esta parte, ou, o que é o mesmo, o valor desta parte é a renda da terra, que constitui uma terceira componente do preço da maior parte dos bens."

FILOSOFIA, MÉTODO E TEORIA DO VALOR

despendido para a obter, em comparação com o trabalho necessário para obter a segunda. O trabalho necessário corresponde apenas à parte do salário, o que significa que o *labour commanded* é superior ao trabalho necessário. Este já não pode regular a quantidade concreta de trabalho que uma qualquer mercadoria permite adquirir.

Até aqui, a análise de Smith acerca das partes que compõem o preço dos bens pressupõe a aceitação do princípio segundo o qual o *trabalho é a única origem do valor*. É isto mesmo que Smith afirma quando defende que o lucro e a renda são, a par dos salários, parte do "valor que os trabalhadores acrescentam às matérias-primas." Todo o valor é criado pelo *trabalho vivo, deduzindo-se* a esse valor o montante do lucro e da renda, que não vão pertencer aos trabalhadores (são *deduções ao produto do trabalho*).[31]

A concepção que fica exposta (fala-se, por vezes, a este propósito, de *teoria dedutiva*) desenvolve o conceito fisiocrático de *excedente*. O trabalho necessário para produzir uma mercadoria cria um valor que é superior ao montante dos salários pagos aos trabalhadores. Esta diferença é o *excedente*, que vai ser distribuído em rendas e lucros, aqui radicando uma teoria da distribuição do rendimento que tem como pano de fundo o conflito social entre os grupos (classes) que vão receber salários, lucros e rendas, cada um deles buscando o maior quinhão do valor criado pelo trabalho produtivo. Foi este entendimento que depois foi continuado na obra de Ricardo e de Marx. Alguns autores, incluindo o próprio Marx,

---

[31] Vejamos o que escreveu Adam Smith (*Riqueza das Nações*, ed. cit., I, 175): "Assim que a terra se torna propriedade privada o proprietário passa a exigir uma parte de quase todos os produtos que o trabalhador nela pode criar ou colher. *A renda torna-se na primeira dedução ao produto do trabalho que se emprega na terra.*

É raro acontecer que a pessoa que cultiva a terra tenha com que manter-se até fazer as colheitas. É geralmente um patrão, o rendeiro que o emprega, que, do seu capital, lhe adianta o sustento, e que não teria qualquer interesse em empregá-lo se lhe não coubesse uma parcela do produto do trabalho, ou seja, se o respetivo capital lhe não fosse restituído com um lucro. *Este lucro corresponde a uma segunda dedução ao produto do trabalho empregado na terra.*

O produto de quase todo o restante trabalho está sujeito a uma dedução semelhante, devida ao lucro. Em todas as artes e ofícios, a maior parte dos trabalhadores necessita que um patrão lhe adiante as matérias-primas para o seu trabalho, bem como os respetivos salários e manutenção até que ele se ache terminado. O patrão comparticipa do produto do trabalho, ou do valor que ele acrescenta às matérias-primas sobre as quais se aplica; e nessa comparticipação consiste o lucro."

DO "PRODUIT NET" DOS FISIOCRATAS À MAIS-VALIA DE MARX

têm visto nesta tese de Smith o embrião do conceito marxista de mais-valia e da teoria marxista da exploração.[32]

A elaboração da *teoria do valor-trabalho* vai também permitir a Adam Smith explicar todo o *sistema de trocas* que carateriza a vida económica e pôr de pé uma *teoria da distribui*ção do rendimento que tem em conta a divisão da sociedade (capitalista) em *classes sociais*, agora claramente caraterizadas pelo modo de participação de cada uma delas na atividade produtiva. E vai permitir-lhe também refletir na sua obra teórica as novidades da economia inglesa em vias de industrialização, enunciando corretamente o conceito de *lucro* e explicando que o *lucro*, enquanto categoria própria do capitalismo, não é apenas o rendimento auferido pelos *rendeiros capitalistas* na agricultura, mas também o *lucro industrial*.

A análise teórica de *Riqueza das Nações* incide sobre um modelo de sociedade em que o *trabalho produtivo* é a origem de todo o valor e em que o produto global criado pelo *trabalho produtivo* vai ser distribuído em *salários, rendas* e *lucros*. O salário assegura a manutenção e a reprodução dos trabalhadores produtivos. Da parte restante (o 'produto líquido' ou 'excedente') vão sair a *renda* dos proprietários e o *lucro* dos capitalistas, categorias que Smith considera "deduções ao produto do trabalho."

"Em todas as artes e ofícios – escreve Adam Smith –, a maior parte dos trabalhadores necessita de um patrão que lhe adiante as matérias-primas para o seu trabalho, bem como os respetivos salários e manutenção até que ele se ache terminado." Esse patrão não teria qualquer interesse em empregar indivíduos industriosos se lhe não coubesse uma parcela do produto do trabalho, ou seja, se o respetivo capital lhe não fosse restituído com um lucro. (...) O patrão comparticipa do produto do trabalho, ou do

---

[32] Cfr. M. DOBB, *Teorias...*, cit., 64; C. NAPOLEONI, *Fisiocracia...*, cit., 48 e C. LARANJEIRO, *ob. cit.*, 82. Ver, no entanto, as reflexões de C. NAPOLEONI, *Discurso...*, cit., 37/38.

Não desconheço que há outra interpretação do pensamento de Adam Smith a este respeito (Cfr. A. J. AVELÃS NUNES, *As Origens...*, cit., 111-113), mas creio que a leitura que deixo atrás é a que tem maior peso na obra de Smith e é a mais lógica no contexto da *Riqueza das Nações*, em consonância com o princípio de que *o trabalho é a fonte originária de todo o valor*, de que só o trabalho produtivo cria um excedente (o 'bolo' que vai ser distribuído pelas classes sociais em presença); em consonância com a tese segundo a qual o que conta, como causa do valor, é o *trabalho abstrato* e não qualquer tipo de *trabalho concreto*, cujas caraterísticas dependeriam do objeto sobre que ele incide; em consonância com o ponto de vista segundo o qual a produtividade do trabalho depende da divisão do trabalho e não de um qualquer dom da natureza; em consonância com a afirmação de que *a renda e o lucro são deduções ao produto do trabalho*, são uma parte, que não cabe aos trabalhadores, do "valor que os trabalhadores acrescentam às matérias-primas."

FILOSOFIA, MÉTODO E TEORIA DO VALOR

valor que ele acrescenta às matérias-primas sobre as quais se aplica; e nessa comparticipação consiste o lucro." Adam Smith deixa ainda claro que os "lucros do patrão" (que o filósofo justifica porque "o empresário do trabalho arrisca o seu capital nesta aventura") se relacionam com "o volume de matérias-primas e salários por ele adiantados." Isto é: a *taxa de lucro* mede-se em função do montante do capital adiantado para o desenvolvimento da atividade produtiva (para o pagamento dos salários, das matérias-primas e dos restantes meios de produção).

Este entendimento do lucro significa que o capital que proporciona um lucro ao seu titular é um capital que pressupõe uma *relação social* entre *aqueles que têm riqueza acumulada em suas mãos* e aqueles *indivíduos industriosos cujo único património consiste na sua força e habilidade de mãos*. Os primeiros (os capitalistas) podem, assim, dispor dos meios de produção que vão adiantar aos segundos, contratados por eles como trabalhadores assalariados, "a fim de obterem um lucro com a venda do seu trabalho, ou com aquilo que esse trabalho acrescenta ao valor das matérias-primas."[33]

**11.** – A *divisão do trabalho* e a *acumulação do capital* distinguem o capitalismo dos modos de produção anteriores. E Adam Smith soube enquadrar estas novidades na sua análise teórica: como Ronald Meek põe em destaque, "a intensa acentuação da função económica do lucro do capital e da acumulação do capital é o que mais decisivamente dá unidade e força à estrutura de *Riqueza das Nações*."[34]

Nas sociedades primitivas, nas quais não existe a divisão do trabalho, a acumulação do capital não é necessária. Mas nestas sociedades não pode haver crescimento económico, porque este pressupõe a *acumulação do capital* (que é "uma condição prévia necessária para a consecução do progresso da capacidade produtiva do trabalho"), a qual torna possível a divisão do trabalho, que, por sua vez, só pode progredir na medida em que aumente a acumulação do capital.[35] Também nas sociedades feudais

---

[33] Ver Adam SMITH, *Riqueza das Nações*, ed. cit., I, 148-150, 156, 175 e 221/222, e II, 521/522.

[34] Cfr. R. MEEK, *Economia e Ideologia*, cit., 36.

[35] Assim se exprime Adam Smith (*Riqueza das Nações*, ed. cit., I, 493-495): "Naquele estádio primitivo da sociedade em que não existe divisão do trabalho, em que raramente se efetuam trocas, e em que cada homem fornece a si mesmo tudo aquilo de que precisa, não se torna necessário acumular ou armazenar previamente quaisquer bens com o fim de permitir

o fim da produção era, em larga medida, o de satisfazer o consumo senhorial, o que significa que o *excedente* se destinava quase exclusivamente à manutenção de *trabalhadores improdutivos*. As economias ficavam, assim, condenadas a uma situação estacionária.

Ao invés, na nova sociedade que emergiu com a 'revolução industrial inglesa', Smith entende que os capitalistas, enquanto classe social, não são *consumidores puros*: uma parte do *excedente* que eles recebem a título de lucro vai ser *acumulada*, convertendo-se em *capital adicional*, cuja utilização vai permitir empregar um maior número de trabalhadores produtivos.

Mas isto significa que o crescimento é encarado como um processo *self-reinforcing*: como o aumento da riqueza produzida favorece os lucros, dele resulta o aumento da parte do rendimento que é poupada e que vai ser acrescentada ao capital existente; o aumento da acumulação do capital vai, por sua vez, aumentar a procura de trabalhadores produtivos, cuja atividade vai traduzir-se em novo aumento de riqueza. E assim por diante... Esta confiança no *processo de crescimento auto-sustentado* é um dos afloramentos do *otimismo* que ressalta de toda a obra de Adam Smith. [36]

---

a realização da atividade da sociedade. Todo o homem procura suprir pelo seu próprio trabalho as suas necessidades ocasionais, à medida que elas ocorrem. Quando tem fome, vai caçar para a floresta; quando o vestuário que usa está gasto, veste-se com a pele do primeiro animal de grande porte que consiga matar; e quando a cabana que habita começa a dar sinais de ruína, trata de concertá-la o melhor que pode com as árvores e as ervas mais próximas.

Mas, uma vez que tenha sido profundamente introduzida a divisão do trabalho, o produto do trabalho de um homem apenas poderá suprir uma parte muito reduzida das suas economias ocasionais. De longe a maior parte destas terá de ser suprida pelo produto do trabalho de outros homens, que o primeiro irá adquirir em troca do produto ou, o que é o mesmo, do preço do produto do seu próprio trabalho. Mas tal aquisição apenas poderá ser feita a partir do momento em que o produto do seu próprio trabalho esteja, não só terminado, mas também vendido. Haverá, por conseguinte, que armazenar em qualquer parte um conjunto de diferentes espécies de bens, suficiente para o manter e lhe fornecer as matérias-primas e os instrumentos necessários ao seu próprio trabalho, pelo menos até ao momento em que aquelas duas circunstâncias se verifiquem."

[36] Nas palavras de Adam Smith (*Riqueza das Nações*, ed. cit., I, 635), "o capital de todos os indivíduos que constituem uma nação aumenta, tal como o de um indivíduo, pela sua contínua acumulação, conseguida ao acrescentar ao capital existente toda a parte do rendimento que é poupada. Deverá, portanto, crescer tanto mais rapidamente quanto maior for o rendimento proporcionado pelo seu emprego a todos os habitantes do país, que, assim, ficarão habilitados a realizar a máxima poupança."

**12.** – Adotando o conceito fisiocrático de *trabalho produtivo*, Adam Smith dá-lhe um sentido completamente diferente, definindo-o como aquele que "origina um valor", que "eleva o valor do objeto a que é aplicado", que acrescenta "ao valor das matérias-primas a que se aplica o valor da sua própria manutenção e o lucro do patrão." E esclarece que, "embora o patrão adiante ao operário os seus salários, ele, na realidade, não implica qualquer dispêndio para o patrão, uma vez que o valor desses salários lhe é, em regra, restituído com um lucro, por meio do valor acrescido do objeto sobre o qual o operário trabalhou."[37]

Este entendimento, que identifica o *trabalho produtivo* com o trabalho que *origina valor* (ideia que se casa perfeitamente com aquela outra segundo a qual o *trabalho abstrato* é a única fonte de valor), é, a meu ver, o mais consistente com as linhas mestras de *Riqueza das Nações*. O *trabalho produtivo* é o que cria riqueza, à qual vão ser *deduzidos* os montantes arrecadados pelos capitalistas e pelos proprietários de terras. O lucro e a renda não se justificam, portanto, enquanto rendimentos criados pelo capital e pela terra, nem representam qualquer remuneração devida a estes "fatores de produção" (como defenderá Say). Os capitalistas (os *patrões* ou *empresários*), uma vez pagos os salários aos trabalhadores produtivos, apropriam-se do excedente que estes criaram para além do correspondente ao salário: se os patrões ou empresários (capitalistas) forem rendeiros agrícolas, então terão de entregar aos proprietários fundiários, a título de *renda da terra*, uma parte do excedente que em primeira mão chamaram a si.

Esta noção de *trabalho produtivo* é aquela que Marx chamou "a definição correta": o valor criado pelo trabalho produtivo e incorporado nos bens produzidos paga o trabalho necessário para produzir estes bens (salário) e deixa ainda um excedente (o "lucro do patrão", do qual sairá a renda, quando houver que a pagar). E é esta também a leitura feita por Claudio Napoleoni, quando define a noção smithiana de *trabalho produtivo* como "aquele trabalho que não só reproduz o valor dos próprios meios de subsistência, mas reproduz também um valor adicional (que é apropriado como lucro ou como renda), (...) aquele trabalho que dá lugar a um produto pelo qual o *labour commanded* é maior que o trabalho incorporado."[38] Ela pressupõe claramente uma economia que se

---

[37] Cfr. *Riqueza das Nações*, ed. cit., I, 581.

[38] Cfr. C. NAPOLEONI, *Fisiocracia...*, cit., 49. É certo que do texto de Adam Smith emerge uma outra leitura possível da noção de *trabalho produtivo*, que a liga ao facto de se fixar ou

DO "PRODUIT NET" DOS FISIOCRATAS À MAIS-VALIA DE MARX

desenvolve numa sociedade assente na "apropriação da terra" e na "acumulação do capital", uma sociedade com determinada estrutura social, caraterizada pela existência de uma classe de indivíduos que dispõem de *riqueza acumulada* nas suas mãos e de uma classe de *indivíduos industriosos* separados das condições objetivas da produção, que nada mais têm de seu além da "sua força e habilidade de mãos."[39]

Numa sociedade com esta estrutura social, Smith explica que, "logo que começa a existir *riqueza acumulada* nas mãos de determinadas pessoas, algumas delas utilizá-la-ão naturalmente para assalariar *indivíduos industriosos* a quem fornecerão matérias-primas e a subsistência, a fim de obterem um lucro com a venda do seu trabalho, ou com *aquilo que esse trabalho acrescenta ao valor das matérias-primas*. Ao trocar-se o produto acabado por dinheiro, por trabalho ou por outros bens, numa quantidade superior à que seria necessária para pagar o preço das matérias-primas e os salários dos trabalhadores, parte dela tem de constituir os lucros do empresário do trabalho, que arrisca o seu capital nesta aventura. O *valor que os trabalhadores acrescentam às matérias-primas* consistirá, portanto, neste caso, em duas partes, uma das quais constituída pelos respetivos *salários*, a outra pelos *lucros do patrão*, relativos ao volume de matérias-primas e salários por ele adiantados."[40]

Em economias assim estruturadas, o *capital* é o conjunto de diferentes espécies de bens [ou o dinheiro que permite adquiri-los] *previamente acumulados* que o empregador *adianta* ao processo produtivo, colocando à disposição dos trabalhadores que contrata as matérias-primas e os instrumentos necessários ao seu próprio trabalho, e os bens que lhes permitem alimentar-se (a si e às suas famílias) até "momento em que o

---

incorporar em uma *mercadoria vendável*, por contraposição ao *trabalho improdutivo*, entendido como trabalho que não se fixa nem se incorpora em uma mercadoria vendável, i. é, como serviço que deixa de existir no próprio momento em que é prestado, sem que fique atrás de si qualquer resíduo ou valor que, mais tarde, permita obter igual quantidade desse serviço.

Esta já seria uma leitura dificilmente compatível com a lógica marxista, segundo a qual o que é relevante é a natureza das relações sociais de produção, o que significa que a força de trabalho de um trabalhador assalariado que presta *serviços* ao seu patrão também pode gerar mais-valia. Creio, porém, com Maurice Dobb (*Teorias...*, cit., 81-83), que "é razoável supor que Adam Smith não encontrou contradição entre as duas definições porque não considerava possível lucro ou mais-valia a não ser quando o trabalho em questão produzisse um bem vendável. Sem dúvida que as duas noções coincidem em grande parte."

[39] Cfr. *Riqueza das Nações*, ed. cit., I, 269.

[40] Cfr. *Riqueza das Nações*, ed. cit., I, 148/149.

produto do seu próprio trabalho esteja, não só terminado, mas também vendido" (este o papel do *salário*). [41]

Esclarece Adam Smith: aquele que dispõe de *riqueza acumulada* "só aplica capital numa indústria com vista ao lucro": o titular do *capital* "não teria qualquer interesse em empregar *indivíduos industriosos* se não esperasse obter, com a venda do seu trabalho, um pouco mais do que o necessário para reconstituir a sua riqueza inicial; e não teria qualquer interesse em empregar um maior número de bens, de preferência a um volume menor, se os lucros que aufere não fossem proporcionais ao volume do capital empregado." Em suma: "seja qual for a parte da sua riqueza que um homem empregue como capital, espera sempre que ela lhe seja restituída com um lucro." [42]

Estamos perante uma noção de *capital* que corresponde, basicamente, à de *adiantamento* do salário (das subsistências) aos trabalhadores produtivos, ou seja, uma noção que considera o *capital* separado do trabalho, mas indissociável do trabalho. [43]

Nas economias pré-capitalistas, a produção destinava-se à satisfação de necessidades: ou pelo consumo dos próprios bens que cada um produzia, ou por troca de uma parte destes bens por outros que esse indivíduo não produzia, mas de que igualmente carecia. A troca (direta ou monetária, servindo a moeda como *simples intermediário nas trocas)* visava apenas proporcionar a cada interveniente uma satisfação mais adequada das necessidades, mediante a obtenção de um valor de uso maior do que aquele que se dava em troca. Nas economias capitalistas, o processo assenta na iniciativa dos *capitalistas*: quem dispõe de dinheiro acumulado (*capital*), vai utilizá-lo na compra de força de trabalho e de meios de produção, com vista à produção de mercadorias destinadas à venda no mercado, para obter *mais dinheiro* do que aquele que utilizou no processo produtivo.

A esta luz, ganha sentido a conclusão de Ronald Meek: "em *Riqueza das Nações* a tendência para maximizar o lucro e para acumular capital apresenta-se como o requisito essencial e a causa básica do crescimento da riqueza." [44] Adam Smith chegou à compreensão (que Marx desen-

---

[41] Cfr. *Riqueza das Nações*, ed. cit., I, 493/494.
[42] Cfr. *Riqueza das Nações*, ed. cit., I, 148/149, 585 e 757.
[43] Cfr. Maurice DOBB, *Teorias...*, cit., 60.
[44] Cfr. R. MEEK, *Economia...*, cit., 35.

DO "PRODUIT NET" DOS FISIOCRATAS À MAIS-VALIA DE MARX

volveria e esclareceria) de que a dinâmica do processo de produção capitalista assenta na *obtenção de lucros*: a obtenção de *mais dinheiro* é o objetivo direto e o incentivo determinante da produção nos quadros do capitalismo.

**13.** – *Sobre o valor* é o título do Capítulo I dos *Princípios*, podendo ler-se, como epígrafe da Secção I: "O valor de um bem, ou seja, a quantidade de qualquer outro bem com o qual se possa trocar, depende da quantidade relativa de trabalho necessária para a sua produção e não da maior ou menor remuneração auferida por esse trabalho."[45]

O objeto da economia política estava definitivamente encontrado, dispensando-se qualquer *inquérito* ou *investigação* para o descobrir. A *teoria do valor-trabalho* é a pedra angular, o núcleo da obra teórica de Ricardo, que desfez as dúvidas de interpretação suscitadas pela leitura de *Riqueza das Nações*. Ricardo sustenta claramente que o valor das mercadorias se explica pela quantidade de trabalho necessária para a sua produção, teoria que considera válida não apenas para formas remotas de organização económica, mas também no contexto do sistema capitalista que tinha perante si. Assim como defende que o valor "não depende da abundância mas antes da dificuldade ou da facilidade da produção", Ricardo deixa igualmente claro que "a utilidade não serve de medida de valor de troca, embora lhe seja absolutamente essencial."[46]

---

[45] Ricardo (*Princípios*, cit., 121/122) põe em relevo, porém, que *os lucros serão tanto mais elevados quanto mais baixos forem os salários*: "O valor total da sua produção [da produção dos agricultores e dos industriais] é dividido só em duas partes: uma constitui os lucros do capital; a outra, os salários do trabalho.

Supondo que o trigo e os produtos manufaturados se vendem sempre ao mesmo preço, os lucros serão elevados ou baixos na medida em que os salários sejam baixos ou elevados. Mas suponhamos que o preço do trigo aumenta porque é necessário mais trabalho para o produzir: esta causa não fará aumentar o preço dos produtos manufaturados cuja produção não exija uma quantidade adicional de trabalho. Nesse caso, se os salários se mantiverem, os lucros dos industriais não sofrem alteração; mas se, como é absolutamente certo, os salários aumentarem com a subida do preço do trigo, então os seus lucros devem necessariamente diminuir."

[46] As suas ideias são claras (Cfr. *Princípios*, 31/32): "Se um bem fosse destituído de utilidade – por outras palavras, se não pudesse, de modo algum, contribuir para o nosso bem-estar – não possuiria valor de troca independentemente da sua escassez ou da quantidade de trabalho necessária para o produzir.

Os bens que possuem utilidade vão buscar o valor de troca a duas fontes: à sua escassez e à quantidade de trabalho necessária para a sua obtenção.

## FILOSOFIA, MÉTODO E TEORIA DO VALOR

Como à Economia Política só interessam, verdadeiramente, os problemas respeitantes à produção e distribuição dos bens susceptíveis de ser 'reproduzidos' em grandes quantidades pela atividade dos homens, poderá dizer-se que, para Ricardo, a teoria do valor que interessa à Economia Política é aquela que faz assentar o valor de troca das mercadorias na "quantidade de trabalho necessária para a sua reprodução."

Relativamente à diferente *qualidade do trabalho*, Ricardo logo especifica que, "embora o trabalho seja remunerado segundo a sua qualidade, esse facto não pode causar alterações no valor relativo dos bens."[47]

E, ultrapassando um certo simplismo de Smith, põe em relevo que "o valor dos bens não tem somente origem no trabalho diretamente neles aplicado mas também no trabalho que foi aplicado nos utensílios, ferramentas, e edifícios que com eles colaboram, (...), mesmo no estado primitivo da sociedade a que Adam Smith se refere."[48]

---

Há alguns bens cujo valor é determinado unicamente pela sua escassez. A quantidade de tais bens não pode ser aumentada pelo trabalho e, portanto, não se pode reduzir o seu valor aumentando a oferta. Pertencem a esta classe estátuas e pinturas célebres, moedas e livros raros e vinhos de qualidade que só se podem fazer com uvas produzidas em terreno especial e disponíveis em pequena quantidade. O seu valor é absolutamente independente da quantidade de trabalho necessária para os produzir, mas, em contrapartida, varia com as alterações na situação económica e nos gostos dos que os desejam possuir.

Porém, estes produtos representam uma parcela diminuta da massa dos bens diariamente trocada no mercado. De longe, a maior parte dos bens procurados são obtidos por meio do trabalho e podem ser multiplicados quase ilimitadamente não só num país mas em muitos, se estivermos dispostos a utilizar o trabalho necessário para os obter.

Por isso ao escrever sobre os bens, o seu valor de troca e as leis que regulam os seus preços relativos, referimo-nos sempre aos bens cuja quantidade pode ser aumentada pela atividade humana e em cuja produção a concorrência atua sem restrições."

[47] Escreve Ricardo (*Princípios*, 41-46): "Ao falar do trabalho como fundamento de todo o valor e da sua quantidade relativa como determinante quase exclusiva do valor relativo dos bens, não deve supor-se que não considero as diferentes categorias de trabalho e a dificuldade em comparar o trabalho de uma hora ou de um dia empregados numa tarefa com o mesmo lapso de tempo aplicado noutra. O valor conferido às diferentes categorias de trabalho é rapidamente acertado no mercado com suficiente precisão para quaisquer fins práticos e depende muito da relativa destreza do trabalhador e da quantidade de trabalho executado. A escala, uma vez estabelecida, é susceptível de muito pequenas variações. Se o trabalho diário de um relojoeiro vale mais do que o trabalho de um trabalhador vulgar é porque foi há muito tempo calculado e colocado na devida posição na escala de valores."

[48] Acompanhemos Ricardo (*Princípios*, 41-46): "Mesmo no estado primitivo da sociedade a que Adam Smith se refere seria necessário algum capital para o caçador matar os animais, embora seja possível que esse capital fosse feito e acumulado por ele. Sem uma arma não se poderia matar nem o castor nem o veado; portanto, o valor desses animais seria calculado não só em consideração ao tempo e trabalho necessários para a sua captura mas também

## DO "PRODUIT NET" DOS FISIOCRATAS À MAIS-VALIA DE MARX

E sublinha também que o *valor relativo* dos bens há-de ser "proporcional ao trabalho empregado tanto na formação do capital como na caça dos animais", mesmo numa sociedade dividida em classes, em que "todas as armas necessárias para caçar o castor e o veado possam pertencer a uma classe de homens e o trabalho empregado na sua caça possa ser oferecido por outra classe." O princípio de que o *valor de troca* dos bens depende da quantidade de trabalho necessária para os produzir é válido, segundo Ricardo (ao contrário do que pensava Smith), mesmo nas situações em que se verifica, na expressão de Adam Smith, "a acumulação de capital (...) nas mãos das pessoas privadas" e "a apropriação da terra". Os bens variam de valor segundo este mesmo princípio, mesmo em "uma sociedade mais desenvolvida, onde a arte e o comércio florescem."[49]

---

ao tempo e trabalho necessários para obter o capital do caçador, a arma, por meio da qual se efetuava a sua captura.

Suponhamos que a arma necessária para matar o castor era fabricada com muito mais trabalho do que a necessária para matar o veado, em razão da maior dificuldade em chegar perto do primeiro animal e da consequente necessidade de ela ser mais aperfeiçoada: um castor teria naturalmente mais valor do que dois veados, precisamente por esta razão, isto é, no total era necessário mais trabalho para o caçar. Ou suponhamos que era necessária a mesma quantidade de trabalho para produzir as duas armas, mas que a sua duração era muito desigual; só uma pequena parte do valor da mais resistente seria transferida para o produto, ao passo que se incorporaria uma parte muito maior do valor da arma menos duradoura no outro produto."

[49] Vale a pena ler Ricardo (*Princípios*, 41-46): "Ao calcular-se o valor de troca das meias, por exemplo, concluiremos que o seu valor, relativamente às outras coisas, depende da quantidade total de trabalho necessário para as fazer e as colocar no mercado. Em primeiro lugar, há o trabalho necessário para cultivar a terra que produz o algodão; em segundo lugar, o trabalho de transportar o algodão para o país onde as meias são manufaturadas, o qual inclui uma parte do trabalho empregado na construção do barco que o transportar e que é pago no frete; em terceiro lugar, o trabalho da fiandeira e do tecelão; em quarto lugar, uma parte do trabalho do engenheiro, do ferreiro e do carpinteiro que construíram os edifícios e as máquinas que contribuem para a sua fabricação; em quinto lugar, o trabalho do comerciante a retalho e de muitos autores que é desnecessário pormenorizar. A soma destas várias espécies de trabalho determina a quantidade de outros bens com os quais as meias são susceptíveis de serem trocadas e o mesmo cálculo das quantidades de trabalho utilizadas nos outros bens determinará a quantidade delas que se poderá trocar pelas meias.

Para nos convencermos de que este é o verdadeiro fundamento do valor de troca, suponhamos que se deu um aperfeiçoamento qualquer que reduziu o trabalho numa das várias fases por que passa o algodão em bruto antes de as meias manufaturadas serem trocadas por outros bens no mercado, e vamos observar os seus efeitos. Se forem necessários menos homens para cultivar o algodão ou se forem utilizados menos marinheiros na navegação ou menos carpinteiros na construção do navio que o transporta, se forem necessários menos homens para construir os edifícios e as máquinas ou se estas, uma vez construídas, forem mais eficientes, as meias diminuirão inevitavelmente de valor e, em consequência, obtêm-se

**14.** – A teoria do valor-trabalho de Ricardo pressupõe que em todas as atividades produtivas se utilize capital fixo e capital circulante na *mesma proporção* e que o capital fixo seja de *idêntica duração* em todas elas. Só nestas condições se poderá defender que o valor de um bem depende da "quantidade relativa de trabalho necessária para o produzir" e não da "maior ou menor remuneração auferida por esse trabalho."

No entanto, Ricardo chama a atenção para o facto de nem sempre tais pressupostos se verificarem. Por um lado, "duas atividades podem utilizar o mesmo montante de capital mas este pode ser dividido de modo muito diferente em relação à parte que é fixa e à que é circulante." Por outro lado, "há atividades em que se emprega muito pouco capital circulante, quer dizer, capital que apoia o trabalho; o capital pode ser investido principalmente em máquinas, utensílios, edifícios, etc., ou seja, um capital de caráter relativamente fixo e duradouro. Noutras atividades pode até empregar-se o mesmo montante de capital, mas ser utilizado principalmente para apoiar o trabalho e só uma pequena parte ser investida em utensílios, máquinas e edifícios." Finalmente, pode acontecer que "dois industriais podem utilizar igual montante de capital fixo e de capital circulante, mas a duração do capital fixo de cada um pode ser muito desigual."[50]

Assim sendo, variando as circunstâncias em que são produzidos os bens, o valor relativo dos bens produzidos em idênticas circunstâncias, em comparação com o de outros bens que não são produzidos com a mesma quantidade relativa de capital fixo (ou com capital da mesma duração que retorne à posse do capitalista com igual rapidez), varia "com uma subida nos salários, embora não se altere a quantidade de trabalho empregado na sua produção."

Ricardo trata estes casos, porém, como simples *modificações* (é o termo por ele utilizado) ao "princípio de que a quantidade de trabalho empregada na produção dos bens determina o seu valor relativo" ou "princípio de que o valor não se altera com a subida ou descida dos salários."[51]

---

menos bens em troca. Diminuiriam de valor porque era necessário menos trabalho para a sua produção e, portanto, trocar-se-iam por uma quantidade menor daqueles bens nos quais não se tivesse verificado uma tal redução de trabalho.

Em suma: "Qualquer economia na utilização do trabalho reduz o valor relativo de um bem, quer essa poupança se dê diretamente no trabalho necessário para a fabricação do produto quer no trabalho necessário para a formação do capital com o qual é produzido."

[50] Ver *Princípios*, ed. cit., 41-46 e 50-59.

[51] Ver os resumos das secções IV e V de *Princípios*: "O princípio de que a quantidade de trabalho empregada na produção dos bens determina o seu valor relativo é consideravelmente

Daí a sua conclusão no sentido de que, "ao avaliar as causas das alterações do valor dos bens, embora seja incorreto omitir pura e simplesmente a consideração do efeito produzido por uma subida ou descida dos salários, seria igualmente incorreto dar-lhe muita importância; consequentemente, no resto deste trabalho, embora ocasionalmente me possa referir a esta causa de variação, considerarei que todas as grandes alterações que se verificam no valor relativo dos bens são causadas pela maior ou menor quantidade de trabalho necessária para os produzir em períodos diferentes."[52]

**15.** – Marx valorizou o papel (revolucionário) desempenhado pela Economia Política como arma da burguesia na sua ação para desacreditar e dissolver a sociedade feudal e para a nova ordem burguesa.

Entretanto, a burguesia instalou-se solidamente como classe dominante e, a partir de certa altura, a nova classe operária começou a ganhar consciência da sua própria posição no processo produtivo social e do antagonismo entre os seus interesses de classe e os interesses da burguesia. A ciência económica começou, por essa altura, a questionar a natureza das *leis naturais* e a tese implícita de que o capitalismo seria o *fim da história*; começou a colocar-se na ótica da classe operária emergente, questionando a *liberdade económica* defendida pela burguesia; e começou, também, a pôr em causa a identificação dos interesses da burguesia com o interesse comum (ideia aceite no período de viragem do feudalismo para o capitalismo, durante o qual a burguesia tinha sido a classe revolucionária).

Nestas novas condições, a burguesia deixou de se interessar pelo desenvolvimento da Economia Política enquanto *ciência* orientada para a descoberta das leis económicas do funcionamento e da evolução da sociedade capitalista. A *economia política burguesa* perdeu o seu caráter de *análise científica* da evolução económica da sociedade e transformou-se em *ideologia*, no sentido de má consciência (ou de *falsa consciência*), i. é, de instrumento de defesa dos interesses da classe dominante na sociedade capitalista (a burguesia), contra a ideologia da classe operária.

---

modificado pelo emprego de máquinas e outras categorias de capital" (p.50); "O princípio de que o valor não se altera com a subida ou descida dos salários é também modificado pela desigual duração do capital e pela desigual rapidez com que ele retorna à posse do capitalista." (p. 59).

[52] Cfr. *Princípios*, 52-57.

Marx sublinhou isto mesmo, no *Prefácio* à 1ª edição de *O Capital* (1867): "no domínio da economia política, a investigação científica livre encontra muitos mais inimigos do que nos outros domínios. A natureza particular das matérias de que se ocupa atrai para o campo da luta contra ela as paixões mais violentas, mais mesquinhas e mais odiosas do coração humano, as Fúrias do interesse privado."[53]

No *Posfácio* à 2ª edição alemã de *O Capital* (1873), Marx sublinha que "Ricardo é o primeiro economista que faz deliberadamente do antagonismo dos interesses de classe, da oposição entre salário, lucro e renda, o ponto de partida da sua investigação. Este antagonismo, inseparável da própria existência das classes que compõem a sociedade burguesa, formula-o ele ingenuamente como a lei natural, imutável, da sociedade humana. Era atingir o limite, que a ciência burguesa não transporá. A Crítica ergueu-se perante ela ainda em vida de Ricardo, na pessoa de Sismondi."[54]

---

[53] Cfr. MARX/ENGELS, *Obras Escolhidas*, ed. cit., II, 92.

[54] Acompanhemos a análise de Marx no *Posfácio* à 2ª edição alemã de *O Capital* (1873): "Na medida em que é burguesa – isto é, [na medida em que] apreende a ordem capitalista não como etapa histórica transitória de desenvolvimento, [mas], inversamente, como a forma absoluta e definitiva da produção social –, a Economia Política só pode permanecer ciência enquanto a luta de classes permanecer latente ou se revelar apenas em fenómenos isolados. (...) Consideremos a Inglaterra – escreve Marx. O período em que a luta de classes ainda aí não está desenvolvida é também o período clássico da Economia Política. (...) O período de 1820 a 1830 foi, na Inglaterra, um período de vitalidade científica no domínio da Economia Política. Foi o período da elaboração da teoria ricardiana, da sua difusão e vulgarização e da sua luta contra todas as outras escolas saídas da doutrina de Adam Smith."
(...) "Por um lado, a grande indústria ainda estava a sair da sua infância, pois só com a crise de 1825 se inicia o ciclo periódico da sua vida moderna. Por outro lado, a luta de classes entre o capital e o trabalho era atirada para segundo plano: no plano político, pela luta dos governos e da feudalidade, agrupados à volta da Santa-Aliança, contra a massa popular, conduzida pela burguesia; no plano económico, pelas disputas do capital industrial com a propriedade aristocrática da terra, que, na França, se escondiam por trás do antagonismo entre a pequena e a grande propriedade, e que, na Inglaterra, se manifestaram abertamente, após as leis dos cereais. (...) Em 1830 que rebenta a crise decisiva. (...) Alguns escritores – observa Marx – começaram a servir-se da teoria ricardiana uma arma ofensiva contra o capitalismo.
Na França e na Inglaterra, a burguesia apodera-se do poder político. A partir daí, a luta de classes reveste, na teoria como na prática, formas cada vez mais declaradas, cada vez mais ameaçadoras. É ela que dá o toque de finados da economia burguesa científica. Doravante, já se não trata de saber se tal ou tal teorema é verdadeiro, mas sim se é agradável ou desagradável, se é aprazível ou não à polícia, útil ou prejudicial ao capital.
A investigação desinteressada cede o lugar ao pugilato pago, a investigação consciencíosa à má consciência, aos subterfúgios miseráveis da apologética. No entanto, os pequenos tratados com que a *Anti-corn Law League*, sob os auspícios dos fabricantes Bright e Cobden,

## DO "PRODUIT NET" DOS FISIOCRATAS À MAIS-VALIA DE MARX

Partindo de Ricardo, a preocupação essencial de Marx foi a de fazer a *Crítica da Economia Política* (subtítulo de *O Capital*), a crítica da Economia dos clássicos ingleses, a crítica da Economia que tinha nascido com o capitalismo, como "ciência da burguesia", com o propósito de elaborar uma nova teoria económica, claramente assumida como "ciência do proletariado", uma ciência que ajudasse a nova classe operária a intervir no processo histórico, num sentido convergente com o da sua lógica evolutiva, facilitando o processo de desagregação do capitalismo e acelerando a passagem ao socialismo. Não foi por acaso que foi escolhida para figurar na pedra tumular de Marx esta sua afirmação nas *Teses sobre Feuerbach*: "Os filósofos têm-se limitado a *interpretar* o mundo de maneiras diferentes; a questão, porém, é transformá-lo."[55]

**16.** – Marx entende que a ciência económica burguesa atingiu com Ricardo o seu limite, mas o ponto de partida dos seus estudos no âmbito da ciência económica são, sem dúvida, os *princípios teóricos* enunciados por Ricardo ("o economista mais distinto" do século XIX, na opinião do próprio Marx).[56]

Conhecedor da obra de Adam Smith, Marx retoma a distinção entre *trabalho produtivo* e *trabalho improdutivo*. Na categoria de *trabalho improdutivo* inclui, como Smith, os funcionários e as domésticas e – ao contrário do autor de *Riqueza das Nações* – a atividade puramente comercial, por entender que o tempo gasto pelo vendedor para obter um preço mais elevado não pode aumentar o valor da mercadoria. Considera, porém, como *trabalho produtivo* – além do trabalho utilizado na produção de bens materiais – o trabalho dos que se ocupam em empresas produtoras de serviços (v.g. empresas de transporte). Entendendo que, "instintiva ou conscientemente, a economia política clássica sempre sustentou que o que caraterizava o trabalho produtivo era o facto de

---

incomodou o público, ainda oferecem algum interesse, se não científico, pelo menos histórico, por causa dos seus ataques contra a aristocracia fundiária. Mas a legislação livrecambista de Robert Peel arranca em breve à *economia vulgar*, juntamente com o seu último motivo de queixa, a sua última garra." (tradução minha da versão publicada em *Le Capital*, trad. J. Roy, ed. cit., 579-584)

[55] Cfr. MARX/ENGELS, *Obras Escolhidas*, ed. cit., I, 3.

[56] Na *Introdução* de Michael P. Fogarty aos *Princípios*, escreve este (ed. cit., 8) que "*O Capital* [de Marx] é pura consequência da doutrina de Ricardo, desenvolvida e interpretada por um discípulo brilhante, com um fogo, rancor e habilidade na exemplificação prática que o próprio mestre nunca igualou."

## FILOSOFIA, MÉTODO E TEORIA DO VALOR

gerar uma mais-valia", Marx considera *trabalho produtivo* "o trabalho que fecunda o capital", que "gera mais-valia para o capitalista", esclarecendo que esta noção implica "uma relação social, que faz do trabalho o instrumento imediato da valorização do capital."[57]

Como digo atrás, a análise da *teoria do valor* é a pedra angular da teoria ricardiana e é também o ponto de partida da teoria económica de Marx. Só que este, como escreveu Maurice Dobb, "tomou o sistema de Ricardo, despojou-o da sua armação de 'lei natural' e revolucionou o seu significado qualitativo."[58] Com efeito, Marx serve-se da teoria do valor de Ricardo para explicar em que medida essa teoria revela que a essência do sistema é a *exploração* dos trabalhadores assalariados, i. é, a apropriação pelos seus empregadores do *excedente* por eles criado (o *mais-valor*, a *mais-valia* – *mehrwert*, a palavra alemã).

As mercadorias apresentam um *valor de uso* (uma utilidade para quem as possui) e um *valor de troca*, valores que se ligam um ao outro, pois nenhuma mercadoria se trocará (venderá) se não for útil a alguém. Só que o valor de troca de uma mercadoria não se reconduz à sua *utilidade*, uma vez que o valor (de troca) das mercadorias não é tanto maior quanto maior for a sua utilidade.

Marx sublinha que o *valor de uso* (laço particular entre o objeto e o indivíduo) não poderá de maneira nenhuma erigir-se em elemento objetivo, em medida comum utilizável simultaneamente pelos compradores e pelos vendedores, uma vez que, por definição, a mercadoria vendida não tem utilidade para o vendedor no momento em que a vende. O *valor de troca* deve medir-se por uma qualidade que seja comum para todos os produtores que aparecem a vender as suas (várias) mercadorias, uma *qualidade social* que permita as relações entre os vários produtores. A estas exigências satisfaz a teoria do valor de Ricardo: o valor de troca de uma mercadoria representa a quantidade de trabalho necessária para a sua produção.

Como Ricardo, também Marx sublinha que esta noção de *valor de troca* só se aplica aos objetos *produzidos regularmente* com vista à sua venda no mercado (as *mercadorias*). O preço de uma obra de arte ou de um vinho raro de uma dada colheita (que são bens *únicos* e irrepetíveis), v.g., terão de explicar-se por considerações inteiramente diferentes.

---

[57] Cfr. *Le Capital*, trad. J. ROY, cit., 365/366.
[58] Cfr. *Introdução...*, cit., 40

DO "PRODUIT NET" DOS FISIOCRATAS À MAIS-VALIA DE MARX

Como Ricardo, Marx esclarece também que o trabalho utilizado na produção dos materiais e dos instrumentos de produção faz parte do valor dos bens acabados.

Preocupado em afinar bem os seus conceitos fundamentais, Marx acrescenta que o trabalho que importa, do ponto de vista da lei do valor, não é o trabalho concretamente gasto por um determinado trabalhador em uma dada empresa, mas antes o *trabalho socialmente necessário* à produção de uma mercadoria. E deixa bem claro que o que importa é o *trabalho abstrato*, ao qual se reconduzem os diferentes tipos de trabalho fornecidos pelos indivíduos que pertencem a profissões diferentes. O que não significa aceitar-se que todos os trabalhadores fornecem, no mesmo tempo, a mesma quantidade de trabalho abstrato: tanto assim não é, que a sociedade atende à qualificação e à intensidade do trabalho fornecido, pagando salários diferentes para remunerar trabalhadores de diferente qualificação ou com intensidade de trabalho diferente.

Em resumo: o que determina o valor de uma mercadoria é o tempo de trabalho socialmente necessário para a produzir, o trabalho despendido por um operário de habilidade média, trabalhando com uma intensidade média e utilizando os instrumentos de produção normalmente utilizados em determinada época.

**17.** – O objetivo de Marx é determinar o significado social do lucro capitalista: se se trata de *excedente* (no sentido fisiocrático, de valores pagos a alguém sem contrapartida), como aparece este excedente e de que condições depende o seu aparecimento?

Ricardo – como Smith – verificou, sem a conseguir explicar, a não-coincidência entre a quantidade de trabalho fornecida pelos trabalhadores e o salário que lhes é pago. Os dois autores ingleses, anotando que os capitalistas e os proprietários de terras recebem rendimentos sem trabalhar, aceitam que eles auferem uma parte do valor criado pelo trabalho. E os socialistas pré-marxistas (socialistas utópicos) defendem que os capitalistas 'roubam' os operários, comprando o trabalho abaixo do seu real valor.

Marx veio colocar o problema à margem das implicações morais do socialismo utópico e procurou mostrar, *teoricamente*, que o *lucro* é um elemento essencial do capitalismo e não um elemento acidental (como poderia ser o roubo), apresentando o capitalismo como um *sistema de exploração necessária*, desligando a *exploração* de qualquer atitude voluntarística por parte dos capitalistas (isto é, do facto de estes serem boas ou más pessoas), e apresentando-a como um corolário lógico das próprias leis de funcionamento do capitalismo.

Ricardo não conseguiu responder à questão fundamental que ele próprio suscitou e que consiste em saber por que motivo o trabalho assalariado – sendo uma mercadoria como qualquer outra – não é pago pelo seu valor, como as outras mercadorias. Porque não vale para esta mercadoria (trabalho) a lei do valor?

Neste ponto é que Marx retoma a teoria ricardiana. Mas, se "a teoria de Marx é filha da teoria económica burguesa", "o seu nascimento matou a mãe", como observou Rosa Luxemburgo. Com efeito, Marx ultrapassou o impasse contido na questão enunciada, insolúvel nos termos referidos, porque se opõe o trabalho como tal à mercadoria, uma certa quantidade de *trabalho vivo* a uma certa quantidade de *trabalho realizado*, sendo certo que não há qualquer medida comum entre o trabalho vivo, criador de valor, e o trabalho realizado sob a forma de produto, de objeto.

Desfazendo a confusão que aponta a Ricardo, Marx põe em relevo esta distinção fundamental: "o que o operário vende não é diretamente o seu *trabalho*, mas a sua *força de trabalho*, transferindo para o capitalista a disposição temporária dela."[59] O que o capitalista compra é, pois, a *força de trabalho* do operário (a capacidade física e psíquica de trabalho do operário, i. é, o *trabalho em potência*) e não o *trabalho* (i. é, o *trabalho em ato*). E esta *mercadoria-força-de-trabalho* é paga pelo seu valor, segundo a lei geral da economia capitalista enunciada por Ricardo – a lei do valor.

Qual é então o valor da força de trabalho?[60]

Como qualquer outra mercadoria, a força de trabalho dos operários tem um valor que é determinado pelo tempo de trabalho socialmente necessário para a sua produção. O operário despende todos os dias uma certa quantidade de energia. Para a reconstituir, tem de se alimentar, vestir, dispor de habitação, etc.; para que a mercadoria que se gasta se

---

[59] "Tanto é assim – continua Marx, *Salário, preço e lucro*, ed. cit., II, 56 – que [em vários países] está fixado o *tempo máximo* pelo qual um homem está autorizado a vender a sua força de trabalho. Se autorizado a fazê-lo por qualquer período indefinido, a escravatura seria imediatamente restaurada. Uma tal venda, se compreendesse, por exemplo, a duração da sua vida, fá-lo-ia imediatamente escravo do seu patrão por toda a vida."

[60] Cfr. *Salário, preço e lucro*, ed. cit., II, 57ss.

reconstitua e a oferta se mantenha, é necessário que o operário se possa reproduzir, i. é, que possa sustentar a família, criar e educar os filhos; para que o trabalhador adquira preparação escolar adequada ou aprenda o seu ofício, é preciso tempo e despesas – e quanto mais qualificado for o trabalhador maior será o tempo de trabalho socialmente necessário para assegurar a sua aprendizagem.

Ora o salário tende a corresponder ao valor da força de trabalho, apresentando-se como a expressão monetária do seu custo em trabalho, i. é, da quantidade de trabalho que a sociedade deve consagrar à manutenção e à reprodução da força de trabalho. Nas palavras de Marx, "na base do sistema de salários, o valor da força de trabalho é estabelecido como o de toda a outra mercadoria. (...) O *valor da força de trabalho* é determinado pelo *valor dos meios de subsistência* requeridos para produzir, desenvolver, manter e perpetuar a força de trabalho."

Marx começa por admitir um modelo de *produção simples de mercadorias* em que as mercadorias se trocam pelos seus valores, uma economia e uma sociedade constituídas por pequenos produtores autónomos, proprietários dos seus meios de produção, trabalhando eles próprios (sem recurso ao trabalho alheio) na produção de mercadorias que se destinam à venda no mercado.

Como não há trabalho assalariado, as mercadorias trocam-se pelos seus valores, as trocas são *trocas de equivalentes*. Nestas condições, Marx defende que o *excedente* não pode aparecer durante a troca, antes resulta da especificidade da força de trabalho, a única mercadoria que *pode trabalhar*, a única que pode, por isso mesmo, ser criadora de valor, uma mercadoria cujo valor de uso consiste em ser fonte de valor de troca, uma mercadoria capaz de produzir mais mercadorias do que as necessárias para assegurar a sua subsistência e a sua reprodução, uma mercadoria suscetível de produzir mais valor do que o seu próprio valor.

A mesma questão é depois abordada no quadro do capitalismo. O empregador capitalista compra a força de trabalho pelo seu valor, determinado nos termos expostos. Ora, escreve Marx, "ao comprar a força de trabalho do operário, pagando-a pelo seu valor, o capitalista, como qualquer outro comprador, adquiriu o direito de consumir ou de usar a mercadoria que comprou. Consome-se ou utiliza-se a força de trabalho de um homem fazendo-o trabalhar, assim como se consome ou se utiliza uma máquina fazendo-a funcionar. Pela compra do valor diário ou semanal da força de trabalho do operário, o capitalista adquiriu, portanto, o direito de usar esta força de trabalho, de a fazer trabalhar, durante *todo o dia ou toda a semana*."[61]

Ao desenvolver a atividade económica a que se dedica, o empregador vai utilizar a força de trabalho assalariada, a mercadoria que adquiriu mediante contrato. Mas esta é uma mercadoria que tem a propriedade de fornecer trabalho, de produzir valor em quantidade variável, independente do seu próprio valor e em princípio superior a este valor. Foi Adam Smith quem primeiro definiu *trabalho produtivo* como aquele que acrescenta "ao valor das matérias-primas a que se aplica o valor da sua própria manutenção e o lucro do patrão." O "lucro do patrão" é exatamente a diferença entre o valor da força de trabalho (i. é, o salário, como sua expressão monetária) e o valor total criado pelos trabalhadores assalariados ("o valor que o trabalho acrescenta ao valor das matérias-primas", na expressão de Smith). Ora a apropriação pelo patrão-capitalista desta diferença não representa um 'roubo', antes é a normal consequência de relações sociais de produção, mediadas pelo contrato de trabalho assalariado, entre os que têm capital acumulado e os que só têm de seu a sua "força e habilidade de mãos".

Os salários são o pagamento do equivalente pelo equivalente. O ganho do empregador (*mais-valia*) é, portanto, a diferença entre o *valor da força de trabalho* (que o capitalista leva à conta dos custos de produção sob a forma de salários) e o *valor que a força de trabalho cria* (que o capitalista realiza pela venda das mercadorias no mercado, mesmo quando estas são vendidas pelo seu valor). Dito de outro modo: a *mais-valia* traduz-se na diferença entre o valor da força de trabalho (quantidade de *trabalho necessário* para a produção do que é pago a título de salário) e o seu produto (quantidade de trabalho fornecido). Essa diferença é *sobretrabalho, trabalho excedente, trabalho não pago*, uma vez que o salário só paga o *trabalho necessário*.[62]

A exploração de uma classe por outra não nasceu com a ordem burguesa: como Marx sublinha, não foi o capital que inventou o *sobretrabalho*. Só que, no quadro do feudalismo, "cada prestador da corveia sabe muito bem, sem recorrer a um Adam Smith, que é uma quantidade

---

[61] Os trechos transcritos são extraídos de *Salário, preço e lucro*, ed. cit., II, 58/59.

[62] Sobre a noção de *mais-valia*, ver *Le Capital* (trad. J. ROY), 365ss. Ver também *O Capital* (trad. port., Lisboa, Edições Avante, cit.), Livro Primeiro, tomo I, 205-261 e Livro Primeiro, tomo II, 577ss.

determinada da sua força de trabalho pessoal que ele despende ao serviço do seu senhor." Com o capitalismo surge uma nova forma de exploração, mais velada e mais complexa, porque a relação entre o trabalho e o capital está completamente mascarada pela intervenção de um *contrato* (celebrado entre pessoas teoricamente *livres* e *iguais* em direitos), e esta intervenção induz a ideia de que o *trabalho não pago* é "voluntariamente dado", pelo que mesmo "o *trabalho não pago* parece ser *trabalho pago*." E é esta *falsa aparência* de que todo o trabalho é trabalho pago que distingue o *trabalho assalariado* das outras formas *históricas* do trabalho.

Na apropriação, pelos empregadores capitalistas, do mais-valor (da *mais-valia*) produzida pelo trabalho desenvolvido pelos trabalhadores assalariados reside a *exploração* inerente ao modo de produção capitalista, que pressupõe uma sociedade com determinada estrutura social (constituída essencialmente por duas classes sociais, a dos proprietários dos meios de produção e a dos que são apenas proprietários da sua força de trabalho) e que assenta na propriedade privada (capitalista) dos meios de produção e no recurso ao *trabalho assalariado*, ao *trabalho livre*, i. é, ao trabalho de indivíduos juridicamente livres, mas economicamente obrigados a trabalhar, a vender o único bem de que dispõem, a sua força de trabalho.

Nas sociedades em que há uma classe de pessoas que "não têm nada para vender exceto a sua força de trabalho, os seus braços e cérebros", esta classe de pessoas "continuamente vende [a sua força de trabalho] em ordem a ganhar a vida" e vende-a a um outro grupo de pessoas que "compra continuamente [a força de trabalho de outrem] em ordem a ter lucro" (porque, se não esperar obter lucro, não compra, e os trabalhadores encontrarão um posto de trabalho remunerado. Engels densifica esta ideia quando escreve: "o capitalista, mesmo quando compra a força de trabalho pelo pleno valor que ela tem no mercado como mercadoria, obtém dela sempre mais valor [mais-valia] do que o que pagou por ela." Por isso é que "a mais-valia forma, em última instância, a soma de valor de onde sai a massa sempre crescente de capital que se acumula nas mãos das classes possidentes."[63] O modo de produção capitalista explica o modo *como se produz* o capital e o modo *como se acumula* o capital.

---

[63] Cfr. K. *Marx, Salário, preço e lucro*, ed. cit., II, 57 e F. ENGELS, *Do socialismo utópico...*, ed. cit., III, 149.

Em *O Capital*, Marx diz a mesma coisa de outra forma: "a transformação do dinheiro em capital exige que o possuidor de dinheiro encontre no mercado o *trabalhador livre*, e *livre* num duplo sentido. Em primeiro lugar, o trabalhador deve ser uma pessoa livre, podendo dispor livremente da sua força de trabalho como uma mercadoria que lhe pertence; em segundo lugar, ele não deve ter nenhuma outra mercadoria para vender; deve ser, por assim dizer, livre de tudo, completamente desprovido das coisas necessárias à realização da sua potência de trabalho."[64]

Os clássicos ingleses, embora admitindo que o lucro e a renda são uma parte dos frutos criados pelo trabalho (são *deduções ao produto do trabalho*, na expressão de Adam Smith), consideram *natural* que essa parte do valor criado pelo trabalho reverta para os capitalistas e proprietários de terras, porque aceitam que é a própria *natureza das coisas* que impõe que os trabalhadores recebam apenas o *necessário para a sua subsistência*.

Marx, pelo contrário, vem defender que o *lucro* não é uma categoria inerente à ordem natural das coisas, mas sim uma categoria própria de um período histórico determinado, caraterizado pela existência de uma sociedade de classes, no seio da qual a força de trabalho se transformou em mercadoria. O 'salto' teórico dado por Marx a partir da teoria do valor ricardiana consiste justamente na redução a uma única categoria teórica (*trabalho não pago*, *sobretrabalho* ou *mais-valia*) das três classes de rendimento que os clássicos analisaram separadamente (o lucro, a renda e o juro). Talvez Adam Smith tenha intuído esta redução, que Ricardo parece ter compreendido, sem extrair daí nenhuma consequência. Com base neste avanço teórico, Marx pôs a descoberto a natureza real da *mais-valia* enquanto forma particular, monetária, da categoria histórica geral do *excedente* (no sentido fisiocrático), do *sobreproduto social*, do *sobretrabalho*. E pôs a descoberto também a exploração capitalista e a sua natureza, ficando claro que os trabalhadores assalariados da época capitalista são os herdeiros dos servos medievais e dos escravos da Antiguidade.

"É o empregador capitalista – escreve Marx – que extrai diretamente do operário esta mais-valia, qualquer que seja a parte que finalmente possa guardar para si. É, por conseguinte, desta relação entre o empregador

---

[64] Cfr. *Le Capital* (trad. J. ROY), cit., 131.

capitalista e o operário assalariado que depende todo o sistema do salariato e todo o sistema de produção atual."

Ficava assim a descoberto a exploração capitalista e a sua natureza: os trabalhadores assalariados da época capitalista são os herdeiros dos servos medievais e dos escravos da Antiguidade, não porque os empregadores sejam necessariamente ladrões ou pessoas más, mas porque tal decorre do seu estatuto de *trabalhador livre*, que só possui a sua força de trabalho e é obrigado a vendê-la para poder sobreviver, por se encontrar separado dos meios de produção dos bens necessários à vida.

**18.** – Este entendimento do capitalismo como sistema que se desenvolve numa sociedade de classes que se apresentam como *classes antagónicas*, portadoras de interesses inconciliáveis, faz do antagonismo entre o *capital* e o *trabalho* (a classe exploradora e a classe explorada) o *conflito social dominante* no tempo do capitalismo industrial, ultrapassando o antagonismo que Ricardo apontara como dominante (entre a nova burguesia industrial e as velhas classes dos grandes proprietários de terras).

Na nova sociedade burguesa (uma sociedade em que "o *trabalhador* é uma pessoa e o *proprietário do capital*, que o emprega, é outra", no dizer de Adam Smith), a estrutura social apresenta-se essencialmente constituída por duas classes sociais, a dos proprietários dos meios de produção e a dos que são apenas proprietários da sua força de trabalho, e assenta na *propriedade capitalista* dos meios de produção e no recurso ao *trabalho assalariado*, ao *trabalho livre*, i. é, ao trabalho de indivíduos juridicamente livres, mas economicamente obrigados a trabalhar.

Marx esclarece que o operário assalariado não pertence ao seu empregador nem é servo da empresa em que trabalha. Como pessoa livre, "ele pode deixar o capitalista ao qual se alugou. Mas a sua única fonte de rendimentos é a venda da força de trabalho, pelo que, embora possa deixar de trabalhar para um dado patrão, ele não pode deixar *toda a classe dos compradores*, isto é, a classe dos capitalistas, sem renunciar à existência. *Ele não pertence a este ou àquele capitalista, mas à classe dos capitalistas*, e compete-lhe a ele encontrar quem o queira, isto é, encontrar um comprador dentro dessa classe dos capitalistas." Nestas novas condições, o proprietário dos meios de produção encontra perante ele um trabalhador-vendedor-da-sua-força-de-trabalho, que ele vai contratar para levar por diante a atividade produtiva: o produto do *sobretrabalho* reveste agora a forma de *mais-valia*; os instrumentos de produção e o dinheiro com que se pagam os salários transformam-se em *capital* (*trabalho de outrem não pago* que se vai renovando mediante a exploração do trabalho alheio).

A *propriedade privada* adquiriu a natureza de *capital* [propriedade privada capitalista] quando, historicamente, surgiram as condições que permitiram a uma classe proprietária dos meios de produção contratar *trabalhadores assalariados*, excluídos da propriedade dos ditos meios de produção. O que está por detrás da *acumulação primitiva do capital* (a génese histórica do capital) "é a expropriação do produtor imediato, é a dissolução da propriedade fundada no trabalho pessoal do seu possuidor. (...) A propriedade privada, fundada no trabalho pessoal, essa propriedade que liga por assim dizer o trabalhador isolado e autónomo às condições exteriores do trabalho vai ser suplantada pela *propriedade privada capitalista, fundada na exploração do trabalho de outrem, no regime de salariato.* (...) "O modo de produção e de acumulação capitalista e, portanto, a propriedade privada capitalista pressupõe a destruição da propriedade fundada sobre o trabalho pessoal; *a sua base é a expropriação do operário.*"[65]

"Ser capitalista – escreveu Marx – significa ocupar na produção uma posição não só puramente pessoal, mas também social. (...) O capital não é, portanto, um poder pessoal, é um poder social." O *capital* não pode, pois, identificar-se com uma coisa: não é uma *coisa* nem uma *relação entre coisas*. O *capital* implica uma determinada relação entre homens na produção, uma relação social, uma relação entre duas classes (antagónicas), a classe capitalista e a classe proletária: "o *capital* é uma relação social de produção, *a relação de produção da sociedade burguesa.*"[66]

Os meios de produção, em si mesmos, não são *capital*: nem uma máquina, nem uma quantia de dinheiro, nem um estoque de mercadorias, são, *naturalmente*, capital. A existência dos meios de produção é indispensável para o progresso de qualquer sociedade, mesmo em uma sociedade sem classes. Mas os equipamentos, o dinheiro, os estoques, os meios de produção só se apresentam como *capital* quando se encontram apropriados em propriedade privada pelos membros de uma classe, que os utiliza para contratar aqueles que, por não serem proprietários dos

---

[65] Cfr. *O Capital*, tomo III, ed. cit., 859-861 e 873.
[66] Definição de Marx, em *Trabalho assalariado e capital*, ed. cit., I, 162.

meios de produção, se veem obrigados a vender a sua força de trabalho, cuja utilização (por quem a comprou) vai dar origem à mais-valia e à exploração (*hoc sensu*) daqueles que, produzindo-a, não podem apropriar--se dela. O *capital* é, portanto, um valor que produz mais valor que o seu próprio (mais-valia), mediante a exploração de trabalho assalariado. O *capital* não tem, pois, existência sem o trabalho: o *trabalho morto*, propriedade da classe que detém a titularidade dos meios sociais de produção, explora, assim, o *trabalho vivo*.

"Na sociedade burguesa – é a conclusão do *Manifesto* –, o trabalho vivo é apenas um meio para aumentar o trabalho acumulado. Na sociedade comunista, o trabalho acumulado é apenas um meio para ampliar, enriquecer, promover o processo da vida dos operários."[67]

## REFERÊNCIAS BIBLIOGRÁFICAS

ARAÚJO, Fernando – *Adam Smith – O conceito mecanicista de liberdade*, Coimbra, Almedina, 2001.

AVELÃS NUNES, A. J. – *As Origens da Ciência Económica – Fisocracia, Smith, Ricardo, Marx*, Lisboa, Editora Página a Página, 2016.

BLAUG, Mark – *História do Pensamento Económico*, trad. port., Vol. I, Lisboa, Dom Quixote, 1989.

DOBB, Maurice – *Introdução à Economia*, tradução portuguesa, 2ª ed., Lisboa, Editorial Inquérito, s/d;

–– *Teorias do valor e distribuição desde Adam Smith*, trad. port., Lisboa, Editorial Presença, 1977.

ENGELS, Friedrich – "Do socialismo utópico ao socialismo científico", em MARX/ ENGELS, *Obras Escolhidas*, Lisboa, Ed. Avante, Vol. III, 104-168.

LÓPEZ-SUEVOS, Ramón, *Excedente Económico e Análise Estrutural*, Separata do *Boletim de Ciências Económicas* da Faculdade de Direito de Coimbra, Coimbra, 1978.

MARX, Karl – *Œuvres*, 2 vols., Paris, Galimard, Bibliothèque de La Pléiade, 1965 (edição estabelecida e anotada por Maximilien RUBEL);

–– *Le Capital* (tradução de J. ROY), Paris, Garnier-Flammarion, 1969;

---

[67] Cfr. *Manifesto do Partido Comunista*, ed. cit., I, 120.

FILOSOFIA, MÉTODO E TEORIA DO VALOR

— *Le Capital*, Livro III, tomo 1, Paris, Éditons Sociales, 1969, 342/343.

— *O Capital* (Cap. XXIV), em MARX/ENGELS, *Obras Escolhidas*, Lisboa, Ed. Avante, Vol. II, 1983, 104-158;

— *O Capital* (trad. port.), Livro Primeiro (tomos I, II e III), Livro Segundo (tomos IV e V), Livro Terceiro (tomo VI), Lisboa, Edições Avante, 1990-2012;

— *Grundrisse*, trad. franc., vol. 1 ("Chapitre de l'Argent"), Paris, Union Générale d'Éditions, Col. 10/18, 1968;

— *Misère de la Philosophie*, trad. francesa, Paris, Éditions Sociales, 1972;

— *Trabalho assalariado e capital*, em MARX/ENGELS, *Obras Escolhidas*, cit., I, 151-177;

MARX/ENGELS – *Obras Escolhidas*, tradução portuguesa, 3 tomos, Lisboa, Edições Avante, 1982, 1983 e 1985;

— *Manifesto do Partido Comunista*, em MARX/ENGELS, *Obras Escolhidas*, cit., I, 106-136.

MEEK, Ronald –*The Economics of Physiocracy — Essays and Translations*, Harvard University Press, 1963;

— *Economia e ideologia*, trad. cast., Barcelona, Ed. Ariel, 1972.

NAPOLEONI, Cláudio, *Fisiocracia, Smith, Ricardo, Marx*, trad. cast., Barcelona, Oikos-Tau, 1974;

— *O Valor na Ciência Económica*, trad. port., Lisboa, Editorial Presença, 1980;

— *Discorso sull'economia politica*, Turim, Boringhieri, 1985.

QUESNAY, François – *Quadro Económico*, Lisboa, Fundação Calouste Gulbenkian, 1969 (tradução e notas da Dr.ª Teodora Cardoso, prefácio do Prof. Bento Murteira).

RICARDO, David – *Princípios de Economia Política e de Tributação*, tradução portuguesa, Lisboa, Fundação Calouste Gulbenkian, 1975.

SCHUMPETER, Joseph – *Historia del Análisis Económico*, trad. cast., Barcelona, Ariel, 1971 (1ª ed. americana, 1954).

SMITH, Adam – *Riqueza das Nações*, trad, port., Lisboa, Ed. Fundação Calouste Gulbenkian, 2 vols, 1981 e 1983.

VACHET, André, *L'idéologie libérale — L'individu et sa propriété*, Paris, Ed. Anthropos, 1970.

# MERCADORIA E VALOR:
## ALGUMAS REFLEXÕES EM TORNO DO PRIMEIRO CAPÍTULO DE *O CAPITAL* DE KARL MARX

JOÃO VASCO FAGUNDES

## 1. UMA CARTA. UM PREFÁCIO

Após o esmagamento da Comuna de Paris, o editor e banqueiro francês Maurice La Châtre exila-se em San Sebastián. Próximo, desde os anos 40 do século XIX, dos círculos afectos a Saint-Simon, a Louis Blanc e a Pierre-Joseph Proudhon, é na cidade cantábrica que ele se encontra no ano de 1872, ao abrigo da repressão e dos inúmeros processos judiciais que lhe são movidos enquanto editor de Eugène Sue e de enciclopédias de cunho anti-clerical da sua própria autoria. Nessas circunstâncias, projecta então publicar a tradução francesa do Livro Primeiro de *Das Kapital. Kritik der politischen* Ökonomie, de Karl Marx, em fascículos periódicos.

No dia 18 de Março de 1872, Marx escreve de Londres ao «cidadão» (*citoyen*) La Châtre a aplaudir a ideia. A solução proposta pelo editor tem o mérito, segundo Marx, de tornar a obra mais acessível a um público operário, e essa consideração «sobreleva qualquer outra».

A medalha tinha, porém, um reverso. «O método de análise que empreguei, e que ainda não havia sido aplicado aos assuntos económicos – adverte Karl Marx –, torna bastante árdua a leitura dos primeiros capítulos». Uma vez que o público francês é conhecido pela pressa de concluir, de apreender a ligação «dos princípios gerais com as questões imediatas que o apaixonam», é de recear que o seu ânimo de leitura esmoreça por não «poder logo passar adiante».

No entanto... «É essa uma desvantagem – acrescenta Marx – contra a qual nada posso senão prevenir e premunir os leitores preocupados com a verdade. Não há estrada real para a ciência e só têm possibilidade de chegar aos seus cumes luminosos aqueles que não temem fatigar-se a escalar as suas veredas escarpadas.»[1].

---

[1] Karl Marx, *Brief an Maurice La Châtre in San Sebastian, 18 März 1872*, II, *Marx Engels Werke*, Berlin, Dietz Verlag (doravante: MEW), 1976, vol. 33, p. 434. Fac-símile da carta em

A missiva de Marx a Maurice La Châtre acabaria por servir de prefácio à edição francesa de *Das Kapital*.

Cinco anos antes, no Prefácio à primeira edição alemã da obra, logo na abertura e em toada hegeliana, Marx já havia afirmado que «todo o começo é difícil – isto vale em qualquer ciência». Assim sendo, «a compreensão do primeiro capítulo, nomeadamente da secção que contém a análise da mercadoria, constituirá, portanto, a maior dificuldade». E mais à frente, tal como também faria na carta a Maurice La Châtre, Marx deixa bem marcado, em concomitância, o perfil de leitor requerido para entrar nos conteúdos de *O Capital*: «suponho, naturalmente, leitores que querem aprender algo de novo e que, portanto, também querem pensar por si.»[2].

No rápido condensado oferecido pela articulação destes elementos, destacam-se desde logo, reiterados pelo próprio autor, o carácter científico de *O Capital* e a dificuldade de que se reveste o primeiro capítulo da obra.

Detenhamo-nos, pois, sobre estes dois aspectos.

## 2. A METODOLOGIA CIENTÍFICA E O PRIMEIRO CAPÍTULO DE *O CAPITAL*

Como obra de ciência, *O Capital* é, não uma «estrada real» – ou uma auto-estrada dos nossos dias, se preferirmos –, mas um relevo acidentado marcado por «veredas escarpadas». Na raiz, mais do que razões de natureza *epistemológica* (que, no entanto, também existem), são motivos de ordem *ontológica* que aqui pesam decisivamente.

É o vínculo material de *O Capital*, a dinâmica objectiva nele reflectida, que explicam as suas escarpaduras. Dando conta das dificuldades na penetração da obra, a Wilhelm Liebknecht não escapou a ligação estreita entre o *estilo* e o *material*: «O estilo de *O Capital* é evidentemente difícil de compreender, mas então é a matéria tratada fácil de compreender?

---

francês e tradução portuguesa em Karl Marx, *O Capital. Crítica da Economia Política*, Livro Primeiro (1867), trad. José Barata-Moura et al., ed. José Barata-Moura e Francisco Melo, Moscovo-Lisboa, Edições Progresso-Editorial «Avante!» (doravante: *O Capital. Crítica da Economia Política*, Livro Primeiro), 1990, tomo I, respectivamente, pp. 23 e 25.

[2] Karl Marx, *O Capital. Crítica da Economia Política*, Livro Primeiro, Prefácio à primeira edição, tomo I, p. 5.

O estilo não é só o homem, é também o material, ele tem de ser adaptado ao material.»[3].

Com efeito, para Marx, a realidade objectiva não se esgota nas suas figuras fenoménicas, aparentemente petrificadas e bastando-se a si mesmas. Ela engloba relações e processos historicamente fundados, integrando no seu âmago a diferença e a contradição.

Assim, a não-coincidência imediata de fenómeno e essência; a conexão marcada pela alteridade que entre ambos se verifica; a relação assimétrica que entre os dois tem lugar quanto ao poder fundo de modelação da realidade – são para Marx o suposto *ontológico* da *necessidade* da ciência. No fundo, «toda a ciência seria supérflua se a forma de aparecimento e a essência das coisas imediatamente coincidissem.»[4].

E se, por um lado, a *diferença* entre fenómeno e essência está na base da *necessidade* da ciência, por outro lado, é a *unidade* dessa diferença que se configura como a *possibilidade* da ciência.

Na verdade, a sofisticação da ciência e a inadequação face ao «evidente» que sempre patenteia não se ficam a dever a uma sua presumível sintonização num qualquer comprimento de onda transcendental. O empreendimento científico, nomeadamente no seu desígnio de investigar e de desvelar a essência de que o fenómeno é momento e manifestação, tem antes como raiz a estrutura complexa da *própria realidade*.

É somente sobre esta base, e em acção combinada com ela, que a dimensão epistemológica desempenha o seu verdadeiro papel, isto é, que tem também lugar uma necessária crítica dos quadros teóricos, passados e vigentes, utilizados pelas ciências. No caso específico de *O Capital* – utilizados pela Economia Política, que, nas suas diversas fases de desenvolvimento histórico-científico, acompanhadas de limitações objectivas e subjectivas de vária ordem, se encarregou de ir desvelando (e, simultaneamente, velando) diferentes traços e desdobramentos do modo capitalista de produção.

---

[3] «The style of Capital is admittedly difficult to understand, but then, is the subject treated easy to understand? Style is not only the man, it is also the material, it must be adapted to the material.», Wilhelm Liebknecht, «Reminiscences of Marx» (1896), 4, AAVV, *Marx and Engels Through the Eyes of Their Contemporaries*, Moscow, Progress Publishers, 1982, p. 72.

[4] «[...] alle Wissenschaft wäre überflussig, wenn die Erscheinungsform und das Wesen der Dinge unmittelbar zusammenfielen [...]», Karl Marx, *Das Kapital. Kritik der politischen Ökonomie*, Dritter Band, III, 7, 48, III, Berlin, Dietz Verlag, 1978, p. 825.

FILOSOFIA, MÉTODO E TEORIA DO VALOR

Por maior que possa ser a tentação de autonomizar a função desta importante e insubstituível dimensão epistemológica, a verdade é que ela só ganha real significado em articulação com a ontologia e, o que não é de somenos, sob o seu primado. Esse vínculo só pode, aliás, ser quebrado à custa de alguma descaracterização do problema. Não é difícil, com efeito, reconhecer que o enriquecimento teórico e o progresso científico que se verifica na Economia Política entre, por exemplo, François Quesnay e David Ricardo têm na sua base um desenvolvimento histórico e uma complexificação da própria dinâmica de funcionamento do capitalismo.

O título completo da obra principal de Marx, *O Capital. Crítica da Economia Política*, sintetiza, em suma, a dupla tarefa que trabalha a unidade da obra: descobrir as legalidades, as dinâmicas e as tendencialidades do modo de produção capitalista e, concorrendo em simultâneo para esse objectivo, analisar a ciência que lhe foi dando expressão teórica. Inclusivamente, é o vasto conjunto de textos da autoria de Marx nos quais é fornecida uma «pormenorizada história crítica do ponto nuclear da economia política, a teoria da mais-valia [...]»[5], reunido sob o título de *Theorien über den Mehrwert, Teorias sobre a Mais-Valia*, que Engels, em 1885, no prefácio à primeira edição alemã do Livro Segundo de *Das Kapital*, anuncia ser sua intenção publicar futuramente na qualidade de Livro Quarto da obra[6].

Aqui chegados, podemos passar ao ponto referente ao primeiro capítulo da obra, cujas ligações ao tema da ciência – ao qual ainda voltaremos – procuraremos assinalar.

Quando Marx diz que a compreensão do primeiro capítulo de *O Capital* constitui a maior dificuldade com que o leitor se debate, há nessa afirmação dois patamares que podem prontamente ser identificados: a árvore e a floresta, ou seja, o primeiro capítulo tomado em si, por um lado, e a sua função na arquitectura da obra, por outro.

---

[5] Friedrich Engels, «Prefácio», Karl Marx, *O Capital, Crítica da Economia Política*, Livro Segundo (1885), trad. José Barata-Moura, ed. José Barata-Moura e Francisco Melo, Lisboa, Editorial «Avante!», (doravante: *O Capital. Crítica da Economia Política*, Livro Segundo), 2009, tomo IV, p. 8.

[6] Cf. Friedrich Engels, «Prefácio», *O Capital. Crítica da Economia Política*, Livro Segundo, tomo IV, p. 8. Cf. também Karl Marx, *Brief an Ferdinand Lassalle in Düsseldorf, 22 Februar 1858*, MEW, 1973, vol. 29, pp. 549-552, onde Marx já expressa a intenção de publicar uma história e uma crítica da economia política, assim como um breve apanhado histórico do desenvolvimento das categorias económicas.

MERCADORIA E VALOR

Uma vez que mais à frente trataremos autonomamente da mercadoria e da teoria do valor – do primeiro capítulo de *O Capital*, portanto –, centrar-nos-emos agora na perspectivação desse capítulo à luz da estrutura da obra.

*Das Kapital* abre com a análise da mercadoria[7] não porque Marx considere que a *essência* (*Wesen*) do modo de produção capitalista seja a mercadorização de todos os patamares da existência, mas porque é assim que ele *aparece*, porque é dessa forma, como um «imenso acumulamento de mercadorias»[8], que ele se impõe na imediatez do viver quotidiano e das suas representações; por consequência, a exposição precisa de arrancar daí. De *arrancar* – e não de se *congelar*, como se essa instância esgotasse a realidade.

A produção de mercadorias é, de facto, uma *premissa* do capitalismo, já que nele não só essa produção é universal – e não apenas localizada e subordinada, à imagem do que acontecia em modos de produção arcaicos –, como a força de trabalho se tornou ela própria uma mercadoria (muito especial e de características únicas, uma vez que não se limita a transferir o seu valor para o produto, mas cria, ao mesmo tempo, um novo, adicional). No entanto, a *realidade efectiva* (*Wirklichkeit*) do capitalismo não coincide por completo com a produção de mercadorias, porque a transcende. A constatável expansão tendencial da mercadorização a todos os recantos da vida social acontece realmente no capitalismo, mas porque a mercadoria – essa «forma económica celular»[9] da sociedade contemporânea – contém já em si aquela contradição fundamental entre *valor de uso* e *valor* que a torna apta a constituir-se como o veículo onde a mais-valia produzida e depositada é transportada e realizada, essa sim

---

[7] São estas as bem conhecidas palavras de abertura de *O Capital*: «A riqueza das sociedades nas quais domina o modo de produção capitalista aparece como um «imenso acumulamento de mercadorias», sendo a mercadoria singular a sua forma elementar. A nossa investigação começa, por isso, com a análise da mercadoria.», Karl Marx, *O Capital. Crítica da Economia Política*, Livro Primeiro, I, 1, 1, tomo I, p. 45.
Enquanto David Ricardo inicia os seus *Princípios de Economia Política e de Tributação* directamente pelo valor, Marx não parte do valor como de um conceito sem ligação à realidade imediata; antes chega ao valor pela análise da mercadoria, onde ele está plasmado. Para uma comparação entre o método de Ricardo e o de Marx, cf. Alex Callinicos, *Deciphering Capital: Marx's Capital and its destiny*, 4, London, Bookmarks Publications, 2014, pp. 159-189.
[8] Cf. Karl Marx, *O Capital. Crítica da Economia Política*, Livro Primeiro, I, 1, 1, tomo I, p. 45.
[9] Cf. Karl Marx, *O Capital. Crítica da Economia Política*, Livro Primeiro, Prefácio à primeira edição, tomo I, p. 6.

237

FILOSOFIA, MÉTODO E TEORIA DO VALOR

a verdadeira finalidade que impulsiona e faz mover o sistema. Como assinala Marx: «A produção capitalista não é apenas produção de mercadorias, ela é essencialmente produção de mais-valia.»[10].

Entretanto, arrancando da mercadoria como elemento menos desenvolvido – o *ser* (*Sein*) hegeliano – de um todo, para Marx não se trata de chegar à essência (a mais-valia) para a partir dela deduzir formalmente toda a realidade social sem necessidade de continuar a investigação.

Trata-se de, a partir daí, elevar o pensamento a maiores níveis de concreção, recompondo racionalmente o movimento ontológico que articula o nível do *ser* (*Sein*) e da *essência* (*Wesen*) – ou seja, da mercadoria e da mais-valia, respectivamente – com o do *fenómeno* (*Erscheinung*), o mundo da circulação, e com o da *realidade efectiva* (*Wirklichkeit*), o processo total da produção capitalista, onde se inclui a política, o Estado, o comércio internacional, etc.. De alguma maneira, podemos até encontrar tradução para esse movimento na própria divisão de *O Capital* em três livros, consagrado o Primeiro ao processo de produção do capital (ser e essência), o Segundo ao processo de circulação do capital (fenómeno) e o Terceiro ao processo total da produção capitalista (realidade efectiva). O Quarto destinar-se-ia à história e à crítica das teorias da mais-valia.

Trata-se, em resumo, não de atribuir à mais-valia um estatuto de princípio lógico abstracto, mas de mostrar e de conceber o *desdobramento concreto* de uma *totalidade* em aberto da qual ela constitui a relação essencial[11]. Em reforço desta perspectiva, não deve deixar de

---

[10] Karl Marx, *O Capital. Crítica da Economia Política*, Livro Primeiro, V, 14, tomo II, p. 578.

O texto continua deste modo: «O operário já não produz para si, mas para o capital. De modo que já não basta que ele, pura e simplesmente, produza. Ele tem de produzir mais-valia. Só é produtivo o operário que produz mais-valia para o capitalista ou que serve para a auto-valorização do capital.», Karl Marx, *O Capital. Crítica da Economia Política*, Livro Primeiro, V, 14, tomo II, p. 578. Assim sendo: «O conceito de operário produtivo não inclui, por isso, de modo algum meramente uma relação entre actividade e efeito útil, entre operário e produto de trabalho, mas também uma relação de produção especificamente social, surgida historicamente, que cunha o operário em meio imediato de valorização do capital.», Karl Marx, *O Capital, Crítica da Economia Política*, Livro Primeiro, V, 14, tomo II, p. 578.

[11] De facto, a mais-valia não é uma coisa, mas uma relação social, produto de um multiforme e prolongado processo histórico. Para um acompanhamento da «chamada acumulação original», onde este processo é *histórica* e *logicamente* analisado, cf. Karl Marx, *O Capital. Crítica da Economia Política*, Livro Primeiro, VII, 24, tomo III, pp. 807-862, particularmente, 1, pp. 807-810. No que diz respeito a este ponto, convém ainda ter presente que para Marx também o capital não é uma coisa, nem se deixa reduzir, ou reconduzir, a qualquer uma das suas partes componentes: variável e constante. Tecnicamente, «o capital não é uma coisa,

## MERCADORIA E VALOR

ser relembrado que o plano de organização que Marx tinha esboçado em 1857 para a sua crítica da economia política era ainda mais amplo, contando mesmo com seis livros: «1. Do capital [...]; 2. Da propriedade da terra; 3. Do trabalho assalariado; 4. Do Estado; 5. Comércio internacional; 6. Mercado mundial»[12].

Estamos, portanto, perante um movimento de ascensão do abstracto ao concreto, cuja dinâmica nos oferece um esclarecimento suplementar relativamente ao primeiro capítulo de *Das Kapital* e à teoria do valor.

Para que não sobrevenham equívocos nesta questão, é importante aclarar, ainda que de forma muito abreviada, o significado marxiano dos conceitos «abstracto» e «concreto».

Tal como em Hegel, «abstracto» é utilizado por Marx não na acepção de «vago», ou «genérico», mas no sentido de um tomar em consideração apenas uma ou algumas determinações de uma totalidade em processo de desenvolvimento. Epistemologicamente, essa operação é realizada no marco da análise.

Mais uma vez tal como em Hegel, «concreto» significa para Marx não o «particular», o «palpável», ou o «empírico», mas um ente ou um processo tomados no conjunto das suas determinações e relações. No plano epistemológico, é no âmbito da síntese que se alcança, intelectivamente, a recomposição concreta do concreto real. Ou, nas palavras de Marx, que se reproduz o concreto materialmente objectivo como «concreto espiritual».

Este movimento epistemológico de ascensão do abstracto ao concreto é resultado do pensar. No entanto, não nos encontramos aqui – é oportuno sublinhá-lo, dada a ontologia em que Marx se apoia – perante uma

---

mas uma relação social entre pessoas mediada por coisas.». Karl Marx, *O Capital. Crítica da Economia Política*, Livro Primeiro, VII, 25, tomo III, p. 864. Marx desenvolvera esta perspectiva já em *Trabalho Assalariado e Capital*, redigido em 1849 a partir de notas de 1847: «Um negro é um negro. Só em determinadas relações é que se torna escravo. Uma máquina de fiar algodão é uma máquina de fiar algodão. Apenas em determinadas relações ela se torna *capital*. Arrancada a estas relações, ela é tão pouco capital como o ouro em si e para si é *dinheiro*, ou como o açúcar é o preço do açúcar.». Por conseguinte: «[...] o *capital* é uma relação social de produção. É uma relação burguesa de produção, uma relação de produção da sociedade burguesa.», Karl Marx, *Trabalho Assalariado e Capital*, trad. José Barata-Moura e Álvaro Pina, *Obras Escolhidas em Três Tomos*, Lisboa-Moscovo, Editorial "Avante!"-Edições Progresso (doravante: OE), 1982, tomo 1, respectivamente, pp. 161 e 162.

[12] «1. Vom Kapital [...]. 2. Vom Grundeigentum. 3. Von der LohnArbeit. 4. Vom Staat. 5. Internationaler Handel. 6. Weltmarket.», Karl Marx, *Brief an Ferdinand Lassalle in Düsseldorf, 22 Februar 1858*, MEW, vol. 29, p. 551.

instauração material do próprio concreto na sua subsistência ontológica; antes pelo contrário: é este que é condição, ponto de partida real e medida permanente do movimento do abstracto ao concreto.

No contexto de uma análise lógico-histórica do «método da economia política», encontra-se, na «Introdução» aos *Manuscritos Económicos de 1857-1858*, os famosos *Grundrissen*, uma indicação fundamental de Marx sobre o problema:

> «O concreto é concreto, porque é a reunião de muitas determinações, portanto, unidade do diverso. No pensar, aparece, pois, como processo da reunião, como resultado, não como ponto de partida, se bem que ele é o ponto de partida real e, portanto, também o ponto de partida da intuição e da representação. [...] o método de subir do abstracto ao concreto é, para o pensar, apenas a maneira de se apropriar do concreto, de o reproduzir como um concreto espiritual. Mas de modo nenhum é o processo de génese do próprio concreto.»[13].

A articulação onto-epistemológica é manifesta.

De resto, a forma do «todo artístico» (*artistisches Ganzes*)[14] que Marx, em 1865, identificava nos seus trabalhos – e que podemos, por maioria de razão, estender a *O Capital* – referia-se à capacidade de traduzir o real na sua totalidade e concreção constitutivas, e não a uma arquitectónica fechada sobre si mesma.

*Das Kapital*, enquanto todo orgânico, mostra – na sua concatenação categorial – o movimento de outra totalidade concreta, ontologicamente fundante: o modo capitalista de produção. As categorias dispostas na obra expressam, por isso, modos de ser dessa totalidade; não são condomínios epistemológicos fechados.

---

[13] «Das Concrete ist concret weil es die Zusammenfassung vieler Bestimmungen ist, also Einheit des Mannigfaltigen. Im Denken erscheint es daher als Prozeß der Zusammenfassung, als Resultat, nicht als Ausgangspunkt, obgleich es der wirkliche Ausgangspunkt und daher auch der Ausgangspunkt der Anschauung und der Vorstellung ist. [...] dis Methode vom Abstrakten zum Concreten aufzusteigen, nur die Art für das Denken ist sich das Concrete anzuigen, es als ein geistig Concretes zu reproduciren. Keineswegs aber der Entstehungsprocess des Concreten selbst.», Karl Marx, Ökonomische Manuskripte 1857/58, Einleitung zu den «Grundrissen der Kritik der politischen Ökonomie», I, 3, MEGA², vol.II/1.1, p. 36.

[14] Cf. Karl Marx, *Brief an Engels in Manchester, 31 Juli 1865*, MEW, vol. 31, p. 132.

MERCADORIA E VALOR

Subir da mercadoria e do valor às relações internacionais, do ser à efectividade, do abstracto ao concreto, não é como passar de um mundo a outro, nem como, quando se chega ao cimo, atirar fora a escada por onde se subiu. Porque a realidade, na sua unidade, é altamente mediada e multiforme, e porque não se oferece ao conhecimento numa intuição pronta e repentina, é a maneira de conceber racionalmente a própria efectividade, integrando e articulando num conjunto organizado de relações os modos de ser do capitalismo que na exposição se foram determinando.

Integrar e articular – porque os níveis do ser e da essência, por exemplo, não estão ausentes (mas subsumidos de formas diferentes) dos desdobramentos e complexificações que o sistema vai desenvolvendo, nos quais actuam, sem dúvida, lógicas com um certo grau de autonomia e os quais precisam de ser conhecidos na sua especificidade.

A renda, o lucro e o juro não são realidades auto-subsistentes, mas partições e mudanças de forma da mais-valia. O capital financeiro e os circuitos que vai densificando, por mais que se movimentem num universo próprio de especulação e se afastem da transformação de capital--dinheiro em capital produtivo, não deixam de estar primordialmente interessados na produção e de bombear dela doses maciças de mais-valia sob formas cada vez mais diversas e com maior grau de sofisticação. Mesmo com a criação de instrumentos de planeamento, a lei do valor e os seus mecanismos não deixam de presidir à produção dos chamados bens «imateriais», nem à oscilação permanente entre a retirada e a alocação de capitais em cada ramo determinado de investimento. O controlo da inflação através da gestão de uma taxa de juro de referência tem igualmente como pressuposto o papel regulador da lei do valor e visa intervir no seu âmbito.

Juntando todos os pontos deste percurso, voltemos então à ciência, como prometêramos, de modo a tornar um pouco mais nítida a função do primeiro capítulo de *O Capital* no conjunto da obra.

Acerca do motivo das dificuldades desse primeiro capítulo, diz Marx:

> «o corpo [já] formado é mais fácil de estudar do que a célula do corpo. Além disso, na análise das formas económicas não podem servir nem o microscópio nem os reagentes químicos. A força da abstracção tem de os substituir a ambos. Para a sociedade burguesa, [...] a forma-mercadoria do

produto de trabalho ou a forma-valor da mercadoria é a forma económica celular.».[15]

'A *abstracção* precisa pois de destacar e de *analisar* a relação mais simples e mais elementar que no quadro de um todo se desenvolve, sendo que a principal dificuldade está exactamente em que a forma-valor – a célula do corpo e não o corpo formado – é pouco repleta de conteúdo.

Mas sem este movimento de abstracção, sem esta análise do mais simples, do mais elementar, do mais "abstracto", a dinâmica concreta do sistema económico contemporâneo – incluindo a sua essência, a mais-
-valia – não poderia ser racionalmente apreendida e compreendida.

No primeiro capítulo de *O Capital*, a análise da forma-mercadoria revela a contradição viva que nela habita entre valor de uso e valor (escondido, por sua vez, por trás da sua expressão fenoménica, o valor de troca), contradição cujo desenvolvimento concreto forma a base e o enquadramento da sociedade capitalista.

Para finalizar, é importante chamar a atenção para um tema que, a este respeito, terá alguma relevância: a relação entre o lógico e o histórico.

Em *Das Kapital*, o lógico não segue ponto por ponto o histórico, nem tem como objectivo fundamental expor a sequência do movimento histórico, expurgado dos seus ziguezagues e bifurcações[16]. Partir da análise da mercadoria e percorrer a sequência *valor, troca simples, dinheiro, capital*, não tem por intenção, em Marx, expor e acompanhar o curso histórico de génese e formação do capitalismo, mas, no plano lógico, destacar de uma totalidade concreta historicamente já formada (sem deixar de estar

---

[15] Karl Marx, *O Capital. Crítica da Economia Política*, Livro Primeiro, Prefácio à primeira edição, tomo I, p. 6.

Acrescente-se que a parafernália laboratorial, no caso da forma-valor, também de nada serviria porque «a objectividade de valor das mercadorias diferencia-se da Senhora Expedita pelo facto de não se saber por onde agarrá-la. De modo exactamente contrário à objectividade grosseira sensível dos corpos das mercadorias, nem um átomo de matéria natural entra na sua objectividade de valor. Pode-se, por isso, virar e tornar a virar como se quiser uma mercadoria singular que ela continua a não ser concebível como coisa-valor.», Karl Marx, *O Capital. Crítica da Economia Política*, Livro Primeiro, I, 1, 3, tomo I, p. 59.

[16] Embora «o movimento do pensamento abstracto, que se eleva do mais simples ao mais complexo, corresponde nessa medida ao processo histórico real.»; «Insofern entspräche der Gang des abstrakten Denkens, das vom Einfachsten zum Combinirten aufsteigt dem wirklichen historischen Prozeß.», Karl Marx, Ökonomische Manuskripte 1857/58, Einleitung zu den «Grundrissen der Kritik der politischen Ökonomie», I, 3, MEGA$^2$, vol.II/1.1, p. 38.

MERCADORIA E VALOR

envolvida num contínuo processo de maturação e desenvolvimento) a sua forma mais simples e as suas desmultiplicações.

Nas palavras do próprio Marx:

> «Seria portanto impossível e errado deixar as categorias económicas umas a seguir às outras pela ordem em que foram historicamente determinantes. A sua ordem é pelo contrário determinada pelas relações que existem entre elas na sociedade burguesa moderna e é precisamente contrária ao que parece ser a sua ordem natural ou ao que corresponde à sua ordem de sucessão no decurso da evolução histórica. [...] Trata-se da sua hierarquia no quadro da moderna sociedade burguesa.»[17].

Por outro lado – atendida ainda outra problemática que não deixa de apresentar alguns nexos com os dois aspectos de O Capital de que nos temos ocupado –, na obra de Karl Marx, a ordem da exposição não é também um movimento de mostração da ordem da investigação. A primeira procura reproduzir a «vida do material» no seu «movimento real», depois de investigado e conhecido nas suas determinações e relações internas. Numa passagem em que se refere ao método empregado em O Capital, é essa distinção que Marx torna patente:

> «Certamente que o modo de exposição se tem de distinguir formalmente do modo de investigação. A investigação tem de se apropriar do material em pormenor, de analisar as suas diversas formas de desenvolvimento e de seguir a pista do seu vínculo interno. Somente depois de completado este trabalho pode o movimento real ser exposto em conformidade. Se se consegue isto e se a vida do material se reflecte, então, idealmente [ideel], poderá parecer que se está perante uma construção a priori.»[18].

---

[17] «Es wäre also unthubar und falsch, die ökonomischen Categorien in der Folge auf einander folgen zu lassen, in der sie historisch die bestimmenden waren. Vielmehr ist ihre Reihenfolge bestimmt durch die Beziehung, die sie in der modernen bürgerlichen Gesellschaft auf einander haben, und die gerade das umgekehrte von dem ist, was als ihre naturgemässe erscheint oder der Reihe der historischen Entwicklung entspricht. [...] Sondern um ihre Gliederung innerhalb der modernen bürgerlichen Gesellschaft.», Karl Marx, Ökonomische Manuskripte 1857/58, Einleitung zu den «Grundrissen der Kritik der politischen Ökonomie», I, 3, MEGA$^2$, vol.II/1.1, p. 42.

[18] Karl Marx, O Capital. Crítica da Economia Política, Livro Primeiro, Posfácio à segunda edição, 1873, tomo I, p. 21.

243

FILOSOFIA, MÉTODO E TEORIA DO VALOR

Considerados estes aspectos, podemos passar à mercadoria e à teoria do valor.

## 3. MERCADORIA E VALOR

Em determinadas condições sociais, quando a troca e a divisão do trabalho estão instituídas, a mercadoria é a *forma* da riqueza social, a *forma social* dos produtos do trabalho. No âmbito de um dado conjunto de determinações históricas e sociais, emerge, na base da produção mercantil, a produção do capital como *relação social*. O capitalismo supõe, portanto, a produção de mercadorias, é um dos seus modos de ser, mas nem toda a produção mercantil é produção capitalista.

Assim, nos produtos do trabalho, abstraído o quadro social e as relações sociais em que tiveram origem, não se encontra qualquer vestígio de matéria mercantil. Um produto torna-se mercadoria não pelas qualidades naturais das suas matérias-primas, ou por um estatuto ontológico que possuísse logo à nascença, mas pelas relações sociais no interior das quais é produzido e que lhe atribuem essa forma social. O que explica – como bem notou, logo nos anos 20 do século XX, Isaak Rubin nos seus ensaios sobre a teoria marxiana do valor – que «um período de desenvolvimento mais ou menos extenso seja necessário antes de o novo tipo de relação de produção ser «reificado» ou «cristalizado» nas formas sociais que correspondem aos produtos do trabalho.»[19].

Que a mercadoria é uma *forma* social, e não uma propriedade natural das coisas, é igualmente visível no âmbito do consumo, mesmo no seio das economias que assentam na produção mercantil. No mercado, compra-se um produto enquanto mercadoria; logo que sai do circuito de compra e venda (trate-se de um bem de consumo ou de um bem a usar na produção), perde por completo a sua *forma-mercadoria* e é consumido enquanto valor de uso.

A mercadoria é, pois, uma unidade de dois factores: valor de uso e valor.

---

[19] «[...] une période de développement plus ou moins étendue soit nécessaire avant que le nouveau type de rapport de production soit «réifié» ou «cristalisé» dans les formes sociales qui correspondent aux produits du travail.», Isaak I. Roubine, *Essais sur la théorie de la valeur de Marx* (1928³), 3, Paris, Éditions Syllepse, 2009 (doravante: *Essais sur la théorie de la valeur de Marx*), p. 59.

MERCADORIA E VALOR

A utilidade da mercadoria, o conjunto de qualidades que a tornam apta a satisfazer «necessidades humanas de qualquer espécie»[20], constitui o seu valor de uso, que se realiza no consumo. Sobre tais necessidades, Marx adianta o seguinte: «A natureza dessas necessidades, quer surjam, p. ex., do estômago ou da fantasia, em nada modifica a questão.»[21]. A nosso ver, esta passagem é de extrema importância para o debate actual sobre a vigência da lei do valor e, assinalado aqui o tema, a ele voltaremos mais à frente.

Antes de tudo, a mercadoria é um valor de uso, ou seja, é algo que satisfaz necessidades sociais – sem o que não poderia ser uma mercadoria. A inversa, porém, não é verdadeira: nem todo o valor de uso é uma mercadoria.

Enquanto valor de uso, uma mercadoria distingue-se qualitativamente de outra. O valor de uso de uma expõe um trabalho concreto, particular, qualitativamente distinto do de outra mercadoria com um valor de uso diferente.

Entretanto, as mercadorias, ou directamente entre si, ou pela mediação de um equivalente geral, o dinheiro, trocam-se numa dada proporção.

A forma que expressa, e esconde, este factor é o *valor de troca* das mercadorias. Trata-se da forma fenoménica do *valor*, da maneira como o *valor* aparece. Com efeito, valor de troca e valor não são exactamente a mesma coisa: «o valor de troca, em geral, apenas pode ser o modo de expressão, a «forma fenoménica» [*Erscheinungsform*] de um conteúdo dele diferenciável.»[22]. É o valor que explica o valor de troca; não o contrário.

Não poderiam as mercadorias ser trocadas numa dada proporção, isto é, não poderiam ser quantitativamente comensuráveis, se não possuíssem uma substância comum qualitativamente homogénea. Essa substância – que, na sua objectividade, não tem um «átomo de matéria natural»[23], mas

---

[20] Cf. Karl Marx, *O Capital. Crítica da Economia Política*, Livro Primeiro, I, 1, 1, tomo I, p. 45.
[21] Cf. Karl Marx, *O Capital. Crítica da Economia Política*, Livro Primeiro, I, 1, 1, tomo I, p. 45.
[22] Cf. Karl Marx, *O Capital. Crítica da Economia Política*, Livro Primeiro, I, 1, 1, tomo I, p. 47.
[23] Cf. Karl Marx, *O Capital. Crítica da Economia Política*, Livro Primeiro, I, 1, 3, tomo I, p. 59.

apenas social – é o valor. Note-se que os valores de uso, qualitativamente heterogéneos, são quantitativamente incomensuráveis.

Nas palavras do próprio Marx:

> «Como valores de uso, as mercadorias são, antes de tudo, de diversa qualidade; como valores de troca apenas podem ser de diversa quantidade, não contendo, portanto, átomo algum de valor de uso.»[24].

Ora, é «trabalho humano igual», «trabalho humano em abstracto», dispendido em cada trabalho particular, que forma o valor das mercadorias. O valor é, portanto, uma «objectividade espectral, uma mera gelatina de trabalho humano indiferenciado»[25]. Os valores de troca são «um mais» ou «um menos» desta substância social, representam diferentes magnitudes dela, o que significa que as mercadorias se enfrentam na troca enquanto «cristais» dessa substância, enquanto valores, despidas, pois, do seu carácter de valores de uso com utilidades qualitativamente diversas.

Na realidade, há três determinações do valor que precisam de ser distinguidas: a *substância* do valor, que é o trabalho; a *magnitude* do valor, medida em tempo de trabalho médio *socialmente* necessário para a produção de cada mercadoria; e a *forma* do valor, que corresponde ao valor de troca das mercadorias.

---

[24] Karl Marx, *O Capital. Crítica da Economia Política*, Livro Primeiro, I, 1, 1, tomo I, p. 48.

[25] Cf. Karl Marx, *O Capital. Crítica da Economia Política*, Livro Primeiro, I, 1, 1, tomo I, p. 49.
Terá porventura interesse registar, ainda que apenas de passagem, que também aqui Marx empreende um movimento de diferenciação que vai do fenómeno à essência, do valor de troca ao valor, não com o intuito de a esse nível interromper a marcha, mas para retornar ao fenómeno, explicando-o no seu dinamismo interno e na sua unidade com a essência. A tal ponto que, uma vez conhecida a diferença entre valor de troca e valor, é inclusivamente concebível designar o valor por valor de troca. No ponto 4 da terceira parte do primeiro capítulo de *O Capital*, Marx explicita essa dinâmica nos seguintes termos: «Ao dizermos, no princípio deste capítulo, de uma forma corrente, que a mercadoria é valor de uso e valor de troca, a verdade é que isto, para falar exactamente, é falso. A mercadoria é valor de uso ou objecto de uso e «valor». Ela manifesta-se como esta coisa dupla, que é, logo que o seu valor possui uma forma fenoménica própria – a de valor de troca –, diversa da sua forma natural, e nunca possui essa forma se considerada isoladamente, mas sempre apenas quando numa relação de valor ou de troca com uma segunda mercadoria, de espécie diversa. No entanto, uma vez que o saibamos, aquela maneira de dizer não causa qualquer dano, antes serve de abreviação.», Karl Marx, *O Capital. Crítica da Economia Política*, Livro Primeiro, I, 1, 3, 4, tomo I, p. 59.

MERCADORIA E VALOR

Por outro lado, é preciso ter em consideração que o valor tem como portadores materiais os valores de uso. O valor de uso não implica o valor, mas o valor implica o valor de uso. Da mesma forma, o trabalho abstracto só existe no trabalho concreto. A contradição precisa de ser captada na sua unidade, sem o que se perde a inteligibilidade do processo.

Com efeito, trabalho concreto e trabalho abstracto são duas determinações do mesmo trabalho exposto na mercadoria; é no quadro do mesmo processo de produção que, de acordo com Marx,

> «todo o trabalho é, por um lado, dispêndio de força de trabalho humana no sentido fisiológico, e nesta qualidade de trabalho humano em abstracto ele forma o valor das mercadorias. Todo o trabalho é, por outro lado, dispêndio de força de trabalho humana de uma forma particular e com um fim determinado, e nesta qualidade de trabalho útil concreto produz valores de uso.»[26].

É importante realçar que, ao contrário do que possa parecer e do que alguns comentadores sustentaram, tomando esta passagem de forma descontextualizada, o trabalho abstracto de que Marx fala, a igualização social dos vários trabalhos concretos numa substância comum, não é um conceito de natureza fisiológica e trans-histórica. Embora na base do trabalho abstracto haja dispêndio fisiológico de nervos, músculos, cérebro, órgãos dos sentidos, etc., o valor, para Marx, não é uma segregação fisiológica, não é uma propriedade natural dos produtos.

Numa altura em que boa parte dos mais qualificados intérpretes europeus de *O Capital* propendia para explicações fisiológicas e naturalistas do valor – portanto, do trabalho abstracto –, foi mais uma vez Isaak Rubin que, com notáveis agudeza analítica e competência hermenêutica, chamou a devida atenção, nomeadamente no capítulo 14 dos seus *Ensaios*[27], para o carácter *social* da objectividade do valor.

> «O trabalho abstracto que Marx estuda – assinala Rubin – não é simplesmente o trabalho socialmente igualado, é o trabalho socialmente igualado numa forma específica, característica de uma economia mercantil.

---

[26] Karl Marx, *O Capital. Crítica da Economia Política*, Livro Primeiro, I, 1, 2, tomo I, p. 58.

[27] Cf. Isaak I. Roubine, *Essais sur la théorie de la valeur de Marx*, 14, pp. 179-209.

FILOSOFIA, MÉTODO E TEORIA DO VALOR

No sistema de Marx, o conceito de trabalho abstracto está indissoluvelmente ligado às características fundamentais da economia mercantil»[28].

A forma social específica que envolve e configura o trabalho plasma-se na forma dos seus produtos; no caso vertente, um trabalho privado, de produtores isolados e independentes – condição da produção mercantil[29] –, que só adquire dimensão social na esfera da troca, no mercado de compra e venda de mercadorias. Estes são, aliás, a base real e o segredo do fetichismo da mercadoria[30] – fenómeno tratado por Marx na quarta parte do primeiro capítulo de *O Capital* –, no âmbito do qual as coisas surgem personificadas e as relações sociais coisificadas. Efectivamente,

> «os trabalhos privados só se afirmam, de facto, como membros do trabalho total social através das ligações nas quais a troca permuta os produtos de trabalho e, por intermédio destes, os produtores. Por isso, as ligações sociais dos seus trabalhos privados surgem aos produtores como o que são, i. é., não como relações imediatamente sociais entre as pessoas nos seus próprios trabalhos, mas antes como relações coisais entre as pessoas e relações sociais entre as coisas.»[31]

A forma-mercadoria é a célula elementar da sociedade capitalista, a sua determinação mais simples e menos desenvolvida. Mas, pela análise dos seus meandros, e pela detecção da contradição que encerra, verifica-se que não é um monólito[32]. Contém em gérmen a forma-dinheiro e, por via da circulação, o ponto de partida do capital.

---

[28] «Le travail abstrait que Marx étudie n'est pas simplement du travail socialement égalisé, c'est du travail socialement égalisé sous une forme spécifique, caractéristique d'une économie marchande. Dans le système de Marx, le concept de travail abstrait est indissolublement lié aux caractéristiques fondamentales de l'économie marchande.», Isaak I. Roubine, *Essais sur la théorie de la valeur de Marx*, 14, p. 189.

[29] «Os objectos de uso só se tornam mercadorias porque são produtos de trabalhos privados realizados independentemente uns dos outros.», Karl Marx, *O Capital. Crítica da Economia Política*, Livro Primeiro, I, 1, 4, tomo I, p. 88.

[30] Cf. Karl Marx, *O Capital. Crítica da Economia Política*, Livro Primeiro, I, 1, 4, tomo I, pp. 86-100.

[31] Karl Marx, *O Capital. Crítica da Economia Política*, Livro Primeiro, I, 1, 4, tomo I, pp. 88-89.

[32] Em duas frases de recorte irónico, Marx expressa-se nos seguintes moldes sobre o assunto: «À primeira vista uma mercadoria parece uma coisa evidente, trivial. A sua análise

MERCADORIA E VALOR

Conhecer e compreender o modo de produção capitalista exige conhecer e compreender a *forma-mercadoria*, a *forma-valor* do produto do trabalho. Porém, este é ainda o nível mais superficial: o da circulação, onde vigora a lei da oferta e da procura e onde todos os agentes se enfrentam em igualdade de circunstâncias, ora como vendedores, ora como compradores[33].

A análise precisa de escavar mais fundo. Mantendo os adquiridos alcançados, do *ser* (ou de um *fenómeno* de primeiro nível) precisa de passar à *essência*. Da *circulação* de mercadorias, precisa agora de chegar à *produção* do ser social. É o que Marx fará, da Terceira à Oitava Secção do Livro Primeiro de *O Capital*, com a análise da mais-valia.

Dados os limites que estabelecemos para este conjunto de reflexões – o primeiro capítulo de *O Capital* – não entraremos nessa análise. No entanto, para que a noção da passagem da exposição a um patamar mais fundo da realidade económica fique registada, transcrevemos aqui, apesar de longas, três sugestivas passagens do final do quarto capítulo (Segunda Secção) de *O Capital*:

> «Deixamos, pois, esta esfera ruidosa [a esfera da circulação], que mora à superfície e é acessível a todos os olhos, juntamente com o possuidor de dinheiro e o possuidor da força de trabalho, para seguir a ambos até ao lugar oculto da produção, em cuja entrada se pode ler: *No admittance except on business*. Aqui mostrar-se-á não apenas como o capital produz, mas também como se produz ele próprio, o capital. O segredo da negociata [*Plusmacherei*] tem de ser finalmente revelado.».

Ora,

> «A esfera da circulação ou da troca de mercadorias, dentro de cujos limites se move a compra e a venda de força de trabalho, era de facto um

---

mostra que é uma coisa muito retorcida, cheia de subtileza metafísica e de extravagâncias teológicas.», Karl Marx, *O Capital. Crítica da Economia Política*, Livro Primeiro, I, 1, 4, tomo I, p. 88.

[33] A conhecida – nomeadamente por via da obra de Manuel Castells – metáfora da rede refere-se a este patamar da circulação, isto é, ao mercado. Se é verdade que ela capta dinâmicas reais, também é verdade que, regra geral, não opera o trânsito do fenómeno à essência, impedindo dessa forma que a *produção do ser social* seja trazido à luz em detrimento de uma absolutização da *circulação*.

verdadeiro Éden dos direitos humanos inatos. O que aí impera somente é liberdade, igualdade, propriedade e Bentham [...]».

Assim,

«Ao separar-se desta esfera da circulação simples ou da troca de mercadorias, à qual o livre-cambista *vulgaris* vai buscar concepções, conceitos e padrão para o seu juízo sobre a sociedade do capital e do trabalho assalariado, algo se transforma já – ao que parece – na fisionomia da nossa *dramatis personae*. O antigo possuidor de dinheiro marcha à frente como capitalista, o possuidor de força de trabalho segue-o como seu operário, um significativamente sorridente e zeloso pelo negócio, o outro tímido, contrariado, como alguém que levou a sua própria pele ao mercado e agora nada mais tem a esperar senão – ser esfolado.»[34].

A lei da oferta e da procura explica, sem dúvida, um conjunto relevante de fenómenos económicos da esfera mais superficial da *circulação*. Mas esses fenómenos, por um lado, estão subsumidos na lei do valor e, por outro lado, estão enraizados no patamar fundo da produção do capital, onde a lei da mais-valia vigora.

Se aquilo que se procura é uma compreensão cientificamente fundada dos mecanismos económicos do sistema, e não apenas uma colecta de factos discretos, por mais exaustiva que seja, então é necessário ir além da aparência dos fenómenos. Não só para compreender o vínculo objectivo entre o fenómeno e a essência, mas, no seu âmbito e através de mediações diversas, o próprio grau de autonomia relativa de que goza o fenómeno, ao ponto de poder manifestar-se num sentido contrário ao da essência.

No plano científico, esta é a linha que separa a economia política clássica daquilo a que Marx chamava «economia vulgar», ou «economia apologética».

Adam Smith, por exemplo, convictamente empenhado no triunfo do novo mundo que estava a nascer diante dos seus olhos, quis perceber, com escrúpulo científico, a origem do lucro. Numa sociedade em que a forma da riqueza já não era por excelência a terra e o património imobiliário, mas o dinheiro; numa economia cujo sector mais dinâmico

---

[34] Karl Marx, *O Capital. Crítica da Economia Política*, Livro Primeiro, II, 4, 3, tomo I, pp. 203-204.

MERCADORIA E VALOR

começava a ser a indústria nascente a não a agricultura, Adam Smith procurou compreender como é que, partindo-se de uma determinada soma de dinheiro, lançada na produção, se obtinha, no fim do circuito, depois da venda, uma soma maior. Para explicar esta realidade, a malha superficial do mercado não era manifestamente suficiente; o lucro não se cria na venda, realiza-se na venda. Donde, a necessidade científica de ir mais fundo, de romper com o mercantilismo e de investigar o valor e a sua natureza. É assim que, em *Inquiry into the Nature and Causes of the Wealth of Nations*, publicado em 1776, Adam Smith, mesmo identificando-se com o novo sistema económico em maturação, não se entrega à sua idealização acrítica[35]: radicando a investigação na teoria do valor, e proporcionando avanços significativos na sua compreensão, detecta traços fundamentais da dinâmica do capitalismo e revela algumas das suas contradições.

Atitude diferente tem a apologética.

Nos escombros da economia política clássica, a apologética ergue o edifício da «economia» («economics»), assim chamada desde a publicação, em 1890, dos *Principles of Economics*, de Alfred Marshall. Torna-se numa disciplina especializada ligada à gestão e não analisa nem o valor, nem o trabalho, nem a produção, mas a circulação, a microeconomia e modelos econométricos.

Por tudo isto, não pode causar admiração que a apologética, ou «economia vulgar», se instale na epiderme dos processos, insista em nunca de lá sair (fixando-se em temas como os preços, o marketing, as taxas de juro e afins) e decrete, com solenidade, que «em economia política acima de tudo não é permitido pensar.»[36].

Na verdade, por motivos políticos que não serão difíceis de reconhecer, a redução do real ao fenoménico é o muro com que a «economia vulgar» auto-limita o seu edifício doutrinário e promove o abandono da procura de um conhecimento cientificamente alicerçado:

---

[35] A ideia de que as crises do capitalismo desapareceriam no futuro, assim como as gritantes desigualdades sociais em rápido desenvolvimento, devido à acção orientadora de uma «mão invisível», uma espécie de harmonia pré-estabelecida de matriz leibniziana, encerra, sem dúvida, ilusões e extrapolações não-científicas. Mas não se trata de uma idealização, nem de apagar as contradições internas do sistema económico em nome do seu embelezamento. Aliás, a solução da «mão invisível» tem na base essas contradições; como tal, não as esconde. Ao contrário, eleva-as à compreensão do leitor.

[36] «[...] als daß man in der politischen Ökonomie überhaupt nicht denken darf!», Karl Marx, *Brief an Ludwig Kugelmann in Hannover, 11 Juli 1868*, MEW, vol. 32, p. 554.

«o economista vulgar crê que faz uma grande descoberta quando, ao aparecerem as conexões internas, proclama que as coisas têm, no fenómeno, outro aspecto. De facto, ele proclama que se atém à aparência, e que a considera como algo de último. Então para quê uma ciência?»[37].

Os próprios impasses da economia política clássica acabam por proporcionar «à economia vulgar uma base de operação segura para a sua principial superficialidade que apenas preiteia a aparência»[38].

Absolutizada a aparência, renúncia do legado racional das Luzes, abandono da ciência e apologética, andando de mãos dadas, formam um programa teórico-político conjuntado e indissociável.

## 4. EM TORNO DA LEI DO VALOR NA ACTUALIDADE

Na altura em que falámos do valor de uso da mercadoria como conjunto de propriedades que satisfaz necessidades sociais, acrescentámos que, para Marx, em nada a questão se alterava pelo facto dessas necessidades surgirem do «estômago ou da fantasia». Reputámos essa precisão avançada por Marx de extremamente importante e anunciámos que a ela voltaríamos.

É o momento de o fazermos.

Nas duas últimas décadas, desenhou-se uma tendência – teoricamente sólida e composta por alguns pensadores bastante qualificados – que viram no advento do que apelidaram de «trabalho imaterial», ou «trabalho cognitivo», o início da «crise do valor».

No quadro dos objectivos despretensiosos deste trabalho, não pretendemos fazer aqui a genealogia remota de tal tendência. Identificaremos,

---

[37] «Und dann glaubt der Vulgäre eine große Entdeckung zu machen, wenn er der Enthünlhung des inneren Zusammenhangs gegenüber drauf pocht, daß die Sachen in der Erscheinung anders aussehn. In der Tat, er pocht drauf, daß er an dem Schein festhält und ihn als Letztes nimmt. Wozu dann überhaupt eine Wissenschaft?», Karl Marx, *Brief an Ludwig Kugelmann in Hannover, 11 Juli 1868*, MEW, vol. 32, p. 553.

[38] Karl Marx, *O Capital. Crítica da Economia Política*, Livro Primeiro, VI, 17, tomo II, p. 611.

É a este respeito, e neste quadro específico, que um brevíssimo e bem mordaz apontamento de Armando Castro ganha o seu real alcance: «o capitalismo não se interessa pela origem do lucro, mas pelo seu aumento.», Armando Castro, *Lições de Economia*, XII, Lisboa, Editorial Caminho, 1982, 1, p. 121.

MERCADORIA E VALOR

pois, por concisão, mas não de forma arbitrária, no filósofo austro-francês Andrè Gorz o seu pólo mais destacado dos finais do século XX e inícios do século XXI; pólo a partir do qual dimanaram a matriz e as linhas mais marcantes das diversas teorizações posteriores sobre o «imaterial». As teorias do «fim do trabalho», desenvolvidas por Robert Kurz e pelo Grupo Krisis, inscrevem-se também, a seu modo, neste terreno.

Em termos muito resumidos, a tese central que Andrè Gorz sustenta é a de que o «conhecimento» (ou o «imaterial»), produzido pelo «trabalho cognitivo», já não é uma mercadoria. Como tal, não contém valor e não se regula pela lei do valor, ao contrário do que acontecia com os produtos resultantes do «trabalho material» da era industrial.

De acordo com Andrè Gorz, o «imaterial» teria dado início à «crise do valor» porque medir o trabalho complexo («cálculo matemático», «retórica», «pesquisa técnico-científica», «invenção de normas estéticas»[39]) embutido num produto «imaterial» seria impraticável face à inexistência de uma substância social comum: o trabalho (que Gorz qualifica de «simples»), o valor. Assim, a «crise da medição» do valor seria não tanto um sinal da «crise do valor», mas a sua própria causa.

Nas palavras de Andrè Gorz:

> «A crise da medição do trabalho engendra inevitavelmente a crise da medição do valor. Quando o tempo socialmente necessário a uma produção se torna incerto, essa incerteza não pode deixar de se repercutir sobre o valor de troca do que é produzido. O caráter cada vez mais qualitativo, cada vez menos mensurável do trabalho, põe em crise a pertinência das noções de «sobretrabalho» e de «sobrevalor». A crise da medição do valor põe em crise a definição da essência do valor. Ela põe em crise, por consequência, o sistema das equivalências que regula as trocas comerciais.»[40].

Podemos passar por cima do facto de nenhuma das empresas gigantes da área das novas tecnologias ter problemas nesta mensuração; podemos ainda deixar de lado a circunstância de todas estas empresas desenvolverem uma luta tenaz pela diminuição do tempo médio de trabalho socialmente necessário incorporado em cada mercadoria que produzem,

---

[39] Cf. Andrè Gorz, *O imaterial: conhecimento, valor e capital* (2003), II, 1, São Paulo, Annablume, 2005 (doravante: *O imaterial: conhecimento, valor e capital*), p. 29.

[40] Andrè Gorz, *O imaterial: conhecimento, valor e capital*, II, 1, p. 30.

FILOSOFIA, MÉTODO E TEORIA DO VALOR

tendo em vista o abaixamento de preços, a eliminação de concorrentes e a conquista de mercados, ou a manutenção dos preços praticados e a obtenção de lucros extra, e confirmando assim a vigência de mecanismos básicos e fundamentais da lei do valor. Embora não estejamos perante elementos picarescos, ou sem importância, cremos que o essencial daquilo que consideramos problemático na argumentação de Gorz não passa primordialmente por aí.

A nosso ver, toda a argumentação de Andrè Gorz gira em torno de um eixo: a errada identificação entre mercadoria e «objectos materiais». O próprio equívoco de pôr no lugar da substância do valor a magnitude do valor não deixa de gravitar em seu redor.

Ora, a extrema importância do apontamento de Marx – relembramo-lo aqui: «a natureza dessas necessidades, quer surjam, p. ex., do estômago ou da fantasia, em nada modifica a questão» – reside precisamente na chamada de atenção para o facto de a mercadoria ser uma *forma* social que qualquer produto, material ou «imaterial», que satisfaça necessidades humanas pode adquirir numa economia capitalista.

Com efeito, pode considerar-se notável que Marx não tenha associado a mercadoria a nenhum produto em particular, nem a nenhum material em especial, numa altura em que a lei do valor estava ainda bem longe de penetrar esferas como a cultura, o lazer, os serviços, etc.. No mesmo movimento, não menos notável foi ter descoberto no mundo potencialmente infinito das mercadorias a força de trabalho (que não deve confundir-se com o trabalho).

Não se trata aqui, naturalmente, de contrapor Gorz a Marx de um ponto de vista puramente exegético. Não é nem a exegese hermenêutica, nem o peso e a autoridade dos autores que estão em jogo, mas a realidade objectiva e a sua inteligibilidade. O apontamento de Marx é importante porque detecta uma *tendência* que se tem vindo a desenvolver (a ampliar e a aprofundar) e sem a compreensão da qual se torna difícil, do nosso ponto de vista, apreender os próprios fenómenos que Andrè Gorz teve o mérito de assinalar e de pensar.

No mundo actual, os produtos ideais que os *think tanks* vendem aos seus contratantes são mercadorias, como mercadorias são as campanhas eleitorais encomendadas a gabinetes de especialistas, os serviços de descontos proporcionados a turistas pela adesão a pacotes de iniciativas culturais, as *performances* que têm lugar nas praças de muitas cidades. Podíamos multiplicar os exemplos por áreas as mais diversas.

MERCADORIA E VALOR

Em dado momento do primeiro capítulo da Primeira Secção do Livro Segundo de *O Capital*, Karl Marx analisa as particularidades da indústria de transportes. À partida, poder-se-ia pensar que o assunto não tem qualquer relação com o que estamos a tratar. Atentemos, contudo, na seguinte passagem, e vejamos como nos pode ajudar a tornar mais nítidos os contornos do problema:

> «Mas o que a indústria de transportes vende é a própria mudança de lugar. O efeito útil produzido está inseparavelmente ligado ao processo de transporte, i. é., ao processo de produção da indústria de transportes. Seres humanos e mercadorias viajam com o meio de transporte, e a sua viagem, o seu movimento de local, é precisamente o processo de produção por ele operado. O efeito útil só é consumível durante o processo de produção, não existe como coisa de uso diversa deste processo que só depois da sua produção funcione como artigo comercial, circule como mercadoria. Mas o valor de troca deste efeito útil é determinado, tal como o de qualquer outra mercadoria, pelo valor dos elementos de produção nele consumidos (força de trabalho e meios de produção) plus a mais-valia que foi criada pelo sobre-trabalho dos operários ocupados na indústria dos transportes. Também em ligação com o seu consumo, este efeito útil se comporta totalmente como quaisquer outras mercadorias. Se é consumido individualmente, então o seu valor desaparece com o consumo; se é consumido produtivamente, de tal modo que ele próprio é um estádio de produção da mercadoria que se encontra em transporte, então o seu valor é transferido para a própria mercadoria como valor suplementar»[41].

No sentido em que não é uma «coisa» que se destaque do processo produtivo como seu resultado, o transporte não tem a configuração habitual de uma mercadoria. Mas no sentido amplo de que é um valor de uso susceptível de receber a forma social do valor (e da mais-valia) é uma mercadoria como qualquer outra.

Para nos situarmos na importante discussão proporcionada pelas questões levantadas por Gorz, vejamos também o que acontece com a publicidade.

---

[41] Karl Marx, *O Capital. Crítica da Economia Política*, Livro Segundo, I, 1, IV, tomo IV, p. 65.

Em épocas passadas, a publicidade que acompanhava o lançamento de uma mercadoria no mercado representava um custo que transitava para o valor do produto e muitas vezes o serviço era prestado por profissionais pertencentes aos quadros das empresas. Tecnicamente, a publicidade não era um trabalho produtivo – no sentido em que não criava mais-valia –, mas apenas participava nas condições que permitiam a realização da mais-valia.

Hoje, há empresas dedicadas exclusivamente a serviços de publicidade. Para quem lança no mercado uma mercadoria, a contratação desse serviço representa apenas um custo (embora importante para criar condições de realização da mais-valia); já para a empresa que vende o serviço, a publicidade é uma mercadoria e produz mais-valia.

O capitalismo consegue transformar tudo em mercadoria, porque é ela que incorpora mais-valia, motivo impulsionador do sistema. E portanto a lei do valor, em vez de se retrair e de entrar em «crise» com o advento do «imaterial», como defende Andrè Gorz, vai-se, ao contrário, expandindo, amadurecendo e abrindo novos ramos de investimento e de colocação de capitais. É o que acontece com os serviços, com a cultura, com o lazer, etc.. No capitalismo, o sector produtivo é o sector que *produz capital*, a despeito dos valores de uso serem óleo, bolachas, camisolas, programas informáticos ou mensagens publicitárias.

Dito isto, e sob pena de se perderem de vista articulações decisivas do problema, é necessário ter em conta três aspectos interligados envolvidos na questão: as *novas formas* de *materialidade*, e não a «imaterialidade», de algumas mercadorias; simultaneamente, o conteúdo inegavelmente *ideal*, e não material, das mercadorias «espirituais»; o facto de não haver na venda, no sector comercial do capital, criação de mais-valia, mas apenas realização. A malha é enovelada e contraditória, mas querer rasurá-la de forma artificial para contornar os problemas e não os enfrentar não será, porventura, a melhor solução.

Consideremos, pois, cada um dos três aspectos.

Quanto ao primeiro, é bom começar por fazer notar que aquilo a que Andrè Gorz chamou «imaterial», ou «conhecimento», não nasce do vazio e não opera no vácuo, sem condições materiais de envolvência, de suporte e de produção.

Um festival de música, por exemplo, implica a existência – e, portanto, o fabrico (que, já agora, também envolve «conhecimento») – de instrumentos musicais, não menos que a de uma sofisticada logística de transmissão, sem a qual o público do recinto não pode usufruir este-ticamente dos sons musicais. Semelhante aparato técnico é igualmente imprescindível se o festival passar em directo numa rádio ou numa televisão, ou se for gravado, editado e vendido num suporte audiovisual. Até ao prazer estético sentido pelo ouvinte durante a execução de uma música, a cadeia de mediações materiais é enorme; desatendê-la, só pode conduzir a uma mistificação do problema.

Enviar uma mensagem de correio electrónico de um continente para outro, ou fazer uma compra on-line, implica a existência de complexos sistemas de telecomunicações, de computadores, microprocessadores e programas informáticos, de tecnologias wireless – e, portanto, implica o seu fabrico. Mais uma vez, pretender apagar as mediações aqui envol-vidas, só poderá levar a uma descaracterização do problema.

A materialidade não se esfumou; há é *novas formas* de *materialidade*. Aliás, tal como na física: o bosão não é menos material do que o átomo. Ir além do átomo não foi um esfumar-se da matéria, mas um seu conhe-cimento mais profundo.

O que fazem os idealismos na filosofia, desvincular a consciência da materialidade, fazem as correntes que absolutizam o «imaterial» na economia.

Para um materialismo consequente, no entanto – e com isto entramos no segundo aspecto –, a consciência tem condições, está enraizada na materialidade, nunca dela se desprende, mas não é a própria materiali-dade. Sem perder a unidade com ela, não deixando de ser a consciência *do* ser, é algo de outro.

O mesmo acontece com as mercadorias espirituais. Adoptar um ponto de vista idealista, considerando-as apartadas da sua génese material, des-vinculadas dos processos de trabalho (interacção entre o ser humano e a Natureza) que são a sua condição, seria, como vimos, desvirtuar o problema. Tal não pode significar, entretanto, porque não seria menos grave, perder de vista que o valor de uso de um parecer jurídico ou de um poema não reside no suporte material de cada um: a folha de papel, o livro impresso, ou o software que os torna aptos a serem lidos num computador ou num tablet. O valor de uso de ambos tem um conteúdo *ideal*, visa satisfazer necessidades humanas *ideais*. Passa-se coisa idêntica com uma ópera ou com um filme, nos quais a componente de capital constante é significativa.

Serviços como o ensino, a saúde ou a publicidade tornaram-se sectores mercantis, ou melhor, áreas de produção do capital. Ora, uma aula não é um serviço que meramente realize a mais-valia incorporada nas mesas da sala de aula, nas cadeiras, no quadro e no edifício. Sendo, no ensino privado, uma mercadoria como qualquer outra, a aula tem um valor de uso diferente do das mesas e das cadeiras.

Em suma: os produtos espirituais, as mercadorias espirituais, não nascem do nada e não flutuam no ar. O seu valor de uso, porém, não é da mesma natureza, porque atende a necessidades humanas de outro tipo, do valor de uso de um pão.

O facto de haver serviços que produzem mercadorias espirituais não significa, entretanto, que entre a produção e a circulação do capital tenha passado a subsistir uma indistinção niveladora, isto é, que tudo seja produção, inclusive o sector comercial. Este é o terceiro aspecto.

Efectivamente, uma coisa são os serviços que produzem mercadorias, como vimos. Outra, bem diferente, é o sector comercial, em geral, cujos serviços não *produzem* nenhuma mais-valia; operam, antes, a metamorfose do capital-mercadoria (embutido com mais-valia) criado na produção em capital dinheiro (embutido com mais-valia), isto é, *realizam*, na venda, a mais-valia criada na produção.

O que sucede no sector comercial é uma disputa com o capital industrial pela partilha da mais-valia criada no âmbito deste. Disputa que ganharia desdobramentos e mais um protagonista, o capital financeiro, se o capital-dinheiro transformado em capital produtivo no início do processo tivesse sido bombeado do sector financeiro como empréstimo.

Finalmente, ao considerarmos que o «imaterial» não escapa, ao contrário do que defende Andrè Gorz, aos mecanismos da lei do valor, não o fazemos a partir das posições de Anselm Jappe, que igualmente não acompanhamos, de que o valor seria uma estrutura *a priori*.

Com efeito, numa obra de 2003 que se tornou famosa e que pretendeu causar sensação ao apresentar-se ao mundo com o objectivo expresso de anunciar a boa nova, finalmente arrancada dos tortuosos e labirínticos mistérios de um Marx «esotérico» (por contraponto a um seu duplo «exotérico»)[42], Anselm Jappe ensaia toda uma estratégica manobra de conversão do valor em forma social *a priori*.

---

[42] «[...] podemos distinguir duas tendências na obra de Marx, ou eventualmente falar de um *duplo Marx*: por um lado, o Marx «exotérico», que toda a gente conhece, o teorizador da modernização, o «dissidente do liberalismo político» (Kurz), um representante das Luzes

MERCADORIA E VALOR

Agregando Émile Durkheim, Marcel Mauss, o jovem Lukács de *Geschichte und Klassenbewusstsein*, Isaak Rubin, Sohn-Rethel, Adorno e Hans-Jürgen Krahl, o vistoso, multicolorido e altamente «engenhoso» *pot-pourri* criado por Anselm Jappe, em nome da interpretação autêntica de um Marx «escondido», resulta, no fim de contas, nisto:

> «O valor é uma forma *a priori*, em sentido kantiano, porque toda a objectividade se manifesta através dele: é uma retícula de que o indivíduo não tem consciência, mas que é preliminar a toda a percepção e lhe constitui os objectos. O *a priori* kantiano é uma ontologização e individualização não histórica do valor que, na sociedade moderna, é o verdadeiro *a priori*, mas um *a priori* social, não natural.»[43].

Nesta concepção do valor como esquema *a priori*[44], Jappe apaga as premissas históricas em que o valor se inscreve, faz desaparecer o conjunto de relações dialécticas em que ele ganha funcionalidade[45], e transforma-o numa estrutura «social» abstracta, todo-poderosa, que, sendo absolutamente independente em relação aos indivíduos, move-se por si, abate-se sobre eles, domina-os por inteiro e dita-lhes, sem a mínima possibilidade do seu concurso, as acções, a consciência e os sentimentos.

Está fora de questão que a acção social dos indivíduos na história – como, aliás, Marx não se cansou de sublinhar – se dá sempre, não no

---

que queria aperfeiçoar a sociedade industrial do trabalho sob a direcção do proletariado; por outro lado, um Marx «esotérico» cuja crítica das categorias de base – difícil de compreender – visa mais além do que a civilização capitalista.», Anselm Jappe, *As Aventuras da Mercadoria – Para uma nova crítica do valor* (2003), 1, Lisboa, Antígona, 2006 (doravante: *As Aventuras da Mercadoria*), p. 10; para o contexto de fundo da distinção, cf., particularmente, 1, pp. 5-22.

[43] Anselm Jappe, *As Aventuras da Mercadoria*, 4, nota 32, p. 170.

[44] «O valor é um esquema de que os sujeitos não têm consciência porque se apresenta como sendo «natural», e não como algo de historicamente determinado.», Anselm Jappe, *As Aventuras da Mercadoria*, 4, p. 159.

[45] O valor não é, com efeito, um *prius* do capitalismo. Ele actua num quadro, historicamente constituído, de divisão social, económica e política entre trabalho assalariado e capital. Ele desenrola-se num quadro económico de empresas capitalistas autónomas que apenas se relacionam por intermédio do *mercado*. É pois nesse contexto que, como já vimos, «todo o trabalho é, por um lado, dispêndio de força de trabalho humana no sentido fisiológico, e nesta qualidade de trabalho humano igual ou trabalho humano em abstracto ele forma o valor das mercadorias. Todo o trabalho é, por outro lado, dispêndio de força de trabalho humana de uma forma particular e com um fim determinado, e nesta qualidade de trabalho útil concreto produz valores de uso.», Karl Marx, *O Capital. Crítica da Economia Política*, Livro Primeiro, I, 1, 2, tomo I, p. 58.

vazio, mas num quadro social determinado[46]; é certo que o pensar e o sentir se relacionam não apenas com a textura social imediata na qual se encontram enraizados, mas também com as ideias de gerações anteriores que os grupos sociais seleccionam, valorizam e transmitem[47]; não oferece objecções a circunstância de o movimento histórico de concentração e de centralização do capital, com a formação de mega-empresas transnacionais comandadas por um punhado de *rentiers*, ter acarretado como consequência social de monta o insuflar alargado de sentimentos de impotência, de fatalidade e de castração do exercício criativo da individualidade[48]; é verdade que, no capitalismo, o valor é como que uma «substância em processo»[49], visto que o capital é valor que se valoriza e que o valor de uso das mercadorias é apenas um meio de autovalorizar o valor, meio onde a mais-valia, finalidade e motivo impulsionador do sistema, é coagulada e transportada[50].

---

[46] «Os homens fazem a sua própria história, mas não a fazem segundo a sua livre vontade, em circunstâncias escolhidas por eles próprios, mas nas circunstâncias imediatamente encontradas, dadas e transmitidas.», Karl Marx, *O 18 de Brumário de Louis Bonaparte* (1852), I, OE, tomo 1, p. 417.

Numa carta a Pavel Annenkov, datada de Dezembro de 1846, Marx houvera já acentuado esta perspectiva: «(...) os homens não são livres árbitros das *suas forças produtivas* – as quais são a base de toda a sua história – pois toda a força produtiva é uma força adquirida, o produto de uma actividade anterior.», Karl Marx, *Carta a Pavel V. Annenkov em Paris, 28 de Dezembro de 1846*, OE, tomo 1, p. 545.

[47] «A tradição de todas as gerações mortas pesa sobre o cérebro dos vivos como um pesadelo. E mesmo quando estes parecem ocupados a revolucionar-se, a si e às coisas, mesmo a criar algo de ainda não existente, é precisamente nestas épocas de crise revolucionária que esconjuram temerosamente em seu auxílio os espíritos do passado, tomam emprestados os seus nomes, as suas palavras de ordem de combate, a sua roupagem, para com este disfarce de velhice venerável e esta linguagem emprestada, representar a nova cena da história universal.», Karl Marx, *O 18 de Brumário de Luís Bonaparte*, I, OE, tomo 1, 417.

[48] Talvez não seja por acaso que o estruturalismo tenha surgido justamente na época dos grandes impérios económicos internacionais, organizados, de resto, com o auxílio de imponentes aparelhos burocráticos de unificação e coordenação dos seus interesses.

[49] Cf. Karl Marx, *O Capital. Crítica da Economia Política*, Livro Primeiro, II, 4, 1, tomo I, p. 180.

[50] «De facto, porém, o valor torna-se aqui [no processo de circuito Dinheiro-Mercadoria-Dinheiro] o sujeito de um processo em que ele, com a constante troca das formas de dinheiro e mercadoria, modifica a sua própria magnitude –, enquanto mais-valia afasta-se de si mesmo como valor originário, valoriza-se a si mesmo. Pois o movimento em que ele agrega mais--valia é seu movimento próprio, e a sua valorização, portanto, autovalorização. Ele adquiriu a qualidade oculta de pôr valor, porque ele é valor. Ele dá à luz crias vivas ou, no mínimo, põe ovos de ouro.», Karl Marx, *O Capital. Crítica da Economia Política*, Livro Primeiro, II, 4, 1, tomo I, pp. 179-180.

## MERCADORIA E VALOR

Mas o que estes aspectos, tomados isoladamente ou considerados em conjunto, não autorizam de nenhum modo é que deles se parta para uma *formalização* do todo, tornando-o assim uma entidade imutável e considerando-o nos termos de uma *anterioridade* e de uma *dominação absoluta* sobre as partes[51]. Contudo, é isso exactamente que, de forma metafísica, faz Anselm Jappe, para quem de um lado estão as partes, simples marionetas, e do outro está o todo, mestre omnipotente e inacessível que mexe todos os cordelinhos.

Desenvolvida com base noutras preocupações, e segundo vias diferentes, a verdade é que a concepção de *totalidade* de Anselm Jappe, no fundamental, acaba por não divergir da de Kant. O desejo declarado de «historicizar» o transcendentalismo nunca foi, em sentido próprio, sair dele, nunca visou beliscar minimamente a estrutura *a priori* da totalidade: ofereceu-lhe apenas, através de uma transfiguração da forma valor, um cunho distinto, «social» (como de alguma maneira também já acontecia com o estruturalismo de Claude Lévi-Strauss). A totalidade continuou, pois, perspectivada enquanto todo formal, abstractamente fechado e afastado das partes.

Tanto Andrè Gorz como Anselm Jappe lançam questões relevantes e trabalham problemas reais. Estamos em crer, porém, que procurar resolvê-los exigirá seguir uma orientação porventura distinta da que propuseram (sem, no entanto, abdicar do pavimento que assentaram para outros poderem caminhar), não só ao nível das perspectivas políticas e económicas, mas fundamentalmente dos supostos ontológicos que sustentam toda a investigação.

---

[51] A terceira tese «ad Feuerbach» releva uma dialéctica de acção e retroacção entre os homens e as circunstâncias que, a este respeito, interessa ter presente como perspectiva de fundo: «A doutrina materialista [velha, metafísica, não-dialéctica] de que os seres humanos são produtos das circunstâncias e da educação, [de que] seres humanos transformados são portanto produtos de outras circunstâncias e de uma educação mudada, esquece que as circunstâncias são transformadas precisamente pelos seres humanos e que o educador tem ele próprio de ser educado. Ela acaba, por isso, necessariamente, por separar a sociedade em duas partes, uma das quais fica elevada acima da sociedade. (P. ex., em Robert Owen.) A coincidência do mudar das circunstâncias e da actividade humana só pode ser tomada e racionalmente entendida como *práxis revolucionante*.», Karl Marx, *Teses sobre Feuerbach*, Terceira Tese, OE, tomo 1, p. 2.

# PARA UMA COMPREENSÃO DO MÉTODO DE ASCENSÃO DO ABSTRACTO AO CONCRETO EM *O CAPITAL* DE MARX: AS CONTRIBUIÇÕES DE MARK MOISEEVITCH ROSENTAL, EVALD VASSILIEVITCH ILYENKOV E VIKTOR ALEXEIEVITCH VAZYULIN[*]

PERIKLIS PAVLIDIS

Apresentarei e discutirei, neste artigo, alguns aspectos e alguns resultados dos esforços empreendidos na URSS para estudar e reconstruir o método de ascensão do abstracto ao concreto em *O Capital*, a principal obra de Marx. Concentrar-me-ei, na minha análise, no trabalho de três pensadores soviéticos: Mark Moiseevitch Rosental, Evald Vassilievitch Ilyenkov e Viktor Alexeievitch Vazyulin.

Na famosa Introdução aos *Grundrisse*, Marx apresenta a sua concepção do método da economia política, designado por método de ascensão do abstracto ao concreto. Como ele próprio afirma, quando se considera um país de um ponto de vista político-económico, um dos caminhos percorridos pelo pensar (que é, na verdade, o caminho historicamente trilhado pelo pensamento económico) parte do objecto real e concreto, que inicialmente aparece sob a forma de uma representação caótica do todo, para uma diferenciação analítica de abstracções cada vez mais finas e de conceitos cada vez mais simples, até chegar às determinações mais simples. No entanto, de acordo com Marx,

> «[o] método cientificamente correcto» caminha precisamente no sentido contrário, conduzindo, numa viagem de retorno, das relações mais simples, apreendidas por intermédio da abstracção, até ao «todo vivo», concebido, desta vez, não sob a forma de uma representação caótica, mas de «uma rica totalidade de muitas determinações e relações» (Marx, 1993, 100).

---

[*] Tradução do original inglês de João Vasco Fagundes.

Marx clarifica que «o concreto é concreto porque é uma reunião de muitas determinações, portanto, unidade do diverso» (Marx, 1993, 101).

A este respeito, Marx salienta que Hegel identificou o processo de reprodução do concreto pelo pensar – isto é, o movimento do pensar no seu próprio âmbito (no âmbito das suas determinações) – com o processo de génese do próprio concreto (Marx, 1993, 101). Contudo, o método de ascensão do abstracto ao concreto é «apenas o modo de o pensar se apropriar do concreto, de o reproduzir como um concreto espiritual» (Marx, 1993, 101).

A tentativa, levada a cabo por Marx, de estabelecer uma diferenciação entre a sua forma de compreender o método de ascensão do abstracto ao concreto e a de Hegel não é acidental, uma vez que Hegel foi o primeiro a implementar este método nos seus esforços para revelar o modo como o pensamento representa a realidade.

É um facto que Hegel foi o primeiro a ensaiar uma apresentação sistemática das categorias gerais e necessárias da lógica dialéctica na sua inter-relação. Na *Ciência da Lógica*, Hegel desenvolveu um sistema de conceitos dialecticamente interconectados e subordinados que expõe as categorias e os momentos básicos do espírito no decurso da ascensão do abstracto ao concreto.

O objecto a que Hegel se referia era, porém, o próprio espírito. Não o espírito reportando-se a um objecto específico, mas o espírito em geral, o qual, no desenvolvimento dos seus conceitos, não representa nada fora de si; antes se revela a si próprio como espírito incondicionado.

Atendendo ao facto de que, para Hegel, a representação teórica das relações dialécticas não se refere a um todo orgânico específico em desenvolvimento, estas relações surgem assim como um fenómeno puramente intelectual, separado das relações que as pessoas mantêm entre si e com a realidade material.

No Posfácio à segunda edição alemã de *O Capital*, referindo-se à relação entre o seu entendimento da dialéctica e o de Hegel, Marx escreve:

> «O meu método dialéctico é não apenas diferente do de Hegel, mas o seu directo oposto. Para Hegel, o processo do pensamento – que, sob o nome de Ideia, ele transforma mesmo num sujeito independente – é o demiurgo do mundo real; e o mundo real é apenas a forma exterior, fenoménica da "Ideia". Para mim, pelo contrário, o ideal não é senão o mundo material reflectido na cabeça do homem e traduzido em formas de pensamento». (Marx, 1996, 19)

PARA UMA COMPREENSÃO DO MÉTODO DE ASCENSÃO DO ABSTRACTO AO CONCRETO

Marx foi o primeiro a estudar, diferentemente de Hegel, um objecto historicamente específico que constitui um todo orgânico em desenvolvimento e a representar teoricamente as relações – da mais simples à mais complexa – entre as suas várias partes.

Ao partir de forma consciente e deliberada, nos seus trabalhos teóricos, da necessidade de uma transformação revolucionária da sociedade, Marx deu particular atenção à compreensão da sociedade nas suas dimensões históricas objectivas e, por conseguinte, à distinção entre o objecto de estudo e as ideias a ele referentes.

*O Capital* de Marx é um modelo de representação teórica da sociedade – do modo capitalista de produção enquanto todo orgânico, enquanto totalidade caracterizada pela conexão interna das suas partes; totalidade cujas partes existem e se desenvolvem enquanto tais apenas através da sua interacção.

Nesta obra, Marx utiliza, e ao mesmo tempo transforma, o método hegeliano de estudo de um objecto sob a forma de um todo orgânico. É por isso que Marx, em *O Capital*, pode reconhecer, no que respeita ao método dialéctico, os merecimentos do pensamento hegeliano e o seu «núcleo racional»:

> «A mistificação que a dialéctica sofre nas mãos de Hegel de modo nenhum o impede de ter sido o primeiro a expor de um modo abrangente e consciente as suas formas de movimento universais. Nele, ela está de cabeça para baixo. Há que virá-la para descobrir o núcleo racional no invólucro místico». (Marx, 1996, 19)

A utilização do método de Hegel foi, no entanto, mais considerável e mais importante do que as frases de Marx deixam transparecer; decididamente, não se tratou de uma relação no âmbito da qual o método de Marx fosse tão-só o «directo oposto» do método hegeliano. Foi por isso que Lénine, apercebendo-se da relação entre o método de *O Capital* e o método proposto por Hegel na *Ciência da Lógica*, não pôde deixar de observar, não por acaso, que:

> «É impossível compreender plenamente *O Capital* de Marx e particularmente o seu primeiro capítulo sem ter estudado a fundo e sem ter compreendido toda a *Lógica* de Hegel. Por conseguinte, meio século depois nenhum marxista compreendeu Marx!!» (Lénine, 1961, 180)

FILOSOFIA, MÉTODO E TEORIA DO VALOR

Partindo desta ideia de Lénine, e atendendo às novas exigências teóricas criadas pelo desenvolvimento da sociedade socialista na URSS a partir da década de 50 do século XX (exigências relacionadas, em primeiro lugar, com a necessidade de encontrar um método para o estudo e para a exposição teórica das relações económicas da nova sociedade), vários investigadores procurarão reconstruir o método utilizado por Marx em *O Capital*[1].

Na URSS, após a guerra, o primeiro autor a confrontar-se com o problema da dialéctica em *O Capital* de Marx foi Mark Rosental, no livro *Вопросы диалектики в 'Капитале' Маркса* (*Os problemas da dialéctica em* O Capital *de Marx*), publicado em 1955. Como observou Viktor Vazyulin, Rosental tornou-se o elo de ligação entre os investigadores soviéticos que, nas décadas de 20 e 30, começaram a estudar os problemas da dialéctica nas obras económicas de Marx e os que, nos anos 50, se debruçaram de forma sistematizada sobre a lógica de *O Capital* (Vazyulin, 1992, 35).

Naquela obra, Rosental refere-se a questões gerais do pensamento dialéctico (ao desenvolvimento entendido como uma passagem de transformações quantitativas a transformações qualitativas e como uma superação de contradições; à relação entre essência e fenómeno; aos métodos histórico e lógico de investigação; à função da análise e da síntese no processo cognitivo) e só aborda o método de ascensão do abstracto ao concreto num capítulo.

Descrevendo, em termos gerais, o método – que apelida de «analítico» – utilizado por Marx em *O Capital*, Rosental afirma que o ponto de partida de tal método é a análise de uma diversidade de fenómenos específicos, num movimento do pensar que parte do concreto para o abstracto, tendo em vista o estabelecimento de definições mais gerais, distintas umas das outras, que revelam a essência, a lei dos fenómenos. A seguir, através de uma ascensão do abstracto ao concreto, a realidade é

---

[1] Além das obras de Rosental, de Ilyenkov e de Vazyulin, que são discutidas neste artigo, vale a pena mencionar também os interessantes trabalhos de V.N. Tipuhin, *Метод восхождения от абстрактного к конкретному в «Капитале» К. Маркса*, 1961 (*O método de ascensão do abstracto ao concreto em* O Capital *de Karl Marx*), de L.A. Mankovsky, *Логические категории в «Капитале» К. Маркса*, 1962 (*As categorias lógicas em* O Capital *de Karl Marx*) e de Z.M. Orudzev, *К. Маркс и диалектическая логика*, 1964 (*Karl Marx e a lógica dialéctica*), que não podem ser examinados aqui.

PARA UMA COMPREENSÃO DO MÉTODO DE ASCENSÃO DO ABSTRACTO AO CONCRETO

reconstruída na sua integralidade como uma unidade de leis e de formas particulares de manifestação dessas leis (Rosental, 1955, 308).

Rosental não procurou levar a efeito uma reconstrução sistemática do movimento do pensamento de Marx em *O Capital*, limitando a sua análise a alguns comentários e observações gerais.

Entendendo que em *O Capital* predomina a ascensão do abstracto ao concreto, Rosental constata que em várias partes da obra também nos deparamos com o movimento do pensar que parte do concreto para o abstracto. Por exemplo, embora Marx parta do estudo da mercadoria, cuja particularidade – a de ser a célula elementar do modo capitalista de produção – é estabelecida como resultado de uma abstracção (o processo que conduziu a esta abstracção não aparece, evidentemente, em *O Capital*), a própria mercadoria manifesta-se, logo a seguir, como uma entidade assaz complexa-concreta, a partir da qual Marx chega a definições mais abstractas, tais como as de valor de uso e de valor de troca (Rosental, 1955, 305).

Além disso, Marx, de acordo com Rosental, apresenta o valor de troca tal como aparece na superfície dos fenómenos: nas diferentes proporções em que os valores de uso são trocados. O pensamento de Marx arranca de um fenómeno determinado para revelar, por intermédio da análise, que a essência do valor de troca é o valor (Rosental, 1955, 306). Ou seja, avança do concreto para o abstracto, do valor de troca para o valor (Rosental, 1955, 306).

De seguida, do abstracto, o valor, Marx passa outra vez ao concreto, o valor de troca; passa às formas de expressão do valor – o dinheiro (Rosental, 1955, 306).

Também no que toca à análise da mais-valia, Rosental reconhece o mesmo trajecto no pensamento de Marx. Marx arranca da forma específica do movimento do capital tal como é dado à superfície, na esfera da circulação, onde, segundo a fórmula $D – M – D'$, o dinheiro gera mais dinheiro. Seguidamente, Marx, por intermédio da abstracção, desvenda a mais-valia para retornar de algum modo à forma concreta do movimento do capital, tendo já revelado o seu segredo (Rosental, 1955, 308).

Rosental constata que Marx transita do valor para a categoria mais concreta da mais-valia através da análise de alguns elos intermediários, tais como as formas do valor, a emergência do dinheiro e as suas funções, etc.. E embora a mais-valia constitua uma abstracção face a outras formas mais concretas, como o lucro e as formas do lucro, ela representa uma categoria mais concreta do que a categoria de valor (Rosental, 1955, 321).

Aqui chegados, precisamos agora de tecer alguns comentários sobre a tentativa, levada a cabo por Rosental, de reconstrução do método de ascensão do abstracto ao concreto em *O Capital* de Marx. Não se tratou, como dissemos, de um exame sistemático do movimento do pensamento de Marx em *O Capital*, mas da formulação de algumas observações fragmentárias de carácter geral. Apercebendo-se, correctamente, de que na ascensão do pensar do abstracto ao concreto também se encontram elementos do movimento inverso – ou seja, do concreto ao abstracto –, Rosental não foi capaz de reconstruir a relação específica entre estes dois processos em *O Capital*. Apresentando o método de Marx como analítico, ele não se referiu de todo à síntese, que, no entanto, é predominante em *O Capital*.

Rosental tão-pouco explica, apesar de a síntese predominar em *O Capital*, por que razão o pensamento funciona de modo analítico nalgumas partes da obra. Rosental não estuda a estrutura geral de *O Capital* do ponto de vista da subordinação lógica dos conceitos; assim sendo, não pode descortinar as fases de ascensão do abstracto ao concreto, nem a forma como este trajecto incorpora o movimento inverso, do concreto ao abstracto.

É preciso fazer notar que Rosental, no seu esforço para estudar o método de ascensão do abstracto ao concreto em *O Capital*, passa totalmente ao lado da *Ciência da Lógica* de Hegel e da influência que esta exerceu na estrutura da obra de Marx. Isto impossibilitou-o desde o início de desvendar teoricamente a estrutura de *O Capital* sob a forma de um sistema de conceitos lógicos subordinados.

Depois de Rosental, a tentativa mais importante de estudar o método de *O Capital* de Marx, na URSS, deve-se à obra de Evald Ilyenkov *Диалектика абстрактного и конкретного в «Капитале» Маркса* (*A dialéctica do abstracto e do concreto em* O Capital *de Marx*), publicada em 1960. Podemos dizer que esta obra de Ilyenkov impulsionou efectivamente os investigadores soviéticos para um trabalho sobre o método de ascensão do abstracto ao concreto em *O Capital*, perspectivado enquanto método unificado, que reúne todas as questões da lógica dialéctica apresentadas na obra.

PARA UMA COMPREENSÃO DO MÉTODO DE ASCENSÃO DO ABSTRACTO AO CONCRETO

Reiterando algumas afirmações conhecidas de Marx, Ilyenkov apresenta as seguintes definições dos conceitos de «abstracto» e «concreto»: abstracto refere-se a toda a forma unilateral, incompleta, enviesada de reflectir um objecto; concreto reporta-se a um conhecimento estruturado, omnilateral, abrangente, do objecto (Ilyenkov, 2008, 36-37). O concreto no pensamento é a combinação (síntese) de inúmeras determinações (Ilyenkov, 2008, 37).

Referindo-se às ideias de Hegel, Ilyenkov salienta que, no quadro do processo cognitivo, o pensamento transita da concreção sensivelmente contemplada para o conceito, da aparência para a essência. Por via dos conceitos, o pensamento expressa a essência dos fenómenos contemplados (Ilyenkov, 2008, 48). De acordo com Hegel, a essência de um objecto representa uma unidade de elementos distintos e opostos na sua determinação mútua (Ilyenkov, 2008, 48); é por isso, aliás, que um conceito não é uma unidade abstracta oposta às determinações da realidade, mas uma unidade de determinações diferentes e, portanto, uma realidade concreta (Ilyenkov, 2008, 48).

Ao contrário do materialismo metafísico – que identifica o concreto com entes individuais percepcionados no quadro da sensibilidade e que considera qualquer referência ao universal como sinónimo de abstracto –, Ilyenkov sublinha que, para o materialismo dialéctico, a concreção é, não uma identidade abstracta, mas a interconexão e a interdependência objectivas e universais dos fenómenos individuais; é a unidade da diversidade, é a unidade da diferença e dos opostos (Ilyenkov, 2008, 88).

Ilyenkov realça a perspectiva de que o movimento do pensamento do concreto para o abstracto e do abstracto para o concreto constitui uma unidade de processos opostos; cada processo realiza-se apenas através do seu oposto. Como muito justamente assinala Ilyenkov, a ascensão do abstracto ao concreto sem o movimento do concreto para o abstracto tornar-se-ia uma interligação puramente escolástica de abstracções já prontas, ao passo que o movimento do concreto para o abstracto sem uma hipótese clara de investigação não resultaria numa teoria, mas antes numa série de abstracções desconexas (Ilyenkov, 2008, 137-138).

Ilyenkov identifica o movimento do concreto para o abstracto com o processo analítico de pensamento e o movimento do abstracto para o concreto com o processo sintético de pensamento, não deixando de sublinhar a unidade destes processos. Ao mesmo tempo, devido ao facto de não se ocupar do estudo sistemático de cada processo, Ilyenkov acaba por deixar escapar, relativamente à ascensão do abstracto ao concreto, a autonomia relativa do movimento do pensamento que parte do concreto sensível para o abstracto e o significado particular da investigação deste movimento:

> «Seria errado admitir que cada ciência tem de passar pelo estádio de uma atitude analítica unilateral em relação ao mundo, um estádio marcado por uma redução puramente indutiva do concreto ao abstracto, e que só depois, quando esse trabalho tiver sido plenamente realizado, poderá passar a uma articulação, num sistema, das abstracções assim obtidas, poderá ascender do abstracto ao concreto» (Ilyenkov, 2008, 140-141).

O facto de um estádio de desenvolvimento puramente analítico do processo cognitivo não existir não significa, porém, que um estádio primordialmente analítico também não exista, isto é, um estádio em que a análise predomina enquanto a síntese existe numa forma latente. Do mesmo modo, o facto de a síntese não ser possível sem a análise não significa que não haja um estádio primordialmente sintético no processo cognitivo, no âmbito do qual os elementos da análise desempenham um papel secundário.

A incapacidade de Ilyenkov para identificar a diversidade relativa (também no sentido de uma sucessão no tempo) que vigora entre o movimento do concreto para o abstracto e a ascensão do abstracto ao concreto dificulta a compreensão do processo cognitivo e particularmente a compreensão do significado específico destes dois processos de pensamento nos diferentes estádios do estudo de um objecto.

Ilyenkov subestima declaradamente o significado científico do movimento do pensamento que parte do concreto sensível para o abstracto, considerando que o movimento analítico original da economia política burguesa não foi mais do que uma expressão das suas limitações históricas, condicionada pela inexistência de um método dialéctico de pensamento solidamente desenvolvido.

Como diz Ilyenkov:

> «A lógica dialéctica não recomenda de modo nenhum à ciência moderna que se ocupe em primeiro lugar da análise pura, da redução pura do concreto ao abstracto, e que passe a seguir à síntese pura, à ascensão pura do abstracto ao concreto» (Ilyenkov, 2008, 141).

PARA UMA COMPREENSÃO DO MÉTODO DE ASCENSÃO DO ABSTRACTO AO CONCRETO

[A ciência] «deve, desde o primeiro momento, optar pelo caminho cientificamente correcto, em vez de repetir os devaneios do século XVII; ela precisa,
desde o início, de utilizar o método dialéctico de ascensão do abstracto ao
concreto, no âmbito do qual a análise e a síntese se encontram intimamente
interligadas, em vez de fazer uso do método analítico unilateral» (Ilyenkov,
2008, 141).

Importa aqui assinalar que o facto de, graças ao marxismo, o método
dialéctico ter sido testado com êxito no estudo das relações sociais e a
ciência moderna ter alcançado uma percepção mais aprofundada da
relação entre a análise e a síntese no decurso do processo cognitivo não
significa que a análise não mantenha uma autonomia relativa face à
síntese e que não desempenhe um papel primordial no movimento do
pensamento que parte do objecto tal como é dado na percepção sensível
para a representação conceptual das suas partes separadas.

É verdade que, em diferentes domínios da teoria social, os estudos
analíticos produziram um considerável volume de conhecimento sobre
diferentes aspectos do todo social e que isso traz objectivamente para
primeiro plano a necessidade da síntese enquanto elemento básico do
processo de ascensão do abstracto ao concreto.

No entanto, todas as vezes que o pensamento aborda novos processos
de desenvolvimento, cujos aspectos não foram suficientemente discrimi-
nados e estudados (e isto diz respeito a vários domínios da investigação
científica), o processo analítico do pensamento prevalecerá, inevitavelmente, não obstante a compreensão epistemológica da sua conexão com
o processo de síntese.

O que Ilyenkov deixou escapar (ao subestimar o processo analítico
do pensamento) foi a circunstância de a síntese teórica de conceitos,
que representa o objecto como uma unidade de aspectos diferentes,
pressupor a discriminação destes aspectos e o estudo de cada um na sua
especificidade. Enquanto o processo analítico do pensamento permanece
incompleto, o elemento da síntese encontra-se numa forma latente e
expressa-se, sobretudo, não como uma teoria desenvolvida do objecto,
mas como uma hipótese orientadora relativa à plenitude deste último.

Se quisermos estudar o método de ascensão do abstracto ao concreto
na sua totalidade, devemos então reconhecer que a análise precede a
síntese. Se o processo analítico não tiver completado o seu trabalho, se
não tiver discriminado e estudado os aspectos e as relações mais simples

do objecto, então, apesar dos esforços do investigador, uma ascensão genuína do abstracto ao concreto não pode ser concretizada.

A incapacidade demonstrada por Ilyenkov de reconhecer o significado científico do movimento do pensamento que parte do concreto sensível para o abstracto manifesta-se também na forma como perspectiva a relação entre os métodos lógico e histórico de estudo de um objecto, isto é, a relação entre o processo lógico através do qual os resultados da investigação são expostos e o próprio processo de investigação que levou aos resultados em apreço.

Ilyenkov sustenta que o método aplicado por Marx na investigação das relações capitalistas é o mesmo que é aplicado na exposição dos resultados alcançados e que, por consequência, o método de investigação de Marx deve ser reconstruído apenas a partir da análise de *O Capital*, ou pelo menos dos trabalhos económicos em que Marx expõe a sua teoria de forma sistemática, e não dos estudos prévios dos factos económicos realizados por Marx (Ilyenkov, 2008, 142).

Os termos em que Ilyenkov considera a diferença entre a exposição da teoria de Marx na sua forma desenvolvida e a investigação da qual resultou essa teoria formal sobressaem da afirmação segundo a qual o método de pensamento de Marx

> «permaneceu o mesmo – ou seja, dialéctico – tanto no tratamento preliminar dos dados como na sua elaboração final, embora, naturalmente, se tenha aperfeiçoado à medida que o trabalho prosseguia, culminando na criação de *O Capital*» (Ilyenkov, 2008, 143).

Considerando que a diferença entre a investigação e a exposição do material, no que se refere à forma do movimento do pensar, está unicamente relacionada com o facto de no primeiro caso ocorrerem vários desvios com vista à análise de elementos acidentais e no segundo caso haver somente uma exposição estrita dos elementos fundamentais do objecto, libertos de circunstâncias aleatórias, Ilyenkov assevera que o método de investigação de Marx só pode ser reconstruído com base na exposição dos seus resultados nas suas fases de maturidade.

Não há dúvida de que os estádios iniciais do processo cognitivo só podem ser efectivamente compreendidos quando os estádios de maturidade são também eles conhecidos e quando aqueles são analisados à luz destes.

# PARA UMA COMPREENSÃO DO MÉTODO DE ASCENSÃO DO ABSTRACTO AO CONCRETO

Seja como for, esta identificação entre o método de investigação e o método de exposição dos resultados da investigação pende para o idealismo, dado que absolutiza a fase em que o pensar apresenta os seus resultados-conclusões sob uma forma cabal, afastando do foco da atenção o processo no decurso do qual o próprio pensar é criado, se desenvolve de uma maneira contraditória, adquire forma e amadurece.

Ilyenkov não se mostra capaz de perceber que o processo do pensamento que parte do concreto sensível para o abstracto, da superfície do objecto para a discriminação das suas partes, se caracteriza pelas suas próprias leis, pelas suas contradições específicas, pela interacção entre conhecimento verdadeiro e falso conhecimento, pela dependência específica do estudo teórico relativamente ao objecto nas fases do seu próprio desenvolvimento, pelo papel desempenhado por ilusões e enganos objectivos no decurso do movimento que arranca dos aspectos mais superficiais do objecto para os mais profundos, pela interacção entre a nova teoria e a teoria antiga que se reporta ao objecto. Ao longo de todo o percurso de ascensão do pensar do abstracto ao concreto estas leis não se tornam manifestas.

Porém, se o percurso do pensamento do concreto sensível para o abstracto permanecer fora do foco de interesse de qualquer investigação, a ascensão do abstracto ao concreto será inevitavelmente encarada de uma maneira idealista como uma exposição de resultados correctos previamente dados e o próprio processo cognitivo será entendido como um caminho pré-determinado em direcção à produção de resultados correctos.

Deve salientar-se que Ilyenkov procurou reconstruir o método de ascensão do abstracto ao concreto sem analisar de forma sistemática o percurso do pensamento de Marx em *O Capital* e sem analisar também a relevância daquele método no percurso do pensamento de Hegel na *Ciência da Lógica*. As referências de Ilyenkov à obra de Marx, e mais ainda à de Hegel, são fragmentárias e em grande medida figuram no livro de Ilyenkov como exemplos.

Tais limitações levam Ilyenkov a um tratamento problemático de questões fulcrais da lógica dialéctica, como acontece, por exemplo, com o tratamento da categoria lógica de «oposição». Perspectivando a oposição como uma relação entre lados diferentes, Ilyenkov considera que «cada um dos lados que interage concretamente é aquilo que é, ou seja, aquilo que é no contexto de uma dada ligação concreta, apenas através da sua relação com o seu próprio oposto» (Ilyenkov, 2008, 92).

FILOSOFIA, MÉTODO E TEORIA DO VALOR

Ilyenkov, ao mesmo tempo, não é capaz de analisar a oposição como uma relação entre duas partes do mesmo objecto em desenvolvimento, isto é, como uma interacção em desenvolvimento destas partes.

É em virtude disso que Ilyenkov acaba por se referir à oposição de uma maneira a-dialéctica. Ao apresentar exemplos de oposição, Ilyenkov refere-se à relação entre o capitalista e o trabalhador assalariado como uma relação entre dois pólos:

> «[...] cada um deles tem uma particularidade económica que o outro não tem, as determinações económicas de ambos são diametralmente opostas ... Cada um precisa reciprocamente do outro devido à oposição diametral das suas determinações económicas. E é exactamente isso que faz deles os pólos necessários de uma relação inalterada, que os vincula um ao outro mais fortemente do que qualquer outra coisa que possam ter em comum ("a sua mesmidade")» (Ilyenkov, 2008, 91).

Quando Ilyenkov apresenta a relação entre o capitalista e o trabalhador assalariado como uma relação entre pólos diametralmente opostos e reciprocamente complementares, ele não deduz esta relação de lado nenhum e, mais particularmente, não a deduz da interconexão essencial entre as forças produtivas e as relações de produção no capitalismo. A oposição surge inevitavelmente, neste caso, como uma relação estática, cujas partes se mantêm inalteradas no interior desta relação. Elas não se desenvolvem, assim como a própria relação entre ambas também não se desenvolve.

O modo não-dialéctico como Ilyenkov compreende a oposição torna-se ainda mais evidente no segundo exemplo que apresenta: o da relação entre um leitor e um livro. Levantando a questão sobre aquilo que há de comum entre um leitor e o livro que lê, Ilyenkov argumenta que

> «[o que] é comum aos dois não consiste nas propriedades idênticas de ambos. Muito pelo contrário: o leitor é leitor porque está confrontado – enquanto condição sem a qual ele não é um leitor – com aquilo que é lido, o oposto concreto do leitor. Este existe enquanto tal, enquanto objecto dado, concretamente definido, exactamente porque (e apenas porque) está confrontado com algo de diferente, de concretamente diferente dele – um objecto cujas determinações são todas elas diametralmente opostas às do primeiro objecto (o leitor). As determinações de um são as determinações inversas do outro.

PARA UMA COMPREENSÃO DO MÉTODO DE ASCENSÃO DO ABSTRACTO AO CONCRETO

Esta é a única forma por via da qual a unidade concreta de opostos, a identidade concreta, se expressa num conceito» (Ilyenkov, 2008, 93).

Neste caso, Ilyenkov procura apresentar a ligação entre leitor e livro como uma relação no âmbito da qual nenhum dos pólos pode existir sem o outro, em virtude de um pólo possuir características que o outro não possui.

O que mais impressiona, contudo, é o facto de Ilyenkov não compreender que a relação entre um leitor e um livro não é dialéctica, não se desenvolve. As duas partes da relação não se podem transformar – como resultado da própria relação – noutra coisa. O livro permanece sempre um livro e o leitor permanece um leitor.

Considerando a oposição uma relação de complementaridade recíproca entre pólos diferentes, Ilyenkov não está em condições de perspectivar a oposição como um momento/nível de desenvolvimento da contradição essencial, como uma relação no âmbito da qual e através da qual as suas partes, ao transformarem-se mutuamente, se formam e se transformam.

Ilyenkov não conseguiu progressos significativos na reconstrução do método de ascensão do abstracto ao concreto em *O Capital* de Marx. A sua percepção da estrutura lógica da obra manteve-se imprecisa, o que é evidente pela forma como procurou definir o conceito inicial mais simples de *O Capital*, a partir do qual o desenvolvimento de todos os outros conceitos é derivado.

Ilyenkov afirma que o valor é «a base universal de todas as outras categorias da economia capitalista» (Ilyenkov, 2008, 79) e que

> «*O Capital*, como se sabe, começa com a mais exaustiva e detalhada análise da categoria "valor", isto é, da forma real das relações económicas, que é a forma universal e elementar do ser do capitalismo» (Ilyenkov, 2008, 223).

Entretanto, ao retomar a célebre afirmação de Marx, Ilyenkov refere-se à mercadoria como um lado elementar do modo capitalista de produção:

> «A forma-mercadoria de [que se reveste a] conexão [social] é comprovadamente a forma universal, elementar, da interconexão entre os homens somente no interior do sistema desenvolvido da produção capitalista» (Ilyenkov, 2008, 103).

275

FILOSOFIA, MÉTODO E TEORIA DO VALOR

Mais adiante, de forma profunda, Ilyenkov observa que o valor é a essência da mercadoria:

«O valor, a essência interna de cada mercadoria, só se manifesta e revela (reflecte) na relação com outra mercadoria» (Ilyenkov, 2008, 259).

«Ricardo e Marx empenharam-se [...] em vislumbrar na relação de uma coisa com outra a relação interna de uma coisa consigo própria – o valor, enquanto essência de uma mercadoria, que apenas se manifesta numa troca por intermédio de uma relação externa de uma mercadoria com outra» (Ilyenkov, 2008, 265).

Ilyenkov deixa, porém, sem resposta a questão de como é que o valor enquanto «essência da mercadoria» está relacionado com o valor enquanto «forma universal e elementar do ser do capitalismo».

Vale a pena assinalar que, tendo começado por afirmar que o valor é a relação mais simples exposta em *O Capital*, Ilyenkov não passou daí ao exame do valor de uso; deixou assim passar em claro o facto de, no quadro da análise de Marx, o valor de uso preceder o valor. Ilyenkov não conseguiu determinar a posição do valor de uso na estrutura lógica de *O Capital*.

Se os trabalhos de Rosental e de Ilyenkov prepararam o terreno para o estudo do método de ascensão do abstracto ao concreto na URSS, a obra de Viktor Vazyulin *Логика «Капитала» Карла Маркса* (*A lógica de* O Capital *de Karl Marx*), publicada em 1968, constituiu a iniciativa mais completa e mais bem sucedida neste domínio.

A reconstrução do método de *O Capital* feita por Vazyulin foi efectuada em articulação com uma comparação sistemática entre aquele método e o que Hegel utilizou na *Ciência da Lógica*. A investigação e a reconstrução circunstanciadas da lógica de *O Capital* de Marx – enquanto sistema de categorias subordinadas – que Vazyulin levou a efeito permitiram-lhe mostrar em que medida ela é similar à lógica hegeliana e diferente dela.

No tocante à relação entre a lógica hegeliana e a lógica de *O Capital* de Marx, Vazyulin constatou – e esta foi uma importante descoberta – que as principais categorias da *Ciência da Lógica* de Hegel – isto é, «ser», «essência», «fenómeno» e «realidade efectiva» – são similares aos

276

PARA UMA COMPREENSÃO DO MÉTODO DE ASCENSÃO DO ABSTRACTO AO CONCRETO

níveis da representação marxiana do modo capitalista de produção em *O Capital* – sem serem, porém, idênticas.

Vazyulin mostrou que o método marxiano de ascensão do abstracto ao concreto em *O Capital* é o único método apropriado para representar um objecto em desenvolvimento, cuja existência atingiu a fase de maturidade e que, portanto, revelou todas as suas partes e relações essenciais. Vazyulin sublinha que a ascensão do abstracto ao concreto se torna possível quando a ciência, em geral, e o próprio investigador completaram, no essencial, o movimento do concreto (tal como é disponibilizado pela observação directa e pela percepção sensível) para o abstracto, ou seja, quando procederam a uma discriminação analítica das várias partes do objecto e as estudaram enquanto tais. Ao mesmo tempo, como observou Vazyulin, a ascensão do pensar do abstracto ao concreto, mesmo quando é predominante, só se concretiza na sua unidade com o caminho inverso, do concreto sensível ao abstracto (Vazyulin, 1988, 19-20).

O todo orgânico efectivamente existente é inicialmente reflectido de uma forma sensível e aparece como um todo caótico, cujas partes não podem ser discernidas. A seguir, o pensar opera de um modo analítico e começa a decompor este todo caótico e a distinguir as suas partes diferentes, centrando-se no estudo de cada uma enquanto parte diferente-discriminada (Vazyulin, 1988, 13-14).

Vale a pena registar que este percurso analítico do pensar não é absoluto. Visto que há necessidades específicas que motivam o estudo de um objecto, o pensamento abeira-se do objecto por meio de conjecturas que orientam a sua análise. Estas conjecturas – à medida que o conhecimento acumulado do objecto, por via da análise, se expande – transformam-se em hipóteses a respeito da estrutura do objecto e numa tentativa de o representar inversamente através da síntese (Vazyulin, 1988, 15).

No entanto, a fase inicial do estudo do objecto é dominada pela análise, pelo movimento do pensar que parte do concreto sensível para a discriminação dos seus lados e para o abstracto; que parte de um estudo de faces mais complexas do objecto para uma distinção e um estudo doas suas faces mais simples, até à sua face mais simples (a sua relação mais simples) ser desvelada.

O lado mais simples do objecto é representado no pensamento através do conceito mais abstracto. A discriminação desta parte constitui o limite do exame puramente analítico do objecto (para além do qual ultrapassamos os limites do objecto específico) e a conclusão do movimento do pensar que parte do concreto sensível para o abstracto (Vazyulin, 1988, 15).

Após a conclusão do processo de análise do objecto nas suas diversas partes e do estudo de cada uma, passa para primeiro plano a fase seguinte (muito embora possam ser feitas diversas tentativas de um movimento sintético do pensar quando a análise ainda prevalece), envolvendo a descoberta das ligações e da interacção entre as várias partes do todo orgânico. Trata-se de um movimento do pensar que arranca da parte mais simples do todo orgânico para as partes mais complexas e complicadas, envolvendo uma ascensão do abstracto ao concreto, no decurso da qual o concreto é exposto como uma unidade de partes analisadas separadamente, como um todo orgânico reconstruído no pensamento (Vazyulin, 1988, 17).

Como se sabe, Marx identificou as mercadorias como o lado-relação mais simples do modo capitalista de produção:

> «A riqueza das sociedades nas quais domina o modo de produção capitalista aparece como um «imenso acumulamento de mercadorias», sendo a mercadoria singular a sua forma elementar. A nossa investigação começa, por isso, com a análise da mercadoria» (Marx, 1996, 45).

Toda a mercadoria tem dois lados: valor de uso e valor. O valor não pode ser compreendido sem o valor de uso. No entanto, o valor de uso não pode ser visto como o elemento mais simples do capitalismo, visto que ele também existe em sociedades em que não há produção de mercadorias.

Vazyulin deixa claro que Marx, em *O Capital*, estuda a mercadoria tal como existe na sociedade capitalista: como relação mais simples do capitalismo e, ao mesmo tempo, como pré-condição para o capitalismo se tornar realidade efectiva. Marx analisa a mercadoria como o ser do capital. O ser de um objecto é a pré-condição necessária da sua existência. Ao mesmo tempo, o modo como um objecto é representado na esfera do ser é o modo da sua percepção como imediatamente dado (Vazyulin, 1968, 37-44).

O pensamento, de seguida, investiga a essência do objecto, expondo-a enquanto tal, na sua forma pura, sem atender às suas formas de manifestação. A superfície do objecto, como aparência da essência, constitui o fenómeno. A sua compreensão só é possível na base do conhecimento

PARA UMA COMPREENSÃO DO MÉTODO DE ASCENSÃO DO ABSTRACTO AO CONCRETO

da essência. A unidade integral da essência e do fenómeno, bem como das formas que decorrem desta unidade, constitui a realidade do objecto.

Ao reconstruir o método de ascensão do abstracto ao concreto em *O Capital*, Vazyulin mostrou que Marx começou por examinar, no Livro Primeiro, a mercadoria e o dinheiro como ser do capital, avançando depois para a essência do objecto (isto é, para a categoria mais profunda da representação do objecto): o estudo da produção da mais-valia. No Livro Segundo de *O Capital*, ao analisar a circulação do capital, Marx regressa, de certa forma, à superfície do objecto e à categoria de fenómeno. No Livro Terceiro, Marx analisa a unidade de produção e de circulação do capital e representa o objecto ao nível da categoria de realidade efectiva (Vazyulin, 1968, 17, 19).

Uma importante descoberta de Vazyulin, no que se refere à estrutura de *O Capital*, foi a de o ser do capital, a mercadoria, ter a sua própria essência, que é diferente da essência do capital. O ser do capital – analisado, em *O Capital* de Marx, precisamente enquanto tal – é, ao mesmo tempo, um objecto particular que não é idêntico ao capitalismo, uma vez que o precede (e também existirá depois dele). Vazyulin concluiu que o valor de uso representa o ser da mercadoria, o valor representa a essência da mercadoria, as formas do valor (incluindo a forma monetária) representam o fenómeno da mercadoria e o processo da troca de mercadorias, o dinheiro e a circulação de mercadorias representam a realidade efectiva da mercadoria (Vazyulin, 1968, 19-20).

Vazyulin salienta que a estrutura lógica de *O Capital* de Marx se afigura mais complexa do que a estrutura da *Ciência da Lógica* de Hegel. Se as unidades teóricas referentes à lógica de *O Capital* formam uma volta grande de uma espiral, então a esfera do ser, que corresponde à mercadoria, é em si mesma uma volta pequena dessa espiral e inclui o seu próprio ser, a sua própria essência, o seu próprio fenómeno e a sua própria realidade efectiva (Vazyulin, 1968, 19).

Por conseguinte, a mercadoria, de onde a análise arranca em *O Capital* de Marx, é o ser do capital, uma forma elementar da riqueza capitalista e uma pré-condição da produção capitalista. O exame da mercadoria como mercadoria é determinado pela posição que ocupa no capitalismo, uma vez que o objecto principal de estudo é o capital. A mercadoria, ao mesmo tempo, por constituir uma efectiva pré-condição do capital que precede historicamente o modo capitalista de produção, tem o seu próprio ser, a sua própria essência, o seu próprio fenómeno e a sua própria realidade efectiva. Assim, a representação teórica da mercadoria não é incontroversa: o valor é examinado como essência da mercadoria e, ao mesmo tempo, como parte do ser do capital.

Seguindo o percurso do pensamento de Marx, Vazyulin ressalta que Marx começa por analisar os lados da mercadoria, a relação mais simples do capital. Em primeiro lugar, Marx analisa o valor de uso (o ser da mercadoria) em si mesmo, em contraste com a categoria de valor (a essência da mercadoria). Na análise de Marx, a conexão do primeiro lado com o segundo existe, mas não é posta em evidência (Vazyulin, 1968, 48-49).

A seguir, Marx passa à análise do segundo lado da mercadoria, o valor, depois de ter identificado a sua ligação externa ao primeiro: o valor de uso, em certas condições, é portador de valor.

Inicialmente, o valor aparece como uma relação puramente quantitativa entre valores de uso intercambiados. Contudo, uma análise mais penetrante detecta algo estável e genérico, da mesma qualidade, subjacente às diversas quantidades de valores de uso intercambiados (Vazyulin, 1968, 56).

Marx assinala uma qualidade que já não é a de valor de uso e que tem a sua própria quantidade (Vazyulin, 1968, 59); assinala a essência da mercadoria, que é originalmente definida como uma negação do ser, como uma negação do valor de uso da mercadoria:

> «Este "algo" comum não pode ser uma propriedade geométrica, química ou qualquer outra propriedade natural das mercadorias» (Marx, 1996, 47).

De seguida, o segundo lado da mercadoria é examinado em si mesmo, em contraste com o primeiro lado (apesar de não ser mostrada, a unidade com o primeiro lado existe). Em contraste com o valor de uso, a única característica que permanece nas mercadorias sensivelmente dadas é serem produtos do trabalho: «nada mais resta a não ser o que é comum a todas; todas se reduzem a uma mesma e única espécie de trabalho: trabalho humano em abstracto» (Marx, 1996, 48).

Neste caso, o segundo lado, ao ser definido como identidade comum das várias formas de trabalho, é logicamente representado como uma identidade essencial. Tendo em conta, porém, que esta identidade só é possível como abstracção das várias formas de trabalho, é uma identidade

PARA UMA COMPREENSÃO DO MÉTODO DE ASCENSÃO DO ABSTRACTO AO CONCRETO

que incorpora a diferença. O valor manifesta-se à luz de uma unidade negativa com o valor de uso (Vazyulin, 1968, 72).

Seguidamente, Marx faz notar que o trabalho que cria valor constitui trabalho homogéneo médio, isto é, trabalho realizado em condições sociais médias, como um dispêndio útil, socialmente médio, de força de trabalho uniforme. Isto significa, como Vazyulin salienta, que o primeiro lado da mercadoria – isto é, a forma de dispêndio da força de trabalho – participa na determinação do segundo lado – isto é, o trabalho que cria valor – não apenas negativamente, mas também de modo positivo. Simultaneamente, o primeiro lado, o dispêndio socialmente médio de força de trabalho, permanece indiferente ao trabalho que produz valor (Vazyulin, 1968, 75-76).

Marx examina, então, o trabalho simples e o trabalho complexo. Aqui a relação entre identidade e diferença, no que se refere ao segundo lado da mercadoria, atinge o nível de oposição essencial (antítese): o trabalho simples não constitui o trabalho complexo e o complexo não constitui o simples. No entanto, um não pode existir sem o outro. Cada parte pressupõe a outra (Vazyulin, 1968, 83).

Vazyulin esclarece que, ao expor a contradição essencial ao nível da mercadoria, Marx não leva a análise até à sua forma mais desenvolvida – até à contradição por excelência –, visto que a mercadoria é examinada como o ser do capital; por conseguinte, a essência da mercadoria precisa de ser considerada estável e dada nas condições da economia capitalista (Vazyulin, 1968, 83).

Vale a pena assinalar a conclusão de Vazyulin segundo a qual o lado crucial da contradição, na lógica de *O Capital* de Marx, é o momento da diferenciação e não o da identidade. De facto, o momento da diferenciação existe porque o sistema (social) em estudo aparece e existe na base de um sistema que lhe é externo – a natureza e a relação dos seres humanos com ela. Este segundo sistema é aquele que, quando é reflectido por intermédio do primeiro, constitui o ponto de diferenciação no seu interior (Vazyulin, 1968, 78). Nos termos da lógica de Hegel, que estuda o objecto em geral, não se encontra uma semelhante indicação dos papéis diferentes que cada momento da contradição desempenha (Vazyulin, 1968, 78).

Depois de ter estudado o valor de uso (ser) e o valor (essência) da mercadoria na sua autonomia relativa, Marx passa à análise da expressão de valor no valor de uso, nas formas de manifestação da essência da mercadoria. Marx analisa as formas funcionais do valor – a forma-valor relativa e a forma de equivalente – e a sua inter-relação. Esta relação culmina na corporização da forma universal de expressão da essência do valor numa individualidade material concreta. A posição do equivalente universal do valor é ocupada por uma mercadoria específica, o ouro.

No segundo capítulo de *O Capital*, Marx estuda o processo de troca das mercadorias. A mercadoria, que antes da troca é uma mercadoria potencial, torna-se uma mercadoria efectiva por via da troca.

Do exame da mercadoria e do dinheiro como ser do capital, Marx passa à exposição do devir da essência do capital. Marx examina aqui, em primeiro lugar, a contradição do objecto em si mesmo. O capital é valor que se auto-valoriza. Agora a essência refere-se apenas a si. É idêntica a si e ao mesmo tempo diferencia-se de si a partir de si. No entanto, a essência ainda é dada como algo imediato. O auto-movimento do valor tem lugar na esfera da circulação.

Ao estudar o auto-movimento (auto-desenvolvimento) do valor, Marx verifica que tal não pode ocorrer fora do processo de circulação, mas que, ao mesmo tempo, também não pode ocorrer apenas no interior do processo de circulação. E Marx chega então a uma conclusão de colossal importância: o auto-movimento do objecto ocorre ao nível da essência, ao nível do processo de produção do capital.

Ao analisar a produção do capital, Marx oferece-nos a representação mais desenvolvida da contradição do objecto em si. Marx começa por investigar a produção da mais-valia absoluta.

Uma vez que a produção da mais-valia absoluta ocorre em condições técnicas de trabalho inalteradas, a essência é idêntica a si. Contudo, dado que a forma básica de aumentar a mais-valia – prolongar a duração do dia de trabalho – se confronta com limites inelutáveis (os limites físicos da duração do dia de trabalho e a resistência dos trabalhadores), a identificação da essência consigo mesma não é absoluta: implica a diferenciação. A limitação da duração do dia de trabalho imposta pela luta de classe dos trabalhadores exige que o auto-desenvolvimento do valor ocorra sob uma outra forma. Ao examinar a produção da mais-valia relativa, Marx expõe a relação da essência consigo mesma sobretudo como uma relação de diferenciação essencial. A produção da mais-valia relativa está ligada a transformações constantes das condições técnicas e sociais de trabalho e, por esta razão, está fundada na diferenciação constante entre as novas condições e as antigas (Vazyulin, 1968, 212-213).

PARA UMA COMPREENSÃO DO MÉTODO DE ASCENSÃO DO ABSTRACTO AO CONCRETO

A diferenciação essencial da essência de si e em si atravessa fases determinadas. A primeira fase é a da diferença essencial. É o que acontece no caso da cooperação simples, no âmbito da qual a diferenciação essencial não se diferencia da identidade da essência consigo mesma. A cooperação capitalista diferencia-se da oficina do mestre de corporação artesanal apenas quantitativamente[2]. Tal cooperação surge como uma transformação da produção artesanal e simultaneamente não transforma de forma significativa o carácter da produção; ela não subverte a indústria corporativa artesanal (Vazyulin, 1968, 215-216).

A emergência da manufactura assinala um novo nível de desenvolvimento no processo de negação da essência por si própria.

A manufactura, que se caracteriza pela divisão do trabalho, exclui o artesanato, mas também pressupõe a sua existência (Vazyulin, 1968, 216). De um ponto de vista lógico, o artesanato representa o momento da identidade. Não obstante, confronta-se com a manufactura, que é um modo de produção que pressupõe e ao mesmo tempo exclui o artesanato (Vazyulin, 1968, 216).

A relação entre artesanato e manufactura, como modos de produção da mais-valia relativa, não estabelece simplesmente uma diferença (uma indiferença recíproca) entre identidade e diferença. Esta relação forma agora uma oposição/antítese. Na antítese, identidade e diferença pressupõem-se e simultaneamente excluem-se uma à outra (Vazyulin, 1968, 217).

Quanto à estrutura de produção que cria, a manufactura exclui o artesanato. Ao mesmo tempo, a manufactura pressupõe o artesanato. As transformações que provoca na produção são limitadas:

«a manufactura não podia nem atingir a produção social em toda a sua extensão, nem revolucioná-la no seu íntimo. Como obra de arte económica ela erguia-se sobre a base ampla do artesanato citadino e da indústria domiciliária rural» (Marx, 1996, 373).

Um lado da oposição/antítese, tendo-se erguido sobre a base do outro, exclui, mas também pressupõe, o lado sobre cuja base se ergueu.

---

[2] «O trabalhar conjunto de uma quantidade superior de operários, ao mesmo tempo, no mesmo espaço (ou, se se quiser, no mesmo campo de trabalho), com vista a produzir o mesmo tipo de mercadorias sob o comando do mesmo capitalista, constitui, histórica e logicamente, o ponto de partida da produção capitalista» (Marx, 1996, 327).

Ao nível da produção mecanizada, a negação da essência do capital por si mesmo atinge o nível de uma contradição por excelência (Vazyulin, 1968, 219). Neste caso, um lado, tendo-se erguido sobre a base do outro, transforma-o integralmente. A produção mecanizada emerge da manufactura e, ao mesmo tempo, transforma radicalmente toda a produção social (Vazyulin, 1968, 220).

Vazyulin debruça-se sobre as diferenças entre a lógica marxiana e a lógica hegeliana, sustentando que a primeira retrata contradições que existem objectivamente, independentemente da consciência, enquanto na segunda a contradição aparece como contradição em geral – e não como contradição de um objecto determinado, historicamente germinado e transitório. Hegel, por essa razão, não pôde discernir a perspectiva objectiva de resolução da contradição essencial. Do seu ponto de vista, as contradições da essência são finalmente reconciliadas (Vazyulin, 1968, 221).

Ao estudar um objecto concreto historicamente em desenvolvimento, Marx presta atenção ao facto de o desenvolvimento das suas contradições internas criar as pré-condições da sua dissolução (Vazyulin, 1968, 222).

Mesmo na cooperação simples, o carácter social do trabalho emerge. Este configura, no entanto, algo de aleatório, externo ao processo de trabalho. Na manufactura, a estrutura interna do trabalho assume um carácter social, mas o princípio da divisão do trabalho continua a ser subjectivo. Na produção mecanizada, o carácter social do trabalho não apenas penetra o sistema de produção material, como adquire uma estrutura que é independente de cada trabalhador individual.

Com a emergência das máquinas, o carácter social do trabalho torna-se uma necessidade técnica (Vazyulin, 1968, 222). No entanto, a propriedade dos meios de produção mantém-se privada. Além do mais, no capitalismo, as transformações radicais no processo de trabalho atentam permanentemente contra as condições de existência dos trabalhadores assalariados. Desse modo, o próprio desenvolvimento do capitalismo cria – ao obrigá-lo a travar uma luta – a força capaz de o destruir (Vazyulin, 1968, 222).

Tal como foi mostrado por Vazyulin, o método utilizado por Marx em *O Capital* permitiu-lhe analisar o capitalismo como uma sociedade historicamente transitória. A lógica de *O Capital* inclui uma descrição do processo do movimento do capitalismo para a sua auto-negação, a perspectiva da sua negação pela sociedade comunista.

PARA UMA COMPREENSÃO DO MÉTODO DE ASCENSÃO DO ABSTRACTO AO CONCRETO

A reconstrução, levada a efeito por Vazyulin, do método de ascensão do abstracto ao concreto em *O Capital* de Marx lança luz sobre as leis gerais da representação teórica de um objecto em desenvolvimento, o qual forma um todo orgânico. Esta realização do pensador soviético tornou viável o seu projecto de investigar a aplicação deste método ao estudo da representação teórica da sociedade como todo orgânico em desenvolvimento. O resultado foi *A Lógica da História*, de Vazyulin (Vazyulin, 1988), obra em que a sociedade é analisada nos aspectos básicos de ser, essência, fenómeno e realidade efectiva e em que é atingido, ao mesmo tempo, um desenvolvimento fundamental na compreensão das leis que regem o seu movimento e mudança (Pavlidis, 2013).

## BIBLIOGRAFIA

Ilyenkov, E. V. (2008). *The Dialectics of the Abstract and the Concrete in Marx's Capital*, trns. S. Syrovatkin, Delhi: Aakar Books.

Lenin, V.I. (1961) "Philosophical Notebooks" in V.I. Lenin, *Collected Works*, vol. 38, Moscow: Foreign Languages Publishing House.

Marx, K. (1993). *Grundrisse:* Foundations of the Critique of Political Economy, London: Penguin Books.

Marx, K. (1996). "Capital, vol. I", *in K. Marx – F. Engels, Collected Works, vol. 35, London: Lawrence & Wishart.*

Pavlidis, P. (2013) "O carácter social do trabalho e a questão do comunismo" in *I Congresso Internacional Marx em Maio 2012. Perspectivas para o Século XXI.* Lisboa: Grupo de Estudos Marxistas.

Rozental', M.M. (1955). *Voprosy dialektiki v "Kapitale" Marksa*, Moscow: Gosudarstvennoe Izdatel'stvo Politicheskoj Literatury.

Vazyulin, V.A. (1968). *Logika "Kapitala" K. Marksa*, Moscow: Izdatel'stvo Moskovskogo universiteta.

Vazyulin, V.A. (1988). *Logika istorij*, Moscow: Izdatel'stvo Moskovskogo universiteta.

Vazyulin, V.A. (1993) "O neobhodimosti kommunizma my mozhem govorit' nauchno" in M. Dafermos, O.A. Efanova, V.A. Koschel', M.V. Maksimov (1993) (eds). *Logika istorij i perspektivy razvitija nauki*, Moscow: Mysl'.

# *O CAPITAL*, VALOR E SERVIÇOS:
# O NOVO PROLETARIADO DA ERA DIGITAL

RICARDO ANTUNES

## I. O FIM DO MITO

A conhecida tese da perda de vigência da lei do valor (Habermas, 1989; Kurz, 1991; Gorz, 2005), que fez tantos adeptos no mundo contemporâneo, não demonstra nenhuma concretude ontológica, dada a feição assumida pelo capital na era da financeirização (Chesnais, 1996). Este sistema acarreta, em relação ao mundo do trabalho, tanto a ampliação da informalidade como a intensificação da precarização, além de estabelecer uma convivência entre materialidade e imaterialidade, todos eles se constituindo como mecanismos que são cada vez mais vitais para a valorização e a ampliação da lei do valor. A enorme expansão do setor de serviços parece confirmar esta hipótese, dado seu papel de destaque no capitalismo digital-informacional sob hegemonia financeira.

O mito de que a "sociedade de serviços, pós-industrial", eliminaria finalmente o proletariado e consequentemente a teoria do valor, não encontrou respaldo na concretude histórica. Na contrapartida deste equivoco, vem aflorando em escala global uma massa de assalariados que se expande exponencialmente, convivendo com uma miríade de formas e modalidades de trabalho que configuram os novos componentes da teoria do valor.

A hipótese central deste texto pode, então, ser assim indicada: as mais distintas modalidades de trabalho presentes no capitalismo contemporâneo, ao contrário de reduzir ou tornar irrelevante a lei do valor, vêm ampliando suas formas de vigência, ainda que frequentemente sob a aparência do não-valor. Há uma invisibilidade crescente dos trabalhadores e trabalhadoras que atuam nas tecnologias de informação e comunicação (TIC), call center, telemarketing, hotelaria, limpeza, comércio, fast food,

FILOSOFIA, MÉTODO E TEORIA DO VALOR

hipermercados, trabalho do *care*, etc, dos trabalhos intermitentes, *part time*, temporários, sem contratos, informalizados, autônomos etc, todos, entretanto, em alguma medida, com potencial de oferecer seu contributo ao processo de valorização do capital.

Como este não pode se valorizar sem realizar alguma forma de interação entre *trabalho vivo* e *trabalho morto*, ele procura aumentar a produtividade do trabalho, ampliando os mecanismos de extração da mais valia, através da expansão do trabalho morto corporificado no maquinário técno-científico-informacional, combinado com a intensificação e diversificação do trabalho vivo. (Lojkine, 1995; Antunes, 2013) E neste movimento, *todos os espaços possíveis tornam-se potencialmente geradores de mais-valia*. Os serviços privatizados e mercadorizados, reconfiguram-se, então, como um elemento novo e central para uma real compreensão dos novos mecanismos utilizados pelo capital.

Um exemplo emblemático é o do *zero hour contract*, modalidade perversa de trabalho que viceja no Reino Unido e em outros cantos, onde os contratos não têm determinação fixa de horas: trabalhadores e trabalhadoras das mais diversas atividades ficam à disposição esperando uma chamada para atender um consumidor. E quando a realizam, ganham estritamente pelo que fizerem e nada recebem pelo tempo que ficam a espera da chamada. E os capitais informáticos, numa engenhosa forma de escravidão digital, cada vez mais se utilizam dessa pragmática de flexibilização total do mercado de trabalho. Assim, de um lado deve existir a disponibilidade perpétua para o labor, facilitada pela expansão do trabalho *on line*. De outro, propaga-se a praga da precariedade total, que surrupia ainda mais os direitos vigentes.

O Uber é outro exemplo mais do que emblemático. Trabalhadores e trabalhadoras com seus automóveis, isto é, com seus instrumentos de trabalho, arcam com suas despesas de seguridade, com os gastos de manutenção dos veículos, alimentação etc. E o "aplicativo" é, de fato, uma corporação global de assalariamento disfarçado sob a forma de trabalho "autônomo", "empreendedor". Ela se apropria da mais-valia gerada pelos serviços dos motoristas, sem ter preocupações em relação aos deveres trabalhistas, custos de manutenção dos carros, custos de saúde, alimentação e manutenção dos trabalhadores e trabalhadores etc.

Outro exemplo recente destas formas disfarçadas de exploração do trabalho encontramos na Itália, onde se desenvolveu até recentemente

O *CAPITAL*, VALOR E SERVIÇOS: O NOVO PROLETARIADO DA ERA DIGITAL

uma modalidade de trabalho ocasional e intermitente, o *trabalho pago a voucher* pelas horas de trabalho realizadas. Se já não bastasse essa forma precária de trabalho, as burlas se ampliaram ainda mais, pois o *trabalho pago por voucher* obrigava o empresariado italiano a pagá-lo pelo salário mínimo legal (por hora trabalhada). Mas o mesmo empresariado oferecia frequentemente mais horas de trabalho excedentes para serem pagos por fora do voucher, por um valor abaixo do mínimo obrigatório, o que significava uma precarização e exploração (ilegal) ainda maiores do trabalho ocasional e intermitente. Não foi por outro motivo que esta prática foi repudiada pelo sindicalismo italiano, o que levou a sua suspensão pelo governo.

Foram inclusive estas novas modalidades de trabalho informal, *part time*, temporário, autônomo, ocasional ou intermitente, que permitiram o florescimento de um movimento chamado *precariado*. E que cresce exponencialmente nos países capitalistas centrais, como na Itália, Espanha, Inglaterra, França, Portugal, EUA. Dadas as dificuldades de acolhimento dentro do espaço sindical, eles por vezes criam seus próprios movimentos, mais autônomos e à margem dos sindicatos.

Na Itália, em Milão, ele foi pioneiro, gerando não só uma forma de representação autônoma, de que é exemplo o San Precario, que luta em defesa do precariado (incluindo naturalmente os imigrantes). Ou ainda o movimento Clash City Workers, da juventude precarizada e rebelde, mais forte em Nápoles[1]. Além deles, surgiram também outras formas de representação sindical voltadas para a representação deste segmento mais precarizado do proletariado, como é o caso da Confederazione Unitaria di Base (CUB) e mais recentemente da NIdiL (Nuove Identitá di Lavoro) vinculada à CGIL (Confederazione Generale Italiana del Lavoro).

Assim, movida por essa lógica, expande-se em escala global uma espécie de "uberização" do trabalho, que se constitui como um *modus operandi* empresarial para gerar mais lucros e valorizar o capital. E o trabalho *on*

---

[1] "Clash City Workers é um coletivo de trabalhadores e trabalhadoras, desocupados e desocupadas, denominados "jovens precários". Segundo os organizadores do movimento, "a tradução de nosso nome significa algo como 'trabalhadores da metrópole em luta'. Nascido na metade de 2009, somos ativos particularmente em Nápoles, Roma, Florença, Pádua, Milão e Bergamo e procuramos seguir e sustentar as lutas que estão em curso na Itália". (http://clashcityworkers.org/chi-siamo.html). Ver também o estudo desse grupo coletivo em Class City Workers, 2014.

*line* dificulta a separação entre o tempo de vida *no trabalho* e *fora do trabalho*, ao possibilitar um tempo total disponível para o trabalho, uma espécie de *escravidão moderna na era digital.*

O fundamento dessa pragmática que invade o mundo do trabalho se evidencia. Na *lean production*, o trabalho que os capitais financeiros exigem é aquele flexível, sem jornadas preestabelecidas, sem espaço laboral definido, sem remuneração fixa, sem atividade pré-determinada, sem direitos, nem mesmo o direito de organização sindical. E até o sistema de "metas" é flexível: as metas do dia seguinte devem ser sempre maiores que aquelas obtidas no dia anterior.

O que leva, então, a que estes exemplos deixem de ser a exceção para tornarem-se tendencialmente a regra? Que metamorfoses vêm sofrendo o mundo dos serviços? Se eles foram, nos séculos XIX e XX, considerados predominantemente improdutivos para o capital, na era informacional-digital do século XXI, o que vêm ocorrendo? Eles se tornaram também produtivos, podendo gerar valor?

A resposta a estas indagações não são simples, mas são, ao mesmo tempo, vitais, uma vez que uma parcela importante da classe trabalhadora, em amplitude global, vem se constituindo segundo estes mecanismos eivados de enorme significado. E um bom *ponto de partida* para uma melhor intelecção desta problemática é retomar algumas indicações de Marx, presentes em *O Capital.* É disso que trataremos na segunda parte deste texto.

## II. O TRABALHO NOS SERVIÇOS E AS PISTAS SEMINAIS DE MARX EM *O CAPITAL*

Marx demonstrou, no Vol. I de *O Capital*, que a criação da mais-valia nasce na esfera da produção. (Marx, 2013). Mas devemos também a Marx a formulação de que a *produção é consumo* e *consumo é produção.* Isto porque o ciclo completo do processo produtivo é formado por *produção, consumo, distribuição, circulação ou troca.*

Como no mundo contemporâneo há uma intersecção crescente entre os diversos setores da produção (indústria, agricultura e serviços), de que são exemplos a agroindústria, a indústria de serviços e os serviços industriais, estes setores são cada vez mais controlados pelo capital financeiro que os converte em mercadorias (sejam elas materiais ou imateriais).

## O CAPITAL, VALOR E SERVIÇOS: O NOVO PROLETARIADO DA ERA DIGITAL

Aflora, então, um novo desafio analítico: qual é o papel efetivo dos serviços privatizados na criação do valor?[2]

No Livro II de *O Capital*, Marx (2014) apresenta uma seminal análise da *indústria de transporte* (navegação e ferrovia) como sendo potencialmente geradora de mais-valia, apesar de não produzir nenhum elemento material.

Dada a especificidade deste setor, Marx afirma:

> *Quanto mais transitória for uma mercadoria e, por conseguinte, quanto mais imediatamente após sua produção ela tiver de ser consumida e, portanto, também vendida, tanto menos ela pode se distanciar de seu local de produção, mais estreita é sua esfera espacial de circulação e mais local é a natureza de seu mercado de escoamento. Assim, quanto mais transitória for uma mercadoria, quanto maiores forem, por suas qualidades físicas, os limites absolutos de seu tempo de curso como mercadoria, tanto menos ela é apta a ser objeto da produção capitalista. Esta só pode se instalar em locais de grande densidade populacional, ou na medida em que as distâncias se encurtem graças ao desenvolvimento dos meios de transporte. Mas a concentração da produção de um artigo em poucas mãos e num local populoso pode criar um mercado relativamente grande também para esse tipo de artigos, como, por exemplo, nas grandes cervejarias, leiterias etc.* (2014, p. 207).

O caráter perecível presente nestas atividades acabou por gerar uma transformação dos serviços de transporte, convertendo-os em um ramo produtivo. É possível aqui fazer uma similitude: assim como a indústria se tornou capitalista a partir do advento da Revolução Industrial e posteriormente também a agricultura superou a sua condição de feudalidade, sujeitando-se às relações de produção capitalistas que se expandiam, um processo similar ocorre com os serviços, especialmente a partir da década de 1970.

Ainda que esse fenômeno seja mais recente, especialmente na intensidade que ele vem assumindo, Marx pode demonstrar, na segunda metade do século XIX, como a *indústria de transporte*, mesmo sem produzir nenhum produto *material*, também acrescentava valor. E essa antecipação

---

[2] Estes pontos aparecem desenvolvidos em Antunes (2018), a quem remetemos os leitores interessados na exposição mais detalhada da argumentação aqui apresentada.

marxiana somente foi possível porque ele concebeu a *indústria em um sentido amplo.*

Mais uma vez vamos recorrer às suas palavras:

> *Mas o que a indústria dos transportes vende é o próprio deslocamento de lugar. O efeito útil obtido é indissoluvelmente vinculado ao processo de transporte, isto é, ao processo de produção da indústria dos transportes. Homens e mercadorias viajam num meio de transporte, e sua viagem, seu movimento espacial, é justamente o processo de produção efetuado. O efeito útil só pode ser consumido durante o processo de produção; ele não existe como uma coisa útil diferente desse processo, como algo que só funciona como artigo comercial, só circula como mercadoria depois de ter sido produzido. Mas o valor de troca desse efeito útil é determinado, como o de toda e qualquer mercadoria, pelo valor dos elementos de produção nele consumidos (força de trabalho e meios de produção) acrescido do mais-valor criado pelo mais-trabalho dos trabalhadores ocupados na indústria dos transportes* (2014, p. 133-4).

Atente-se aqui para o fato de que, para Marx, esse valor é determinado *similarmente aos demais ramos industriais,* como se pode concluir da assertiva seguinte:

> *Assim, o capital produtivo investido nessa indústria adiciona valor aos produtos transportados, em parte por meio da transferência de valor dos meios de transporte, em parte por meio do acréscimo de valor gerado pelo trabalho de transporte. Esta última adição de valor se decompõe, como em toda produção capitalista, em reposição de salário e mais-valor* (2014, p. 229).

Portanto, Marx caracteriza a atividade na indústria de transporte como um *processo de produção dentro do processo de circulação.* E esta formulação oferece, segundo nosso entendimento, pistas seminais para se pensar o mundo dos serviços que não para de se ampliar exponencialmente em nosso tempo.

Parece importante destacar que Marx apresenta uma *concepção ampliada de indústria,* não só em *O Capital* (2014), mas também nos *Grundrisse* (2011). É por isso que se torna plausível compreender que se desenvolve uma *processualidade produtiva no ramo dos transportes, não* só marítimo e ferroviário, mas no armazenamento, nas comunicações, na indústria do gás, dentre outros indicados pelo autor em O Capital. E isso ocorre porque, dadas as suas particularidades, estes ramos ou setores contemplam um *processo de produção* em seu movimento, ainda que dela não resulte *nenhum produto material,* como é o caso da indústria de transportes.

No capítulo VI do Livro II de *O Capital, Os Custos de Circulação,* Marx ainda acrescenta que a indústria de transportes, por ser um *ramo autônomo da produção,* se converte em uma *esfera particular de emprego de capital produtivo* que dá *continuidade ao processo de produção dentro do processo de circulação.* Uma vez mais, segundo o autor (2014, p. 231):

> A indústria do transporte constitui, por um lado, um ramo independente de produção e, por conseguinte, uma esfera especial de investimento do capital produtivo. Por outro lado, ela se distingue pelo fato de aparecer como continuação de um processo de produção dentro do processo de circulação e para o processo de circulação.

Em nosso entendimento, portanto, e avançando em uma analítica mais generalizante, Marx apresenta pistas decisivas para uma melhor compreensão das similitudes existentes entre a produção *material* que predomina na indústria e a produção *imaterial* que ocorre em certos setores dos serviços privatizados, como na indústria de transporte. Isso porque há também nestes ramos da produção (em sentido amplo) a vigência de *processos de produção dentro de processos de circulação*[3].

Assim, a indústria de transporte, *especialmente* para os produtos perecíveis, é condição para se efetivar o consumo da mercadoria, enfeixando o ciclo de produção e consumo. Se o transporte não for efetivado em curto espaço de tempo, a mercadoria perece. Isso a torna uma *indústria diferenciada* e *geradora de valor.* Mas a importância do *processo de circulação,* entretanto, possui ainda outros elementos centrais. No mesmo Volume II de *O Capital,* Marx (2014) oferece outro elemento de diferenciação que é muito importante e que ganhou enorme relevância no capitalismo da era digital-informacional: *tempo de produção, tempo*

---

[3] Remeto também o leitor ao excelente livro de Vinicius Oliveira Santos (2013), onde o autor apresenta sua criativa hipótese comparativa entre mundo da produção imaterial e a material (p.127-140).

*de trabalho* e *tempo de circulação* são mecanismos imprescindíveis e não podem ser identificados como sinônimos.

Em suas palavras:

> *O tempo de produção engloba naturalmente o período do processo de trabalho, mas não é englobado por ele. Antes de tudo, lembremo-nos de que uma parte do capital constante existe nos meios de trabalho, como máquinas, edifícios etc., que servem, enquanto dura sua vida, nos mesmos processos de trabalho que se repetem continuamente. A interrupção periódica do processo de trabalho durante a noite, por exemplo, ainda que interrompa a função desses meios de trabalho, não interrompe sua permanência nos locais de produção. Eles pertencem a esses locais não só quando ativos, mas também quando inativos* (MARX, 2014, p. 201).

E acrescenta:

> [...] *o capitalista precisa dispor de um determinado estoque de matérias-primas e materiais auxiliares para que o processo de produção continue a se desenrolar durante um tempo mais curto ou mais longo sobre a escala previamente estabelecida, sem depender da contingência de ter de abastecer-se diariamente desses materiais no mercado. Esse estoque de matérias-primas etc, só é produtivamente consumido de modo paulatino. Há, portanto, uma diferença entre seu tempo de produção e seu tempo de funcionamento. O tempo de produção dos meios de produção em geral abarca, desse modo, 1) o tempo durante o qual eles funcionam como meios de produção, ou seja, durante o qual atuam no processo de produção; 2) as pausas, durante as quais se interrompe o processo de produção e, com ele, a função dos meios de produção nele incorporados; 3) o tempo durante o qual, embora já se encontrem disponíveis como condições do processo e, portanto, já representem o capital produtivo, eles ainda não estão incorporados no processo de produção* (MARX, 2014, p. 201-2).

Isso o permite fazer outra constatação que tem, para nosso argumento, importância especial: como o *tempo de rotação* ou *tempo de curso* do capital é igual ao *tempo de produção* (que inclui o *tempo de trabalho*) mais o *tempo de circulação*, quanto mais próximo de *zero* se torna o tempo de circulação do capital, tanto maiores se tornam a produtividade e produção de mais-valia. Isto porque o *tempo de circulação do capital pode limitar ou agilizar o tempo de produção* e, portanto, *aumentar ou diminuir o processo de produção da mais-valia.*

O que permite Marx indicar que:

> *Quanto mais as metamorfoses da circulação do capital são apenas ideais, isto é, quanto mais o tempo de curso é = 0 ou próximo de zero, tanto mais atua o capital e tanto maior se torna sua produtividade e autovalorização. [...] Portanto, o tempo de curso do capital limita, em geral, seu tempo de produção e, por conseguinte, seu processo de valorização* (MARX, 2014, p. 204-205)

Assim, a hipótese marxiana que nos parece bastante plausível, pode ser assim resumida: a indústria de transportes, expressão de uma modalidade de produção *imaterial* – visto que não produz nenhuma mercadoria, pois atua centralmente na esfera da circulação –, torna-se imprescindível para a concretização da produção material e da efetivação da mais-valia.

Por certo que esta exceção, indicada por Marx, não significa que a *mais-valia encontre fora da produção seu espaço central de criação.* Mas, partindo de sua excepcional percepção e teorização de que há um *processo de produção* que se desenvolve dentro do *processo de circulação,* qualquer leitura que atribua uma concepção estreita de *processo de produção* fica em grande medida bastante fragilizada.

Como exemplo deste ponto acima referido, podemos recordar que, no Livro III, ao tratar do comércio, Marx (2017) adicionou que este ramo, embora seja imprescindível para a concretização da venda, *não gera mais valia,* sendo por isso considerado pelo capital como *improdutivo.* O capital comercial, diz Marx, se apropria de parte da mais valia gerada na produção industrial e por isso não é responsável pela sua criação. Mas ele não deixa de afirmar que, enquanto assalariado, as similitudes são maiores do que as diferenças, quando se pensa nas condições de classe dos comerciários.

Em suas palavras:

> *Por um lado, tal trabalhador comercial é um assalariado como qualquer outro. Em primeiro lugar, porque o trabalho é comprado não pelo dinheiro gasto como renda, mas pelo capital variável do comerciante e, por conseguinte, não para a obtenção de um serviço privado, mas com a finalidade*

*da autovalorização do capital ali adiantado. Em segundo lugar, porque o valor de sua força de trabalho – e, portanto, seu salário – está determinado, como no caso de todos os demais assalariados, pelos custos de produção e reprodução de sua força de trabalho específica, e não pelo produto de seu trabalho* (MARX, 2017, p. 334).

E conclui:

*Porém, entre ele e os trabalhadores diretamente empregados pelo capital industrial tem de existir a mesma diferença que há entre o capital industrial e o comerciante. Como o comerciante, na qualidade de mero agente da circulação, não produz valor nem mais-valor [...], também é impossível que os trabalhadores de comércio que ele emprega nas mesmas funções possam criar diretamente mais-valor para ele.* (MARX, 2017, p. 334)[4]

Assim, se é claro para Marx que no âmbito do comércio não há trabalho produtivo, o mesmo não se poderá dizer em relação a *um setor particular da indústria de serviços*, a indústria de transporte (dentre outros exemplos indicados por Marx no Volume II de *O Capital*). Isso porque a sua analítica foi capaz de precocemente compreender, ainda em meados do século XIX, que este ramo, dadas as suas especificidades e a sua importância para a produção, ele se tornou por si mesmo capaz de criar mais valia.

Hoje, um século e meio depois destas pistas seminais de *O Capital* que aqui indicamos, com as profundas mutações vivenciadas pelo capitalismo da era digital-informacional e com a expansão monumental dos serviços e sua mercadorização, torna-se imperioso oferecer um efetivo entendimento as seguintes indagações:

1) Qual é o papel dos serviços na acumulação de capital?
2) Como se realiza o *processo de produção dentro deste setor*?
3) Qual é a real participação destes trabalhadores e trabalhadoras no processo de valorização do capital e de criação (ou não) de mais-valia?

---

[4] Ver Marx, *O Capital*, Livro III (2017), especialmente o capítulo XVII (*O Lucro Comercial*).

*O CAPITAL*, VALOR E SERVIÇOS: O NOVO PROLETARIADO DA ERA DIGITAL

Nossa principal hipótese é que estamos presenciando o advento de novas formas de extração da mais valia, não só nos diversos espaços da produção material, como também nas esferas da produção não-material (Marx) ou imaterial, esferas por excelência dos serviços que foram privatizados durante a longa fase de vigência do neoliberalismo.

Lembremos que a principal transformação da empresa flexível e mesmo do toyotismo não foi sua *conversão da ciência em principal força produtiva* (HABERMAS, 1989), mas sim a imbricação progressiva entre *trabalho e ciência, imaterialidade e materialidade, trabalho produtivo e improdutivo*, conforme procuramos desenvolver amplamente no livro *Os Sentidos do Trabalho* (ANTUNES, 2013. Ver também MÉSZÁROS, 2004).

Esta formulação nos leva a outra indagação: no universo da produção onde há presença de trabalho imaterial, a exemplo de diversas atividades caracterizadas como de serviços (como nas tecnologias de informação e comunicação, nos call center, hotelaria, etc.), pode-se então afirmar que o trabalho com traços ou coágulos de imaterialidade também gera mais valia, tornando-se por isso também *produtivo*?

É deste tema que trataremos no item seguinte.

## III. O TRABALHO IMATERIAL PODE SER PRODUTIVO?

Para responder esta questão, que é por si mesma bastante complexa, é preciso, desde logo, apresentar duas formulações que são centrais em nosso argumento. A primeira delas remete à conceitualização do que é *materialidade* e *imaterialidade* da produção e do trabalho em Marx. A segunda se refere à sua formulação acerca do que é *produtivo* e *improdutivo*.

Devemos a Marx a distinção entre *produção material e produção não--material* ou *imaterial*[5], como aparece, por exemplo, no capítulo XIV (Vol. I) de *O Capital* e também no seminal *Capítulo VI*, conhecido também como *Capítulo Inédito*. Depois de definir o que é *trabalho produtivo para o capital*, Marx afirma:

---

[5] Que trataremos sempre como sinônimos.

FILOSOFIA, MÉTODO E TEORIA DO VALOR

> *Para trabalhar produtivamente, já não é mais necessário fazê-lo com suas próprias mãos; basta, agora, ser um órgão do trabalhador coletivo, executar qualquer uma de suas subfunções. A definição original do trabalho produtivo..., derivada da própria natureza da produção material, continua válida para o trabalhador coletivo, considerado em seu conjunto. Mas já não é valida para cada um de seus membros, tomados isoladamente.* (MARX, 2013, p. 577)

E acrescenta:

> *A produção capitalista não é apenas produção de mercadorias, mas essencialmente produção de mais-valor... Só é produtivo o trabalhador que produz mais-valor para o capitalista ou serve à autovalorização do capital. Se nos for permitido escolher um exemplo fora da esfera da produção material, diremos que um mestre-escola é um trabalhador produtivo se não se limita a trabalhar com a cabeça das crianças, mas exige de si mesmo até o esgotamento, a fim de enriquecer o patrão. Que este último tenha investido seu capital numa fábrica de ensino, em vez de numa fábrica de salsichas, é algo que não altera em nada a relação. Assim, o conceito de trabalhador produtivo não implica de modo nenhum apenas uma relação entre atividade e efeito útil, entre trabalhador e produto do trabalho, mas também uma relação de produção especificamente social, surgida historicamente e que cola no trabalhador o rótulo de meio direto de valorização do capital. Ser trabalhador produtivo não é, portanto, uma sorte, mas um azar.* (MARX, 2013, p. 578)

Portanto, o *primeiro elemento* que queremos destacar é que Marx percebe precocemente uma tendência que hoje está sendo exponencialmente desenvolvida pelo capitalismo, tendência esta caracterizada pela ampliação das atividades produtivas não-materiais ou imateriais (conforme indicamos anteriormente ao recuperar a excepcional análise de Marx acerca da indústria de transporte). E acrescenta ainda que a produção *material, que decorre do labor e do fazer social e coletivo em interação com o maquinário, se constitui como a forma prevalente da produção no capitalismo.*

De nossa parte, cremos que a propalada ficção que defende a predominância da produção *imaterial (portanto desprovida de materialidade) no capitalismo de nosso tempo, é uma criação eurocêntrica que não encontra base ontológica real, quando se toma a totalidade da produção global,* incluída a China, Coréia do Sul, Índia e tantos outros países asiáticos, a exemplo também do Brasil e México na América Latina, da Rússia e países do Leste europeu, ou ainda África do Sul, no continente africano (ANTUNES, 2013 e 2018).

Vamos agora ao segundo ponto, tentando esclarecer como concebemos a síntese marxiana do que é trabalho *produtivo* e *improdutivo*. Resumidamente, tentando reter os elementos conceituais decisivos, o trabalho *produtivo* é aquele que:

1) *Cria mais-valor.* Se no *Capítulo inédito* (VI), Marx (1994) o define como aquele que cria *diretamente* mais-valor, é necessário dizer que ele suprime o *diretamente* em *O Capital*. Em nosso entendimento o faz, porque o acréscimo dessa palavra é por demais restritiva, numa produção que é coletiva.

2) É pago por *capital-dinheiro* e não por *renda*. Essa segunda forma de pagamento – por renda – é a que caracteriza, sempre segundo Marx, o pagamento pelo trabalho *improdutivo*, que cria valores de uso e não valor de troca.

3) Resulta do *trabalho coletivo, social e complexo*, e não mais individual. É por isso que o autor afirma, no *Capítulo VI*, que *não é o operário individual que se converte no agente real do processo de trabalho no seu conjunto, mas sim uma capacidade de trabalho socialmente combinada.*

4) Valoriza o capital, não importando se o resultado de seu produto é material ou imaterial.

5) Mesmo quando realiza uma mesma atividade, somente poderá ser definido como produtivo ou improdutivo em sua efetividade concreta, isto é, dependendo de sua *relação social,* da *forma social* como se insere na *criação e valorização do capital*. É por isso que, para Marx, trabalhos idênticos quando a sua natureza, podem ser produtivos ou improdutivos, dependendo de sua efetiva participação no processo de valorização do capital.

6) Tende a ser assalariado, enquanto o mesmo não vale para todo trabalho assalariado que nem sempre é produtivo[6].

---

[6] Utilizamos aqui particularmente as indicações de Marx (2013) presentes em *O Capital*, bem como *Capítulo VI, inédito* (1994).

Na contrapartida, o trabalho é *improdutivo* quando cria bens úteis, valores de uso, e não está voltado diretamente para a produção de valores de troca, ainda que seja necessário para que este se realize. São aqueles trabalhos que são *consumidos como valores de uso* para a produção (e não como valores de troca). É por isso que o capital suprime todo trabalho improdutivo que é desnecessário, operando inclusive a fusão entre atividades produtivas e improdutivas, que passam a ser frequentemente realizadas pelos mesmos trabalhadores e trabalhadoras.

Essa simbiose entre atividades *produtivas* e *improdutivas* se expande no capitalismo flexível e financeirizado, reduz incessantemente força de trabalho, fazendo inclusive com que o mesmo trabalho possa realizar atividades que geram ou não mais valia, como é o caso da produção onde os próprios operários conferem a qualidade dos produtos que realizaram.

Mas, ao contrário de autores (inclusive marxistas) que consideram esta distinção superada, cremos que, *ainda que as áreas cinzentas e de intersecção entre o produtivo e o improdutivo sejam cada vez mais presentes no mundo produtivo em sentido amplo*, o capital sabe aquilatar o que lhe é *produtivo* e, portanto, *imprescindível* para a valorização do capital, e o que é *improdutivo* e, por isso, passível de ser eliminado tão logo se torne desnecessário.

Se tivermos alguma razão em nossas formulações, é possível acrescentar que encontramos em Marx um conjunto expressivo de formulações que são *pontos de partida* centrais para se compreender a produção ampliada de nosso tempo.


## IV. UMA NOTA FINAL

Do que apresentamos anteriormente, em contraponto às teses que advogam a perda de vigência da teoria do valor no capitalismo contemporâneo, estamos desafiados a compreender as novas modalidades da lei do valor que vem se ampliando significativamente, quando se considera a sua dimensão global.

A expressiva ampliação de novos proletários de serviços, de que são exemplos os/as trabalhadore/as no *telemarketing* e *call center*, nas tecnologias de informação e comunicação (TIC), nos *fast food,* nos hipermercados, comércio, restaurantes, hotelaria, além dos digitalizadores que

O CAPITAL, VALOR E SERVIÇOS: O NOVO PROLETARIADO DA ERA DIGITAL

laboram nos bancos, dentre tantos outros, permite explorar empírica e analiticamente *a hipótese de que se amplia também o universo do trabalho produtivo que gera mais valia, o que demonstra a limitação e mesmo insuficiência das teses que propugnaram o fim da teoria do valor (e, por consequência, também da classe trabalhadora).*

Nossa formulação é que, dadas as profundas transformações ocorridas no mundo capitalista, cada vez mais integradas pelas cadeias produtivas globais, elas vêm gerando a expansão de um *novo proletariado de serviços* que participa cada vez mais crescentemente da criação de mais-valia e da valorização do capital[7].

E as indicações seminais apresentadas por Marx no Livro II de *O Capital* nos permitem conferir validade e atualização à teoria do valor, visto que o mundo produtivo do capital, em sentido amplo, vem ampliando as novas formas geradoras do *valor,* ainda que frequentemente sob a *aparência* do não-valor (e inclusive invisibilizando a classe trabalhadora). Mas como o capital não pode se valorizar sem que haja interação entre *trabalho vivo* e *trabalho morto*, ele gera novos espaços produtivos intimamente voltados para a produção de mais-valia.

Desse modo, estamos presenciando a expansão de novas formas de vigência da lei do valor, configurando mecanismos complexos de extração da mais valia, tanto nas esferas da produção material quanto imaterial. E essa conjugação, ao contrário de enfraquecer a lei do valor, vem trazendo sua ampliação, em pleno século XXI.

Nossa hipótese, portanto, extraída de *O Capital* de Marx, é que, ao reduzir o tempo de *circulação do capital* e, consequentemente, também seu *tempo de rotação*, o novo proletariado de serviços, cada vez mais subordinados à lógica da mercadorização ou comoditização e inserido das tecnologias de informação e comunicação, no trabalho *on line* e digital que não para de crescer em praticamente todas as atividades produtivas, torna-se cada vez mais parte integrante do processo de geração do valor.

Sabemos que o principal argumento utilizado para tentar negar a tese da vigência da teoria do valor na produção de serviços (que muito frequentemente têm também componentes imateriais) é a de que esse tipo de trabalho é intangível (Gorz, 2005).

---

[7] Ver Huws (2003 e 2014); Antunes (2018 e 2013) e Antunes e Braga (2009).

Foi, entretanto, o próprio capitalismo que sepultou esta tese, na medida em que aglutina e articula crescentemente nas mais diversas atividades laborativas que estão presentes no trabalho social e coletivo, tanto materiais quanto imateriais, que se interconectam e se desenvolvem nos ramos e cadeias produtivas de valor.[8]

Outro exemplo emblemático desta ampliação da lei do valor nas esferas anteriormente consideradas improdutivas se evidencia na *tendência global de expansão da terceirização em todos os ramos da produção e em particular nos serviços*. E a terceirização (empresas de serviços que fornecem força de trabalho em praticamente todos os setores e ramos de atividade econômica) vem se tornando um dos principais dos mecanismos de exploração da força de trabalho, ampliando o espaço de criação da mais valia, não só na indústria e agroindústria, mas também nos serviços. E, ao assim fazer, vem valorizando o capital em setores que, no passado, como o setor público, não eram geradores de lucro. A expansão global das empresas terceirizadas que oferecem amplos "serviços industriais" é exemplar.

A Foxconn, por exemplo, fábrica do setor de informática e das tecnologias de comunicação que se expande na China, é um exemplo de Electronic Contract Manufacturing, empresa terceirizada global responsável pela montagem de produtos eletrônicos para a Apple, Nokia, dentre várias outras transnacionais. São unidades com alta presença operária, que recebem salários baixíssimos e trabalham em ritmos intensificados. Como exemplo pode-se lembrar da sua unidade de Longhua (Shenzhen), onde são fabricados os *iPhone* e que se pode constatar a ocorrência de vários suicídios de trabalhadores, em sua maioria denunciando a intensa exploração do trabalho ao qual estavam submetidos. (Chan, Ngai e Selden, 2012).

Portanto, cremos que as formulações que aqui apresentamos, permitem indicar a atualidade da obra de Marx, em particular o volume II de *O Capital*, que aqui tomamos como ponto de discussão. E, se nossa hipótese for pertinente, é possível dizer também que os trabalhadores e

---

[8] A Toyota, em sua unidade de Takaoka, no Japão, tinha como slogan na entrada da fábrica os seguintes dizeres: *"Yoi kangae, yoi shina"* (bons pensamentos significam bons produtos). Isso porque essa corporação do automóvel sabe conceber e mesmo mensurar o valor da mercadoria-informação que os críticos contemporâneos da teoria do valor desconhecem. (*Business Week*, 18/11/2003).

as trabalhadoras de serviços no capitalismo atual são expressão de um *novo proletariado* que é preciso melhor compreender.

Não será difícil concluir, então, que sua atuação *social e política* assume cada vez mais importância para o conjunto da classe trabalhadora em sua luta pela construção de um *novo modo de vida*, de um *novo sistema de metabolismo social* para além do capital, para recordar István Mészáros (2002). E Marx é, uma vez mais, nosso *ponto de partida* crucial, dois séculos depois de seu nascimento.


## BIBLIOGRAFIA

ANTUNES, Ricardo (2013) Os Sentidos do Trabalho, Coimbra: Editora Almedina.

ANTUNES, Ricardo (2018) O Privilégio da Servidão, São Paulo: Editora Boitempo.

ANTUNES, R. and Braga, R. (2009), Infoproletários (Degradação Real do Trabalho Virtual), São Paulo: Boitempo.

CHESNAIS, F. A Mundialização do Capital. São Paulo: Ed. Xamã, 1996.

CLASS CITY WORKERS, Dove Sono i Nostri: Lavoro, classe e movimenti nell'Itália della crisi, La Casa USHER, Lucca, 2014.

GORZ, A. 2005, Imaterial, São Paulo: Annablume, 2005.

HABERMAS, J. (1989) 'The New Obscurity', in The New Conservatism: Cultural Criticism and the Historians' Debate, Cambridge: Polity Press.

HUWS, U. 2003, The Making of a Cybertariat (Virtual Work in a Real World), New York/London: Monthly Review Press/The Merlin Press.

HUWS, U. 2014 Labor in the Global Digital Economy: The Cybertariat Comes of Age, New York: Monthly Review Press/The Merlin Press

KURZ, R. (1991) Der Kollaps der Modernisierung. Vito von Eichborn GmbH & Co. Verlag KG, Frankfurt am Mein.

LOJKINE, J. (1995) A Revolução Informacional. São Paulo: Ed. Cortez.

MARX, K. (1994) Chapter VI (unpublished)', in Marx and Engels Collected Works, vol. 34, London: Lawrence & Wishart.

MARX, K. (2011) *Grundrisse*, Livro I, São Paulo, Boitempo.

MARX, K. (2013) *O Capital*, Livro I, São Paulo, Boitempo.

MARX, K. (2014) *O Capital*, Livro II, São Paulo, Boitempo.

MARX, K. (2017) *O Capital*, Livro III, São Paulo, Boitempo

MÉSZÁROS, I. (2002) Para Além do Capital, São Paulo: Editora Boitempo.

MÉSZÁROS, I. (2004) O Poder da Ideologia, São Paulo: Editora Boitempo.

NGAI, P.; CHAN, J. 2012) The Advent of Capital Expansion in China: A Case Study of Foxconn Production and the Impacts on its Workers. Disponível em: http://rdln.files.wordpress.com/2012/01/pun-ngai_chan-jenny_on-foxconn.pdf

SANTOS, V. (2013) Trabalho Imaterial e Teoria do Valor em Marx. São Paulo: Expressão Popular.

# *O CAPITAL* E ALGUNS PROBLEMAS DA ACTUALIDADE

# ATUALIDADE E URGÊNCIA DE MARX

## VIRGÍNIA FONTES

É quase redundante falar da atualidade de Marx, dada a configuração atual do capitalismo, quando sofremos cotidianamente suas contradições, que transbordam e ameaçam o conjunto da humanidade. Este artigo aborda alguns temas e questões onde a atualidade de Marx e do conjunto de várias tradições do marxismo permitem e exigem que utilizemos de maneira a cada dia mais consistente o legado de Marx. Apontaremos apenas algumas breves indicações, de maneira bastante livre e sem muito recurso a citações, para tornar mais leve o argumento, em alguns casos já trabalhados em outros momentos e muitos deles já abordados por inúmeros autores.

Neste ano do bicentenário do nascimento de Marx, talvez o mais importante a dizer é: leiam Marx. O aprendizado é múltiplo.

## MARX ECONOMISTA?

Em primeiro lugar, é sempre importante relembrar que Marx não foi um economista, mas realizou a mais sistemática, profunda e coerente crítica da separação da economia do conjunto da existência. Falamos da assim chamada 'Economia Política clássica', que começou a erigir como um conhecimento sistemático o processo de produção de riquezas. Tais riquezas foram tomadas de maneira abstrata, como quantidade de produtos e quantidade de riqueza medida em escala nacional. Na virada do século XVIII para o XIX, constituiu-se a disciplina Economia, que oscilou entre a filosofia (moral) e um modelo de reflexão histórica despido de contradições[1], e muito rapidamente tornou-se um padrão modelar para

---

[1] FONTANA, Josep, *Historia. Analisis del pasado y proyecto social*, Barcelona, Editorial Crítica, 1982.

*O CAPITAL* E ALGUNS PROBLEMAS DA ACTUALIDADE

praticamente todos os conhecimentos subsequentes, que integravam de forma acrítica e imediata a suposição naturalizante tanto do ser humano, quanto da própria existência social. A Economia então forjada estabelecia leis fixas, de tipo naturais, para o crescimento da produção, dentre as quais a propriedade figurava em primeiro plano; considerava a história como um processo linear do aumento da produção, objetivo primeiro da própria Economia (e da sociedade, por extensão) ao mesmo tempo em que esvaziava todas as suas categorias das relações e contradições sócio-históricas, apresentando a forma histórica do capitalismo como definitiva; limitava a racionalidade ao cálculo. Partia da suposição de que suas bases teóricas eram axiologicamente neutras, apesar de nascida de e para sociedades profundamente divididas, contribuindo para sua justificação e expansão.

A obra de Marx é a mais profunda crítica aos fundamentos e desdobramentos dessa disciplina, ao mesmo tempo em que reconheceu naqueles esboços então nascentes elementos cruciais para a compreensão da sociedade capitalista. Assim, de maneira destacada, estudou a economia política, e apontou seu duplo papel de criar uma nova área de conhecimento, porém enquanto auxiliar na própria expansão das relações capitalistas. Essa Economia Política, que Marx criticará duramente, defendia o aumento da produção e da acumulação de riquezas como o fulcro vida humana.

Marx comentou acidamente as abstrações a partir das quais a Economia Política amputou a compreensão da vida social efetiva, e contrapôs a análise das relações entre classes sociais concretas, compostas no seu núcleo fundamental por trabalhadores e proprietários do capital, relações que são determinantes para a extração do sobretrabalho na forma do mais-valor. Reconheceu o papel de tal Economia, cujas formulações eram descarnadas das relações sociais, nas sociedades capitalistas, mas recusou a suposição de uma qualquer natureza humana fixa e imutável, voltada unicamente para o aumento da riqueza, separada da natureza e temerosa dos demais seres sociais. Ao contrário, em sua crítica à Economia Política, Marx permite compreender os seres humanos como processo e como história. Integrantes da natureza, dela se distinguem somente na estreita relação que mantêm com ela. E essa relação com a natureza jamais é obra ou fruto de indivíduos isolados, mas de um sociometabolismo, no qual coletividades sociais ao produzirem suas existências ao longo do tempo – em todo o arco de atividades que as existências sociais envolvem – reproduzem suas formas de ser na e com a natureza, forjam individualidades com características específicas, inauguram possibilidades e nelas se investem. Como analisou detalhadamente Foster, para Marx, a sociabilidade capitalista

> tomou a forma de uma 'racha irreparável' (...) no metabolismo entre a humanidade e a Terra – 'um metabolismo prescrito pelas leis naturais da própria vida' – exigindo sua 'restauração sistemática como uma lei reguladora da produção social'. Na industrialização da agricultura, sugeriu ele, a verdadeira natureza da 'produção capitalista' foi revelada como sendo a de que 'só se desenvolve minando simultaneamente as fontes originais de toda a riqueza – o solo e o trabalhador'. (...) A fim de compreender o significado desta crítica ecológica para a crítica geral do capitalismo de Marx, é necessário reconhecer que o processo de trabalho e de produção foi, ele próprio, designado, em sua análise, como uma relação metabólica entre os seres humanos e a natureza.[2]

Decerto, as diversas sociedades historicamente existentes se depararam com bloqueios e limites de diversas ordens, inclusive naturais, e a humanidade levou muito tempo a superar dificuldades de toda a sorte, e mais tempo ainda a ter maior compreensão do alcance da complexa relação entre sociedade e natureza, mesmo se tal compreensão é ainda incompleta e subjugada pelo capital[3]. A forma mundial da expansão do capitalismo trouxe, como um de seus correlatos, a evidência de que desconsiderar as relações sociais – de classes – envolve também uma devastação da natureza, cujos efeitos tendem a escapar ao próprio controle humano. Para Mészáros, o capital não é uma entidade material nem um mecanismo, mas uma *forma incontrolável do sistema sociometabólico*. Trata-se da mais poderosa "estrutura totalizadora de controle à qual tudo o mais, inclusive os seres humanos, deve se ajustar, e assim provar sua 'viabilidade produtiva', ou perecer..." É um sistema totalitário, que "sujeita

---

[2] FOSTER, John Bellamy, «A Ecologia da Economia Política de Marx», in *Lutas Sociais*, n. 28, São Paulo, 2012. Disponível in: https://revistas.pucsp.br/index.php/ls/article/view/18539/pdf, acesso 30/04/2018.

[3] Vale lembrar que muitas sociedades históricas elaboraram práticas e intelecções muito ricas e complexas tanto para a definição da natureza, quanto para a explicitação de seu papel fundamental na reprodução da existência humana. Convivemos, no século XXI, com diversas cosmovisões, severamente ameaçadas pela imposição de uma homogeneidade devastadora capitalista.

*O CAPITAL* E ALGUNS PROBLEMAS DA ACTUALIDADE

cegamente aos mesmos imperativos a questão da saúde e a do comércio, a educação e a agricultura, a arte e a indústria manufatureira..."[4]

A sociabilidade em todas as suas dimensões, inclusive em sua relação com a natureza, é o núcleo fundamental do ser social. Essa sociabilidade se expressa primordialmente e permite distinguir historicamente – como não poderia deixar de ser – nos atos e formas pelas quais os sujeitos sociais asseguram sua própria sobrevivência, assim como o conjunto das relações que dão sentido não apenas a essas atividades, mas ao conjunto da vida. Marx critica a Economia Política exatamente por amputar o ser social de sua ampla sociabilidade (que se forja também em sua relação com a natureza), que historicamente demonstrou ser expansiva e abrangente, e por desconsiderar o conjunto de elementos que constituem a vida efetiva e concreta. Em suma, a crítica de Marx incide diretamente sobre o fato da Economia limitar os seres sociais a uma racionalidade estreita e calculista, racionalidade que sugere (e admite como natural) ser a grande massa da população redutível apenas à condição de 'trabalhadores', ou nos termos mais explícitos sobre a relação social que o capital impõe, força de trabalho. Ora, não se trata de nenhuma natureza humana férrea, mas de uma forma histórica, o capitalismo, na qual o acicate das classes dominantes se justifica a partir de uma Economia erigida em dogma abstrato, que sustenta e dá alento à imposição de uma reprodução expandida, para assegurar uma acumulação de capital que não pode jamais permanecer como pura riqueza, mas precisa se reconverter em capital, ou em forma de extrair mais-valor, de valorizar-se.

Ao criticar fundamente a Economia, Marx não descura da importância que ela assumiu, ao apontar a centralidade da produção da vida e dos meios de existência, mesmo se ela o fez de maneira limitada, posto confundir a emergência e consolidação do capitalismo com o ápice final da história humana, uma vez que pressupunha que ele correspondia à própria natureza humana. Mas a crítica marxiana vai além, e abre a possibilidade da produção de um conhecimento que ultrapasse completamente a naturalização das relações sociais, integrando o papel da sociabilidade – sempre histórica e cambiante – na configuração e possibilidades dos seres sociais.

---

[4] MÉSZÁROS, Istvan, *Para além do capital*, São Paulo, Boitempo, 2002, p. 96. Grifos no original, IM.

## ATUALIDADE E URGÊNCIA DE MARX

Indo muito além da Economia Política, permite superar a antropo-morfização da natureza, que a ela atribui características propriamente sociais ou humanas. A antropomorfização obstaculiza a produção de um conhecimento plenamente humanizado, ao velar as relações entre seres sociais e natureza e supor uma intenção sobre-humana e sobrenatural que definiria a natureza e a própria humanidade, retirando dos seres sociais sua potência explicativa – e a capacidade de compreender as suas relações sociais e com a natureza como atos plenamente humanos, dotados de formas históricas, e sempre realizados em determinados contextos sociais.

Mais recentemente, formas de antropomorfização retornam à cena, principalmente a partir de procedimentos eco-capitalistas, que propõem ações voltadas para mitigar os resultados catastróficos do capitalismo, mas sem alterá-lo, e sugerindo que a 'natureza precisa de nós'... Não é verdade: somos nós, humanos, que precisamos da natureza! Na atua-lidade, os procedimentos são mais cínicos, e pretendem assegurar sob o manto de uma filantropia mercantilizada, a permanência das mes-mas relações sociais de extração de mais-valor dos trabalhadores, mal disfarçadas sob o cálculo da rentabilidade ('incorporação das exter-nalidades', 'compensações ambientais', capitalismo verde e outros similares).

Ocultam a característica histórica e social da relação com a natureza, relação necessária e perene mas que reveste formas graves na existên-cia social sob o capital. A sociabilidade humana envolve transformar a natureza, mas fazê-lo em prol de uma humanidade que sabe necessitar da natureza, e não da expansão do capital, que a considera como uma externalidade a ser domada e gerida.


## CAPITAL É RELAÇÃO SOCIAL

Como em tantos outros aspectos, talvez o óbvio seja o mais difícil a ser explicado e compreendido. Ora, capital não é uma coisa, não existe de maneira natural e exigiu longo processo histórico e enorme sofrimento humano e social para converter-se em padrão dominante da nossa vida social. Capital, de maneira muito simples, é dinheiro (riqueza acumulada sob forma monetária) investido na potência especificamente humana de produzir mais do que cada trabalhador precisa para reproduzir-se.

O *CAPITAL* E ALGUNS PROBLEMAS DA ACTUALIDADE

Constitui-se de recursos (trabalho passado, convertido em dinheiro) colocados em força de trabalho e meios de trabalho (equipamentos e matérias-primas), com os quais trabalhadores podem agir e transformar a natureza, de maneira direta ou indireta, mas inteiramente sob o comando do proprietário. Todos os valores adicionais produzidos (sobretrabalho) retornam aos proprietários.

Resultado de processos históricos anteriores, essa forma social apresenta-se como mercado generalizado, mas o mercado fundamental que a sustenta é o de força de trabalho e este deriva de enorme violência social – a expropriação de gigantescas massas de trabalhadores do campo, convertidos em seres impossibilitados de assegurar sua própria subsistência e obrigados a vender sua força de trabalho. Esse processo, simultaneamente, transforma o que até então eram os meios de vida e de produção da existência desses seres sociais em capital, e ainda está em curso. É de extrema brutalidade, revestindo-se de formatos diversificados (expulsão direta ou indireta, cercamentos parlamentares, etc.) e fundamenta a contínua produção de massas de seres sociais que, libertados de laços coercitivos anteriores (como os feudais) e afastados das condições de produção de sua existência (como os diversos campesinatos), somente dispõem de sua força de trabalho para adquirir os bens necessários à vida, doravante encontráveis apenas através de mercados. São trabalhadores livres, mas foram socialmente impedidos de assegurar o conjunto de sua subsistência, e portanto precisam e desejam vender força de trabalho. As expropriações do povo do campo não se limitaram a um momento originário ou fundador do capitalismo, ainda que tenham ali começado. Prosseguem na atualidade, e vemos cotidianamente em vários lugares do mundo a expulsão de camponeses, indígenas, ribeirinhos, pescadores, etc., em alguns casos resultando em assassinatos e até mesmo extermínio de populações. Muitas expropriações mais recentes resultaram de intensa concentração da propriedade da terra, mundialmente aprofundada com enorme brutalidade a partir da década de 1960, com a chamada Revolução Verde (que agiu intencionalmente para opor-se ao risco de revoluções camponesas vermelhas). Mas também pela expansão da mineração de diversos produtos, inclusive do petróleo, de grandes empreendimentos, como hidrelétricas, barragens, aeroportos, centros comerciais, etc. Isso sem falar de algo quase corriqueiro, como o estrangulamento econômico do campesinato de diferentes países, mantidos em condições de vida tão terríveis que são obrigados a sair de suas terras.

ATUALIDADE E URGÊNCIA DE MARX

Mas as expropriações não se limitaram aos povos do campo. Assim que o capitalismo tornou-se a forma de produzir e de reproduzir a existência dominante, não apenas lançou-se à colonização de novos territórios, para além dos europeus, onde se originou. Também voltou-se contra os trabalhadores urbanos, dos quais dependia diretamente para sugar o trabalho vivo. Seu movimento inaugural, com a introdução das máquinas de fiar, representou enorme desemprego e provocou as revoltas luditas. Essa dinâmica se repete de maneira desgraçadamente monótona há mais de dois séculos: o aumento da produção e a introdução de novas formas de poupar atividades penosas piora dramaticamente a condição de vida de milhares de trabalhadores. A quem serve essa produção? A concentração de riquezas se cerca da produção constante de desemprego, o que torna supérflua parcela de trabalhadores já expropriados, desprovidos agora da venda de sua força de trabalho. Amplia-se a quantidade de seres sociais disponíveis para a venda da força de trabalho em duas vertentes, pelo ingresso de novas levas de expropriados do campo e pelo aumento da composição orgânica do capital, com a introdução de máquinas, equipamentos e organização dos processos de trabalho que intensificam a atividade dos trabalhadores, aumentam a massa de produtos e as taxas de lucros, mas reduzem proporcionalmente o número desses mesmos trabalhadores em atividade. As jornadas de trabalho não são redistribuídas, nem diminuídas e os salários são controlados e limitados.

Este movimento da dinâmica social capitalista é incessante, mas periodicamente adquire maior visibilidade, com a introdução de novas tecnologias em maior escala. A cada vez, divulga-se que o capital não precisa mais do trabalho, que todos os trabalhadores tornaram-se...supérfluos. Entretanto, a cada vez, a vida dos trabalhadores – com ou sem empregos – fica mais atrelada às exigências da reprodução ampliada do capital e se redescobre que o capital é uma relação social e, sem trabalho vivo, não subsiste. A forma de ser capitalista mantém reservas de força de trabalho, o que lhe permite acesso imediato para novos empreendimentos, além de acirrar a concorrência entre os trabalhadores, para reduzir salário e direitos de todos.

Nas últimas quatro décadas, para além da continuidade das expropriações dos povos do campo e do desemprego regular e recorrentemente impostos, novas modalidades de expropriações incidem sobre as populações urbanas e rurais. Como já mencionado, elas consistem na separação entre seres sociais e seus meios de vida, convertendo os últimos em

313

capital, isto é, em formas de subordinação dos primeiros. Para além do desemprego – procedimento clássico – as novas modalidades expropriam os trabalhadores do próprio contrato de trabalho (eliminando de uma tacada os direitos sociais e econômicos que o acompanhavam), reconfigurando em amplíssima escala a própria classe trabalhadora. Ao fazê-lo, agudizou-se de maneira extrema a concorrência entre os trabalhadores, em escala internacional e assistimos, aceleradamente, a conversão do que eram meios de vida (ainda que parciais) em formas de subordinação ao capital, como o automóvel e a bicicleta transformados em subordinação de trabalhadores a grandes proprietários do capital e de aplicativos, como é o caso da empresa Uber.

Outras formas dramáticas de expropriação estão em curso, como o crescente monopólio da germinação das sementes essenciais para a existência humana (trigo, arroz, milho e soja), através dos procedimentos Terminator, que bloqueiam sua reprodução natural. As expropriações contemporâneas não se limitam a incidir sobre uma parcela da população (como os camponeses), mas retiram de toda a humanidade – exceto de um pequeno grupo de enormes proprietários – a sua relação com potenciais meios de existência. O mesmo pode se observar na expropriação das águas – doces e salgadas – com a tendência acelerada à monopolização das fontes de águas doces e dos aquíferos, e na transformação das atividades de distribuição e de acesso à água em formas de extração de valor. O risco que isso envolve não se limita à 'privatização', pois é muito mais do que isso do que se trata, tanto para as áreas urbanas quanto para as rurais (o que vem ocorrendo sobretudo através da venda de irrigação). Se não bastassem tais exacerbações expropriatórias, há ainda a mencionar algumas pesquisas atuais, onde o próprio corpo humano se torna alvo de 'melhoramento', objetivando imediatamente a produção de soldados com maior capacidade militar. Sabemos, por experiência que tendem a, em seguida, impor-se no mercado da força de trabalho.

Em interessante libelo contra a dinâmica capitalista que devora o tempo humano, Crary lembra que a maior da vida é dedicada ao sono, que ele é hoje uma "das grandes afrontas humanas à voracidade do capitalismo contemporâneo":

> Com recursos do governo, pesquisadores de diversas universidades, notadamente em Madison, no estado de Wisconsin, têm investigado a atividade cerebral dos pássaros durante durante esses longos períodos de vigília [os

pardais de coroa branca, que atravessam do Alasca ao norte do México, voando durante 7 dias sem pausa de sono ou alimentação], com a esperança de obter conhecimentos aplicáveis aos seres humanos. O objetivo é descobrir como as pessoas poderiam ficar sem dormir e funcionar produtiva e eficientemente. O objetivo inicial é simplesmente a criação do soldado sem sono.[5]

Outro texto, que resulta de estudo em andamento realizado por André S. Vieira, averigua a atuação de ramos da psicologia ligados às neurociências, através de projeto financiado pelo governo dos Estados Unidos, sob a ampla denominação de *Brain Initiative*. O tema é inquietante, pois trata da participação dessas ciências "no desenvolvimento de novas tecnologias que, *ao mesmo tempo*, servem à guerra, à cura e à remissão de sintomas, ao melhoramento e à incapacitação dos processos mentais."[6]

Lançada em 2013, a Brain Initiative promove um exaustivo mapeamento cerebral, além de estimular a produção de tecnologias baseadas nas neurociências aplicáveis ao ser humano. O projeto envolve pesquisadores renomados, universidades, Fundações empresariais, a indústria de fotônica, as indústrias de biotecnologias e agências governamentais, dentre elas a DARPA:

> Atualmente a Agência de Projetos de Pesquisa Avançados em Defesa (*Defense Advanced Research Projects Agency*- DARPA, em inglês) está desenvolvendo uma plataforma tecnológica para melhorar a aprendizagem de uma ampla gama de habilidades cognitivas, com o objetivo de reduzir o custo e a duração do estenso regime de treinamento do Departamento de Defesa, melhorando seus resultados. Se for bem-sucedida, essa tecnologia poderá acelerar a aprendizagem e reduzir o tempo necessário para formar especialistas em língua estrangeira, analistas de inteligência, criptógrafos e outros (DARPA, 2016). Essa neurotecnologia consiste num dispositivo que, uma vez implantado na medula espinhal dos soldados, emite uma frequência de estimulações que, por sua vez, induzem plasticidade neuronal enquanto aqueles desempenham suas tarefas. Esse dispositivo induzirá o melhoramento das capacidades mentais (do inglês, *neuroenhancement tecnnique*) de

---

[5] CRARY, Jonathan, *24/7 – O capitalismo tardio e os fins do sono*, São Paulo, Cosac Naify, 2014, p. 7.

[6] VIEIRA, André S., «Capital-imperialismo e psicologia experimental. A Brain Initiative como estudo de caso», in: LACERDA JR., Fernando; BOECHAT, Filipe (Orgs.), *Psicologia e Anticapitalismo*, Goiânia, no prelo, 2018, p. 13.

O *CAPITAL* E ALGUNS PROBLEMAS DA ACTUALIDADE

soldados estadunidenses tornando-os altamente eficientes e especializados e, por conseguinte, mais produtivos quando voltados para a fabricação de novos artefatos de guerra.[7]

Em todos os exemplos citados, a humanidade é expropriada de *meios de vida*, considerados de maneira ampla e não limitados à estreita acepção de máquinas e equipamentos. De maneira equivalente à expropriação da terra, tais meios de vida são transformados em maneiras de subordinação à reprodução do capital, reduzindo as massas trabalhadoras ainda mais à condição de mera força de trabalho, subordinadas a processos que não controlam. Não é o fim do trabalho o que tais práticas anunciam, mas ainda maior exploração, pela exacerbação da concorrência entre trabalhadores. No exemplo da *Initiative Brain*, a *atenção* – capacidade especificamente humana – transformada em implante protético, pode converter-se não apenas em mercadoria, mas numa exigência para a 'empregabilidade'. Exatamente em tempos em que as novas relações de subordinação do trabalho ao capital desqualificam os empregos.

Nestas circunstâncias, até mesmo o reconhecimento que o próprio lugar nessa sociedade se limita ao de trabalhador disponível para o capital, empregado, precarizado ou desempregado, provoca um sofrimento difuso e crescente. A recusa em considerar-se como trabalhador, sob condições nas quais muitas vezes o trabalho não mais se configura pela relação contratual de emprego, expressa simultaneamente a rejeição dessa forma social e a dificuldade de enfrentá-la[8].

Outra característica fundamental dessa relação social é a sua reprodução ampliada. Capital – e capitalismo – não existem para satisfazer necessidades humanas, ainda que também precisem fazê-lo, ao vender mercadorias e bens produzidos. A condição de existência dessa relação é que a riqueza produzida e retornada aos proprietários volte a ser capital, isto é, produza novamente mais-valor, ou lucro. Nem todo o dinheiro do mundo pode satisfazer o capital: ele precisa voltar a investir na extração de mais trabalho vivo, a ampliar sua reprodução, sob pena de ser devorado por seus concorrentes.

---

[7] VIEIRA, André S.. op. cit., p. 20-21.

[8] FONTES, Virgínia, «Capitalismo em tempos de uberização: do emprego ao trabalho», in: *Kallaikia. Revista de Estudos Galegos*, n.2, Galizia, 2017.

## ATUALIDADE E URGÊNCIA DE MARX

Ainda que apresentada de maneira muito sucinta, essa verdadeira engrenagem da reprodução ampliada do capital envolve transformar continuamente o conjunto da vida social, dobrando-a para satisfazer estas necessidades da reprodução do capital, e apenas acessoriamente atendendo a carências ou desejos dos seres sociais, jamais na mesma escala da acumulação. O que importa destacar aqui é que, sendo uma relação social, não há capital sem trabalho e sem extração de mais-valor.

Com Marx, é possível compreender a forma específica de organização da sociedade capitalista e ele alerta que ela não é estática: é processual, dinâmica, contraditória e conflitiva e, ao se expandir, aumenta as contradições que a atravessam. Assim, Marx não pode ser reduzido a uma espécie de 'bula' ou 'modo de usar': a leitura de Marx é essencial, pois seu próprio texto não se presta a uma leitura passiva. Sua forma e seu conteúdo exigem que as relações sociais que sustentam o capitalismo na atualidade do leitor sejam permanentemente perscrutadas.

## MARX E UM DE NOSSOS DESAFIOS: PROPRIEDADE E FINANCEIRIZAÇÃO

Os processos de acumulação (a retransformação de mais dinheiro do que primeira etapa em capital, acrescido que foi pela extração de mais-valor) intensificam a concentração da riquezas, que foi um de seus pontos de partida. No processo de ampliação da dinâmica social capitalista, que agrava as divisões da vida social e suas contradições, os capitalistas se defrontam entre si como concorrentes. Monopólio e concorrência tornam-se duas faces da mesma moeda. Grandes proprietários absorvem os menores, intensificando a centralização dos capitais e ainda impulsionando a concentração:

> Assim, se a acumulação se apresenta, por um lado, como concentração crescente dos meios de produção e do comando sobre o trabalho, por outro lado ela aparece como repulsão recíproca entre muitos capitais individuais. Essa dispersão do capital global da sociedade em muitos capitais individuais ou a repulsão recíproca entre suas frações é oposta por sua atração. Esta já não é concentração simples, idêntica à acumulação, de meios de produção e de comando sobre o trabalho. É concentração de capitais já constituídos, supressão de sua autonomia individual, expropriação de capitalista por

O *CAPITAL* E ALGUNS PROBLEMAS DA ACTUALIDADE

capitalista, transformação de muitos capitais menores em poucos capitais maiores. (...) O capital se expande aqui numa mão, até atingir grandes massas, porque acolá ele é perdido por muitas mãos. É a centralização propriamente dita, distinguindo-se da acumulação e da concentração.[9]

Vale lembrar que as expropriações, na base da vida social capitalista, são também a eliminação da propriedade baseada no próprio trabalho:

> A propriedade privada obtida com trabalho próprio, baseada, por assim dizer, na fusão do trabalhador individual isolado e independente com suas condições de trabalho, é deslocada pela propriedade privada capitalista, *a qual se baseia na exploração do trabalho alheio, mas formalmente livre.*[10]

A propriedade capitalista nucleia-se pois não apenas em controlar coisas (objetos ou meios de produção), mas fundamentalmente na exploração do trabalho alheio, formalmente livre. É portanto essa relação social específica que a define – a extração do valor resultante do sobretrabalho na forma do mais-valor. Iniciada por uma concentração de riquezas através de procedimentos grotescos – saque colonial, escravidão e devastação do continente africano, roubo de terras e de bens públicos, etc., que se modificaram, mas não se interromperam em escala mundial – a propriedade capitalista absorveu imediatamente os meios de trabalho, de vida e de existência, os meios de produção, máquinas, equipamentos, matérias-primas, terra, etc., e os converteu em capital. À medida do crescimento do capitalismo, tanto verticalmente, ao aumentar a divisão social do trabalho quanto horizontalmente, ao expandir-se para novas atividades e/ou territórios, a escala dessa concentração/centralização tendeu a tornar a propriedade capitalista ao mesmo tempo cada vez mais abstrata e mais direta.

Mais *abstrata*, pois distancia *aparentemente* os proprietários de enormes massas monetárias da função específica e necessária do capital, isto é, extrair valor. No século XIX, Marx explicitava as tensões entre capitalistas, ao analisar esmiuçadamente as relações entre juro e ganho empresarial. A mesma classe social, capitalista, se subdividia entre *funcionantes* e *proprietários de massas de dinheiro* o qual, já sendo resultado do capital

---

[9] MARX, Karl, *O Capital*, São Paulo, Abril Cultural, 1983, Livro 1, tomo 2, p. 257.

[10] Id., ibid., p. 380. Grifos meus, VF.

318

precisava voltar à função social capital. Segundo ele, a extração de valor poderia inclusive ser realizada por um capitalista não proprietário dos meios de produção, remunerado não obstante pelo mais-valor que sua atuação como capitalista impôs, mas as condições para que pudesse atuar dependiam – e dependem – das massas monetárias exigindo valorização, sob controle dos efetivos proprietários das condições de fazer funcionar o processo de produção de valor:

> O capitalista funcionante é pressuposto aqui como não-proprietário do capital. A propriedade do capital é representada perante ele pelo prestamista, o capitalista monetário. O juro que paga a este aparece, portanto, como aquela parte do lucro bruto que cabe à propriedade do capital como tal. Em contraste com isso, a parte do lucro que cabe ao capitalista ativo aparece agora como ganho empresarial oriundo exclusivamente das operações ou funções que ele efetua com o capital no processo de reprodução, especialmente, pois, das funções como empresário ele exerce na indústria ou no comércio. Em face dele, o juro aparece portanto como mero fruto da propriedade do capital, do capital em si, abstraído o processo de reprodução do capital, a medida que ele não 'trabalha', não funciona; enquanto o ganho empresarial lhe aparece como fruto exclusivo das funções que ele desempenha com o capital...[11]

A propriedade capitalista tornava-se simultaneamente mais direta, ao explicitar até o limite do insuportável para a massa da população, a centralidade – para a dominação capitalista – da propriedade como *capacidade de impor e fazer funcionar as formas mais díspares de extração de valor*. Adicionalmente, impulsionam quaisquer atividades rentáveis (capitalizações), porém o solo onde se enraíza a acumulação capitalista, assim como o ponto fulcral da defesa feroz de seus privilégios segue sendo a *capacidade de reunir* dinheiro-capital e meios de produção de maneira a extrair valor e de impor essa extração. Em outros termos, de sugar o ânimo vivo das massas trabalhadoras. Na próxima citação, Marx apresenta as duas faces do processo: a abstração da propriedade e a dura concretude da relação-capital, aquela voltada para a subordinação permanente do trabalho vivo e para a extração de valor:

---

[11] MARX, Karl. *O Capital*. Livro III, Tomo I, vol IV. São Paulo, Nova Cultural, 1986, pp. 280.

### O *CAPITAL* E ALGUNS PROBLEMAS DA ACTUALIDADE

No capital portador de juros está, no entanto, consumada a concepção do fetiche-capital, a concepção que atribui ao produto acumulado do trabalho, e ainda fixado na forma de dinheiro, o poder de produzir, em virtude de uma qualidade inata e secreta, como um puro autômato, em progressão geométrica, mais-valia". (...) Sabe-se, entretanto, que na realidade a conservação, e nessa medida a reprodução do valor dos produtos de trabalho passado, *é apenas o resultado de seu contato com o trabalho vivo; e, segundo: que o comando dos produtos de trabalho passado sobre o mais-trabalho vivo dura exatamente enquanto durar a relação-capital, a relação social determinada em que o trabalho passado confronta de maneira autônoma e avassaladora o trabalho vivo.*[12]

O tema da financeirização na atualidade é tratado por inúmeras abordagens teóricas e mesmo no interior do marxismo encontra explicações muito diversificadas. A categoria de capital financeiro não foi forjada por Marx, mas por Hilferding e retomada por Lênin e, especialmente no caso deste último revolucionário, ele alertou para o caráter de união entre a grande propriedade fabril (modalidade então quase exclusiva do capital industrial) e os bancos, que eram praticamente a única instituição de reunião dos recursos monetários dos mais diversos capitalistas, sob a gestão profissionalizada, destinada exatamente a assegurar a expansão das atividades de extração de valor para além dos limites postos aos capitalistas singulares[13].

No século XXI, no entanto, muitas análises limitam-se a identificar a estrutura, a forma e o funcionamento da própria circulação do capital--monetário, o qual aprofunda o seu aparente descolamento da extração de valor, como já mostrara Marx. Trazem enorme contribuição, ao esmiuçarem os montantes da concentração de riquezas no mundo atual e as dimensões do atual de volume de capital-monetário que precisa violentamente valorizar-se. Porém, em muitos casos, as análises assumem

---

[12]    Id. ibid., p. 299. Grifos nossos, VF.

[13]  É importante não esquecer que Marx já percebera que capital industrial poderia ser tanto aquele investido no setor fabril quanto em qualquer outro setor destinado à extração de mais-valor. A instituição que reunia capitais monetários na época de Marx era também os bancos, e se estes conservam na atualidade essa primazia, a compartilham com outros 'gestores de fundos', cuja função é similar: concentrar recursos sociais, ou trabalho morto sob a forma dinheiro, e capitalizá-los, extraindo sobretrabalho, rebaixando as condições de vida dos trabalhadores em escala mundial e impedindo toda e qualquer modalidade de superação da propriedade específica do capital, a de extrair valor.

320

o ponto de vista do capitalista funcionante, identificam-se com ele em sua contraposição interna ao capital monetário, limitando-se à denúncia do papel extorsivo dos bancos[14] Decerto, os bancos e os 'gestores de fundos' têm comportamento abusivo, exatamente por serem os frutos mais elevados – mais concentrados e mais apodrecidos – da propriedade capitalista. Mas não se pode esquecer que esta propriedade segue lastreada na capacidade de impor a extração do valor. Nas condições atuais, a exploração do trabalho já se manifesta tão mais avassaladora quanto mais concentrada a propriedade do capital. Correlacioná-los é nossa tarefa.

Ler Marx permite compreender que tratar das formas mais aparentemente abstratas e descoladas do mundo real e das relações sociais concretas – como o crédito (capital portador de juros), as dívidas públicas, as especulações, as ações em bolsa, etc. (capital fictício) – exige ir além de suas aparências, agarrar a contradição na qual se sustentam, e que reside na subordinação concreta dos trabalhadores ao capital, que revestem formas diversas e se complexificam. Capital somente sobrevive pela punção que realiza do trabalho vivo.

Cento e cinquenta anos se passaram desde a redação de *O Capital*. Vivemos, duzentos anos depois do nascimento de Marx, a exacerbação exatamente dessa propriedade abstraída do capital, ainda mais entrecruzada e complexa, mas cujos efeitos devastadores são a cada dia mais concretos. Nossas análises precisam incidir duplamente, como exigiu Marx: sobre a forma (e as divisões) da propriedade do capital e sobre as formas reais de extração de valor que a relação capital impulsiona, o que nos permite investigar as formas específicas de subordinação do trabalho para além dos contratos de trabalho, em movimento de significativo rebaixamento das condições de vida de extensas massas da população.

## LER MARX HOJE

O conhecimento da obra de Marx é indispensável. Todos deveríamos ser também marxólogos, para além de nossas outras investigações e

---

[14] Trabalho muito interessante, como o de MORIN, François, *L'Hydre mondiale. L'oligopole bancaire*, Québec, Lux Editeur, 2015, traz rica análise sobre o processo de concentração bancária em escala mundial, mas não o correlaciona com a própria expansão do capitalismo na mesma escala, e menos ainda com a extração de valor.

preocupações. Ninguém foi mais longe nem mais profundamente do que ele na análise do capitalismo e das formas da sua reprodução expandida. Ninguém foi mais rigoroso do que Marx na crítica de seus desdobramentos, no desvelamento de suas origens, ou na demonstração de que os epígonos do capital, produtores de uma falsa ciência, perderam o pejo de falsificar a realidade para justificar a acumulação e a reprodução da relação-capital.

Marx também foi muito longe na análise – crucial para nossos dias – das complexas contradições geradas pela expansão dessa relação social peculiar. Para ele, a história resulta das lutas de classes, e essas lutas seguem vivas, em escala crescente e agindo sobre inúmeras facetas das contradições que se acumulam. Lembremos, portanto, que ele não escreveu manuais de economia, mas criticou tais manuais, trazendo para a frente da cena a tensão viva – latente ou aberta, discreta ou escandalosa – tanto intestina às formas de dominação, quanto entre as classes, através da resistência e do enfrentamento dos trabalhadores. Mais do que isso, Marx participou diretamente durante sua vida na construção de formas organizativas que assegurassem a socialização do conhecimento, que permitissem aos trabalhadores fundamentar suas lutas e avançar para novos patamares, efetivamente civilizatórios.

Marx defendia que não seria mais possível retornar para nenhuma forma de propriedade dos processos produtivos[15], após tal exacerbação promovida pela propriedade capitalista, assentada sobre a extração de mais-valor. Tampouco seria realizável, ou mesmo desejável, para ele, retornar a um mundo de pequenos proprietários, em cuja divisão social do trabalho mediada pelo mercado fermenta novamente a relação capital. Trata-se de construir, partindo da extensa e imposta divisão social do trabalho, o seu momento superior: uma socialização da existência, que garanta que a vida social se regre pela divisa: "de cada um segundo suas capacidades, a cada um segundo suas necessidades"[16]. A igualdade social pode e deve ser, simultaneamente, o reino da diversidade e da diferença,

---

[15] Dentre as razões históricas da crise e derrubada da formidável experiência revolucionária de 1917, uma delas se liga ao predomínio da propriedade estatal, que concentrava em dirigentes a capacidade de reunir os meios para extrair valor, o que implicava reproduzir a classe trabalhadora no mesmo formato – e alienação – que sob o capitalismo, mimetizando socialmente o capital. Cf, por exemplo, as análises de MÉSZÁROS, Istvan, *Para além do capital*, São Paulo, Boitempo, 2002.

[16] MARX, Karl, *Crítica do Programa de Gotha*, São Paulo, Boitempo, 2012, p. 31.

caso a produção da existência seja resultado da associação consciente de todos produtores.

É importante lembrar que a leitura de Marx não pode oferecer soluções prontas a nossos problemas contemporâneos. Coerentemente com seus próprios pressupostos, cada período histórico coloca novos problemas, novos desafios, e precisa portanto armar-se com o legado teórico que recebe para enfrentar os desafios com que se defronta. Vivemos ainda sob o capitalismo, e por essa razão, a herança de Marx conserva toda a sua validade.

Mas isso significa também que vivemos sob o influxo do acirramento da expansão capitalista, que nos marca a todos de inúmeras maneiras. Por mais essa razão, é preciso sempre reencetar a 'crítica da economia política', pois tende a perdurar a autonomização de uma 'economia' cuja base teórica positivista prossegue não apenas influenciando as grandes maiorias, como atravessa – tristemente – novos campos científicos que se constituem. Como o capital domina a vida real e concreta, domina também as maneiras de pensar e de sentir. Reler Marx na atualidade exige superar, apoiando-nos nessa leitura, as tendências mecanicistas e economicistas que nossos tempos continuam a estimular.

O positivismo objetivista e cientificista jamais foi capaz de satisfazer a produção de conhecimento, sequer para os adeptos acríticos dessa 'economia' descarnada, que se maquiou de diversas maneiras ao longo do século XX, e continua a fazê-lo no século XXI. Como um ser bifronte, ao positivismo se acoplaram relativismos diversos, que variaram de configuração e de referenciais ao longo desses duzentos anos. Nosso exemplo mais próximo foi a intensa divulgação do assim chamado 'pós-modernismo' na última década do século XX, que partindo de reivindicações populares legítimas e da rejeição ao positivismo, entregou o terreno das relações sociais concretas à 'economia política', enquanto se dedicou a devastar a potência transformadora das necessárias lutas ambientais, antirracistas, feministas e contra a homofobia.

As próprias lutas, porém, constroem sua história e abrem seu caminho e, na atualidade, voltam a ser uma crescente força anticapitalista. E isso apesar da atuação das classes dominantes, através da intensificação do ativismo empresarial que procura a todo custo financiar e converter tais lutas em formas de conformidade à existência sob o capital. Elas são entretanto a expressão das inúmeras fissuras por onde irrompem as lutas das classes dominadas e oprimidas.

# O *CAPITAL* E ALGUNS PROBLEMAS DA ACTUALIDADE

As contradições se acirram e, desgastado o pós-modernismo, a tendência contemporânea é a manipulação aberta das informações, o que já é realizado diuturnamente por uma grande imprensa proprietária, e que se generaliza sob o formato das *fake news*. Tão mais importante se torna, frente a isso, a construção de formas efetivamente socializadas de produção e distribuição de conhecimento e de informação, livres da perturbadora influência da propriedade do capital e de suas malhas de financiamento.

O marxismo se constitui numa já longa e fértil tradição, onde podemos encontrar substantivos debates sobre essas e outras questões. Tampouco nos fornecerão a solução, mas ajudam-nos a balizar o caminho. Autores clássicos, dos quais citarei apenas alguns, como Lênin, Trotsky, Rosa Luxemburgo, Antonio Gramsci, G. Lukács e E. P. Thompson são fundamentais e nos ajudam a compreender as tensões no próprio interior do marxismo, no mesmo compasso que nos exigem a dupla tarefa da produção permanente do conhecimento da dominação capitalista e sua socialização. Não basta conhecer, é preciso envolver-se nas lutas. Estamos diante de um crescimento extraordinário da concentração de capitais e de sua contraparte, de *massas trabalhadoras* no mundo, resultantes da superposição de expropriações originárias e secundárias, da continuidade das alterações tecnológicas que promovem desemprego, e da generalização de uma nova morfologia da classe-que-vive-do-próprio-trabalho, como sugere Antunes[17]. É preciso permitir que tais massas trabalhadoras possam compreender-se como classe, o que envolve simultaneamente percebê-lo, imbuir-se dele e recusar esse papel (pois ele repõe a separação entre trabalho manual e intelectual) para alçar-se para além do capital, enfrentando-o em todos os terrenos.

---

[17] ANTUNES, Ricardo, *O caracol e sua concha. Ensaios sobre a nova morfologia do trabalho*, São Paulo, Boitempo, 2005. Ver também, sobre a extensão de um novo 'precariado', BRAGA, Ruy, *A pulsão plebeia. Trabalho, precariado e rebeliões sociais*, São Paulo, Alameda, 2015.

# APONTAMENTOS SOBRE A BITCOIN EM *O CAPITAL**

CARLOS PIMENTA

INTRODUÇÃO

## 1. Explicação sobre o título

O título exige algumas explicações prévias.

Colocar como título a *bitcoin* tem como pretensão essencialmente dois aspectos: focar a nossa reflexão na moeda e não nos mantermos numa análise centrada nas características da economia capitalista na época em que *O Capital* foi escrito.

Está fora do nosso propósito fazer uma análise centrada na *bitcoin*, mas não deixaremos de pormenorizar algumas considerações sobre a mesma. O entusiasmo jornalístico e científico sobre as «moedas electrónicas»[1], a forma equivocada com que se utiliza o conceito de «moeda», as lufadas de neoliberalismo que transpira em muitas considerações, num capitalismo imperialista e globalizado tendente a subestimar as dinâmicas sociais, a valorizar o individualismo e a esquecer o criminológico, foram, contudo, razões suficientes para aproveitar esta reflexão crítica sobre Marx e Engels e sobre *O Capital* para tratar da actualidade.

Em síntese, neste modesto trabalho a nossa preocupação fundamental é estudar a moeda como contradição entre equivalente geral e resultado

---

[*] Agradeço as críticas e sugestões de Edgar Pimenta, João Schwalbach e Frederico Katz.

[1] »Moeda electrónica» tem frequentemente dois significados: (1) utilização de transferências realizadas por meios informáticos para a realização de pagamentos, podendo até conduzir a estruturas privadas específicas, como é o caso do PayPal, com actividade desde 2002; (2) criptomoeda que, segundo a Wikipedia, "é um meio de troca que se utiliza da tecnologia *blockchain* e da criptografia para assegurar a validade das transacções e a criação de novas unidades de moeda". É neste segundo sentido que estamos a utilizar.

do endividamento, procurando localizar no tempo e no espaço as especificidades dessa contradição.

## MÉTODO E CONCEITOS

### 2. Localização de *O Capital*

Antes de procedermos à abordagem a que nos propomos é fundamental tecermos algumas considerações sobre o método e o significado dos conceitos em *O Capital* e quais são as categorias fundamentais sobre as quais repousarão as nossas considerações.

Marx estudou criticamente os autores de Economia Política que o antecederam, nomeadamente Ricardo (1772-1823), cuja obra fundamental foi publicada um ano antes de Marx nascer. Enquanto Adam Smith era um «filósofo» que tratou, diríamos hoje, da Lógica, da Estética, da Ética, da Política e da Economia, talvez com o sonho de elaborar uma teoria unificada do comportamento humano, Ricardo é provavelmente o primeiro autor a consolidar essa nova ciência que iria primeiro ser designada de Economia Política e, depois, simplesmente Economia. Não espanta, portanto, que *O Capital* seja um livro que se reivindica da Economia Política: "Estudo nesta obra o *modo de produção capitalista* e as *relações de produção e de troca* que lhe correspondem (...) no terreno da economia política" afirma no Prefácio à primeira edição alemã (Marx 1969 [I – 1867], L. 1, Vol. I, 18 e 20). Um trabalho que é o resultado de uma "investigação livre e científica" (idem, 20), primeiro exercício de crítica de Economia Política[2], e que deu nome ao trabalho publicado em 1859 e que foi a primeira versão (depois reformulada) do início da sua obra principal.

Importa no entanto dizer que esta importância dada à Economia Política não é apenas o resultado da influência de Ricardo pois insere-se nas suas preocupações fundamentais: "Os filósofos têm apenas *interpretado* o mundo de maneiras diferentes; a questão, porém, é *transformá-lo*." (Teses sobre Feuerbach in Marx e Engels 1982/5, V. I, p. 3). O materialismo (dialéctico) que suporta toda a sua análise, explicita que a vida material da sociedade influencia decisivamente a vida espiritual, claramente esclarecido nas relações entre estrutura e superestrutura:

---

[2] Abordamos esta problemática em (Pimenta 2017).

APONTAMENTOS SOBRE A BITCOIN EM *O CAPITAL*

"na produção social da sua existência, os homens integram determinadas relações, necessárias, independentes da sua vontade, relações de produção que correspondem a um determinado grau de desenvolvimento das forças produtivas materiais. O conjunto dessas relações de produção constitui a estrutura económica da sociedade, a base concreta sobre a qual se eleva uma superestrutura jurídica e política e à qual correspondem determinadas formas de consciência social. O modo de produção da vida material condiciona o processo de vida social, política e intelectual em geral. Não é a consciência dos homens que determina o seu ser. Inversamente é o seu ser social que determina a sua consciência" (Marx 1969, 4).

Ora a Economia Política estuda exactamente a estrutura: "Na produção social de sua existência, *os homens entram em relações determinadas, necessárias, independentes da sua vontade*, relações de produção que correspondem a determinado grau de desenvolvimento de suas forças produtivas materiais" (Marx e Engels in Politzer e [av] 1970, p. 176), o que leva a considerar no referido Prefácio que as leis expressas em *O Capital* "se manifestam e se realizam com uma necessidade de ferro" (Marx 1969 [I – 1867], L. 1, V. I, p. 18)

## 3. Sequência de apresentação. Leis

Uma obra de Economia Política que "não trata do desenvolvimento mais ou menos completo dos antagonismos sociais que engendram leis naturais da produção capitalista, mas dessas *próprias leis*" (idem). O seu objectivo não é descrever mas interpretar a realidade, é uma análise metafenomenológica. Depois da observação do concreto real e da crítica dos autores de Economia Política, Marx, tal como Ricardo já tinha feito, adopta a sequência de exposição, isto é, parte do geral abstracto para o específico mais concerto. Por isso, o Livro primeiro ocupa-se do "desenvolvimento da produção capitalista", o segundo do "processo da circulação do capital" e o terceiro do "processo de conjunto da produção capitalista", onde aborda os conceitos associados aos fenómenos observáveis (preços, taxa de lucro, as instituições assumidas pelas formas do capital) e cita muitos autores lidos e refere muitos factos históricos.

A sequência de investigação exige primeiro uma observação da realidade e dos autores que trataram de um determinado assunto. Depois há

O *CAPITAL* E ALGUNS PROBLEMAS DA ACTUALIDADE

o corte epistemológico da interpretação científica dos factos constatados. Só após tal percurso há a adopção da exposição. Esta é uma forma de apresentação de uma determinada investigação, mas é também a verificação da validade, ou não, da abstracção e generalização realizadas.

Obviamente que na sequência de exposição há uma concatenação conceptual lógica. Contudo não se poderá daí deduzir nenhuma relação histórica. O próprio Marx reconhece:

> "Seria pois impossível e erróneo alinhar as categorias económicas pela ordem em que elas foram historicamente determinantes. A sua ordem é, pelo contrário, determinada pelas relações que existem entre elas na sociedade burguesa moderna, e ela é exactamente inversa do que parece ser a sua ordem natural ou corresponder à sua ordem de sucessão na evolução histórica" (1969, 171).

O tratamento da renda fundiária é paradigmático: fundamental antes do capitalismo, é tratada em último lugar em *O Capital*.

Por outras palavras, seria um erro confundir ordem lógica na sequência de exposição, com ordem histórica, como fazem, por exemplo, Boccara (1978) ou Kurz (2014)[3].

---

[3] Para Boccara há uma relação entre as ordens lógica e a histórica porque "nas ciências sociais, a dialéctica *inseparável* do materialismo é o *materialismo histórico*" (41). Contudo para estabelecer essa relação é obrigado a fazer previamente uma explicação de difícil entendimento: " é da mais alta importância não confundir a ordem *histórica* real e a ordem *cronológica*. O desenvolvimento lógico deve romper com o cronológico para ser mais fiel à história *real*, que é a das diferentes formações sociais" (39). E com esta «lógica» defende a validade de *O Capital*.

Para Kurz, após considerar que a «produção mercantil» não corresponde a uma realidade histórica e que a moeda aí considerada na sua génese só pode ser definida com conceitos típicos do capitalismo – "a leitura desse conceito de «trabalho abstracto» viria sempre a ser definida como especificamente capitalista, e de modo algum como trans-histórico" (44) – conclui sobre um conjunto de deficiências do marxismo: "Esse dinheiro antigo que ainda não o é poderia designar-se por «dinheiro sem valor»" (99). "Não existe continuidade trans-histórica entre o «trabalho abstracto» e a forma do valor, sendo estas categorias tão-só o resultado da constituição capitalista. No meio está urna transformação pela qual a troca e o dinheiro se desprendem da matriz das relações de obrigação pessoal e se convertem na matriz do «trabalho abstracto» e do valor do fetiche do capital. É esta transformação que deve agora ser objecto de investigação no que se refere a sua qualidade intrínseca" (100). E com esta leitura procura uma «terceira via».

## 4. Macroeconomia e importância da moeda

Utilizando a terminologia actual estamos totalmente de acordo com Moseley (2017a, b) de que *O Capital* é uma análise macroeconómica: "O método lógico único de Marx pode ser descrito como a «fundamentação macroeconómica da microeconomia»" (2017a, 4). Isto significa, entre outras coisas, que os conceitos (por exemplo, o de mercadoria) exprimem relações sociais (neste caso de produção), expressão das relações sociais que se estabelecem entre os homens na sequência de uma divisão social de trabalho, alicerçada na relação de dependência-independência dos diversos produtores e das relações de produção e troca que geram. A análise da coisa (no nosso caso da coisa-mercadoria), qualitativa e quantitativa, está directamente determinada pela referida relação social. Há um primado da totalidade em relação às partes.

Deste primado da totalidade resulta que a «mercadoria» (relação social que se objectifica em coisas[4]), associado ao que referimos sobre a sequência de exposição, é a primeira categoria tratada em *O Capital*. Sendo «valor» e «valor de uso» remete-nos de imediato para a articulação da produção e da troca e para a relação social «moeda», que é o tema central deste nosso trabalho[5].

## 5. Conceitos fundamentais e suas características

Finalmente é importante chamar a atenção para alguns conceitos que não serão especificamente trabalhados por nós mas que são decisivos para o que apresentamos de seguida.

Em primeiro lugar a «Mercadoria», que já referimos anteriormente. Esta(s) é(são) o resultado do trabalho humano que tem sempre uma dupla

---

[4] Na Economia hoje apresentada, sob a influência da «escassez» e do «utilitarismo», designa-se as «mercadoria» por «bem económico» – "é o que, nascido de um esforço, é próprio para satisfazer uma necessidade" (Cotta 1977, 59) – englobando os bens (propriamente ditos) e os serviços. Ambos podem estar incluídos nas «coisas» referidas no texto.

[5] Para Marx, em capitalismo, tomando como ponto de partida a articulação entre produção e troca, a moeda (= dinheiro, D) integra o ciclo do capital D – M ...P... M' – D'. Por isso considera dominantemente a moeda como capital-dinheiro (D – D'), o que faz com que Moseley (2017a) considere que o circuito do dinheiro seja " a *estrutura lógica básica* de toda a teoria de Marx", mas na nossa análise, considerando a usura (ver o anexo Glossário), não podemos estabelecer esta relação exclusiva.

O CAPITAL E ALGUNS PROBLEMAS DA ACTUALIDADE

dimensão, social e individual, o qual se manifesta internamente em cada uma delas: "embora não se possa falar propriamente em duas espécies de trabalho na mercadoria, todavia o mesmo trabalho apresenta-se nela sob dois aspectos opostos" (Marx 1974, 67). Marx designa a dimensão social do trabalho (resultado da interligação total associada à divisão social do trabalho) como trabalho abstracto. Da contradição entre valor e valor de uso, resulta a troca (valor de troca) intermediado pelo equivalente geral, uma das características da moeda. Aquela faz-se de acordo com a quantidade de valor das mercadorias, o que corresponde ao tempo de trabalho socialmente necessário à sua reprodução[6].

Em segundo lugar é fundamental a distinção entre «trabalho» e «força de trabalho» e o reconhecimento de que esta é uma mercadoria e aquele é a sua utilização. Esta diferenciação é típica do capitalismo, associada à propriedade privada dos meios de produção[7].

Em terceiro lugar é necessário ter em conta alguns conceitos (usura e capital fictício) cujo significado pretendemos extrair de O Capital, embora assumam nessa obra um carácter secundário, essencialmente porque admitem serem reminiscências dos modos de produção anteriores[8].

Em quarto lugar é necessário ter em conta que as mercadorias (e a sua quantidade de valor) são a expressão da quantidade de trabalho (colectivo produtivo) socialmente necessário. E se há trabalho produtivo também o

---

[6] Sobre isto muito mais haveria a dizer, mas ultrapassaria o âmbito de alerta que pretendemos referir aqui. Para um aprofundamento desta análise ver (Pimenta 2016, 458--478).

[7] Esta distinção entre trabalho e força de trabalho foi, pelo que se pode perceber na história da obra de Marx, um árduo trabalho intelectual. Em diversos textos ele utiliza o mesmo termo para designar os dois conceitos, mesmo quando já admite que são diferentes. Consideramos que mesmo em O Capital ainda existem algumas imprecisões, nomeadamente quando fala em «trabalho simples e complexo». Um dos documentos mais ilustrativos deste facto expressa-se na introdução de Engels à edição de 1891 de Trabalho assalariado e capital, em que explica as alterações que faz no texto escrito originalmente em 1849: "As minhas alterações giram todas em torno de um ponto. Segundo o original, o operário vende ao capitalista o seu trabalho em troca do seu salário; segundo o texto actual, ele vende a sua força de trabalho." (Marx e Engels 1982/5, V I, p. 143). Já em Salário, Preço e Lucro, escrito em 1865, é o próprio Marx que explicita a importância do conceito de «força de trabalho»: "O valor ou preço da força de trabalho toma o semblante do preço ou valor do próprio trabalho, apesar de estritamente falando, valor e preço do trabalho serem termos sem sentido" (Marx e Engels 1982/5, V. II, p. 60).

[8] Ver Glossário. Só nesses conceitos somos pormenorizados. Os outros são apresentados muito genericamente porque são bem conhecidas as posições de Marx. Figuram apenas para reforçar os significados dados aos acima referidos.

## APONTAMENTOS SOBRE A BITCOIN EM *O CAPITAL*

há improdutivo. Marx aborda o assunto ao analisar a especialização (no Livro 3 de *O Capital* ao analisar o capital comercial e financeiro)[9], mas não o trata de uma forma específica. Contudo é possível retirar dos seus trabalhos conhecidos a clara distinção entre trabalho colectivo produtivo e improdutivo, como o demonstra Nagels (1974)[10]. O que caracteriza um sector produtivo é criar valores de uso e valor, logo, criar valor novo que, numa relação capitalista, engloba a mais-valia. Não nos interessa aqui estar as traçar as fronteiras precisas, mas ter em atenção que só o endividamento directamente relacionado com um sector produtivo é crédito. O endividamento directamente relacionado com um sector improdutivo é usura.

MOEDA

### 6. Moeda como equivalente geral

De tudo o que dissemos é fácil extrair que

"a moeda existe porque há uma divisão social do trabalho, alicerçada em produtores independentes-dependentes, que já atingiu um grau de desenvolvimento tal que inviabiliza as formas embrionárias de relacionamento entre os referidos produtores, ou no interior de cada um deles, entre diferentes proprietários. Quer isto dizer que a mercadoria e a moeda têm a mesma razão essencial de existência e que a partir de determinada fase histórica a relação produção/troca inerente ao valor assume a forma de relação mercadoria–moeda, em que os seus elementos, apesar de apresentarem uma autonomia relativa, só existem enquanto elementos da relação. Quer dizer igualmente que a moeda também é uma relação social de produção, acrescida de dois traços específicos: se manifesta-se na troca e preenchendo um conjunto de funções." (Pimenta 2016, 490).

---

[9] Em 1975 foi lançado um livro baseado na edição italiana de O Capital, com uma introdução de Bruno Maffi, conceituado marxista, que foi designado como um capítulo inédito de *O Capital*, mas temos sérias dúvidas que o seja: quer pela sua localização na obra quer porque é o resultado da sistematização dos cadernos de apontamentos de Marx (1975)

[10] Este mesmo autor, num trabalho posterior dirigido aos novos estudantes de Economia (Nagels 2000, 40/41) especifica de uma forma breve quais são os sectores produtivos e improdutivos.

Mais, a moeda identifica-se com o sistema monetário existente, tendendo hoje a ser o sistema monetário internacional. As formas assumidas por cada um dos elementos (forma-moeda localizada no espaço e no tempo) desse sistema são muito diversas e, como veremos, só a articulação, isto é, a convertibilidade entre todos esses elementos é que garante em plenitude o preenchimento das suas funções.

Marx considera o capitalismo a forma mais desenvolvida da produção mercantil, o que é incontestável. A divisão social do trabalho tende a aumentar durante a evolução da humanidade, reflectindo a dinâmica das alterações dos instrumentos de trabalho, a relação entre comunidades humanas, a capacidade de extrair da natureza maior quantidade de bens susceptíveis de garantir maior satisfação das necessidades. Com a revolução industrial e a separação entre os produtores e os meios de produção, isto é, com o aparecimento, generalização, da nova mercadoria força de trabalho, a divisão social do trabalho e as mercadorias universalizam-se como antes nunca tinha acontecido.

A troca das mercadorias faz-se universalmente contra um equivalente geral que designamos por moeda. Por isso (Brunhoff 1973) tem razão:

> "O conteúdo duma teoria da moeda não depende principalmente do «género particular de uma moeda» [de uma forma de moeda do sistema monetário vigente, na nossa terminologia] utilizada (moeda metálica, ou moeda de crédito convertível, ou moeda de crédito inconvertível). O que é preciso explicar é em que condições económicas a moeda subsiste, não apenas como medida do valor e como instrumento de circulação, mas como objecto de uma procura específica, mesmo quando domina a moeda de crédito inconvertível" (11).

Não só a moeda é um equivalente geral como a própria reprodução do sistema exige a reprodução do equivalente geral, frequentemente ameaçada pela ruptura social de algumas formas de moeda, por crises monetário-financeiras, ligadas ou não a crises de sobreprodução (de capital), atingindo uma ou várias formas de moeda. Reproduzir o equivalente geral é garantir que ela continua a preencher todas as suas funções.

Por isso temos que conhecer ser bem as funções da moeda, o que nos ocupará de seguida[11].

---

[11] Parece-nos importante num apontamento marginal como este, apresentarmos alguns exemplos mais concretos para percebermos melhor os conceitos mais abstractos. A moeda

## 7. Funções da moeda

São três as funções principais[12]: medida de valor, meio de circulação e entesouramento. Analisemos cada uma per si.

### a) Medida de valor

Como justamente salienta Brunhoff (1973, 22/3) a função de medida de valor é deduzida da génese do equivalente geral, como o apresenta Marx com grande clareza:

> "É porque *todas* as mercadorias medem os seus valores de troca em ouro[13], numa proporção em que uma determinada quantidade de ouro e

---

ser equivalente geral significa servir para adquirir qualquer mercadoria. Vamos admitir que vivemos em Moçambique e que a nossa força de trabalho é paga em moeda nacional, em notas de meticais. Esses meticais podem comprar bens e serviços em Moçambique mas não servem para as comprar em Portugal. Para que permita tal é necessário que seja cambiável por escudos (há uns anos) ou por euros (hoje). Vamos agora admitir que o meu salário não é pago em notas mas com uma transferência para o Banco X. Então mesmo para comprar qualquer mercadoria em Moçambique preciso ou de ir levantar notas (moeda nacional) pela utilização de multibanco, pagar contra cheque ou garantir que automaticamente uma parte do meu dinheiro é transferida para a conta do vendedor (também utilizando o cartão multibanco). Neste caso há salientar o seguinte: (1) o pagamento da força de trabalho é feito em moeda bancária (do Banco X); (2) essa moeda bancária é uma parte do sistema monetário se for convertível em meticais (moeda nacional), estes convertíveis em outras moedas nacionais, regionais ou internacionais (aceites por qualquer entidade em qualquer momento).

Neste exemplo, a moeda do Banco X, a moeda nacional do Estado de Moçambique, o euro, o dólar, ou qualquer outra moeda nacional são partes integrantes do sistema monetário internacional, são formas de moeda desse sistema monetário internacional e cada uma delas ser equivalente geral passa por ser cambiável pelas outras formas.

Se por qualquer razão esta convertibilidade é rompida (porque o Banco X foi à falência, porque a moeda bancária não é aceite para o pagamento dos impostos no próprio país, porque a moeda nacional é inconvertível internacionalmente há uma ruptura na reprodução do equivalente geral, atingindo essencialmente uma determinada forma de moeda (ex. apresentados) ou o sistema monetário internacional (quando é a moeda internacional por excelência nesse momento histórico que é posta em causa, como o fim do padrão-ouro, a inconvertibilidade da libra inglesa ou do dólar americano).

[12] Neste ponto vamos seguir de perto (Pimenta 2016, 492 e seg.)

[13] Esta referência ao ouro não exige que esta seja a forma da moeda. Faz esta referência porque é a forma assumida pela moeda no seu tempo. Utilizando a terminologia de Aglietta (2016) poderia ser qualquer forma de moeda que tivesse a confiança dos utilizadores de moeda. Confiança ("Ter confiança na moeda é considerar a ordem monetária como legítima"

O *CAPITAL* E ALGUNS PROBLEMAS DA ACTUALIDADE

uma quantidade determinada de mercadorias contêm o mesmo tempo de trabalho, que o ouro torna-se *medida dos valores*. E é primeiro e unicamente em razão desta função de medida de valores (...) que o ouro se torna equivalente geral ou moeda." (1969, 40).

Marx, logo de imediato considera que nesta expressão do valor há "um momento qualitativo e um momento quantitativo " (idem) e que ambos são integrantes desta função. O segundo momento conduz directamente à função derivada de padrão de preços, ou não fosse o preço a expressão monetária do valor.

Enquanto medida de valor e padrão de preços a moeda é uma referência, surge como unidade de conta, mas não precisa de estar presente no processo de fixação de preços. Esta possibilidade de ausência permite que esta função possa ser plenamente desempenhada por meros símbolos de valor (sem valor intrínseco) ou desempenhado por moedas que já não existem materialmente, como aconteceu em alguns períodos históricos.

No modo de produção capitalista, fase mais desenvolvida da produção mercantil, a moeda é o equivalente geral das mercadorias. O valor de troca relativo das mercadorias faz-se de acordo com a quantidade de valor das mesmas, pelo que a moeda preenche a função de medida de valor. Porque a expressão monetária do valor é, por definição, deduzida da teoria do valor-trabalho, o preço, a moeda é simultaneamente padrão de preços e unidade de conta, sem que seja necessária a sua presença efectiva.

## b) *Meio de circulação*

A moeda preenche a função de meio de circulação quando é utilizada na circulação das mercadorias, quando é utilizada na compra e venda

---

(68)) que pode ser de três tipos: ética (reconhecido como bem público, símbolo do todo social), hierárquica (confiança nas instituições responsáveis pela integridade do sistema) ou metódica (aceitação das rotinas). A confiança ética é o pilar fundamental da confiança. Utilizando uma linguagem mais marxista, pode ser qualquer tipo de moeda que permita a reprodução do equivalente geral, que não esteja abalado por qualquer crise de ruptura.

Como afirmamos (2016, 492) O duplo percurso de dedução da função de medida do valor confirma, uma vez mais, que o essencial é a relação e não a forma material que assume. O ouro, em determinada fase histórica, foi o equivalente geral mas que este não está «preso» àquele.

das mercadorias. Utilizando uma simbologia, esta função corresponde ao movimento Mercadoria j – Moeda – Mercadoria k – ... "numa série sem começo nem fim" (Marx 1969, 63). Tal revela que a moeda tem uma dimensão social (passagem sucessiva de umas mãos para as outras como condição da própria realização da função) antes de a ter individual (utilizada para uma dada operação).

A função de meio de circulação é uma consequência da medida de valor (padrão de preços), mas não é só uma manifestação desta: É a garantia prática do funcionamento monetário da moeda enquanto medida de valor.

A função de meio de circulação exige a presença da moeda, mas esta só interessa enquanto intermediária do processo de troca, pelo que não necessita de reflectir uma determinada quantidade de valor. Como diz Marx "o título e a matéria, a substância metálica e o nome monetário começam, pois, a separarem-se" (Marx 1969 [I – 1867], V. 1, p. 131). Não são as mercadorias que circulam porque há moeda (visão individual mistificadora) mas é a moeda que circula porque as mercadorias existem e (inerente à sua existência) circulam. A quantidade de moeda que circula depende dos preços e da massa e velocidade das transacções.

Nesta função a moeda torna-se numerário, podendo assumir diversas formas desde a de moeda de ouro desgastada à moeda-papel, desta à nota inconvertível do Estado. Enquanto tal reforça o fraccionamento do equivalente geral atrás referido e dá lugar à existência de diversas formas de moeda que, por esta função, têm de ter uma existência efectiva e actuante.

Porque o movimento M – D – M pode cindir-se no tempo, a função de meio de pagamento surge como uma possível função derivada.

## c) Entesouramento

O entesouramento (que, como função, tem que ser encarado no duplo movimento entesouramento-desentesouramento) é a interrupção da função de meio de circulação, é a sua não efectiva utilização no processo de circulação das mercadorias. Tal como a função de meio de circulação exige a presença física da moeda, mas a passagem de uma função à outra não é um simples movimento automático. Em primeiro lugar porque pode exigir a transformação da forma da moeda. Em segundo lugar porque é sempre o entrosamento do movimento social das mercadorias e da actuação dos diversos intervenientes no processo económico, o resultado do hiato entre a quantidade de valor das mercadorias e da moeda existentes e da decisão deliberada para impedir a circulação.

Quando falamos em entesouramento da moeda há uma espontânea admissão da moeda pré-existir ao seu entesouramento e, nessa medida, corresponde a uma mera retirada da circulação das mercadorias ou a uma constituição de um tesouro, isto é, à acumulação de uma riqueza com valor em si futuramente utilizável na aquisição de mercadorias[14]. Contudo o entesouramento pode ser a primeira função que a moeda desempenha e esta é a situação mais corrente: o endividamento enquanto processo gerador de moeda. Como afirma Aglietta (2016, 61)

> "Um sistema *metálico* puro cria a moeda sobre *uma riqueza anteriormente preexistente* que é o metal anteriormente extraído do subsolo. Pelo contrário, a monetarização escritural pela emissão de dívidas consideradas transferíveis a terceiros é válida se essas dívidas puderem ser pagas no fim. (,,,). A criação de moeda efectua-se sobre *uma futura riqueza antecipada*"

A ruptura com as outras funções de moeda que o entesouramento expressa, a sua estreita associação à fonte de poder económico e político e a inclusão da importância dos comportamentos individuais na existência e funcionamento da moeda faz com que "a moeda, apesar do carácter secundário da sua importância, nunca é *neutra* e nunca pode ser completamente *neutralizada* (seja pelo desenvolvimento do crédito

---

[14] Recorde-se que, a um nível mais concreto, entesourar uma moeda é retirar da circulação uma (ou várias) formas de moeda, pelo que o processo de transformação da natureza da moeda passa pela selecção dos tipos de moeda que melhor reflectem o valor e, no caso de uma «falência» colectiva, das mercadorias que fogem a esse processo (por exemplo, ouro no caso da sua aquisição em barra ser permitido). Deste facto poderemos bastante facilmente deduzir que num processo de enfraquecimento dos diversos tipos de moeda na capacidade de reflectirem o valor, o entesouramento pode gerar um desentesouramento não dirigido para a circulação das mercadorias em geral, mas apenas para aquelas que surgem como substitutas da moeda enquanto equivalente geral. Tal não significa o retorno a formas passadas de valor porque é sempre um movimento parcial e subordinado à forma-dinheiro e porque é a moeda que continua a preencher, através das suas diversas formas, a função de equivalente geral. Mais do que um retorno às formas-valor anteriores é uma incorporação de determinadas mercadorias, e também títulos de dívida, como quase-moeda. A «proximidade» desta em relação à moeda depende da sua maior ou menor facilidade em converter-se em moeda socialmente reconhecida ou, por outras palavras, da sua «liquidez»,

seja pela política monetária)" (Brunhoff 1973, 55). Não é neutra e é um factor de desequilíbrio (Brunhoff 1979).

Como é óbvio, estando o entesouramento associado ao endividamento, associado a esta função da moeda também surge a de meio de pagamento.

## 8. Relação dialéctica das funções da moeda

Como vimos ao longo desta apresentação, para ser moeda essa relação social (e as formas de moeda que lhe estão associadas) tem que cumprir um conjunto de funções, mas estas são simultaneamente complementares e contraditórias.

Admitimos que do exposto sobre as funções da moeda ressalta com evidência a unidade. Por ser medida do valor é utilizada na circulação das mercadorias e preenche a função de meio de circulação; exigindo-se para tal a possibilidade de retirada da circulação e, portanto, a função de entesouramento (mesmo quando é a função inicial da existência de uma forma de moeda). A função de medida de valor não tinha significado se não levasse à efectividade da troca pelo que a função de meio de circulação consolida a de medida de valor e ao fazê-lo reforça o significado do entesouramento. Por outro lado a função de entesouramento ao regular o confronto de valores da moeda com o das mercadorias é indispensável à de medida de valor e de meio de circulação. Trata-se, efectivamente, de uma unidade que tem a sequência lógica na articulação funcional anteriormente apresentada.

As diversas funções são articuladas e complementares mas de uma forma contraditória. Existe um conjunto de contradições entre as diversas funções. Penso que a maior parte delas resultam com clareza do que afirmamos anteriormente: contradição entre medida do valor e padrão de preços pela via da mudança/invariabilidade da unidade de medida; contradição entre medida de valor e meio de circulação na dicotomia moeda ideal/moeda real; contradição entre medida de valor e entesouramento na dicotomia desmaterialização/materialização da moeda; contradição entre meio de circulação e entesouramento na dicotomia numerário/equivalente com valor. E isto apenas para nos centrarmos em algumas das contradições, quiçá as mais importantes. É de salientar que estas contradições entre as funções da moeda são *contradições internas* da moeda enquanto relação social, determinando o processo de desenvolvimento histórico da própria moeda, de passagem de umas formas a outras, de umas formas de articulação sistemática a outras. São fundamentais porque constituem o elemento permissivo da evolução da moeda que resulta do relacionamento com a esfera da produção das mercadorias e do movimento do crédito.

## 9. Exogeneidade e endogeneidade e conflito

A qualidade e quantidade de moeda, as características de cada uma das formas de moeda, os procedimentos adoptados em relação à moeda, a forma como esta desempenha as suas diversas funções e as tensões internas que a reprodução do equivalente geral comporta, isto é, a natureza e funcionamento do sistema monetário, num determinado momento, num determinado contexto organizativo, institucional, legal, económico e político são determinados por dinâmicas exógenas e endógenas

A exogeneidade da moeda manifesta-se através da acção dos Estados, directa e indirectamente, em tudo que afecta a reprodução do equivalente geral, o que transcende a política monetária. "A moeda é essencialmente um animal político" (Aglietta 2016, 13) São alguns exemplos dessa exogeneidade a adopção do padrão-ouro ou a imposição do papel-moeda, a manutenção da convertibilidade da moeda para todos os cidadãos, para o Estados ou para ninguém, as regras impostas por estruturas supranacionais como o FMI, a existência ou não da criação de um Banco Central e as regras do seu funcionamento, os montantes de referência da taxa de redesconto e de juro, as burocracias dos mercados interbancários, a adopção do *open market*, o enquadramento do crédito, as actuações sobre os câmbios. E a lista poderia estender-se. Esta exogeneidade actua directamente sobre a natureza e quantidade de moeda ou, indirectamente, pela definição das regras de funcionamento.

A endogeneidade resulta da criação de moeda pela assumpção de dívidas. Um endividamento de uma pessoa, individual ou colectiva, perante terceiros dá lugar à emissão de moeda (ex. moeda bancária quando um banco empresta um determinado montante, quando os bancos comerciais solicitam empréstimos aos bancos centrais, pela compra e venda de títulos no mercado monetário) ou de quase-moeda, dando frequentemente lugar à sua conversão em moeda. A moeda nacional que se transforma em moeda bancária (por exemplo, quando fazemos um

APONTAMENTOS SOBRE A BITCOIN EM *O CAPITAL*

depósito bancário) aumenta a possibilidade de endividamento perante o banco, tendo como limite o resultante do multiplicador de crédito. O endividamento cria condições para novos endividamentos[15], pelo que a endogeneidade da moeda é determinante[16]. Um endividamento que, como constata Bloch (in Brunhoff 1974, 60) levaria à morte do regime se todas as dívidas tivessem de ser pagas simultaneamente.

A moeda enquanto medida do valor tem como referência o passado, e a dinâmica social, as mercadorias no processo da produção e troca. A endogeneidade do sistema monetário e a moeda-endividamento[17] tem como referência o futuro, as decisões de cada «agente económico» no crédito e na usura. Há um conflito agravado na reprodução do equivalente geral, que encontra outras formas de ser garantido e legitimado.

Tal exige compreender a fase da globalização: capitalismo imperialista na globalização.

## CAPITALISMO NA GLOBALIZAÇÃO

### 10. Importância de conhecer a realidade actual

Na análise anteriormente realizada pressupomos frequentemente uma exclusiva relação entre moeda e mercadoria. É certo que as «operações financeiras» já existiam no século XIX e há muitos autores marxistas que consideram as especificidades da fase imperialista do capitalismo (que fomos progressivamente integrando em muitas das considerações anteriores, e no Glossário) mas as nossas investigações (Pimenta 2004) levaram-nos a explicitar dentro desta fase, uma nova subfase, que designamos

---

[15] A titularização dos créditos é um caso paradigmático, embora a afirmação seja mais geral.

[16] Esta moeda-endividamento gera tensões num cumprimento pleno, embora contraditório, das funções da moeda, o que pode gerar crises monetárias (com a inflação a integrá-las). Antes da hierarquização dos sistemas monetários nacionais, com a criação de bancos centrais, eram as moedas bancárias que estavam no cerne dessas crises. Hoje são as moedas nacionais e supranacionais. Acrescente-se também como comentário marginal, não por ser despiciendo mas por se afastar um pouco das nossas preocupações neste trabalho, que o peso da economia não registada, a importância crescente do branqueamento de capitais, os elevados valores da economia ilegal e a sua organização, a existência de jurisdições de sigilo à margem de qualquer regulação, as teses neoliberais e as capacidades organizativas que comporta, são também factores influenciadores desta endogeneidade. Trataremos deste assunto posteriormente.

[17] Ver Glossário.

de globalização. Uma fase que tem fortes impactos sobre a reprodução do equivalente geral, por outras palavras, sobre a natureza da moeda.

Marx e Engels mostraram amiudadamente a necessidade de olhar a realidade para a interpretar. Se *O Capital* adopta a sequência de exposição é porque na sequência de investigação juntou a crítica das teorias anteriores a uma apurada observação da realidade. A importância da dialéctica de Hegel e a sua preocupação sistemática em encontrar uma base materialista para ela, os seus muitos trabalhos de observação da História chamam a atenção para a importância da observação da realidade na formulação dos conceitos, dos modelos e das teorias:

> "A questão de saber se ao pensamento humano pertence a verdade objectiva não é uma questão de teoria, mas uma questão *prática*. É na práxis que o ser humano tem de comprovar a verdade, isto é a realidade e o poder, o carácter terreno do seu pensamento. A disputa sobre a realidade ou não-realidade de um pensamento que se isola da práxis é uma questão puramente *escolástica*." ("Tese sobre Feuerbach" in Marx e Engels 1982/5, V. I, p. 1)[18]

São razões suficientes para a imperiosidade de olhar a realidade contemporânea antes que teçamos considerações sobre as formas actuais de reprodução do equivalente geral.

## 11. Fase imperialista do capitalismo

Nos anos iniciais do presente milénio empreendemos uma análise do capitalismo então existente, articulando duas preocupações epistemológicas: fazer um levantamento estatístico, essencialmente diacrónico, da evolução da realidade económica e social; partir da descrição para a interpretação utilizando a metodologia e conceptualização marxista.

Deste estudo resultou duas conclusões fundamentais quanto ao seu faseamento:

– que os anos 80 do século anterior corresponde a uma fase de descontinuidade e de entrada numa nova fase do capitalismo,

---

[18] Tudo, e qualquer coisa, com que lidamos na nossa existência é uma totalidade concreta. Na nossa acção lidamos com esta totalidade. Contudo pela percepção apenas captamos alguns dos seus aspectos: qualquer observação ou análise exige a simplificação pela abstracção, assumida espontaneamente pela linguagem adoptada.

que designamos, apesar da ambiguidade do termo, de globalização[19].

– a globalização é parte integrante do imperialismo, embora também seja inequívoco que apresenta um conjunto de especificidades: os sectores estratégicos da acumulação capitalista são diferentes; os «monopólios» têm constituição, formas de organização e funcionamento adaptadas às tecnologias e mercados actuais; as bases nacionais ampliam-se em comunidades económicas; as «exportações» de capitais têm uma dimensão geográfica menos precisa; outros aspectos do funcionamento da economia, como a informação, assume outra importância.

Faseamento que tem em atenção as preocupações de Herzog (1972, 51)

> "É preciso, sobretudo, não ver a história do modo de produção capitalista como uma sucessão de modelos de funcionamento da sociedade divididos em «estádios», mas como *uma espécie de sobreposição e de transformação das formas concretas de reprodução do capital e da relação de exploração* (desenvolvimento de novas formas até se tornarem dominantes, relação e corrosão das formas antigas com as novas, transformação ou desaparecimento das formas antigas)."

Significa isso que, apesar das especificidades deste período mais recente, estamos perante uma economia que tem os traços caracterizadores do imperialismo:

> «1) concentração da produção e do capital, tendo atingido um grau de desenvolvimento tão grande que criou os monopólios, cujo papel é decisivo na vida económica; 2) fusão do capital bancário e do capital industrial e criação, na base deste «capital financeiro», de uma oligarquia financeira; 3) a exportação de capitais, diferente da exportação de mercadorias, assume uma importância muito particular; 4) formação de associações internacionais monopolistas de capitalistas partilhando entre si o mundo; 5) fim da

---

[19] Alguns autores designam por fase da financeirização – como (Amaral et al. 2010) – ou da financiarização (terminologia utilizada por nós), sendo ambos os termos ausentes de dicionários de português, mesmo recentes.

partilha territorial do globo entre as mais importantes potências capitalistas» (Lenine 1968, V. I, p. 726)[20].

Assim sendo é relevante salientar, seguindo de perto Brunhoff (1976), no que se refere à moeda: (a) a automática convertibilidade da moeda bancária em moeda nacional reforça a importância da moeda-crédito e transfere para o mercado cambial as tensões da reprodução do equivalente geral; (b) Os Estados continuam a assumir um importante papel nessa actividade, assumindo a política monetária uma importância decisiva; (c) O «capital financeiro» aumenta o poder económico (e, indirectamente, político) do grande capital nacional e internacional, tendo como centros nevrálgicos os bancos; (d) Continua a haver uma estreita ligação entre a banca (o «capital financeiro») e o capital industrial, o capital produtivo, embora a usura se amplie.

Além disso, após a grande crise de 1929/33, e a longa depressão que se lhe seguiu, durante bastante tempo as economias desenvolvidas não sofreram o impacto de grandes crises mundiais de sobreprodução em consequência da maciça destruição gerada pela segunda guerra mundial e pela dessincronização entre países do movimento cíclico. Contudo "as crises monetárias não só não foram eliminadas como constituem agora, num certo sentido, uma das manifestações mais deploráveis da instabilidade que afecta a economia capitalista moderna" (Menchikov 1980, 171). Este autor tem o cuidado de antes salientar as características "mais associadas ao mecanismo moderno do ciclo:

a) consolidação da posição dos bancos comerciais em vários países na sequência da garantia dos depósitos pelo Estado;
b) separação em vários países dos bancos comerciais e dos bancos de investimento;
c) subida importante da parcela das companhias de seguros nos recursos do sistema de crédito, sobretudo no mercado de capitais a longo prazo;

---

[20] Utilizamos esta obra porque ela sintetiza as características principais desta fase do capitalismo que começou a despontar na transição do século XIX para o seguinte. Contudo há que estar atento a três aspectos: (a) as mesmas frases têm hoje um significado diferente do que tinham quando foram escritas; (b) esta obra é muito marcada pela conjuntura política de então (1916/7); (c) algumas das suas conclusões revelaram-se falsas.

APONTAMENTOS SOBRE A BITCOIN EM *O CAPITAL*

d) limitação pelo Estado da especulação bolsista e, em particular, do máximo de operações de crédito;

e) monopolização das operações bolsistas pelos grandes estabelecimentos financeiros e de crédito;

f) redução da parte do capital por acções que passa sistematicamente pelo circuito bolsista;

g) redução do número de falências de grandes firmas" (170/71).

Recorde-se as transformações sofridas pelo sistema monetário internacional nessa primeira fase imperialista, nomeadamente os Acordos de Bretton Woods em 1944 e o seu fim em 1971.

## 12. Fase da globalização

A fase actual do capitalismo tem, para além das referidas anteriormente, outras características. Centremo-nos nas diferenças, já que outras mais não são do que evoluções do afirmado anteriormente. Dizer, por exemplos, que actualmente a força económica e política (considerável no campo estrito da Economia Política pela influência que tem sobre a política económica de reprodução do equivalente geral) das grandes empresas multinacionais é maior que há algumas décadas nada acrescenta ao afirmado.

Apresentemos essas diferenças de forma sintética:

– "O traço estatisticamente relevante desta época foi o da financiarização. Significa isto uma grande intensidade de operações financeiras em relação às actividades produtivas, o que podemos designar por capital industrial e comercial." (Pimenta, Afonso, e Fonseca 2017, 8)[21] A usura assume um grande peso no conjunto do endividamento. Diminui significativamente as operações de bolsa associadas a aumentos de capital ou empréstimos visando maior produção de mercadorias[22].

---

[21] É neste sentido estrito que aqui nos interessa a «financiarização». Há que ter cuidado com certas leituras deste conceito, como bem salienta Katz (2011).

[22] São muitas as informações estatísticas que apontam nesse sentido. Deixamos aqui apenas duas, já apresentados no documento referido: (a) "Até os Estados Unidos quase parecem um gigantesco fundo de alto risco (*hedge fund*). Os lucros das empresas financeiras [nos Estados Unidos da América] saltaram de menos de 5% dos lucros totais das mega empresas

## O CAPITAL E ALGUNS PROBLEMAS DA ACTUALIDADE

- A moeda-endividamento está crescentemente associada a lucros individuais que não resultam do aumento da produção, da criação de valor novo. Estamos perante valores crescentemente associados a capital-fictício.

- O neoliberalismo[23] é um factor simultaneamente permissivo e impulsionador das alterações anteriormente referidas, ao mesmo tempo que gera uma certa forma de intervenção dos Estados (que pode ir do ditatorial para impor a «racionalidade do mercado» à lascividade total e ausência de qualquer política económica sancionatória), originando ausência de regulação e fiscalização. É o resultado da dependência do político em relação ao económico (tendência estrutural manifestando-se no curto prazo e resultado de conflitos de interesse) e da sua aceitação passiva por ignorância e razões ideológicas.

- A apropriação de riqueza por alguns e a não produção social de rendimento são dinâmicas em rotas de colisão conducentes a situações de crise, como a que vivemos recentemente. Surgem entretanto três mecanismos tendentes a desviar essa contradição, a saber: (a) O agravamento das desigualdades na distribuição do rendimento às escalas nacional e internacional; (b) A descriminalização de muitas actividades e uma grande relevância da economia ilegal e da economia subterrânea à escala mundial, incluindo nas economias altamente desenvolvidas[24]; (c) promoção do *rent-seeking*, ou seja, como salienta Stiglitz (2013, 93) "obtenção de rendimentos não como recompensa por se ter criado riqueza mas por açambar-

---

(após dedução dos impostos) em 1982 para 41% em 2007" (Martin Wolf in Amaral et al. 2010, 107); (b) "as mega empresas não-financeiras têm vindo a acumular proporções crescentes dos seus lucros obtidos através da actividade financeira" (idem). (c) Enfim, nas palavras de Stockhammer, "o que há de novo é o impulso de atingir o lucro por meio da eliminação da capacidade produtiva e do emprego" (idem 108).

[23] A precisão do que é e como se manifesta o neoliberalismo levar-nos-ia para outro trabalho. Em Pimenta, Afonso, e Fonseca (2017) concentramos uma parte do nosso esforço nessa delimitação, considerando "o neoliberalismo como designação abrangente de um certo paradigma da Economia, de uma certa interpretação simbólica e ideológica da realidade, de uma certa organização do Estado e da política." (10). Enquanto paradigma da Economia Política remetemos o leitor para Pimenta (2017).

[24] Na economia ilegal impera a criminalidade organizada transnacional, muitas vezes interligada às elites económicas e políticas, interpenetrando-se, quanto à propriedade, as actividades económicas legais e ilegais. Ver algumas pontas do iceberg em Pimenta (2018a).

APONTAMENTOS SOBRE A BITCOIN EM *O CAPITAL*

camento de uma fatia excessiva de riqueza que não se produziu (...) retirando riqueza dos outros". Três vias, com especificidades e complementaridades.

## 13. Considerações sobre a crise

Do quarto trimestre de 2007 ao ano de 2009 a economia mundial atravessou um período de grande turbulência, conhecida nos países mais desenvolvidos como crise do *subprime*, isto é, do crédito de risco, seguido de uma depressão longa e com vários períodos de perturbações monetárias. Sobre ela apraz-nos registar o seguinte:

a) Nas economias capitalistas dos países mais desenvolvidos (nomeadamente EUA e Europa) as características desta crise só são comparáveis às de 1929/33, pelo que é de assumir que se trata de uma crise de sobreprodução[25]. É inadequado chamar-lhe «bolha»[26].

b) Apesar de indubitavelmente mundial esta crise atingiu de forma muito diferente os diversos países. Países como a China e a Índia

---

[25] Nas diversas crises posteriores à segunda guerra mundial havia apenas uma diminuição do aumento (para níveis que hoje são consideradas de «bom crescimento económico»), mas neste caso houve variações negativas do PIB. No ano de 2007 o crescimento ainda foi positivo (a nível mundial apenas 10 países registam variações negativas e nenhum deles é do grupo dos mais desenvolvidos) mas em 2008 o fenómeno começa a intensificar-se (28 e 8 respectivamente) atingindo um pico em 2009 (98 e 30 respectivamente). Depois continua a instabilidade, com alguns anos piores, como 2012 (35 e 9 respectivamente) e 2013 (28 e 8). "Para o conjunto dos países da OCDE, centro nevrálgico do capitalismo, em 2008 o crescimento foi apenas de 0,2% e no ano seguinte regista-se uma diminuição do PIB bastante acentuada (-3,5%), seguindo-se um período de baixos níveis de crescimento e só em 2012 atingiu um valor do PIB similar ao anterior da quebra." (Pimenta, Afonso, e Fonseca 2017, 20). Houve um excesso de todos os tipos de capital (capital constante e variável) e grande destruição de ambos. Considerar esta crise apenas como monetária e financeira é esquecer que em todas as grandes crises houve ante uma fuga do capital produtivo para as operações financeiras e que a sua primeira manifestação visível tem a ver com vertentes monetárias e financeiras. Num período de globalização esta tendência reforça-se.

[26] "Parece-nos que esta terminologia remete o ouvinte para uma semelhança com os fenómenos biológicos, frequentemente considerados acidentais, meramente temporais, passageiros. Também aparece associado a comportamento inadequado, trazendo a imagem espontânea de poder ser evitado se se tiver juízo. (...) admite-se que há uma associação espontânea ao comportamento individual, suporte do neoliberalismo." (Pimenta, Afonso, e Fonseca 2017, 22)

345

## O *CAPITAL* E ALGUNS PROBLEMAS DA ACTUALIDADE

continuam a ter um andamento sistematicamente positivo do PIB, embora tal não seja uma situação inerente a todos os países «emergentes». Também vários países subdesenvolvidos conheceram nesse período sistemáticas taxas de crescimento positivas.

c) O sector bancário foi particularmente atingido pela crise, marcado por várias falências, por acentuada descapitalização. Se na fase inicial da crise houve quebras muito acentuadas nas bolsas financeiras, muitos títulos desapareceram e muitos outros nunca conseguiram recuperar das descidas de cotação, foi essencialmente através das operações financeiras que muito capital fictício recuperou riqueza nos anos subsequentes, intensificando o *rent seeking* e a desigual distribuição do rendimento.

d) A crise esteve associada a uma intensificação da fraude económico-financeira no período que a antecedeu nesta fase da globalização, permitida pela ausência de regulação e fiscalização, expressões do neoliberalismo. A crise evidenciou várias dessas grandes fraudes, que já existiam há vários anos, mas tal não foi suficiente para pôr significativamente em causa as práticas anteriores à crise, baseadas num fideísmo das práticas «empresariais». As fraudes revelaram-se mas raramente foram os defraudadores a solucioná-las economicamente. Os canais legais de fraude, crime e branqueamento do capital (os *offshores*) continuaram a funcionar como até então. É de admitir que a falta de liquidez na economia legal e a continuação daquela na economia ilegal tenham gerado novas possibilidades de controlo de empresas (nomeadamente consideradas estratégicas) pelo crime organizado transnacional[27].

---

[27] Parece-nos avisado recordar Gayraud (2011), quase como conclusão da sua análise da economia americana desde 1980 e o início da crise:

"Nos mercados excessivamente desregulados, produz-se uma lei de Gresham de grande amplitude, de dimensão macroeconómica: o mau capitalismo caça o bom capitalismo; os maus capitalistas caçam os bons capitalistas. A curto prazo o «mau» é sempre mais lucrativo, pelo menos para os seus conceptores. No meio termo ele é sempre destrutivo do interesse geral. As fraudes podem influenciar significativamente o funcionamento dos mercados. Da desregulação à predação, por vezes criminal, vai apenas um passo. O ambiente criminógeno que conduziu (...) à crise pode resumir-se em três situações: falta de regulação, ausência de supervisão e descriminalização. Estes três aspectos estão no coração da crise" (230)

346

APONTAMENTOS SOBRE A BITCOIN EM *O CAPITAL*

## 14. Reprodução do equivalente geral em globalização

Durante a fase da globalização, continuou a verificar-se a reprodução do equivalente geral, a capacidade da moeda continuar a contrapor-se às mercadorias como padrão de preços, a merecer a confiança dos cidadãos pela sua capacidade de comprar qualquer bem (incluindo capital fictício), isto é, ter liquidez.

É durante o período da crise – pela dinâmica global desta a nível internacional mas também pela visibilidade das fraquezas do capital bancário acossado por sucessivas fraudes e grandes falências – que a referida reprodução económico-social assume maior relevância.

Em relação ao período prévio à globalização há especificidades que importa recordar:

– Embora o Estado-nação seja formalmente a forma de organização política das sociedades – universalizado após a descolonização – o neoliberalismo impôs muito frequentemente um fideísmo na «racionalidade do mercado» e sua «transparência» que se tem traduzido num enfraquecimento da acção sancionatória do Estado na reprodução das relações sociais capitalistas, sobretudo sobre a dinâmica do capital e do capital fictício. Da intervenção do Estado sobre a economia passou-se à regulação e mera fiscalização. Destas à desregulação e ausência de fiscalização é um passo imperceptível. O «pensamento único» impera (como paradigma científico e como ideologia social) limitando as «democracias». Como diz Napoleoni (2009, 87) impera o Estado-mercado e, reproduzindo Philip Bobbit, traça a diferença: "Enquanto o Estado-nação baseou a sua legitimidade numa promessa de melhorar o bem-estar material da nação, o Estado-mercado promete maximizar as oportunidades à disposição de cada cidadão individual" (87), que é, entre outras coisas, "uma cultura repleta de mitologia" (199)[28].

---

[28] Este ponto mereceria um conjunto adicional de lucubrações que fogem às possibilidades do presente trabalho. Como afirma sinteticamente Sève (1980, 677) o Estado é "o conjunto das formas públicas do poder duma classe social sobre a classe oposta e sobre o conjunto da sociedade, através das quais elabora e executa a sua política". Em diversos trabalhos Marx e Engels salientam essa natureza de classe do Estado quer se tratem de documentos de luta política, a começar pelo *Manifesto*, ou estudos sobre a sua origem: "Como o Estado nasceu da necessidade de conter o antagonismo das classes, e como, ao mesmo tempo, nasceu em

347

*O CAPITAL* E ALGUNS PROBLEMAS DA ACTUALIDADE

- Assenta em grandes desigualdades sociais, que sempre existiram em capitalismo, mas que tenderam a agravar-se perante toda a economia de *rent seeking*.[29]
- A importância da economia não registada na contabilidade nacional oficial, o peso que dentro desta tem a economia ilegal e a economia subterrânea, a relevância da fraude fiscal que vai muito além do peso daquela, a complacência política com que esses «crimes» são cometidos, a dependência do político gerada pela corrupção e financiamento das campanhas eleitorais e a grande liquidez das organizações criminosas transnacionais é um quadro novo em que se processa a reprodução do equivalente geral. E estamos perante actividades ilícitas que têm os seus canais legais de manifestação.[30]
- Até aos anos 80 imperava a inflação[31]. No período da globalização, correspondendo aos interesses dos credores do capital fictício sob a forma de moeda, tem havido uma preocupação expressa de conter o aumento dos preços das mercadorias. Mesmo em períodos de diminuição do PIB, de elevado desemprego e destruição de capital produtivo preferiu-se essa situação ao risco de desencadear qualquer tendência inflacionista.
- A gestão à escala mundial típica da globalização, reforçou a importância das diversas formas de integração entre as economias capitalistas e em 1992 foi juridicamente consagrado o euro, uma

---

meio ao conflito delas, é, por regra geral, o Estado da classe mais poderosa, da classe economicamente dominante, classe que, por intermédio dele, se converte também em classe politicamente dominante e adquire novos meios *para a* repressão, e exploração, da classe oprimida" (Engels 1964, 137). Em capitalismo o Estado garante politicamente a reprodução das relações de produção capitalistas, donde essa natureza de classe. Contudo pode fazê-lo de múltiplas formas, e na globalização há um duplo movimento: a classe dominante é um subgrupo dos capitalistas, em que a posse de capital fictício e as actividades defraudadoras têm um peso grande; há uma subserviência forjada no fideísmo de uma racionalidade que não existe.

[29] Dispensamo-nos de apresentar dados sobre esta afirmação, remetendo o leitor para alguns dos nosso trabalhos que fazem referência a eles: (Pimenta 2004, Pimenta, Afonso, e Fonseca 2017).

[30] Acrescente-se que a quantidade de grandes, enormes, fraudes detectadas durante o período de crise a que fizemos alusão são exemplos significativos desta situação. Complementarmente, de entre a muita literatura sobre o assunto sugere-se (Medina e Schneider 2017) e (Pimenta 2018a).

[31] Ver Pimenta (2016), tese de doutoramento realizada em 1985.

348

moeda comum a vários países da União Europeia. Pela importância das economias nacionais aderentes ao euro, pela relevância político--social dessa região, porque os cânones da política monetária do euro é dos mais associados ao neoliberalismo, porque a Europa é uma das regiões líder dos *offshores* e do crime organizado, a existência do euro tem uma particular importância na reprodução do equivalente geral. Em primeiro lugar porque nesse espaço geográfico a reprodução do euro, em economias nacionais com tantas diferenças entre si, tem um vasto conjunto de especificidades. Em segundo lugar porque a vasta aceitação internacional do euro e a sua característica específica de moeda supranacional, modifica o contexto geral da reprodução do equivalente geral.

Deste conjunto de especificidades podemos deduzir um conjunto de diferenças na reprodução do equivalente geral em relação ao período anterior do imperialismo, de que nos parece relevante salientar a mudança da correlação de força dos grupos económicos; um enfraquecimento político e económico dos Estados em relação aos grupos dominantes; uma maior dissociação da moeda em relação às mercadorias e à criação de valor novo, de desenvolvimento económico-social; e uma débil regulação e fiscalização. Enfim, um enfraquecimento da soberania pública e da capacidade desta influenciar decisivamente a natureza da forma moeda e da capacidade desta gerar uma «confiança ética».

Na reprodução do euro, e eventualmente à escala mundial[32], a reprodução do equivalente geral impõe desvios de contradições que ultrapassam a política monetária: exige a desvalorização da força de trabalho, a nacionalização dos prejuízos das fraudes no sector bancário, formas diferentes de política fiscal e diferentes estratégias de desenvolvimento económico.

## 15. Referência ao bitcoin

É neste contexto que surgem as criptomoedas, com o despontar em 2009, em plena crise, do *bitcoin*.

---

[32] Este ponto careceria de muitas investigações adicionais.

# CONCLUSÃO SOBRE A BITCOIN

## 16. Inserção na globalização

Antes de mais importa reconhecer que a bitcoin[33] é uma brilhante representação da globalização.

Ao longo da história a lista das formas de moedas privadas são imensas (desde a cunhagem de moeda para quem levava a quantidade de metal para tal, à imensa variedade de moeda bancária) e, nesse aspecto ela não constitui novidade. Contudo surge perfeitamente inserida na lógica da globalização.

Não só é uma moeda privada como nega a necessidade de qualquer intervenção dos Estados, qualquer regulação, parecendo ser a afirmação inequívoca do funcionamento das «leis do mercado», da oferta e procura. Utilizando a informática, codificações aparentemente invioláveis e sistemas abertos (em que qualquer cidadão pode montar sistemas de tratamento da informação e ser pago pelos serviços nessa mesma moeda) aparenta estar associada à inovação. O pseudónimo do autor entusiasma os meios de informação a falar frequentemente no assunto. A data do seu surgimento, em 2009[34], ano de mais grave crise, num momento de grande desconfiança em relação aos Estados e estruturas supranacionais, de crise em muitas formas-moeda intervenientes na reprodução do equivalente geral, reforça o impacto da iniciativa.

A bitcoin, garantindo tecnicamente o secretismo dos operadores e das operações, antecipando uma vasta rede de criptomoedas internacionais[35], surge como um espaço privilegiados para a fraude e o branqueamento de capitais, como o demonstra Vasek (2017). Mais, sendo possível qualquer cidadão obter bitcoins, a desigual distribuição do rendimento e, muito provavelmente as possibilidades criminógenas referidas, fazem com que a aparente democraticidade se dilua nos valores operados por alguns: "Descobrimos que o espectro tem uma estrutura de tipo circular incomum que atribuímos a comunidades ocultas existentes de nós ligados entre

---

[33] Não analisaremos aqui as formas de funcionamento desta pretensa moeda. Para uma primeira leitura muito simples sugere-se, entre o muito que se pode encontrar na Internet, Santos (2017) ou Séneca e Magno (2018). Para uma análise mais completa (Oluwoye 2016)

[34] O aparecimento do nome dá-se no segundo semestre de 2008 e a primeira operação (do remetente Satoshi Nakamoto) é realizada a 12 de Janeiro de 2009.

[35] Actualmente, segundo o FMI, são cerca de 1600 «criptoactivos».

seus membros. Mostramos que o coeficiente de Gini das transacções para todo o período está próximo da unidade, mostrando que a parte principal da riqueza da rede é capturada por uma pequena fracção de utilizadores." (Ermann, Frahm, e Shepelyansky 2017, 1).

Porque esta pequena fracção de utilizadores é particularmente atraente para muitas empresas vendedoras, é um factor impulsionador da sua aceitação para pagamentos de diversa ordem, indispensável se a bitcoin pretende efectivamente ser um tipo de moeda.

## 17. Não é equivalente

Vejamos agora em que medida é que a bitcoin preenche actualmente as funções da moeda.

O facto de não ser convertível em toda e qualquer forma de moeda, não se integrar plenamente no sistema monetário internacional e não ser aceite por países e empresas como forma de pagamento de mercadorias ou dívidas fazem com que não seja um equivalente geral. Não preenche plenamente a função de meio de circulação.

A sua grande oscilação de cotações (ao longo da sua história: de US\$1 = 1.309,03 BTC na sua primeira operação a pouco menos de 1BTC = US\$200 em Janeiro de 2013, atingindo seis vezes mais em um mês e entrando em aumentos sucessivos até US\$19.382 em 17/12/17, apresenta actualmente, decorridos cerca de três meses, 45% desse valor; ao longo do dia: 3% nas últimas 24 horas) significa uma muito reduzida capacidade de ser medida de valores.

Consequentemente, se o entesouramento é uma procura de moeda enquanto moeda, também esta função fica por cumprir.

A bitcoin[36] pertence mais ao mercado financeiro (capital-fictício, usura) que ao mercado monetário.

Como afirma (Aglietta 2016, 195):

> "A bitcoin revela assim a sua verdadeira natureza: ser uma «moeda» virtual anónima, anti-soberania, anti-banco, anti-Estado e, portanto, uma moeda anti-comum. („,) No entanto, se a bitcoin, enquanto moeda, é apenas uma

---

[36] Muitas destas considerações são totalmente extrapoláveis para as outras criptomoedas.

avatar especulativo da ideologia de um mundo sem instituição, a tecnologia dos pagamentos que a suporta[37] começa a interessar os bancos."

## 18. Possibilidades de evolução futura

A bitcoin está entre o poder económico e social associado à globalização e o ser equivalente geral. Entre uma sociedade criminógena que a recomenda e a capacidade de se associar à «soberania» tradicionalmente presente na moeda. Como diz Edgar Pimenta (2018) "o tempo (como de costume) dirá" mas não deixará de ser interessante dessa evolução estrutural e conjuntural retirar ensinamentos sobre a importância da actividade económica na determinação da superestrutura.

ANEXO: GLOSSÁRIO

Neste anexo consideramos exclusivamente alguns conceitos importantes para a análise da nossa temática e que são menos habituais na literatura marxista. Os conceitos-chave que exigem explicação são os de Capital Fictício e o de Usura.

## Capital

É todo o valor que faz parte de um processo de valorização, isto é, directamente associado à criação de valor (social) novo. Pode assumir diversas formas conforme o objecto que num determinado momento

---

[37] Os autores estão certamente a referirem-se ao *blockchain*: é uma base de dados cuja segurança é dada pela sua descentralização. Quando há um pedido de transacção esta informação é transmitida a todos os computadores (ou conjuntos agrupados de computadores) da rede ligados entre si ponto a porto. O conjunto desses computadores cria um índice global, o que lhe permite em conjunto e de forma descentralizada (sem ser por intermédio de terceiros) validar a transacção, através da utilização de algoritmos. Então a operação realizada é combinada com outras operações dando lugar a um «bloco de dados» que se vai adicionar aos já existentes. A sequência de blocos constituídos manter-se-á permanentemente e inalteráveis graças à inviolabilidade dos sistemas de criptografia de chave pública e privada. Para a conhecer, de uma forma simples, "um segredo às claras: a criptografia de chave pública" ver Urgellés (2016, Cap. V).

consubstancia a relação social: o capital-produtivo, sempre presente, o capital-dinheiro e o capital-mercadoria.

Essa valorização exige trabalho humano. Numa sociedade em que há apropriação privada dos meios de produção essa relação social encontra a sua especificidade na existência e circulação da mercadoria força de trabalho utilizada numa actividade produtiva.

## Capital fictício

Ao analisar a "produção mercantil" e o capitalismo, o capital é um conceito central. O mesmo não se passa com o capital fictício, mas esse termo é frequentemente aplicado em O Capital (Marx 1969 [I – 1867], L 3, Cap. XXV, XXIX e XXX, pp. 64/126/155). Fá-lo sobretudo a propósito da circulação do dinheiro, como também o fizemos ao tratar da globalização:

> "Precisemos um pouco o significado deste termo, começando por um exemplo. Quando A compra uma obrigação que foi lançada «em primeira mão» por B, A está a conceder um crédito a B. O título obrigação é o documento do contrato estabelecido entre eles: define a taxa de juro, o prazo de reembolso, cria os mecanismos para a sua execução automática. Quando A vende a C esse título não há qualquer financiamento de uma actividade, mas tão-somente a transferência dos direitos (de juros e de reembolso) de A para C e quando C vende a D e D vende a E temos processos de compra e venda do título que já não está relacionado com o crédito à instituição que necessitava de capital-dinheiro. Falamos então de capital fictício. Fictício num duplo sentido: (a) para o dinheiro ser capital (capital-dinheiro) tem de fazer parte de um ciclo de criação de mais-valia; este dinheiro não faz; (b) com as compras e vendas de títulos há lucros e prejuízos para quem participa, pelo que do ponto de vista individual parece tratar-se de uma actividade capitalista como qualquer outra; contudo não sendo uma actividade produtiva é uma redistribuição de rendimentos." (Pimenta 2004, 193)

Contudo, é um conceito que pode, e deve, ser generalizado, particularmente útil no processo de concretização conceptual e de análise.

Se a posse ou alienação de objectos garantem um lucro individual sem que haja qualquer criação de valor novo na sociedade, do ponto de vista do seu possuidor ele é capital, mas não tem a característica deste: criação de valor novo na sociedade. Individualmente aparenta ser capital mas não o é efectivamente. É, pois capital fictício.

## Crédito

Podemos dizer de uma forma muito sintética que o crédito é um movimento circular do capital-dinheiro em que se transfere para um momento posterior o pagamento definitivo. O possuidor de dinheiro cede-o temporariamente para antecipar uma qualquer fase do ciclo produtivo. É uma relação social entre devedor e credor, sendo o primeiro interveniente no processo produtivo. O credor contribui para a antecipação ou ampliação do processo produtivo, apropriando-se de uma parte da mais-valia, sob a forma de juro.

## Endividamento

Há endividamento quando há um crédito ou uma usura. Em capitalismo o crédito é dominante (pelo menos historicamente) pelo que podemos designar por juro a remuneração adicional do credor e do usurário, embora sejam realidades sociais diferentes numa e noutra relação social.

Porque as dívidas tanto podem estar associadas ao crédito como à usura, em vez da terminologia «moeda-crédito» adoptaremos a de moeda-endividamento[38].

## Usura

Marx fala abundantemente da usura no Cap. XXXVI, ao tratar do período pré-capitalista (Marx 1969 [I – 1867], Livro 3, Vol II, pp: 253/271). Como começa por dizer

> "O capital produtor de juros, ou para o designar como antigamente, o capital usurário, faz parte, como o capital comercial, seu irmão gémeo, das formas antediluvianas do capital que precede de longe o modo de produção

---

[38] Esta designação foi fortemente influenciada por Aglietta (2016)

capitalista e se encontra nas estruturas sociais mais diversas do ponto de vista económica. (...) O capital de usura apenas requer a transformação em mercadorias de uma parte dos produtos e apenas pressupõe que o dinheiro desenvolveu a suas diversas funções ao mesmo tempo que o comércio das mercadorias" (253).

Esta referência ao capital comercial inclui "especialmente o capital do comércio de dinheiro" (idem). Associa igualmente a usura aos proprietários fundiários, à pequena produção camponesa para autoconsumo e aos pequenos mestres artesãos. Admite a permanência da usura em capitalismo mas exclusivamente associado aos modos de produção pré--capitalistas reminiscentes (257). Embora falando sistematicamente em «capital» associa a usura ao "dinheiro enquanto dinheiro" (258), e distingue-o do crédito: "o desenvolvimento do crédito efectua-se em reacção contra a usura. (...) Ele [o crédito] significa exactamente a subordinação do capital produtor de juros às condições e às necessidades do modo de produção capitalista e mais nada do que isso" (259). "O carácter social do capital não pode aparecer e realizar-se inteiramente senão com o pleno desenvolvimento do sistema de crédito e do sistema bancário" (266).

Como afirma (Brunhoff 1973, 113) "a usura sobrevive «nos poros da produção» capitalista" dada a base monetária do sistema de crédito. Não só sobrevive como é apropriada pelo capitalismo.

Contudo esta mesma autora tende a utilizar uma outra terminologia, que consideramos mais atreita a confusões:

> "A circulação financeira – O problema da reprodução da moeda como equivalente geral é tanto mais importante quanto, em relação ao sistema de crédito, se instaura um tipo particular de circulação mercantil, a circulação financeira. Os empréstimos, as compras de títulos do Estado, a compra de acções, são transacções que consistem em trocar dinheiro por créditos ou direitos, os quais se tornam mercadorias *sui generis*, diz Marx. Constitui-se então uma circulação financeira que, diferentemente da simples circulação mercantil, não sofre directamente a influência da lei do valor. A gestão das tesourarias e o desejo de lucro dos capitalistas financeiros sofrem, evidentemente, a influência das condições do comércio das mercadorias e da circulação do capital. Mas possuem uma autonomia relativa e podem por sua vez provocar uma circulação errática de capital-dinheiro, separada da reprodução do capital produtivo." (Brunhoff 1974, 60)

Espontaneamente há uma tendência para associar a usura ao "juro excessivo" (Machado 1981), porque antes do crédito em capitalismo não existia a taxa de lucro como limite da taxa de juro. Tal não acontece em capitalismo porque a usura é uma categoria subordinada ao crédito.

Em síntese, falamos de *usura* para designar os movimentos circulares de dinheiro portador de juro e que não estão integrados no movimento cíclico do capital, no movimento D – M ...P... M' – D'[39].

## BIBLIOGRAFIA

Aglietta, Michel. 2016. *La monnaie entre dettes et souveraineté*. Paris: Odile Jacob.

Amaral, João Ferreira do, Gerald Epstein, Ben Fine, e Jan Toporowski. 2010. *Financeirização da Economia, a última fase do neoliberalismo*. Lisboa: Livre.

Boccara, Paul. 1978. *Sur la Mise en Mouvement du «Capital»*. Paris: Editions Sociales.

Brunhoff, Suzanne. 1974. *Política Monetária. Uma Tentativa de Interpretação Marxista*. 1 ed. Lisboa: Assírio e Alvim.

Brunhoff, Suzanne. 1976. *État et Capital. Recherches sur la Politique Économique*. Paris: Maspero.

Brunhoff, Suzanne de. 1973. *La monnaie chez Marx*. 2ª ed. Paris: Éditions Sociales.

Brunhoff, Suzanne de. 1979. *Les Rapports d'argent*. Paris: Maspero.

Cotta, Alain. 1977. *Dicionário de Economia*. 3 ed. Lisboa: Publicações Dom Quixote.

Engels, Friedrich. 1964. *A Origem da Família, da Propriedade Privada e do Estado*. Rio de Janeiro: Vitória. Original edition, 1884.

Ermann, Leonardo, Klaus M. Frahm, e Dima L. Shepelyansky. 2017. "Google matrix of Bitcoin network." *EPJ manuscript*:12.

Gayraud, Jean-François. 2011. *La Grande Fraude. Crime, Subprimes et Crises Financières*. Paris: Odile Jacob.

Herzog, Philippe. 1972. *Politique Economique et Planification en Régime Capitaliste*. Paris: Editions Sociales.

---

[39] Há várias realidades antigamente consideradas pré-capitalistas e que foram também adoptadas pelo capitalismo. A usura é apenas um dos casos.

Katz, Frederico Jayme. 2011. *Questionando as teorias da dependência e da financeirização. O Brasil na encruzilhada do desenvolvimento do capitalismo.* São Paulo: Editora Plêiade.

Kurz, Robert. 2014. *Dinheiro sem valor. Linhas gerais para uma transformação da crítica da economia política.* Lisboa: Antígona.

Lenine. 1968. *Oeuvres Choisies.* 3 vols. Moscovo: Edições Progresso.

Machado, José Pedro. 1981. *Grande Dicionário da Língua Portuguesa.* 2 ed. Lisboa: Amigos do Livro.

Marx, Karl. 1969. *Contribution a la Critique de L'Économie Politique.* Paris: Editions Sociales.

Marx, Karl. 1969 [I – 1867]. *Le Capital.* 8 Vol. vols. Paris: Editions Sociales.

Marx, Karl. 1974. *O Capital – Livro I (1º Volume).* Coimbra: Centelha.

Marx, Karl. 1975. *Capítulo Inédito d'O Capital. Resultados do Processo de Produção Imediato.* Lisboa: Publicações Escorpião.

Marx, Karl, e Engels. 1982/5. *Obras Escolhidas.* 3 vols. Lisboa: Editorial Avante.

Medina, Leandro, e Friedrich Schneider. 2017. "Shadow Economies Around the World: What Did We Learn Over the Last 20 Years?" *IMF Working Paper* (WP/18/17):76.

Menchikov, S. 1980. *O Ciclo Económico.* Lisboa: Estampa. Original edition, 1976.

Moseley, Fred. 2017a. "Money and Totality (A Macro-Monetary Interpretation of Marx's Logic in Capital and the End of the 'Transformation Problem'." *International Journal of Political Economy* (46):2-21. doi: 10.1080/08911916. 2017.1310469.

Moseley, Fred. 2017b. *Money and Totality (A Macro-Monetary Interpretation of Marx's Logic in Capital and the End of the 'Transformation Problem'.* Leiden/ Boston: Brill.

Nagels, Jacques. 1974. *Travail Collectif et travail Productif dans l'Évolution de la Pensée Marxiste.* Bruxelas: Editions de l'Université de Bruxelles.

Nagels, Jacques. 2000. *Eléments d'Economie Politique. Critique de la pensée unique.* 2ª – revista e aumentada ed. Bruxelas: Université de Bruxelles.

Napoleoni, Loretta. 2009. *O Lado Obscuro da Economia.* Lisboa: Presença.

Oluwoye, Oyedeji A. 2016. *Digital cryptocurrencies: The design and network analysis of the bitcoin infrastructure,* Department of Programing and Computer Science in the School of Graduate Studies, Alabama A&M University.

Pimenta, Carlos. 1979. "Força de Trabalho e Trabalho." *Revista Técnica do Trabalho* (2):113/158.

Pimenta, Carlos. 2004. *Globalização: Produção, Capital Fictício e Redistribuição, Ideias – Economia.* Lisboa: Campo da Comunicação.

Pimenta, Carlos. 2016. *Contributos para a Caracterização e Explicação da Inflação em Portugal*. Famalicão: Húmus.

Pimenta, Carlos. 2017. *Racionalidade, Ética e Economia*. Coimbra: Almedina.

Pimenta, Carlos. 2018. *Os offshores do nosso quotidiano*. Coimbra: Almedina.

Pimenta, Carlos, Óscar Afonso, e Ricardo Fonseca. 2017. "Crise, rupturas e continuidade no mundo e na África subsariana." *Working Paper OBEGEF* (55).

Pimenta, Edgar. 2018. Bitcoins ou offshores? *Visão online (http://visao.sapo.pt/opiniao/silnciodafraude/2018-03-15-Bitcoins-ou-Offshores-)*.

Politzer, Georges, e [av]. 1970. *Princípios Fundamentais de Filosofia*. São Paulo: Hemus.

Santos, Paulo M. 2017. "Moeda Virtual, Bolha Real?" *Visao* (14/09/2017).

Séneca, Hugo, e Sérgio Magno. 2018. "A moeda nossa de cada dia." *Exame Informática* (271).

Sève, Lucien. 1980. *Une Introduction a la Philosophie Marxiste – suivie d'un vocabulaire philosophique*. 2 ed. 1 vols. Paris: Editions Sociales. Original edition, 1980.

Stiglitz, Joseph E. 2013. *O Preço da Desigualdade*. Lisboa: Bertrand.

Urgellés, Joan-Vicenç Gómez. 2016. *Matemáticos, espiões e piratas informáticos*. Cacém: National Geographic (Portugal).

Vasek, Marie. 2017. *Measuring bitcoin-based cybercrime*, Graduate School, University of Tulsa.

# O *CAPITAL* E A QUESTÃO ECOLÓGICA

MANUEL CASTELO BRANCO

## 1. INTRODUÇÃO

Nos últimos anos, tem-se assistido a uma revitalização da análise marxista da economia. Uma parte de tal revitalização tem passado pela publicação de diversas obras de reputados autores (mais ou menos) "marxistas" resultantes de décadas de trabalho, tais como os livros *Capitalism*, de Anwar Shaikh (2016), e *Money and Totality*, de Fred Moseley (2016). Por exemplo, relativamente ao livro de Shaikh, há quem considere não se ter publicado nenhum de semelhante calibre nos últimos 150 anos (Guerrien, 2016). Contudo, relativamente a este mesmo livro, uma recensão recente critica a ausência de referência a problemáticas importantes, como são as relativas a alternativas reais, à questão ecológica, à democracia, à superação da alienação ou ao socialismo (Patomäki, 2017). Apesar da indiscutível qualidade e importância dos dois livros mencionados, nenhum deles faz qualquer menção à questão ecológica, a qual é o foco do texto que se apresenta.

Não obstante a relevância de trabalhos como os mencionados acima, talvez a vertente mais importante da revitalização referida acima tenha passado pelo indiscutível aumento da importância da "questão ecológica" no pensamento económico marxista. Mesmo entre economistas não convencionais, Marx continua a ser criticado por estar "ainda mais interessado do que os economistas convencionais em negar qualquer papel importante da natureza no funcionamento da economia e na criação de valor" (Daly e Farley, 2004, p. 32). Entre tais economistas, há até quem considere que Malthus estava, relativamente a Marx, "um passo mais próximo das linhas gerais do problema climático" (Ackerman, 2009, p. 11). Não obstante, o primeiro ensaio de economia política de Marx, com o título "Debates sobre a lei referente ao furto de madeira", publicado em

O *CAPITAL* E ALGUNS PROBLEMAS DA ACTUALIDADE

1842, debruçava-se sobre questões ecológicas, embora isto seja raramente reconhecido (Foster, 2011).

Tratar a questão ecológica no âmbito da análise da economia é crucial nos dias de hoje. No seu livro de introdução ao estudo da economia, com o título "Economia(s)", Louçã e Caldas (2009, p. 10) afirmam que, "se queremos saber o que é a Economia, enquanto saber, ou ciência social, devemos interrogar-nos em primeiro lugar sobre os problemas sociais a que ela pretende dar resposta". Prosseguem identificando dois deles, que consideram como "porventura os mais prementes". Um primeiro relacionado com o facto de não estarmos "a usar os recursos de forma a podermos viver no nosso planeta de forma sustentável". Um segundo respeitante ao facto de, apesar do crescimento, vivermos "num mundo em que as desigualdades perduram". Embora centrando-se no problema da desigualdade no seu muito celebrado e comentado livro, Piketty (2013, pp. 933-934) reconheceu que, pelo menos quando se adota uma visão global, "a possível deterioração do capital natural no século XXI" é a principal preocupação de longo prazo. Se não há dúvidas quanto à centralidade da questão da desigualdade na análise de Marx, o mesmo não se pode dizer sobre o primeiro problema social identificado. Na verdade, o tratamento adequado da questão ecológica foi apontado há pouco mais do que uma década como o principal desafio com o qual se confronta o marxismo (Löwy, 2005).

A resposta dada pelos pensadores marxistas a tal desafio parece ter sido positiva. Têm sido publicados numerosos livros sobre este tópico, entre os quais se destacam os de Foster e Burkett (2016), Malm (2016), Saito (2017) e Angus (2016). A publicação em 2017 de um número dedicado aos "marxismos ecológicos" por parte da prestigiada revista *Actuel Marx* (Chakrabarty, 2017; Guillibert e Haber, 2017; Keucheyan, 2017; Laurent, 2017; Moore, 2017; Malm, 2017) é outra evidência relevante da importância que lhes é atribuída atualmente.

Às correntes de pensamento que, no âmbito do marxismo, se têm dedicado ao tratamento da questão ecológica têm sido atribuídas designações como as de "ecossocialismo" ou "marxismo ecológico". O propósito deste texto não é o de abordar estas correntes, embora a elas se façam algumas referências. Tendo em conta o título e objetivo geral do livro em que ele se inclui, pretende-se antes, neste texto, apresentar de forma sintética algumas das principais ideias presentes em *O Capital* que podem ser consideradas como relevantes para pensar a questão ecológica (do ponto de vista do seu autor, claro está).

360

## *O CAPITAL* E A QUESTÃO ECOLÓGICA

É verdade que muitos dos mais recentes trabalhos marxistas sobre a questão ecológica se centraram em outros trabalhos que não *O Capital* ou sobre a importância de Engels para o pensamento ecológico marxista. Por exemplo, Saito (2016, 2017) leva a cabo uma análise dos manuscritos sobre ciência natural que serão publicados pela primeira vez no âmbito do mais recente e mais completo projeto de edição das obras completas de Marx e Engels, o *Marx-Engels-Gesamtausgabe* (conhecido como MEGA [2])[1]. Este autor argumenta que "a centralidade da ecologia para os escritos de maturidade de Marx permaneceu difícil de discernir durante muito tempo porque ele nunca conseguiu concluir a sua *magnum opus*" e sublinha a promessa que constitui a publicação daqueles manuscritos em termos de ajuda na compreensão desses "ocultos, mas cruciais, aspetos do projeto de toda uma vida de Marx" (Saito, 2016, p. 26). Relativamente à importância de Engels, Foster (2015, p. 6) afirma, a propósito da perene discussão entre marxistas sobre a existência e relevância de um pensamento ecológico em Marx, a importância da reincorporação das grandes contribuições de Engels para o pensamento ecológico que alguns autores levaram a cabo no início dos anos 1990, possibilitando uma visão dos trabalhos de Marx e Engels "de novo como complementares".

É também verdade que as ideias sobre as que se debruçará este texto são muito menos abrangentes, complexas e, provavelmente, interessantes do que algumas das apresentadas há pouco mais de 15 anos por Anitra Nelson (2001, pp. 499-500) como "visões marxianas que são relevantes para os economistas ecológicos" (a saber, a filosofia de Marx sobre o papel da humanidade na natureza, as suas perspetivas sobre o potencial e limitações das avaliações monetárias e do mercado e discussões e experiências práticas sobre políticas para transformação social que envolveram reformas monetárias, preços e mudança não monetária).

Não obstante, uma vez que o livro em que este texto aparece incluído tem como objeto a comemoração dos 150 anos de *O Capital*, o foco não pode deixar de ser o que nesta obra em particular parece ser relevante para pensar a questão ecológica. Por outro lado, devido à reduzida difusão no nosso país do pensamento marxista sobre a questão ecológica, poderá até ser mais profícuo dar-se conta deste aspeto mais limitado do pensamento de Marx sobre o assunto em causa em vez de se apresentar em toda a sua multiplicidade e complexidade as análises de Marx e Engels

---

[1] Sobre este projeto, em português, ver Cerqueira (2015).

nas suas inúmeras obras e as perspetivas que compõem o que pode ser chamado de "marxismo ecológico". O propósito deste texto pode então ser entendido como o de oferecer uma breve introdução ao pensamento marxista sobre a questão ecológica, com foco nas ideias constantes de *O Capital* que podem ser úteis para pensar hoje tal questão.

Assim, numa primeira secção, oferecer-se-á uma visão, necessariamente sintética, de algumas das principais discussões de caráter genérico sobre a existência e relevância de um pensamento ecológico em Marx. Nas secções seguintes, abordar-se-á um conjunto de ideias oferecidas por Marx em *O Capital* que podem ser consideradas como relevantes para o pensamento ecológico contemporâneo. Assim, na segunda secção abordar-se-á a questão da distinção entre riqueza e valor. A terceira secção debruçar-se-á sobre a importância da noção de "fetichismo"[2] no seio da teoria de Marx e também para a análise da questão ecológica. De seguida, apresentar-se-ão as noções de "metabolismo com a natureza" e de "rutura metabólica"[3], as quais têm sido bastante utilizadas e desenvolvidas pelo marxismo ecológico mais recente. Finalmente, apresentar-se-ão algumas considerações finais.


## 2. O DEBATE SOBRE A RELEVÂNCIA DA ANÁLISE DE MARX PARA PENSAR A QUESTÃO ECOLÓGICA

Não só a obra de Marx tem sido ao longo do tempo objeto de múltiplas críticas, nomeadamente por parte de ecologistas não marxistas, como também entre marxistas se discute sobre se é possível falar-se de um pensamento ecológico em Marx e sobre a relevância deste. Relativamente à questão ecológica, têm sido efetuado três grandes críticas às análises de

---

[2] Apesar da tradução portuguesa de *O Capital* usada neste texto, a da Editorial Avante, propor a expressão "caráter de feitiço" e o termo "feiticismo", optou-se por usar os termos "fetiche" e "fetichismo", por serem de utilização generalizada [ver, por exemplo, Jappe (2006) e Marx (2015)].

[3] Também neste caso se optou por não usar o termo proposto na tradução das Edições Avante, "troca material", em substituição do qual se usa o termo "metabolismo". A este propósito, Foster e Burkett (2016, p. 224) comentam que a tradução de "*Stoffwechsel*" por "*material exchange*" em vez de "*metabolism*" na primeira tradução para inglês de *O Capital* terá obscurecido a "natureza complexa, sistémica e interdependente da análise de Marx nesta área".

Marx (Löwy, 2017)[4]. A primeira prende-se com a alegada existência de uma visão da humanidade em "permanente luta com a natureza", uma "visão prometaica da humanidade como mestre e conquistadora da natureza" (Löwy, 2017, p. 19)[5]. A segunda diz respeito à não consideração da natureza enquanto fonte de formação do valor e da riqueza. Finalmente, a terceira crítica corresponde a uma acusação de "produtivismo". Enquanto a segunda crítica é descabida e resulta de desconhecimento ou incompreensão das análises de Marx, as outras duas, apesar de não resistirem a uma análise mais cuidada, são suportadas por algumas passagens das obras de Marx.

Não se pode dizer que a ecologia ocupe um lugar central na obra de Marx, mas isso resulta mais do contexto histórico do que de limitações que se possam apontar a tal obra (Löwy, 2017). De facto, ao tempo da produção da obra de Marx, aquilo a que se chama hoje de "crise ecológica" estaria apenas em fase embrionária. Aquilo a que se poderia chamar de "crítica ecológica" de Marx encontrou-se limitada pelo período histórico em que escreveu, não lhe tendo sido possível capturar certas características fundamentais da destruição ambiental que viriam a emergir mais tarde (Foster, 2011).

É possível identificar três fases na evolução do debate sobre a relevância da análise de Marx para pensar a questão ecológica (Foster e Burkett, 2016). Numa primeira fase, ocorrida entre os anos 1960 e inícios dos 1980, as preocupações ecológicas eram vistas por muitos pensadores socialistas como combinando-se naturalmente com a crítica de Marx, sendo "a convergência do marxismo e do ambientalismo vista frequentemente como uma evolução orgânica" (p. 2). Pensadores tão conhecidos

---

[4] Foster e Burkett (2016, p. 12) identificam sete críticas às análises de Marx, que vão desde o prometeísmo à incorporação de preocupações ecológicas apenas nos escritos de juventude ou de forma marginal, passando pela adoção de um antropocentrismo redutor e de um instrumentalismo que tornavam impossível a compreensão da necessidade de sustentabilidade ecológica.

[5] Relativamente a esta crítica de prometeísmo, Foster (1998, p. 181) considera que se por isso se entende que Marx, "em consonância com a tradição do Iluminismo, tinha grande fé na racionalidade, na ciência, na tecnologia e no progresso humano, e que frequentemente celebrava o crescente domínio humano sobre as forças naturais", não se pode negar a sua veracidade. Todavia, salienta o erro a que corresponde a conclusão de que, devido a isso, deixasse de haver uma visão crítica em casos em que ciência, tecnologia e a ideia de progresso estivessem envolvidas. Mais ainda, Foster salienta a profunda consciência que Marx tinha da possibilidade de má utilização de ciência e tecnologia na sociedade capitalista.

## O *CAPITAL* E ALGUNS PROBLEMAS DA ACTUALIDADE

e influentes como Shigeto Tsuru, István Mészáros, Herbert Marcuse e Paul Sweezy são apontados como exemplos de tal perspetiva. Em finais dos anos 1970 e durante os anos 1980, nomeadamente com a emergência de tendências como a Ecologia Profunda (*Deep Ecology*) e a incorporação de ideias neo-Malthusianas no pensamento ambientalista, surgiu a tendência de ver marxismo e ambientalismo como encontrando-se em oposição. A partir de finais dos anos 1990, ocorreu uma "redescoberta das profundidades ecológicas do pensamento clássico marxista" (Foster e Burkett, 2016, p. 4).

Desde há décadas que existe entre marxistas um debate sobre a existência e relevância de um pensamento ecológico em Marx. Relativamente a este debate, Foster (2015) propõe a distinção entre ecossocialistas de primeira e de segunda fase, a qual é retomada por Foster e Burkett (2016). O chamado "ecossocialismo de primeira fase", com a sua ênfase nas limitações ecológicas do pensamento de Marx, surgiu durante a segunda das três fases referidas atrás. O "ecossocialismo de segunda fase", também designado de "marxismo ecológico", corresponde à terceira fase identificada por Foster e Burkett (2016).

Os ecossocialistas de primeira fase (que, entre outros, incluem Ted Benton e James O'Connor, no mundo anglo-saxónico, e André Gorz e Daniel Tanuro no não anglo-saxónico) reconhecem a existência nas obras de Marx e Engels de importantes ideias relativas a questões ecológicas, mas evidenciam sérias reservas relativamente à possibilidade de se falar da existência de tal pensamento e, a ser possível fazê-lo, atribuem-lhe pouca importância. Os ecossocialistas de segunda fase (como John Bellamy Foster e Paul Burkett, no Mundo anglo-saxónico, e Elmar Altvatar, Andreas Malm ou Kohei Saito no não anglo-saxónico) têm baseado parte das suas obras na afirmação da existência e relevância de tal pensamento.

Saito (2016, p. 25) sintetiza bastante bem o debate ao escrever que enquanto os ecossocialistas de primeira fase consideram as análises de Marx sobre as questões ecológicas demasiadamente "incompletas e datadas para serem de real relevância hoje em dia", já os ecossocialistas de segunda fase enfatizam a "pertinência metodológica contemporânea da crítica ecológica do capitalismo de Marx".

Um dos mais representativos autores do ecossocialismo de primeira fase é James O'Connor. A menção especial que lhe será feita aqui deve-se ao seu papel crucial no desenvolvimento do marxismo ecológico. Além

O *CAPITAL* E A QUESTÃO ECOLÓGICA

disso, também se procura fazer uma homenagem a este importante autor, que faleceu em 2017 e dela é merecedor. É dele a importante e bastante difundida ideia da existência de uma "segunda contradição" do capitalismo (O'Connor, 1988). No primeiro número da pioneira revista *Capitalism Nature Socialism*, em cuja criação e edição nos primeiros anos teve um papel fundamental, O'Connor publica um artigo com o título "Capitalismo, Natureza, Socialismo: Uma introdução teórica", no qual se refere à "tradicional" contradição entre relações e forças de produção e a complementa com uma "«não tradicional» ou «segunda» contradição do capitalismo baseada no processo de escassezes das naturezas externa e humana criadas pelo capitalismo" (O'Connor, 1998, p. 35). O'Connor (1988, pp. 20-21) considera "a contradição entre as relações de produção capitalistas e as forças produtivas e condições de produção" como o "ponto de partida do «marxismo ecológico»". A segunda contradição relaciona-se com o facto de apesar de nem a força de trabalho nem a natureza externa serem capitalisticamente produzidas, tais "condições de produção" serem tratadas como mercadorias.

É patente a influência do pensamento de Karl Polanyi no desenvolvimento desta ideia. De resto, a introdução ao artigo em causa inicia-se com uma referência a Polanyi e à sua obra "A Grande Transformação" (Polanyi, 1980). Partindo de uma definição de mercadorias como "objetos produzidos para venda no mercado" (Polanyi, 1980, p. 84), uma das grandes contribuições deste autor foi chamar a atenção para o fato de trabalho, terra e dinheiro não serem mercadorias. Nas suas palavras, "trabalho é apenas um outro nome para a atividade humana que acompanha a própria vida" (Polanyi, 1980, p. 85). Por seu lado, "terra é apenas outro nome para a natureza, que não é produzida pelo homem" (*ibid.*). Finalmente, "o dinheiro é apenas um símbolo do poder de compra" (*ibid.*). "Nenhum deles é produzido para venda", sendo a sua descrição como mercadorias "inteiramente fictícia" (*ibid.*). Polanyi veio chamar a atenção para o fato de que deixar ao mecanismo de mercado a definição do "destino dos seres humanos e do seu ambiente natural, e até mesmo o árbitro da quantidade e do uso do poder de compra", resultaria "no desmoronamento da sociedade". Mais ainda, Polanyi argumenta que "deixar o destino do solo e das pessoas por conta do mercado seria o mesmo que aniquilá-los" (p. 138).

Nesta perspetiva, parece necessário, para tornar as ideias relativas a questões ecológicas presentes na obra de Marx profícuas e desenvolver

O *CAPITAL* E ALGUNS PROBLEMAS DA ACTUALIDADE

um marxismo ecológico, articulá-las com outras visões. Uma das visões mais interessantes seria a abordagem institucionalista sobre o capitalismo proposta por Polanyi, a qual, consideram alguns, se articula sem problemas da maior com a representação de Marx, acrescentando-lhe uma perspetiva ambiental (Postel e Sobel, 2011)[6].

Em Portugal, pela pena de Boaventura de Sousa Santos, difundiu-se o ecossocialismo de primeira fase acima referido. Numa referência à ideia de "segunda contradição" do capitalismo, Santos (1994, p. 43) considera que Marx acabou por enfatizar a "contradição que assegura a exploração do trabalho nas sociedades capitalistas", a qual "continua a ser genericamente válida", em detrimento da "articulação entre a exploração do trabalho e a destruição da natureza e, portanto, a articulação entre as contradições que produzem uma e outra".

Os representantes do ecossocialismo de segunda fase "respondem" sublinhando a "profunda consciência da degradação ambiental" de Marx, e a sua abordagem sistemática aos temas com ela relacionados, ao ponto de terem sido considerados "nas suas conceções básicas de capitalismo e comunismo" e o terem orientado no sentido de uma "noção de sustentabilidade como ingrediente chave de qualquer sociedade futura (Foster, 1998, p. 170).

Clark e Foster (2010, p. 143) referem-se a alguns aspetos da abordagem de Marx, designadamente a sua "abordagem materialista e metabólica", a sua "ênfase nas contradições entre valor de uso e valor de troca e entre riqueza e acumulação", o seu "foco no desenvolvimento humano sustentável" e a sua "crítica do capital como um todo", como fornecendo "uma valiosa base metodológica" para a crítica da "degradação ambiental contemporânea" e para a conceção de uma via de transformação social e ecológica.

Muitas das mais relevantes obras recentes sobre a questão ecológica em Marx são de autores que se podem incluir entre os ecossocialistas de segunda fase. Merecem especial ênfase os trabalhos que procuram desenvolver os conceitos de "metabolismo com a natureza" e de "rutura metabólica" (Burkett e Foster, 2006; Clark e York, 2005; Foster, 1999, 2013; Foster *et al.*, 2010), os quais constam de *O Capital* e serão apresentados

---

[6] Para Postel e Sobel (2011), que consideram as representações de Marx e Keynes como as duas grandes representações macroeconómicas do capitalismo, esta possibilidade de articulação é verdadeira relativamente a ambas.

em secções posteriores deste texto, e os trabalhos que utilizam textos ainda não publicados de Marx no sentido de discernir potenciais evoluções das suas análises da questão ecológica e seu papel na sua teoria geral (Saito, 2016, 2017).

Na perspetiva do autor deste texto, talvez tenha razão Michael Löwy, cujos escritos iniciais sobre o tema podem ser considerados como se inserindo no ecossocialismo de primeira geração (Foster e Burkett, 2016), quando, num artigo muito recente (Löwy, 2017, p. 19), argumenta a favor de se considerar uma "terceira posição", de acordo com a qual as análises de Marx e Engels sobre as questões de natureza ecológicas são de facto "incompletas e datadas", mas, "apesar de tais limitações, possuem relevância real e pertinência metodológica" nos dias que correm. Löwy está convencido que esta terceira posição "provavelmente poderia ser aceite por várias pessoas dos dois grupos" identificados acima (*ibid.*).

## 3. VALOR E RIQUEZA

O primeiro capítulo de *O Capital* inicia-se com a seguinte frase:

> "A riqueza das sociedades nas quais domina o modo de produção capitalista aparece como um «imenso acumulamento de mercadorias», sendo a mercadoria singular a sua forma elementar. A nossa investigação começa, por isso, com a análise da mercadoria." (Marx, 1990, p. 45)

Referindo-se a esta frase, "frequentemente negligenciada na leitura de *O Capital*" (Bruschi *et al.*, 2013, p. 27), Holloway (2014, p. 236) afirma que o seu sujeito é a "riqueza" e não a "mercadoria", e que "antes de mencionar a mercadoria", Marx "abre um mundo inteiro de questões cuja importância política e teórica são fundamentais".

Relativamente a essa primeira frase, autores tão distintos como Harvey (2010a) e Holloway (2014) fazem notar o seguinte aspeto relativo à linguagem utilizada: "aparece" não é o mesmo que "é". Harvey (2010a, p. 28) refere-se à "distinção crucial entre riqueza – os valores de uso totais à disposição de alguém – e o valor – o tempo de trabalho socialmente necessário que tais valores de uso representam". A riqueza inclui recursos ditos naturais no seu estado natural, ou seja, sem que a sua utilidade tenha sido mediada por trabalho humano, bem assim como recursos criados pelo trabalho humano, sem que tenham sido produzidos como mercadorias. Nas próprias palavras de Marx:

> "Uma coisa pode ser valor de uso sem ser valor. É este o caso quando a sua utilidade para o homem não é mediada por trabalho. É o caso do ar, do solo virgem, dos prados naturais, das florestas bravas, etc. Uma coisa pode ser útil e produto de trabalho humano sem ser mercadoria. Quem satisfaz a sua necessidade própria com produto seu cria, por certo, valor de uso, mas não mercadoria." (Marx, 1990, p. 50)

Por seu lado, Holloway (2014, p. 237) argumenta que a referência "riqueza das sociedades nas quais domina o modo de produção capitalista" é uma espécie de convite a refletir sobre como seria pensada a riqueza numa sociedade em que tal modo de produção não dominasse. Nesta perspetiva, Holloway (2014) lê aquela frase à luz do que sobre a noção de riqueza escreve Marx a determinada altura nos *Grundrisse*. Nessa obra, começando por criticar a visão do "mundo moderno", de acordo com a qual "a produção aparece como finalidade do ser humano e a riqueza, como finalidade da produção", Marx coloca a seguinte questão: "se despojada da estreita forma burguesa, o que é a riqueza senão a universalidade das necessidades, capacidades, fruições, forças produtivas etc. dos indivíduos, gerada pela troca universal?" (Marx, 2011, pp. 646-647)

Há, de acordo com Holloway (2014, p. 241), na frase em causa, "um estreitamento, uma redução da riqueza do mundo ao mundo da economia política, das mercadorias", do qual, todavia, Marx não pode ser culpado. Holloway prossegue referindo que tal estreitamento, tal visão puramente económica do mundo, tal desconsideração da riqueza da vida é o objeto da crítica de Marx, a qual não é somente "uma crítica das diferentes teorias dos economistas", mas principalmente "uma crítica da economia enquanto tal, uma crítica do mundo que reduz a riqueza humana à economia" (*ibid.*).

A crítica de ver no trabalho humano a origem de todo o valor e de toda a riqueza é uma das que com maior frequência fazem muitos economistas a Marx (Löwy, 2017). No entanto, alguns dos mais influentes autores marxistas contemporâneos têm sido incansáveis na tarefa de sublinhar a diferença entre valor e riqueza na obra de Marx. O caso de David Harvey foi mencionado acima. Outro autor que se destaca nesta tarefa é Jean-Marie Harribey (2005a, 2005b, 2013, 2016). De facto, Marx sempre reconheceu tal diferença e nunca afirmou ser o trabalho a única fonte de riqueza, embora fosse, de acordo com a sua perspetiva, a única fonte do valor de troca. Marx afirma, em *O Capital*, ser o trabalho o "pai" e a "terra" a "mãe":

> "O trabalho não é, portanto, a única fonte dos valores de uso por ele produzidos, da riqueza material. O trabalho é o pai dela, como diz William Petty, e a terra é a mãe." (Marx, 1990, p. 55)

Num texto posterior, "Glosas Marginais ao Programa do Partido Operário Alemão", escrito em 1875, Marx afirma claramente que:

> "O trabalho não é a fonte de toda a riqueza. A Natureza é tanto a fonte dos valores de uso (e é bem nestes que, todavia, consiste a riqueza material [*sachlich*]!) como o trabalho, que não é ele próprio senão a exteriorização de uma força da Natureza, a força de trabalho humana." (Marx, 1875, p. 10)

Esta afirmação da força de trabalho humana como força da natureza é particularmente interessante do ponto de vista ecológico. Ela é consistente com uma espécie de "naturalismo frontal", de uma "visão de ser humano como natural, inseparável do ambiente natural", que Löwy (2017, p. 11) afirma estar presente nas obras de juventude de Marx[7]. A presença de tal visão é sugerida, por exemplo, pela seguinte afirmação presente nos "Manuscritos Económico-filosóficos", de 1844:

> "O homem *vive* da natureza, quer dizer: a natureza é o seu *corpo*, com o qual tem de manter-se em permanente intercâmbio para não morrer. Afirmar que a vida física e espiritual do homem e a natureza são interdependentes significa apenas que a natureza se interrelaciona consigo mesma, já que o homem é uma parte da natureza." (Marx, 1989, p. 164)

---

[7] Sobre a distinção entre "obras de juventude" e "obras de maturidade" de Marx, o autor deste texto tende a concordar com aqueles que, como Fredy Perlman, consideram que "o contraste que frequentemente se faz entre um «jovem Marx idealista», preocupado com os problemas filosóficos da existência humana, e um «Marx maduro realista», preocupado com problemas económicos técnicos, é superficial e não entende a unidade essencial da *opus* de Marx." (Perlman, 1973, p. *xii*). Na verdade, "os temas centrais do «jovem Marx» ainda se encontravam a ser refinados" nas suas últimas obras e embora ele "aperfeiçoasse de forma contínua os seus conceitos e alterasse frequentemente a sua terminologia", "as suas preocupações não foram substituídas" (*ibid.*).

## O *CAPITAL* E ALGUNS PROBLEMAS DA ACTUALIDADE

Relativamente à discussão sobre papel da natureza na formação do valor de troca, Marx (1990, pp. 97-98) considera-a "insípida e entediante" e uma demonstração de como "uma parte dos economistas é enganada pelo feiticismo que se cola ao mundo das mercadorias". Para Marx, sendo o valor de troca "uma determinada maneira social de expressar o trabalho aplicado numa coisa", é evidente que ele "não contém mais matéria natural do que algo como a cotação cambial" (*ibid.*).

Debruçando-se sobre "Os *revenues* e as suas fontes", num capítulo sobre "A fórmula trinitária", Marx afirma perentoriamente que:

> "A terra entra como agente de produção na fabricação de um valor de uso, de um produto material, p. ex. do trigo. Mas ela não tem nada a ver com a produção do valor-trigo." (Marx, 2017, p. 904)

A abordagem de não ser o trabalho a única fonte de toda a riqueza, nem ser a natureza fonte de formação de valor, representa uma antecipação e recusa de "todas as construções ideológicas atuais sobre os pretensos «valor económico intrínseco» da natureza e «valor económico dos serviços prestados pela natureza»" (Harribey, 2013, p. 198). De acordo com ela, a natureza tem um valor de uso, o qual é incomensurável com qualquer valor económico, e que, "no seu estado natural, os recursos ditos naturais são riqueza mas não têm valor intrínseco monetário" (Harribey, 2013, p. 184).

Relativamente aos assuntos em análise nesta secção, as referências ao potencial destrutivo das "fontes manantes de toda a riqueza" presente no capitalismo são talvez das mais explícitas afirmações sobre questões ecológicas produzidas por Marx. De facto, ele chamava a atenção para que a produção capitalista "apenas desenvolve a técnica e combinação do processo social de produção minando, simultaneamente, as fontes manantes de toda a riqueza: a terra e o operário" (Marx, 1992, p. 576).

Nesta perspetiva, prosseguindo os "seus próprios interesses de curto prazo e impulsionados pelas leis coercivas da concorrência", os capitalistas individuais "são perpetuamente tentados a tomar a posição de *aprés moi le déluge* tanto relativamente ao trabalhador como ao solo" (Harvey, 2010b, pp. 71-72). Esta afirmação corresponde a uma extensão do que Marx afirmou a propósito do tratamento dos trabalhadores. De facto, Marx escreveu o seguinte:

## O CAPITAL E A QUESTÃO ECOLÓGICA

"*Après moi le déluge*! é o mote de cada capitalista e de cada nação de capitalistas. O capital não toma, pois, em atenção a saúde e a duração de vida do operário onde não seja forçado pela sociedade a essa atenção. À queixa de enfezamento físico e espiritual, de morte precoce, tortura por trabalho a mais, o capital responde: há-de este tormento atormentar-nos se aumenta o nosso prazer (o lucro)? Grosso modo, isto, porém, também não depende da boa ou má vontade do capitalista singular. A livre concorrência faz valer as leis imanentes da produção capitalista face ao capitalista singular como lei coerciva exterior." (Marx, 1990, pp. 307-308)

Marx identifica nesta passagem a importância do lucro como força motora do capitalismo e a influência das leis coercivas da concorrência, salientando a independência relativamente à boa ou má vontade dos indivíduos[8]. A análise de Marx da força motora do capitalismo permite identificar a causa estrutural da degradação ambiental ocorrida sob o seu domínio (Economakis e Papalexiou, 2016). Para Marx (1997, p. 674),

"o desenvolvimento da produção capitalista torna uma necessidade uma subida permanente do capital investido numa empresa industrial, e a concorrência impõe a cada capitalista individual as leis imanentes do modo de produção capitalista como leis coercivas exteriores. Ela coage-o a estender permanentemente o seu capital para o conservar, e só o pode estender por intermédio de acumulação progressiva."

"Acumulai, acumulai! É Moisés e os profetas! [...] Acumulação pela acumulação, produção pela produção, nesta fórmula a economia clássica exprimia a vocação histórica do período burguês." (Marx, 1997, p. 677)

---

[8] No prefácio à primeira edição alemã do primeiro volume de *O Capital* (Marx, 1990, pp. 10), Marx afirma que apesar de, "de modo nenhum", pintar "de cor-de-rosa as figuras do capitalista e do proprietário fundiário", tratam-se, na análise que faz, "de pessoas apenas na medida em que são a personificação de categorias económicas, portadoras de determinadas relações de classes e interesses". Mais ainda, ele afirma que, "menos do que qualquer outro", pode o seu ponto de vista, "que aprende o desenvolvimento da formação económica da sociedade como um processo histórico natural", ser considerado como tornando "o indivíduo responsável por relações, das quais ele socialmente permanece criação, por muito que subjectivamente ele se possa elevar acima delas" (*ibid.*).

A acumulação de capital é a fonte motora da economia moderna, "uma espiral ilimitada de investimento, lucro e amontoamento de riqueza", sendo a mais-valia o seu "combustível" (Walker, 2017, p. 59). Estando tal espiral ilimitada dependente das dádivas do trabalho e da natureza que brotam nomeadamente de minas, de fontes de água e de florestas, "o capital procurará toda a fonte a que possa lançar as suas mãos" (*ibid.*). De acordo com Walker (2017, p. 59), a verdadeiramente geral lei da acumulação é a seguinte: "busca sem fim, absorção contínua, exploração implacável, horizontes ilimitados, produtividade sem precedentes e crescimento sem limite". Esta tendência para acumulação numa escala cada vez maior sem qualquer ligação a necessidades humanas ou limites naturais encontra-se no centro da dinâmica destrutiva do capitalismo (Foster, 2015).

## 4. O FETICHISMO DA MERCADORIA

Segundo Marx:

> "Os objectos de uso só se tornam mercadorias porque são produtos de trabalhos privados realizados independentemente uns dos outros. O complexo destes trabalhos privados forma o trabalho total social. Como os produtores só entram em contacto social através da troca dos seus produtos de trabalho, os caracteres especificamente sociais dos seus trabalhos privados também só aparecem no interior dessa troca. Ou seja, os trabalhos privados só se afirmam, de facto, como membros do trabalho total social através das ligações nas quais a troca permuta os produtos de trabalho e, por intermédio destes, os produtores. Por isso, as ligações sociais dos seus trabalhos privados surgem aos produtores como o que são, i. é, não como relações imediatamente sociais entre as pessoas nos seus próprios trabalhos, mas antes como relações coisais entre as pessoas e relações sociais entre as coisas." (Marx, 1990, pp. 88-89)

O "caráter de fetiche da mercadoria", ou "fetichismo" da mercadoria, está relacionado com o facto das ligações sociais dos trabalhos privados dos produtores surgirem-lhes "como o que são", "relações coisais entre as pessoas e relações sociais entre as coisas". O fetichismo da mercadoria é apresentado por Marx da seguinte forma:

O CAPITAL E A QUESTÃO ECOLÓGICA

"O misterioso da forma-mercadoria consiste simplesmente no facto de ela reflectir para os homens os caracteres sociais do seu próprio trabalho como caracteres objectivos dos próprios produtos de trabalho, como qualidades naturais sociais dessas coisas, e por isso também a relação social dos produtores para com o trabalho total como uma relação social entre objectos existentes fora deles." (Marx, 1990, p. 88)

"A relação social determinada entre os próprios homens", afirma Marx, "toma aqui para eles a forma fantasmagórica de uma relação de coisas" (*ibid.*). Só escapando para "a região nevoenta do mundo religioso" se torna possível encontrar "uma analogia" (*ibid.*). Em tal mundo, "os produtos da cabeça humana parecem figuras autónomas, dotadas de vida própria e estando em relação entre si próprias e com os homens" (*ibid.*). Daí a utilização dos termos "fetiche" e "fetichismo"[9].

Como sublinha Durand (1995, p. 79), a noção de "fetichismo" está, no pensamento de Marx, associada à de "ideologia". Marx não utiliza o segundo termo nas obras posteriores a 1852, preferindo o primeiro. Durand considera que no que sobre o assunto escreve em *O Capital*, na secção "carácter fetichista da mercadoria e seu segredo", Marx procura dissipar a "nuvem mística" que funciona como véu, máscara, da "natureza social das trocas entre produtores de mercadorias em benefício de uma visão que lhes faz crer que, na troca, são as coisas que estabelecem entre si relações sociais" (*ibid.*). Este autor considera mesmo que a análise do fetichismo da mercadoria corresponde à "prossecução, num campo mais restrito, mas mais importante estrategicamente", do mesmo fenómeno, a saber, "a génese ou a produção de representações sociais que dão conta de forma imperfeita ou errónea do movimento do real" (pp. 79-90).

Podem identificar-se entre marxistas duas perspetivas opostas sobre o fetichismo: enquanto os que pretendem desenvolver com base nos trabalhos de Marx uma abordagem teórica rigorosa o consideram um conceito a não levar a sério, outros consideram-no "o momento fundacional do entendimento do mundo de Marx" (Harvey, 2010a, p. 38).

---

[9] A palavra "fetiche" terá origem na utilização da palavra "feitiços" por parte dos marinheiros portugueses, quando chegaram pela primeira vez à costa africana, para se referirem aos objetos de culto dos nativos africanos (McNeill, 2011, p. 13). Marx já havia utilizado a noção de fetichismo em trabalhos anteriores. Por exemplo, no já mencionado artigo "Debates sobre a lei referente ao furto de madeira", de 1842 (Artous, 2006; Jappe, 2006; McNeill, 2011).

O *CAPITAL* E ALGUNS PROBLEMAS DA ACTUALIDADE

O fetichismo "constitui um dos principais temas, entre os mais profundos e os mais originais", da crítica da economia política de Marx (Bihr, 2010, p. 21). Isaak Illich Rubin, um dos mais interessantes pensadores marxistas do século XX, considera mesmo que "a teoria do fetichismo é, *per se*, a base de todo o sistema económico de Marx, em particular da sua teoria do valor" (Rubin, 1973, p. 5). Mais ainda, esta última só pode ser compreendida com base na "teoria do fetichismo da mercadoria" de Marx, que "analisa a estrutura geral da economia mercantil" (p. 61).[10] Como quer que seja, parece indiscutível que a teoria do fetichismo é fundamental para a crítica da economia política, bem assim como para a compreensão do argumento mais lato de Marx (Harvey, 2010a).

Foley (1986, p. 29) apresenta o conceito de fetichismo e as suas implicações de forma bastante acessível. Para ele, a produção capitalista "impõe uma consciência paradoxal aos seres humanos" que compõe as sociedades em que ela domina. Por um lado, trata-se de uma "forma de produção social", na medida em que "estabelece uma extensiva divisão social do trabalho", criando "uma vasta rede de cooperação" e gerando um elevadíssimo grau de interdependência entre as pessoas, quer no que diz respeito a meios de subsistência, quer no que toca a meios de produção. Por outro lado, "o processo de troca cria uma ilusão de privacidade e auto-suficiência", tornando possível e até forçando as pessoas a "construir de forma subjetiva como uma questão de relações entre elas e coisas em vez de uma questão de relações entre elas próprias e outras pessoas". Como resultado, as pessoas tendem a ver os outros "instrumentalmente em vez de intersubjetivamente" e a "entrar em relações pessoais e emocionais com coisas".

Adaptando uma definição apresentada por Harvey (1990, p. 422), o conceito de fetichismo pode ser pensado, de forma mais lata do que a apresentada por Marx, como capturando o modo através do qual os mercados mascaram as relações sociais e a relação entre homem e natureza, bem assim como ocultam informações de múltiplas naturezas (geográfica,

---

[10] Amariglio e Callari (1989, p. 44) argumentam que o conceito de fetichismo da mercadoria "desempenha um papel crucial numa leitura não-determinística do discurso de Marx". Para estes autores, os deterministas económicos sempre consideraram o conceito em causa como "uma expressão da capacidade da economia para estruturar a consciência dos agentes sociais". Pelo contrário, a "visão não-determinista", trata o conceito como um sinal de que "as relações entre processos económicos e não-económicos não são nem pouco problemáticas nem unidirecionais". Nesta perspetiva, o que está em causa no ato de troca não é apenas um processo económico, mas também "uma ordem simbólica que é parcialmente constituída e aprendida" (Amariglio e Callari, 1989, p. 56).

O *CAPITAL* E A QUESTÃO ECOLÓGICA

social, ambiental, etc.). Harvey (1990, p. 423) está correto ao afirmar que nos é possível, "através de investigação adicional, levantar o véu" que mascara e oculta tornarmo-nos conhecedores de tais questões, mas que isso implica explorar o que se encontra por trás do funcionamento dos mercados e ir para além do que eles revelam "para compreender como a sociedade funciona". E, acrescenta Harvey, era precisamente esta a agenda de Marx. Torna-se indispensável que nos coloquemos "atrás do véu, atrás do fetichismo do mercado e da mercadoria, para contar a história completa da reprodução social" (*ibid.*).

Harvey (2010a, pp. 39-40) utiliza o exemplo da compra num supermercado de um pé de alface para ilustrar o mecanismo de que a noção de fetichismo pretende dar conta. De acordo com Harvey, escondida sob a troca de dinheiro por alface no mercado encontra-se uma relação entre o consumidor e todos aqueles que trabalharam na produção da alface. A alface é "muda" quanto a "como" foi produzida e "quem" a produziu[11]. Não só o consumidor não tem de saber nada sobre os que a produziram (se são trabalhadores felizes no seu trabalho ou não, se são trabalhadores assalariados ou por conta própria, etc.) e o trabalho que realizaram, como, em sistemas de mercado como os que conhecemos, é praticamente impossível ao consumidor saber o que quer que seja sobre esses aspetos[12]. Desta realidade resulta que a relação social do consumidor às atividades laborais dos trabalhadores que produzem os produtos que adquire é escondida na relação entre coisas.

Embora Marx pretenda "mostrar como o sistema de mercado e a forma-dinheiro disfarçam relações sociais reais através da troca de coisas", ela não afirma que tal "disfarce", a que chama "fetichismo", é uma mera ilusão (Harvey, 2010a, p. 41). Como afirma Harvey, "na verdade, o que se vê é a alface, o dinheiro, o quanto, e tomam-se decisões tangíveis com base nessa informação", sendo "mesmo assim que as coisas são no supermercado, e podemos vê-lo, mesmo enquanto mascara relações sociais" (*ibid.*).

---

[11] Num texto anterior, Harvey (1990, p. 423) tinha usado o exemplo das uvas, afirmando que "as uvas que se encontram nas prateleiras do supermercado são mudas" e que não nos é possível ver nelas "as impressões digitais da exploração" ou "dizer imediatamente de que parte do mundo são".

[12] "O gosto do trigo não nos diz quem o cultivou", nem em que condições se processou o trabalho que o produziu, se ocorreu "sob o chicote brutal do capataz de escravos ou sob o olhar ansioso do capitalista, se é Cincinnatus que o executa no cultivo do seu par de *jugera* ou o selvagem que com uma pedra mata uma fera." (Marx, 1990, pp. 212-213)

O *CAPITAL* E ALGUNS PROBLEMAS DA ACTUALIDADE

Como sugerem Jones *et al.* (2005, p. 104), o que está em causa é um fenómeno de profunda relevância ética. Embora as mercadorias sejam "produzidas por seres humanos reais em campos, fábricas e escritórios", quando chegam ao mercado, em vez de termos em mente as relações humanas das quais elas são o produto, apenas vemos um objeto. Para estes autores, este tipo de considerações é fundamental tendo em conta as longas cadeias de abastecimento pelas quais passam atualmente as mercadorias. Grande parte das mercadorias que consumimos hoje em dia é produzida em sítios muito remotos e com técnicas com as quais não possuímos qualquer familiaridade, o que torna praticamente impossível "olhar para a mercadoria como algo mais do que uma simples coisa" (p. 104). A noção de fetichismo elucida-nos sobre o facto de mesmo a mercadoria mais básica que consumimos ter sido "produzida por outra pessoa" e estarmos, portanto, "num sentido muito real", a estabelecer relações com outras pessoas, mesmo quando parece estarmos a "confrontar uma mera coisa" (*ibid.*). Estes autores vão ainda mais longe, ao sugerir que ao comer uma banana nos tornamos cúmplices das condições em que ela foi produzida e ao conduzir um automóvel ficamos implicados "nas catástrofes ambientais e militares com as quais petróleo e automóveis se encontram fundamentalmente envolvidos" (p. 105).

Harvey (2010a, p. 46) considera como sendo nossa tarefa ultrapassar o fetichismo, não o tratando como mera ilusão. Pelo menos duas respostas são possíveis: uma passa por movimentos como o do "comércio justo"; a outra passa por "um modo de investigação e inquérito que possa desvelar a estrutura profunda do capitalismo e sugerir sistemas de valor alternativos baseados em tipos de relações sociais e materiais radicalmente diferentes" (*ibid.*). Claro está, estas duas opções não se excluem.

Interpretado de forma bastante lata como referindo-se ao "ignorar ou negar da origem dos objetos" (Carrier, 2010, p. 674), o conceito de fetichismo tem sido bastante usado recentemente na análise de movimentos como o do comércio justo (Carrier, 2010; Frydell, 2007; Hudson e Hudson 2003; Scales, 2014). Por exemplo, Carrier (2010, p. 674), reconhecendo que o conceito de fetichismo de que parte é mais lato do que o proposto por Marx, retira do argumento deste "uma preocupação com a tendência geral para obscurecer as pessoas e os processos, dos quais a força de trabalho é um componente, que são parte da criação de um objeto e de o levar ao mercado".

O *CAPITAL* E A QUESTÃO ECOLÓGICA

Relativamente a movimentos como o comércio justo ou o consumo sustentável, é possível considerar-se que são úteis no desvelar do que o fetichismo oculta, ao revelar as condições sociais e ambientais sob as quais se produzem e comercializam os produtos através do fornecimento de informação adicional sobre tais condições (Carrier, 2010; Frydell, 2007; Hudson e Hudson 2003; Scales, 2014). Não obstante, no processo de produção e fornecimento de informações adicionais aos consumidores, "complexos impactos ambientais e conceitos abstratos como o de «sustentabilidade»" são reduzidos a "rótulos, símbolos e métricas simples e concretas" (Scales, 2014, p. 483). Há, por exemplo, evidência científica de que os rótulos e as imagens e símbolos usados nas embalagens "para sinalizar a natureza «ética»" dos produtos "com frequência contribuem para ocultar os aspetos relativos à sua produção e comercialização que são menos desejáveis do ponto de vista ambiental ou social (*ibid.*). Há mesmo quem considere que o tipo de movimentos em apreço atuam como uma "nova camada de fetichismo", mascarando os danos provocados pelo capitalismo através do convencimento que geram na sociedade de que tais danos podem ser "reabilitados com a própria forma mercadoria" (Gunderson, 2014, p. 109).

O conceito de fetichismo foi utilizado por Nelson (2001, p. 504) para criticar a atribuição artificial de preços à natureza, a qual não passa de uma "forma teórica e sofisticada de fetichismo da mercadoria". Esta autora chega a afirmar que Marx teria considerado a tentativa de avaliar de forma monetária os serviços dos ecossistemas como um "sintoma do «fetichismo da mercadoria»" (Nelson, 2001, p. 503). Nelson argumenta que a atribuição de valores monetários à natureza humana e não-humana fornece "um ponto de comparação unidimensional e puramente baseada no mercado que oblitera outras qualidade sociais e ecológicas" (*ibid.*).

O conceito de fetichismo foi também usado por Kosoy e Corbera (2010) na crítica dos esquemas de "pagamentos por serviços dos ecossistemas". Para Kosoy e Corbera (2010, p. 1229), este tipo de esquemas traduz-se na redução dos valores dos ecossistemas a "uma única medida de valor de troca" e oculta as relações sociais subjacentes à sua "produção" e "venda". Com base na noção de fetichismo, estes autores criticam os esquemas em apreço pelas suas implicações prejudiciais na forma como a natureza é percebida, em como as interações homem-natureza são concetualizadas e em como relações sociais desiguais são reproduzidas.

## 5. O METABOLISMO ENTRE HOMEM E NATUREZA

Esta secção debruça-se sobre a ideia de "metabolismo entre homem e natureza", ou "metabolismo com a natureza" ou "interação metabólica com a natureza", relacionada com a análise do trabalho como processo mediador entre a existência humana e a natureza. Trata-se de uma ideia "central para o argumento histórico-materialista de Marx, e a que ele "volta várias vezes ao longo" de *O Capital*, mas que é "uma ideia claramente subdesenvolvida" (Harvey, 2010a, p. 27). O conceito em causa tem sido usado e desenvolvido por muitos ecossocialistas de segunda geração em articulação com o conceito de "rutura metabólica". Este segundo conceito, também já presente em *O Capital*, tem sido desenvolvido principalmente por John Bellamy Foster, particularmente em conjunto com Brett Clark e Richard York (Burkett e Foster, 2006; Clark e York, 2005; Clark e Foster, 2009; Foster, 1999, 2013; Foster *et al.*, 2010) mas com contribuições de Paul Burkett e outros[13].

O conceito de metabolismo aparece associado, em *O Capital*, ao processo de trabalho. Marx argumenta que a existência

> "de qualquer elemento da riqueza material não proporcionada pela Natureza, teve sempre que ser mediada por uma especial actividade conforme a um fim, que adequa matérias naturais particulares a necessidades humanas particulares. Como formador de valores de uso, como trabalho útil, o trabalho é, assim, uma condição de existência do homem, condição independente de todas as formas de sociedade, uma eterna necessidade natural para mediar a troca material entre o homem e a Natureza e, portanto, a vida humana." (Marx, 1990, p. 54)

Para Marx:

> "O trabalho é, antes de mais, um processo entre homem e Natureza, um processo em que o homem medeia, regula e controla a sua troca material com a Natureza através da sua própria acção. Ele faz face à própria matéria da Natureza como um poder da Natureza. Ele põe em movimento as forças

---

[13] Malm (2017, p. 59) chama à abordagem desenvolvida por estes autores "teoria da rutura metabólica" e considera que esta abordagem particular à questão ecológica "eclipsou todas as outras, em termos de criatividade e de produtividade".

## O CAPITAL E A QUESTÃO ECOLÓGICA

da Natureza que pertencem à sua corporalidade – braços e pernas, cabeça e mão – para se apropriar da matéria da Natureza numa forma utilizável para a sua própria vida. Ao actuar, por este movimento, sobre a Natureza fora dele e ao transformá-la transforma simultaneamente a sua própria natureza." (Marx, 1990, p. 205)

Marx introduz posteriormente na sua análise a noção de rutura metabólica. Fá-lo reportando-se à "revolução que a grande indústria provoca na agricultura e nas relações sociais dos seus agentes":

> Com a preponderância sempre crescente da população urbana que amontoa em grandes centros, a produção capitalista, por um lado, concentra a força motriz histórica da sociedade e, por outro lado, perturba a troca material entre homem e terra, i. é, o retorno ao solo das componentes deste consumidas pelo homem, na forma de alimentos e de vestuário, à terra, portanto a eterna condição natural de duradoura fertilidade do solo. Com isto, ela destrói, simultaneamente, a saúde física do operário urbano e a vida espiritual dos trabalhadores rurais. [...] E todo o progresso da agricultura capitalista é não só um progresso na arte de roubar o operário como simultaneamente na arte de roubar o solo; cada progresso na subida da sua fertilidade por um dado prazo de tempo é, simultaneamente, um progresso na ruína das fontes permanentes dessa fertilidade." (Marx, 1992, pp. 574-575)

A primeira parte desta passagem pode ser considerada "o alicerce das recentes análises em termos de «rutura metabólica»" (Saito, 2016, p. 26) Mas este conceito de rutura metabólica e a visão de Marx das suas consequências são ainda mais explícitos nas seguintes passagens:

> "Por outro lado, a grande propriedade fundiária reduz a população agrícola a um mínimo constantemente em afundamento, e contrapõe-lhe uma população industrial, em constante crescimento, comprimida em grandes cidades; engendram-se por esse facto condições que provocam um ruptura insanável na concatenação da troca material social, e pelas leis naturais da vida prescrita, em consequência do que se desperdiça a força do solo, e esse desperdício, através do comércio, é transportado muito para além das fronteiras do próprio país. (Liebig.)[14]" (Marx, 2017, p. 900)

---

[14] A referência é a Justus von Liebig, um químico alemão (1803-1873). Sobre a influência da obra de Liebig no pensamento de Marx, ver Saito (2016, 2017).

## O *CAPITAL* E ALGUNS PROBLEMAS DA ACTUALIDADE

"Grande indústria e grande agricultura exploradas de um modo industrial operam em conjunto. Se elas originariamente se separam pelo facto de a primeira devastar e arruinar mais a força de trabalho (e, por conseguinte, a força natural do ser humano) e a última [devastar e arruinar] mais diretamente a força natural do solo, mais tarde, na sua marcha [para diante], as duas voltam a dar a mão, na medida em que o sistema industrial no campo também debilita os operários e [em que a] a indústria e [o] comércio, pelo seu lado, proporcionam à agricultura os meios para o esgotamento do solo." (Marx, 2017, p. 900)

Como mencionado atrás, este conceito de rutura metabólica foi desenvolvido adicionalmente, entre outros, por Burkett e Foster (2006), Clark e York (2005), Clark e Foster (2009), Foster (1999, 2013) e Foster et al. (2010). A teoria da rutura metabólica assim desenvolvida tornou-se um importante instrumento para estudar as interações humanas com a natureza e subsequente degradação ambiental (Clark e York, 2005). Nesta perspetiva, que é, de acordo com Foster (2015, p. 7), também a de Marx, o processo de trabalho e de produção extrai a energia e os recursos de que necessita da natureza. A consideração, no capitalismo, dos limites naturais como "meras barreiras a serem ultrapassadas", conduziu "inexoravelmente a uma rutura no metabolismo" com a natureza, "enfraquecendo sistematicamente as fundações ecológicas da existência humana" (*ibid.*)

Originalmente utilizado na análise da produção agrícola, o conceito de rutura metabólica foi posteriormente aplicado a problemas ambientais contemporâneos, como o ciclo do carbono e alterações climáticas (Clark e York, 2005), a acidificação dos oceanos (Clausen e Clark, 2005), a produção de gado (Gunderson, 2011), a pesca do atum (Longo, 2010) ou os fertilizantes nitrogenados (Mancus, 2007).

Saito (2016, p. 26) argumenta que a análise dos manuscritos sobre ciência natural de Marx posteriores a 1868 sugere uma rápida expansão dos seus interesses ecológicos. A investigação deste autor leva-o a considerar que, "se concluída, a crítica da economia política de Marx teria colocado uma muito maior ênfase na perturbação da «interação metabólica» (*Stoffwechsel*) entre humanidade e natureza como contradição fundamental no seio do capitalismo" (*ibid.*).

## 6. CONSIDERAÇÕES FINAIS

Ao contrário do que consideram muitos dos seus críticos, a teoria do valor desenvolvida por Marx não se destina a "celebrar e elevar politicamente «o trabalho», mas antes a demonstrar a disciplina desumanizadora e as exigências temporais de uma sociedade regida através do valor" (Huber, 2017, p. 41). Não se trata de uma forma de determinar o valor social do trabalho como superior ao da natureza, mas antes de uma tentativa de compreender "como trabalho e natureza", as duas fontes da riqueza, "são ambas exploradas e alienadas através da acumulação de valor" (p. 42).

Por outro lado, é a própria noção de que a natureza não contribui para a formação do valor que torna a teoria do valor desenvolvida por Marx útil na explicação da degradação ambiental ocorrida sob o capitalismo (Huber, 2017, p. 42). Nesta perspetiva, em vez de ser anti-ecológica, ao mostrar "a incapacidade do capital em valorar muitos dos processos naturais que sustentam a vida", tal teoria permite desenvolver uma "crítica ecológica do capitalismo" (p. 43)

Não se pode deixar de terminar um texto desta natureza com uma referência especial ao aspeto de "crítica da economia política" da obra de Marx. Muitos autores sublinham o facto de *O Capital* ter como subtítulo "Crítica da Economia Política" (Artous, 2006; Bihr, 2010; Ruccio, 2017; Salama e Tran, 1992; Tran, 2003). É certo que se trata de uma crítica da análise económica dominante, que era, ao tempo de Marx, a economia política desenvolvida por Adam Smith e David Ricardo, entre outros, e corresponde, nos nossos dias, às abordagens à economia de inspiração neoclássica e keynesiana, as quais "definem os limites da discussão no seio da economia contemporânea dominante" (Ruccio, 2017, p. 16). No entanto, a conceção crítica de Marx não consiste em demonstrar que a economia política é errada, antes que é fetichizada, no sentido de tomar por propriedade natural das coisas o que não passa de uma propriedade social, ou seja, uma propriedade que elas só adquirem enquanto representações de relações sociais históricas determinadas (Tran, 2003).

Mas tal crítica é também uma crítica do capitalismo, "o sistema económico e social celebrado pelos economistas dominantes" (Ruccio, 2017, p. 16), sendo este um segundo significado da expressão "crítica da economia política". Trata-se então de uma "crítica das insuficiências da ciência económica", o seu sentido mais superficial, e de uma "crítica do capitalismo como «mundo ao contrário»" (Bihr, 2010). Nas palavras de Bihr

(2010, p. 13), as quais enfatizam a centralidade da teoria do fetichismo na análise de Marx, se "tivéssemos de resumir numa só fórmula" a crítica do capitalismo como mundo,

> "poderíamos dizer que ela denuncia nele um mundo ao contrário, isto é, um mundo no qual os produtores são dominados pelos seus próprios produtos autonomizados (sob forma de mercadorias, de dinheiro e de capital), um mundo no qual os homens são governados pelas coisas que no entanto resultam das suas próprias atividades, mais do que isso: um mundo no qual os homens são sacrificados à sobrevivência dessas coisas fetichizadas, erigidas em ídolos bárbaros e sanguinários que não hesitam a os entregar à miséria e à morte para perpetuar o seu próprio reino."

De acordo com a perspetiva do autor deste texto, a interpretação mais interessante da crítica da economia política de Marx é a que considera não existir em tal crítica qualquer pretensão de apenas substituir a versão da economia política objeto de crítica por uma nova economia política (Salama e Tran, 1992; Tran, 2003). Nesta perspetiva, enquanto a economia política trata as categorias económicas (mercadoria, lucro, salário, concorrência, etc.) como "dados naturais", cuja existência não necessitaria de ser explicada e que colocariam apenas um problema de mensuração, a conceção crítica de Marx consiste em questionar essas categorias e colocar, antes de tudo, o problema da sua existência (Salama e Tran, 1992). Em vez de considerar as relações económicas como leis naturais, que emergem da natureza humana e se impõem a todas as sociedades, Marx considera tais relações como estando relacionadas com leis históricas, específicas ao capitalismo, considerando-as, por isso, leis que os homens podem abolir, o que significa que a sociedade pode ser transformada, sendo possível uma outra (*ibid.*).

É precisamente a demonstração da possibilidade de uma outra sociedade que Bihr (2010, p. 14) apresenta como terceiro significado da expressão "crítica da economia política" de Marx, e seu "sentido final", designadamente, a "demonstração da possibilidade do comunismo".

Referindo-se especificamente ao aspeto ecológico, era convicção de Marx que:

> "Do ponto de vista de uma formação económica superior da sociedade, a propriedade privada de indivíduos singulares sobre o orbe terráqueo

aparecerá como tão absurda quanto a propriedade privada de um ser humano. Mesmo uma sociedade toda, uma nação, até todas as sociedades coetâneas juntas, não são proprietárias da Terra. São apenas as suas possuidoras, as suas usufrutuárias, e têm, como *boni patres familias*, de a legar melhorada às gerações futuras." (Marx, 2017, pp. 860-861)

Esta afirmação foi utilizada por Foster (2011, p. 5) como suporte para considerar que, ao insistir que nem todas as sociedades, como um todo, são proprietárias do nosso planeta, Marx terá desenvolvido "a mais radical possível conceção de sustentabilidade".

Em jeito de conclusão, parece difícil deixar de concordar com Saito (2016, p. 41) quando afirma a atualidade da teoria económica e ecológica de Marx e a sua total abertura a "novas possibilidades para integrar conhecimento científico com a crítica do capitalismo contemporâneo".

# REFERÊNCIAS

Ackerman, F. (2009), *Can We Afford the Future? The Economics of a Warming World*, Zed Books.

Amariglio, J. e Callari, A. (1989), "'Marxian Value Theory and the Problem of the Subject: The Role of Commodity Fetishism", *Rethinking Marxism*, Vol. 2, No. 3, 31-60.

Angus, I. (2016), *Facing the Anthropocene*, Monthly Review Press.

Artous, A. (2006), *Le fétichisme chez Marx*, Éditions Syllepse

Bihr, A. (2010), *La Logique méconnue du "Capital"*, Page Deux.

Bruschi, V., Muzzupappa, A., Nuss, S., Stecklner, A. e Stützle, I. (2013), *Polylux Marx*, Monthly Review Press.

Burkett, P. e Foster, J. B. (2006), "Metabolism, energy, and entropy in Marx's critique of political economy: Beyond the Podolinsky myth", *Theory and Society*, Vol. 35, No. 1, pp 109-156.

Carrier, J. G. (2010), "Protecting the environment the natural way: Ethical consumption and commodity fetishism", *Antipode*, Vol. 42, No.3, pp. 672-689.

Cerqueira, H. (2015), "Breve história da edição crítica das obras de Karl Marx", *Revista de Economia Política*, Vol. 35, No. 4, pp. 825-844.

Clark, B. e Foster, J. B. (2010), "Marx's Ecology in the Twenty-First Century", *World Review of Political Economy*, Vol 1, No. 1, pp. 142-156.

Clark, B. e Foster, J. B. (2010), "Ecological Imperialism and the Global Metabolic Rift", *International Journal of Comparative Sociology*, Vol. 50, No. 3-4, pp. 311-334.

Clark, B. e York, R. (2005), "Carbon Metabolism: Global Capitalism, Climate Change, and the Biospheric Rift", *Theory and Society*, Vol. 34, pp. 391-428

Clausen, R. e Clark, B. (2005), "The metabolic rift and marine ecology: An analysis of the oceanic crisis within capitalist production", *Organization and Environment*, Vol. 18, pp. 422-444.

Daly, H. E. e Farley, J. (2004), *Ecological economics: principles and applications*, Island Press.

Durand, J.-P. (1995), *La sociologie de Marx*, La Découverte.

Economakis, G. e Papalexiou, G. (2016), "Environmental Degradation and Crisis: A Marxist Approach", *Capitalism Nature Socialism*, Vol. 27, No. 1, pp. 34-51.

Foley, D. K. (1986), *Understanding Capital. Marx's Economic Theory*, Harvard University Press.

Foster, J. B. (1999), "Marx's Theory of Metabolic Rift: Classical Foundations for Environmental Sociology", *American Journal of Sociology*, Vol. 105, No. 2, pp. 366-405.

Foster, J. B. (2011), "The Ecology of Marxian Political Economy", *Monthly Review*, Vol. 63, No. 4, pp. 1-16.

Foster, J. B. (2013), "Marx and the Rift in the Universal Metabolism of Nature", *Monthly Review*, Vol. 65, No. 7, pp. 1-19.

Foster, J. B. (2015), "Marxism and Ecology: Common Fonts on a Great Transition", *Monthly Review*, Vol. 67, No. 7, pp. 1-13.

Foster, J. B. e Burkett, P. (2016), *Marx and the Earth: An Anti-Critique*, Brill.

Foster, J. B., Clark, B. e York, R. (2010), *The Ecological Rift: Capitalism's War on the Earth*, Monthly Review Press.

Fridell, G. (2007), "Fair-trade coffee and commodity fetishism: the limits of market driven social justice", *Historical Materialism*, Vol. 15, pp. 79-104.

Guerrien, B. (2016), "A New "General Theory"? A review of Capitalism by Anwar Shaikh", *Real-World Economics Review*, No. 77, pp. 155-167.

Guillibert, P. e Haber, S. (2017), "Marxisme, études environnementales, approaches globales: de nouveaux horizons théoriques", *Actuel Marx*, No. 61, pp. 12-23.

Gunderson, R. (2011), "The Metabolic Rifts of Livestock Agribusiness", *Organization and Environment*, Vol. 24, No. 4, pp. 404-422.

Gunderson, R. (2014), "Problems with the Defetishization Thesis: Ethical Consumerism, Alternative Food Systems, and Commodity Fetishism", *Agriculture and Human Values*, Vol. 31, No. 1, pp. 109-117.

Harribey, J. M. (2005a), "La richesse au-delà de la valeur", *Revue du MAUSS, No. 26*, pp. 349-365.

Harribey, J. M. (2005b), "Richesse et valeur: un couple qui ne fait pas bon ménage", *L'Homme et la société*, No. 156-157, pp. 27-46.

Harribey, J. M. (2013), *La richesse, la valeur et l'inestimable. Fondements d'une critique socio-écologique de l'économie capitaliste*, Les Liens qui Libèrent.

Harribey, J. M. (2016), "Richesse, valeur et inestimable: retour à la critique de l'économie politique", in Bocquet, B. (dir.), *La fièvre de l'évaluation, Quels symptômes? Quels traitements?*, Presses universitaires du Septentrion, pp. 63-73.

Harvey, D. (1990), "Between Space and Time: Reflections on the Geographical Imagination", *Annals of the Association of American Geographers*, Vol. 80, No.3, pp. 418-434.

Harvey, D. (2010a), *A Companion to Marx's Capital*, Verso.

Harvey, D. (2010b), *The Enigma of Capital and the Crises of Capitalism*, Oxford University Press.

Holloway, J. (2014), "Ler O Capital: a primeira frase ou O Capital começa com a riqueza, não com a mercadoria", in Del Roio, M. (org.), *Marx e a dialética da sociedade civil*, São Paulo: Cultura Acadêmica, pp. 235-258.

Huber, M. T. (2017), "Value, Nature, and Labor: A Defense of Marx", *Capitalism Nature Socialism*, Vol. 28, No. 1, pp. 39-52.

Hudson, I. e Hudson, M. (2003), "Removing the veil? Commodity fetishism, fair trade, and the environment", *Organization and Environment*, Vol. 16, pp. 413-430.

Jappe, A. (2006), *As Aventuras da Mercadoria. Para uma Nova Crítica do Valor*, Antígona.

Jones, C., Parker, M. e Ten Bos, R. (2005), *For Business Ethics: A Critical Text*, Routledge.

Keucheyan, R. (2017), "Financiariser les catastrophes naturelles: assurance, finance et changement climatique", *Actuel Marx*, No. 61, pp. 79-94.

Kosoy, N. e Corbera, E. (2010), "Payments for ecosystem services as commodity fetishism", *Ecological Economics*, Vol. 69, pp. 1228-1236.

Laurent, E. (2017), "Reconnaître, en France, l'inégalité et la justice environnementales", *Actuel Marx*, Vol. 61, pp. 64-78.

Longo, S. B. (2010), "Mediterranean rift: Socio-ecological transformations in the Sicilian bluefin tuna fishery", *Critical Sociology*, Vol. 38, No. 3, pp. 417--436.

Louçã, F. e Caldas, J. C. (2009), *Economia(s)*, Edições Afrontamento

Löwy, M. (2005), "What is ecosocialism?", *Capitalism Nature Socialism*, Vol. 16, No. 2, pp. 15-24.

Löwy, M. (2017), "Marx, Engels, and Ecology", *Capitalism Nature Socialism*, Vol. 28, No. 2, pp. 10-21.

Malm, A. (2016), *Fossil Capital: The Rise of Steam Power and the Roots of Global Warming*, Verso.

Malm, A. (2017), "Nature et société: un ancien dualisme pour une situation nouvelle", *Actuel Marx*, No. 61, pp. 47-63.

Mancus, P. (2007), "Nitrogen Fertilizer Dependency and Its Contradictions: A Theoretical Exploration of Social-Ecological Metabolism", *Rural Sociology*, Vol. 72, No. 2, pp. 269-288.

Marx, K. (1875), "Glosas Marginais ao Programa do Partido Operário Alemão", in Barata-Moura, J., Chitas, E., Melo, F. e Pina, A. (dir.) (1985), *K. Marx e F. Engels, Obras Escolhidas em três tomos, Tomo III*, Editorial «Avante!» – Edições Progresso, pp. 10-30.

Marx, K. (1989), *Manuscritos Económico-Filosóficos*, Edições 70 (tradução de edição inglesa de 1964)

Marx, K. (1990), O *Capital. Tomo I*, Editorial «Avante!»-Edições Progresso (Tradução da 4.ª edição alemã de 1890).

Marx, K. (1992), O *Capital. Tomo II*, Editorial «Avante!» (Tradução da 4.ª edição alemã de 1890).

Marx, K. (1997), O *Capital. Tomo III*, Editorial «Avante!» (Tradução da 4.ª edição alemã de 1890).

Marx, K. (2011), *Grundrisse*, Boitempo.

Marx, K. (2015), *O Fetichismo da Mercadoria e o Seu Segredo*, Antígona.

Marx, K. (2017), O *Capital. Tomo VIII*, Editorial «Avante!» (Tradução da 1.ª edição alemã de 1894).

McNeill, D. (2011), *Fetishism and the Value-form: towards a general theory of value*, Phd Thesis submetida à Universidade de Londres em 1988 e publicada em 2011, disponível em www.lulu.com.

Moore, J. W. (2017), "La nature dans les limites du capital (et vice versa)", *Actuel Marx*, No. 61, pp. 24-46.

Moseley, F. (2016), *Money and Totality. A Macro-Monetary Interpretation of Marx's Logic in Capital and the End of the 'Transformation Problem'*, Brill.

## O CAPITAL E A QUESTÃO ECOLÓGICA

Nelson, A. (2001), "The poverty of money: Marxian insights for ecological economists", *Ecological Economics*, Vol. 36, pp. 499-511.

Patomäki, H. (2017), "Capitalism: Competition, Conflict, Crisis", *Journal of Critical Realism*, Vol. 16, No. 5, pp. 537-543.

Perlman, F. (1973), "Introduction: Commodity fetishism", in Rubin, I. I., *Essays on Marx's theory of value*, Black Rose Books, pp. ix-xxxviii.

Piketty, T. (2013), *Le capital au XXIe siècle*, Éditions du Seuil.

Polanyi, K. (1980), *A Grande Transformação. As Origens da nossa época*, Editora Campus (tradução de edição inglesa de 1945).

Postel, N. e Sobel, R. (2011), "Polanyi contre Freeman", *Revue de la régulation*, Vol. 9 (http://journals.openedition.org/regulation/9187).

Rubin, I. I. (1973), *Essays on Marx's theory of value*, Black Rose Books (tradução inglesa da 3.ª edição russa, de 1928).

Ruccio, D. F. (2017), "Utopia and the Critique of Political Economy", *Journal of Australian Political Economy*, No. 79, pp. 5-20.

Saito, K. (2016), "Marx's Ecological Notebooks", *Monthly Review*, Vol. 67, No. 9, pp. 25-42.

Saito, K. (2017), *Karl Marx's Ecosocialism: Capital, Nature, and the Unfinished Critique of Political Economy*, Monthly Review Press.

Salama, P. e Tran, H. H. (1992), *Introduction à l'économie de Marx*, La Découverte.

Santos, B. S. (1994), *Pela Mão de Alice*, Afrontamento.

Scales, I. R. (2014), "Green Consumption, Ecolabelling and Capitalism's Environmental Limits", *Geography Compass*, Vol. 8, No. 7, pp. 477-489.

Shaikh, A. (2016), *Capitalism: Competition, Conflict, Crises*, Oxford University Press.

Tran, H. H. (2003), *Relire "Le Capital". Marx, critique de l'économie politique et objet de la critique de l'économie politique*, Page deux.

Walker (2017), "Value and Nature: Rethinking Capitalist Exploitation and Expansion", *Capitalism Nature Socialism*, Vol. 28, No. 1, pp. 53-61.

# ÍNDICE

Notas biográficas dos autores . . . . . . . . . . . . . . . . . . . . . . . . . . . . . . . . . 5

Introdução . . . . . . . . . . . . . . . . . . . . . . . . . . . . . . . . . . . . . . . . . . . . . . . . 9

## CONTEXTOS E RECEPÇÕES

Marx e Engels na preparação de *O Capital*
A suprema intriga da vida social
   *Francisco Louçã* . . . . . . . . . . . . . . . . . . . . . . . . . . . . . . . . . . . . . 17

Patriarcado e capitalismo na preparação de *O capital*
   *Andrea Peniche* . . . . . . . . . . . . . . . . . . . . . . . . . . . . . . . . . . . . . . . 37

A recepção de *O Capital* em Portugal (1867-1914)
   *Carlos Bastien* . . . . . . . . . . . . . . . . . . . . . . . . . . . . . . . . . . . . . . . . 85

D'*O Capital* (e de outras obras) de Marx no Brasil
   *José Paulo Netto* . . . . . . . . . . . . . . . . . . . . . . . . . . . . . . . . . . . . . 115

*O Capital* depois da MEGA: descontinuidades,
interrupções e novos começos
   *Michael Heinrich* . . . . . . . . . . . . . . . . . . . . . . . . . . . . . . . . . . . . 133

## FILOSOFIA, MÉTODO E TEORIA DO VALOR

Do "produit net" dos fisiocratas à mais-valia de Marx
   *António Avelãs Nunes* . . . . . . . . . . . . . . . . . . . . . . . . . . . . . . . . 189

Mercadoria e valor: algumas reflexões em torno
do primeiro capítulo de *O Capital* de Karl Marx
*João Vasco Fagundes* . . . . . . . . . . . . . . . . . . . . . . . . . . . . . . . . . . . 233

Para uma compreensão do método de ascensão do abstracto
ao concreto em *O Capital* de Marx: as contribuições
de Mark Moiseevitch Rosental, Evald Vassilievitch Ilyenkov
e Viktor Alexeievitch Vazyulin
*Periklis Pavlidis.* . . . . . . . . . . . . . . . . . . . . . . . . . . . . . . . . . . . . . . 264

*O Capital*, valor e serviços: o novo proletariado da era digital
*Ricardo Antunes* . . . . . . . . . . . . . . . . . . . . . . . . . . . . . . . . . . . . . . 287

## *O CAPITAL* E ALGUNS PROBLEMAS DA ACTUALIDADE

Atualidade e urgência de Marx
*Virgínia Fontes* . . . . . . . . . . . . . . . . . . . . . . . . . . . . . . . . . . . . . . . 307

Apontamentos sobre a bitcoin em *O Capital*
*Carlos Pimenta* . . . . . . . . . . . . . . . . . . . . . . . . . . . . . . . . . . . . . . . 325

*O Capital* e a questão ecológica
*Manuel Castelo Branco* . . . . . . . . . . . . . . . . . . . . . . . . . . . . . . . . . 359